本书是教育部重大课题攻关项目"大众传媒在文化建设中的功能和作用机制研究"阶段性成果，由项目经费资助出版。

传播媒体与文化建设

董天策　主编

陈伟军　陈林侠　王玉玮　陈文敏　副主编

中国社会科学出版社

图书在版编目(CIP)数据

传播媒体与文化建设/董天策主编. —北京:中国社会科学出版社,
2020.10

ISBN 978-7-5203-6059-3

Ⅰ.①传… Ⅱ.①董… Ⅲ.①传播媒介—文化发展—中国—学术会
议—文集 Ⅳ.①G219.2-53

中国版本图书馆 CIP 数据核字(2020)第 034771 号

出 版 人	赵剑英
责任编辑	陈肖静
责任校对	沈丁晨
责任印制	戴 宽

出　　版	中国社会科学出版社
社　　址	北京鼓楼西大街甲 158 号
邮　　编	100720
网　　址	http://www.csspw.cn
发 行 部	010-84083685
门 市 部	010-84029450
经　　销	新华书店及其他书店

印　　刷	北京明恒达印务有限公司
装　　订	廊坊市广阳区广增装订厂
版　　次	2020 年 10 月第 1 版
印　　次	2020 年 10 月第 1 次印刷

开　　本	710×1000　1/16
印　　张	28
插　　页	2
字　　数	350 千字
定　　价	158.00 元

目　　录

四　媒介叙事与国家形象

五　文化软实力与国际传播

六　媒介身份与形象建构

附　录

前　言

现代意义上的传播媒体，是随着社会发展与技术进步而不断创新、持续演进的信息传播体系。书籍，报刊，摄影，电影，广播，电视，互联网，这些诞生在不同时代的媒体，在历史进程中不断叠加且相互聚合，演进为当今社会错综复杂、作用广泛、影响深远的现代媒介系统，以至于整个人类社会都成为一个"媒介化社会"。

早在 20 世纪中叶，加拿大学者伊尼斯在《传播的偏向》中就曾指出，"一种新媒介的长处，将导致一种新文明的产生"[①]。这个论断或许有些夸张，媒介与文明的关系也有待更加深入的研究。不过，历史已经表明，任何一种新媒介一旦进入社会的政治、经济、文化等结构之中，成为社会有机组成部分的专门组织或机构，就必然对社会的政治、经济、文化产生各种各样的影响，而各种媒体的彼此叠加、相互交织乃至融合共生，更是不断建构出新的信息与文化环境。唯其如此，自 20 世纪中叶以来，传播媒体不仅是传播学研究的主要对象，而且成为跨学科研究难以绕开的一个焦点。

单从文化的视角看，哲学、美学、文学、历史学、社会学、政治学、经济学等众多学科纷纷聚焦传播媒体，形成了以传媒与文化

---

① ［加拿大］伊尼斯：《传播的偏向》，何道宽译，中国人民大学出版社 2003 年版，第28 页。

研究为中心的论述主题与学术领域，甚至学术流派与学术范式。譬如，20世纪中叶以来先后形成的文化工业批判、文化研究、媒介环境学、文化帝国主义、后现代文化等，就是这样的跨学科研究。

文化工业批判是法兰克福学派对传播媒体所生产的大众文化的批判。法兰克福学派创始人认为，"大众文化"绝非字面所显示的那样是大众的文化，即从大众出发、为大众服务的文化，而是一种控制文化，是资本控制下的文化生产，像汽车的大规模生产一样，是经过有组织的策划和管理生产出来的，是技术理性的产物，只能用"文化工业"概念才能表达其批判立场。1944年，霍克海默在《艺术与"大众文化"》一文中首次提出"文化工业"概念，并将其与"大众文化"联系在一起。1947年，霍克海默与阿多诺在合著的《启蒙的辩证法》一书中用"文化工业"取代了"大众文化"。1964年，马尔库塞在《单向度的人》一书中进一步指出："文化工业"是意识形态与社会物质基础的融合，是资本主义商品制度的组成部分。其结果，传播媒体消灭了思想的丰富性和人的多样性，广播、电影、电视、广告等现代科技的产物，无孔不入地挤进公众的内心深处，消灭了从思想上颠覆和改变现状的文化。

文化研究是伯明翰学派开启的一种学术范式。1964年，英国伯明翰大学"当代文化研究中心"成立，强调文化与意识形态的相对独立性，确立了英国文化研究的传统。英国文化研究鼻祖雷蒙德·威廉斯作为工人阶级出身的人文知识分子，以同情的态度把传播媒体与流行文化放在广阔的社会历史背景中加以探讨，使传播媒体与流行文化登上学术研究的"大雅之堂"。主要理论家斯图亚特·霍尔重新发掘"意识形态"这一关键词，使其成为文化研究和批判的有力工具，并通过意义生产与接受过程中的编码、解码分析，着力解析传播媒体有意无意中采取的意识形态立场与受众的解读立场。正是本着同情的理解和批判的分析，伯明翰大学当代文化研究中心对包括传播媒体在内的当代西方社会的文化现象进行了多方面的描述、阐释和批判，内容涉及亚文化、青年文化、女性研究等，产生了深远的影响。①

媒介环境学是华人传播学者对北美 Media Ecology（初译"媒介生态学"）的重新翻译，亦称媒介环境学派，主要包括加拿大的多伦多学派和美国的纽约学派。多伦多学派是奠基者，代表人物有伊尼斯、麦克卢汉等；纽约学派是光大者，代表人物有尼尔·波兹曼、保罗·莱文森、约书亚·梅罗维茨、林文刚等。波兹曼认为，"媒介环境学研究传播媒介如何影响人的感知、感情、认识和价值。它试图说明我们对媒介的预设，试图发现各种媒介迫使我们扮演的角色，并解释媒介如何给我们所见所为的东西提供结构"②。林文刚也说，媒介环境学"旨在研究文化、科技与人类传播之间的互动共生关系"，研究媒介系统，"重点是传播媒介的结构冲击和形式影响"，"还关心媒介形式的相互关系、媒介形式与社会力量的关系以及这些关系在社会、经济、政治方面的表现"③。波兹曼和林文刚的论述相当准确地表明，媒介环境学是从媒介技术视角切入来阐述传媒与文化互动关系的一种诠释研究。

文化帝国主义是对传播媒体的一种政治经济学批判。随着 20 世纪 40—60 年代亚非拉国家纷纷摆脱帝国主义的殖民统治，帝国主义一词增加了新的内涵：不仅包括政治上的统治和经济的统治，而且包括文化上的统治。1969 年，美国学者赫伯特·席勒出版《大众传

---

① 赵斌：《英国的传媒与文化研究（上）》，《现代传播》2001 年第 5 期。

② 何道宽：《媒介环境学派的理念辨析》，吴予敏主编《传播与文化研究》，北京大学出版社 2007 年版，第 275 页。

③ ［美］林文刚编：《媒介环境学——思想沿革与多维视野》，何道宽译，北京大学出版社 2007 年版，林文刚序。

播与美国帝国》一书，以阿明、华勒斯坦、弗兰克等人的"依附理论"为依据，论述了由政府、军界和民间企业共同构成的利益共同体，如何促成美国传播媒体势力凌驾于全球，又如何导致其他国家尤其是发展中国家文化主权丧失的文化殖民行径。1976 年，席勒在《传播与文化支配》一书中首次提出"文化帝国主义"概念，阐明文化帝国主义是许多过程的总和。经过这些过程，某个社会被吸纳进入现代世界体系之内，而该社会的主控阶层被吸引、胁迫、强制，有时候是被贿赂，以至于他们塑造出的社会机构制度符合甚至是促进了世界体系之中位居核心位置而且占据支配地位之国家的种种价值观与结构。① 20 世纪末，英国学者约翰·汤林森的《文化帝国主义》一书则操持经验学派的立场而辩驳文化帝国主义的立论，后殖民主义如爱德华·萨义德对东方学或东方主义的透视，斯皮瓦克对文化帝国主义的反思，都从不同角度扩展了文化帝国主义的论域。

后现代文化是一个异彩纷呈的领域，这里只略述鲍德里亚的消费社会理论与詹姆逊的"晚期资本主义文化逻辑"。法国哲学家和社会学家鲍德里亚论及传媒与文化的著作，主要是 20 世纪 60 年代末至 70 年代出版的《物体系》《消费社会》《符号政治经济学批判》《生产之镜》《象征交往与死亡》《仿真与拟像》。在这些论著中，鲍德里亚提出，后现代社会是消费社会。人们对物品的消费，主要不是为了物品的功能，而是为了物品的符号价值，一种建立社会联系或社会区别的符号价值。因此，传播媒体已不仅仅是再现真实的工具，而是承载"拟像"的"仿真"工具。一切都在媒介中被感知，超真实以模式和符号取代了真实，现实世界成为一个由模式和符号决定

---

① 李彬：《批判学派纵横谈》，《国际新闻界》2001 年第 2 期。

或控制的世界。鲍德里亚关于消费社会与符号支配、"拟像理论"与媒体世界的论述，对传媒与文化作了符号学的全新解读与批判。①1991 年，美国当代马克思主义批评家和理论家詹姆逊出版其代表作《后现代主义或晚期资本主义的文化逻辑》，认为第二次世界大战之后的资本主义是晚期资本主义，其文化则是后现代主义文化。在詹姆逊看来，后现代主义文化呈现出以下景观："文化已经完全大众化了，高雅文化与通俗文化，纯文学与通俗文学的距离正在消失"；"现代社会空间完全浸透了影像文化"，现实转化成为一种影像；与此前以语言为中心的文化不同，后现代主义文化是一种以视觉为中心的文化，是一种"类像"文化。因此，后现代主义文化最基本的特征是平面而无深度，最显著的特征是拼凑，主要特征是零散化，全部特征是距离的消失。②

以上五个方面的传媒与文化研究独具特色，各有千秋，甚至相差十万八千里，充分显示了传媒与文化研究的多姿多彩。当然，把这些不同的研究放在一起来论述，似乎有些牵强。不过，只要领会其内在意蕴，又不难发现这些研究具有某种内在的联系——都是专家学者秉持不同的学术立场，从不同的理论视域出发，对当代社会的传媒与文化所做的人文审视与理性思考。这些西方的传媒与文化研究，为当代中国传媒与文化的研究提供了丰富多样的学术资源与理论借鉴。

在当代中国，随着改革开放的历史进程，传播媒体逐渐获得极大发展，与之相应的文化形态与文化结构也在不同的历史阶段发生

---

① 陈力丹、陆亨：《鲍德里亚的后现代传媒观及其对当代中国传媒的启示》，《新闻与传播研究》2007 年第 3 期。

② 肖明华：《论詹明信的后现代主义文化逻辑研究》，《江西师范大学学报》（哲学社会科学版）2006 年第 1 期。

了巨大变化。大体上，传播媒体"从新中国建立后三十年作为意识形态的直接载体，到 20 世纪 70 年代末一变而成为精英文化的传播空间，到 80 年代中后期再变而生长出日益兴盛的大众文化，就是当代中国传媒文化发展变化的基本态势"①。而大众文化事实上又包含了两种形态与两个阶段，即 80 年代中后期以通俗文化崛起，到 90 年代中后期又演变为消费文化（准确说是"消费主义文化"）。这就是说，在 20 世纪 80 年代中后期，当代中国的传媒与文化开始呈现出错综复杂的文化结构：主流文化（或曰"主导文化"）、精英文化、大众文化，既分途演进，彼此博弈，又相互借鉴，共生共荣。

正是 20 世纪 80 年代中后期精英文化的退潮与大众文化的崛起，使得传媒与文化成为国内学界高度关注和研究的领域。一时间，"大众文化""流行文化""通俗文化""消费文化""传媒文化""审美文化""文化研究"等，成为众多学科的专家学者纷纷研究的对象。宏观层面，比较注重文化结构的探讨，关注主流文化、精英文化、大众文化三种文化形态的历史变迁与互动关系；至于具体论域，则开放多元，既精彩纷呈，又难免杂乱，实在难以备述。值得注意的是，当代西方传媒与文化在全球的扩散进程，构成了当代中国传媒与文化现实演进的某种镜像。学界对当代中国传媒与文化发展变化的理论阐释，又往往以西方传媒与文化研究为参照。然而，当代中国与西方国家的现实语境是如此悬殊，天差地别，这就给当代中国的传媒与文化研究提供了广阔的创新空间，也可能出现简单套用、挪用、借用西方相关论述而不切实际的"理论旅行"。所有这一切，自然使当代中国的传媒与文化研究呈现出异常复杂的学术光谱。

---

①　董天策：《消费时代与中国传媒文化的嬗变》，中国社会科学出版社 2011 年版，第 125 页。

　　面对这样一种文化现实，正确处理传播媒体与文化建设的关系，科学引导传播媒体与文化建设的良性互动，就成为当代中国无法绕开的时代课题。2012 年，笔者牵头申报了教育部重大课题攻关项目"大众传媒在文化建设中的功能和作用机制研究"。课题立项以来，负责人先后组织了两届"传播媒体与文化建设高端论坛"，主要成员先后发表相关学术论文 30 多篇。为集中展示课题研究的阶段性成果，选取其中 28 篇论文编辑为《传播媒体与文化建设》一书，共分为六编：一、新媒体与文化生态；二、大众传媒与价值形塑；三、新电视媒体与文化传播；四、媒介叙事与国家形象；五、文化软实力与国际传播；六、媒介身份与形象建构。此外，两届高端论坛的会议综述作为附录收入，对前面六编的有关论域作了适当扩展，使全书内容更加丰富和立体。

　　衷心期待《传播媒体与文化建设》的出版，对当代中国的传媒与文化研究有所促进，对当代中国的传媒发展与文化建设有所裨益。当然，究竟能否达到这样的目的，还有待读者批评指正。

董天策

2019 年 10 月 18 日

于重庆大学新闻学院

一

新媒体与文化生态

朝鲜诗文与中国

新媒体与文化生态的重构

董天策

从传媒与文化的关系看，作为以数字技术为基础、以网络为载体进行信息传播的新媒体，经历了从门户网站到社交媒体、从桌面互联网到移动互联网的发展，至今仍在不断演进中。新媒体的勃兴，不仅重组了传媒格局，而且重构了文化生态，使我们处在全新的文化生态之中，这是一个历史性的文化变革。把握这个变革，对于探讨传媒与文化建设具有重要意义。在这里，笔者引入文化生态学的视野与方法，对新媒体与文化生态的重构做一个扼要探讨。

一 什么是文化生态学

"文化生态学"渊源于生态学，形成于人类学。早在 1866 年，德国学者恩施特·海克尔（Ernst Haeckel）率先提出"生态学"（Ecology）概念。生态学的词源由"Oikos"和"Logos"两个希腊字构成，前者有"住所""栖息地"之意，后者意为"学问""论述""科学"等。任何生物都有自己的住所，鸟有巢，蜂有窝，蚁有穴，鱼有塘，人类有乡村和城市。巢、窝、穴、塘、乡村和城市，就是他们生活的环境。生态学就是研究生物与其环境关系的科学。[①]

---

① 王进：《我们只有一个地球：关于生态学的哲学》，中国青年出版社 1999 年版，第 24 页。

生物与环境的关系是相互的，一方面环境对生物具有塑造作用，生物对环境有着适应能力；另一方面生物在适应环境的过程中也对环境产生影响，对环境具有改造作用。美国人类学家朱利安·斯图尔德（Julian Steward）将生态学引入对美国西部印第安部落民族志的研究，创立了文化生态学（Cultural Ecology）。1955年，他出版《文化变迁理论》一书，集中阐述了文化生态学的理论与方法，被学界看作文化生态学诞生的标志。

人类学是从生物和文化的角度研究人类的学科，研究主题有两个面向：一个是人类的生物性和文化性，另一个是追溯人类今日特质的源头与演变。斯图尔德提出的"文化生态学"虽无人类学之名，却有鲜明的人类学研究传统。他说："文化生态学与人类和社会生态学不同，它寻求阐明不同地域的特定文化的特征和形式的起源，而不是导出适用于任何文化环境情势的一般原则。"① 一种文化的起源、特质、演变，与这种文化所处的环境具有密切的关系，"问题是如何证实与解释其起源与发展"。文化生态学正是"一项方法论上的工具，以确定文化对其环境的适应将如何引发若干变迁"②。

在文化起源的意义上，环境主要是指自然环境，或者生态环境。不同的文化在不同的生态环境中会有不同的适应与发展，而相似的生态环境则可能产生类似的文化发展模式。所以斯图尔德又说："文化生态学是就一个社会适应其环境的过程进行研究。它的主要问题是要确定这些适应是否引起内部的社会变迁或进化变革。"③

---

① ［美］J. H. 斯图尔德：《文化生态学的概念和方法》，王文华译，《民族译丛》1988年第6期。

② ［美］斯图尔德：《文化变迁的理论》，张恭启译，允晨文化出版社1984年版，第221、52页。

③ ［美］朱利安·H. 斯图尔特：《文化生态学》，潘艳、陈洪波译，《南方文物》2007年第2期。

生态学是研究生物与环境之间相互关系的学科，文化生态学则是研究文化与环境之间相互关系的学科，是文化人类学与生态学交叉而成的一门学科①。斯图尔德的文化生态学将人类文化置于生态环境的多维空间进行考察，不仅给人类学研究开辟了一条新路径，还赋予生态环境以应有的人类文化地位。1999 年，黄育馥撰文介绍了斯图尔德提出的文化生态学及其形成与发展②，引起国人对文化生态学的关注与重视，从而使文化生态学研究在我国逐渐成为一门新兴的交叉学科或跨学科领域。

二　作为生态系统的文化

斯图尔德的文化生态学主要是研究北美土著民族的文化，是一种基于生态学视野和生态学方法的人类文化研究，宗旨是从文化与环境的联系来"解释那些具有不同地方特色的独特的文化形貌和模式的起源"③。国内学者的文化生态研究，导源于斯图尔德的文化生态学，旨趣却有所不同，主要是对生态学意义上的当今文化状况的剖析与探讨，或者更准确地说，是对 20 世纪 90 年代以来全球化进程快速发展背景下人类文化的生态系统的审视，形成了别有旨趣的"文化生态"理论观念与价值追求。

在国内文化生态研究兴起之前，生态学早已取得新的进展，提出了"生态系统"（Ecosystem）等概念。1935 年，英国生态学家坦斯利（A. G. Tansley）率先指出，"我们所谓的生态系统，包括整个

---

①　崔明昆：《文化生态学的理论方法与研究》，《云南师范大学学报》（哲学社会科学版）2012 年第 5 期。

②　黄育馥：《20 世纪兴起的跨学科研究领域——文化生态学》，《国外社会科学》1999 年第 6 期。

③　［美］唐纳德·L. 哈迪斯蒂：《生态人类学》，郭凡、邹和译，文物出版社 2002 年版，第 8 页。

生物群落及其所在的环境物理化学因素（气候、土壤因素等）。它是一个自然系统的整体"。此后，美国动物生态学家林德曼（R. L. Lindenman）探讨了生物与非生物之间通过食物链实现能量流动和物质循环的规律，提出了"食物链"和"金字塔营养级"的概念，深化了生态系统的研究。苏联生态学家苏卡切夫（V. N. Sucachev）提出了"生物地理群落"概念，使生态系统概念更易于理解。1965 年，哥本哈根国际植物学会就把"生物地理群落"作为"生态系统"的同义语。①

从理论资源来看，国内学界的文化生态研究比较充分地吸取了"生态系统"的思想观念，往往是把论说的文化视为"生态系统"，从而形成了全球化时代中国语境中的"文化生态"研究。当然，作为生态系统的文化，不同学者的论说各有侧重，内涵界定也有所不同。

其一，从文化的多样性出发，把人类文化的不同样态之间的互补发展、共生共荣的状态视为文化生态。方李莉《文化生态失衡问题的提出》一文指出，该文的"文化生态"概念和美国人类学文化生态学派所说的"文化生态"不完全一样。斯图尔德所说的"文化生态"，是指人类的文化和行为与其所处的自然生态环境之间互相作用的关系。在这层含义之外，还有另一层含义，就是以一种类似自然生态的概念，把人类文化的各个部分看成是一个相互作用的整体，而正是这样互相作用的方式，才使得人类的文化经久不衰，导向平衡。② 吴圣刚也认为，"这些不同特质、不同品种的文化并不是孤立

①　邓先瑞：《试论文化生态及其研究意义》，《华中师范大学学报》（人文社会科学版）2003 年第 1 期。

②　方李莉：《文化生态失衡问题的提出》，《北京大学学报》（哲学社会科学版）2001 年第 3 期。

的，它们和其他文化相互比较而存在，相互吸收而发展，每一种文化都是一个动态的生命体，各种文化聚合在一起，形成各种不同的文化群落、文化圈甚至类似生物链的文化链，并共同构成了人类文化的有机整体，这就是我们理解的文化生态"①。

其二，从文化的内在结构出发，把一个文化系统内部不同文化形态之间的互补发展、共生共荣的状态视为文化生态。孙卫卫认为，"文化生态应是指一定时期一定社会文化大系统内部各种具体文化样态之间相互影响、相互作用、相互制约的方式和状态。换言之，文化哲学视野的文化生态研究，试图把特定社会的总体文化构成，看作多个子文化的有机集合，注重它们之间的融通和互动，并以此为解读文化演进和文化变迁的重要依据"②。钟淑洁把主流文化、精英文化、大众文化作为我国当前文化生态的构成子集，并从实践层面分析了彼此之间相互依存、相互影响、相互作用的辩证关系，提出要以主流文化引导大众文化，以精英文化提升大众文化，以大众文化滋养主流文化与精英文化，实现文化生态的健康互动、良性循环。③

当然，除了上述两种赋予文化生态以全新内涵的界定，我们不能忘记直接延续斯图尔德而又有所发展的"文化生态"概念。邓先瑞认为，"文化生态旨在研究文化与生态环境的相互关系，它是生态学产生并发展到一定阶段后与文化嫁接的一个新概念"。"文化系统与生态环境系统的耦合即是文化生态的内涵"，"文化生态是一个自然—社会—经济复合生态系统"。由于文化生态涉及面广泛，他认为"当前宜将和谐人类文化与自然环境关系作为突破口，着重进行研究"。④ 梁渭

---

① 吴圣刚：《文化的生态学阐释和保护》，《理论界》2005 年第 5 期。
② 孙卫卫：《文化生态——文化哲学研究的新视野》，《江南社会学院学报》2004 年第 3 期。
③ 钟淑洁：《积极推进文化生态的健康互动》，《长白学刊》2001 年第 6 期。
④ 邓先瑞：《试论文化生态及其研究意义》，《华中师范大学学报》（人文社会科学版）2003 年第 1 期。

雄、叶金宝认为，"文化生态学是研究文化与环境的互动关系的理论，这里所说的环境包括影响文化生存发展的一切因素，大体上包括外环境和内环境。外环境如社会经济制度、政治制度和自然地理状况等；内环境则是指文化范围内的各种不同文化，如不同民族、不同宗教、不同学派和不同地域的文化等"①。

三　新媒体在文化生态中的凸显

斯图尔德曾说，文化确实倾向于使自身万古常存，其变迁可能十分缓慢。但是，"经过千百万年的较长时期，不同环境中的文化常常发生巨大的变化，这往往是由于技术变革和生产安排要求新的适应的结果"。斯图尔德对技术变革和生产安排在文化变迁中作用的重视，使得原本"与技术起源和传播的关系较小"的文化生态学②，在新的社会历史条件下与新的媒体和信息传播产生了密切联系，在20世纪90年代获得新的发展。

随着通信技术数字革命的深入发展，人类社会的传播日益借助于新的媒体，包括个人计算机、互联网和移动通信，从而形成一个崭新的媒体环境，而且，这个新媒体环境在人类日常生活中的重要性在不断增加。1994年，在芬兰坦佩雷召开的国际传播研究会年会上，芬兰总统 M. 阿赫蒂萨里在致辞中首次用"文化生态"来阐明由于信息传播技术的飞速发展而造成的严重问题。他说："政治家们现在呼吁全球关注可被称作'文化生态'的问题。我们共有的未来不仅取决于自然环境，还取决于文化和信息环境。"③

---

① 梁渭雄、叶金宝：《文化生态与先进文化的发展》，《学术研究》2000 年第 11 期。
② ［美］J. H. 斯图尔德：《文化生态学的概念和方法》，王文华译，《民族译丛》1988 年第 6 期。
③ 黄育馥：《20 世纪兴起的跨学科研究领域——文化生态学》，《国外社会科学》1999 年第 6 期。

人类社会如何适应飞速变化的新媒体环境，或者说，新出现的信息传播系统如何影响人类文化，已成为当代文化生态学必须解决的问题。一些文化生态学家认为，可运用生态学分析技术，把文化生态学定义为对媒体环境的变化与文化的互动过程的研究，通过分析新媒体对人类社会的影响，考察信息流动的量变和质变，研究信息技术在某一符号环境中的影响。于是，对"媒体环境"的研究成为 20 世纪 90 年代文化生态学研究的新热点。①

在文化生态学关注新媒体环境之际，来自另外一个研究传统的"媒介生态学"（Media Ecology）1998 年成立了自己的学术组织——媒介生态学会（Media Ecology Association）。早在 1968 年，波兹曼在"美国英语教师全国委员会"的年会讲演中，率先把"媒介生态学"定义为"将媒介作为环境的研究"。北美"媒介生态学"着重研究各种媒介构成的媒介环境如何影响人与政治、经济、文化等社会各方面的发展，跟肇始于 21 世纪初中国本土的"媒介生态学"侧重研究媒介的生存发展环境具有本质的区别。因此，林文刚、何道宽等学者根据北美"媒介生态学"的根本性质和学术旨趣，把 Media Ecology 定名为"媒介环境学"。②

按李明伟的概括，媒介环境学（即北美"媒介生态学"）由"伊尼斯在 20 世纪 40 年代末开创，经麦克卢汉在六七十年代的大肆渲染而名噪一时，20 世纪 80 年代以来在信息技术日益彰显的时代背景下，经以梅罗维茨和莱文森为代表的一批学者的努力拓展而日渐丰赡"。③ 显然，英文的 Media Ecology 与中文的媒介环境学，比文化

---

① 黄育馥：《20 世纪兴起的跨学科研究领域——文化生态学》，《国外社会科学》1999 年第 6 期。

② ［美］林文刚：《媒介环境学：思想沿革与多维视野》，何道宽译，北京大学出版社 2007 年版，林文刚之中文版序，第 3—4 页，何道宽之中文版序，第 2—3 页。

③ 李明伟：《知媒者生存：媒介环境学纵论》，北京大学出版社 2010 年版，第 40 页。

生态学对媒体环境的关注具有更为久远的研究传统，更为深厚的学术积淀。

不过，在对媒介环境与文化生态的关系上，两者却殊途同归，具有共同的学术旨趣，都是把媒介环境作为文化生态的重要建构力量。这是因为，"媒介在概念上和文化上制约着人与人的互动，制约着人与世界的互动，我们不能忘记媒介扮演的这个角色"。"媒介环境不仅包围着我们，而且栖息在我们身上"①，"犹如水银泻地无孔不入，全面且长期作用于生存其中的人与社会"，"滴水穿石一般地潜移默化，不为人察觉却影响至深"。②

四　新媒体成为媒体环境的生力军

在媒介环境学的视野中，报纸杂志、广播电视等媒体早已成为人类文化的媒体环境。那么，新媒体的诞生与发展又给媒体环境带来了什么新变化呢？要回答这个问题，还得回顾一下人类传播的发展进程。

着眼于传播媒介的发展与性质，麦克卢汉把人类传播划分为三个历史阶段，即口头传播、印刷传播和电子传播三个时代。麦氏的划分影响广泛，却过于粗疏。后来的媒介环境学者根据四个传播时代来构想历史：口语时代、文字时代、印刷术时代、电子时代。③ 这个划分比麦克卢汉精确，却仍未将以广播电视为代表的电子传播与网络传播区别开来。美国当代历史学家威廉·麦克高希把世界文明史划分为五个阶段：原始表意文字阶段的文明、始于字母文字的文

①　［美］布卢斯·格龙贝克：《口语——文字定理与媒介环境学》，转引自［美］林文刚《媒介环境学：思想沿革与多维视野》，何道宽译，北京大学出版社 2007 年版，第 280 页。

②　李明伟：《知媒者生存：媒介环境学纵论》，北京大学出版社 2010 年版，第 132 页。

③　［美］林文刚：《媒介环境学的思想沿革初探》，转引自［美］林文刚《媒介环境学：思想沿革与多维视野》，何道宽译，北京大学出版社 2007 年版。

明、始于欧洲印刷术的文明、始于电子通信技术的文明、计算机技术开启的第五个阶段的文明。① 其新颖之处在于，把电子传播与网络传播区分为两个时代。由此，把人类传播划分为口语传播、文字传播、印刷传播、电子传播、网络传播五个时代，更能反映出媒介演进历史的实际情况。

值得注意的是，传播媒介的发展是媒介的不断创新、不断叠加的历史过程。这就意味着，任何一种新媒介的诞生，都是对新的传播形态与传播空间的拓展，而不是对原有传播媒介的取代。秉持媒介生态学理念的法国学者雷吉斯·德布雷认为，"随着一代又一代媒体在动荡不安的共存中重叠或沉淀，这些生态系统就变得不稳定，并且越来越复杂"。然而，"性能最好的媒介，即成本/效率比最好的媒介相对于先前的媒体占主导地位。也就是能够波及得更广、更快，需要信息发送成本最低和信息接收最不费力（最舒适的同义词）的那种媒介。在这种意义上，电视比广播更有优势，广播比报纸更有优势，报纸比小册子更有优势，小册子比书更有优势，书比手抄本更有优势，等等"②。

新媒体相对于传统媒体的性能优势，使其在多种媒介的叠加共存中占据主导地位。唯其如此，媒介环境学者才能以媒介环境中的主导性媒介为尺度来划分不同的媒介传播时代。德布雷的《普通媒介学教程》首版于1991年，未论及网络与新媒体。问题恰恰在于，20世纪90年代以来，互联网逐渐成长为性能最好、功能最强的新媒体。凭借计算机技术、信息及通信技术、数字化技术的整合与融合，网络与新媒体把人类传播已有的口语传播、文字传播、印刷传播、

---

① 李明伟：《知媒者生存：媒介环境学纵论》，北京大学出版社2010年版，第14页。

② ［法］雷吉斯·德布雷：《普通媒介学教程》，陈卫星、王杨译，清华大学出版社2014年版，第287、348页。

电子（视听或图像）传播一网打尽，融为一体，成为当今时代的引领媒介和主导媒介，使人类传播的面貌与格局焕然一新，迈进全新的网络社会与信息时代。

毋庸置疑，网络与新媒体已成为媒体环境的生力军。无论是对整个人类社会的文化生态，还是对民族国家内部的文化生态，网络与新媒体都成为极其重要的塑造力量。

五　新媒体对文化生态的重构

媒介环境学认为，媒介环境变革导致的变化是一种生态学效应。主导媒介的更替绝不单单是媒介环境增加或者减少一种媒介，而是意味着媒介环境的质变。① 伊尼斯早就指出，"一种新媒介的长处，将导致一种新文明的产生"。② 随着网络与新媒体的诞生与发展，自然产生了一种崭新的媒体文化形态，这就是网络文化或新媒体文化。

有论者认为，网络文化的界定主要有两种切入方法：一种是从网络的角度看文化，从网络的技术性特点切入，强调由网络技术所形成的文化传播方式产生了网络文化这种新的文化样式。网络文化的特征主要在于技术实现的多媒体性、传播速度的即时性、传播空间的全球性和传播过程的交互性等方面。另一种是从文化的角度看网络，主要从文化的特性切入，认为文化内容发生了变迁、文化模式发生了转型。网络文化的特征主要是存在方式的虚拟性、主体关系的平等性、内容的丰富性和多元性、占有的共享性和组织的无中心性等方面。③

① 李明伟：《知媒者生存：媒介环境学纵论》，北京大学出版社 2010 年版，第 195 页。
② ［加拿大］伊尼斯：《传播的偏向》，何道宽译，中国人民大学出版社 2003 年版，第 28 页。
③ 冯永泰：《网络文化释义》，《西华大学学报》（哲学社会科学版）2005 年第 2 期。

网络文化或新媒体文化的产生表明，新媒体不仅拓殖了新的文化空间与文化方式，而且在汇入原有媒体文化的过程中改变了原有的媒体文化格局。一言以蔽之，这就是新媒体对文化生态的重构。

这里的"文化"是一个宽泛的概念，按梁漱溟的说法，归根结底就是"人的生活样式"①。从"人的生活样式"出发，我们就好理解新媒体对文化生态的重构。就个人而言，随着手机与移动互联网的普及，人们无论行走大街小巷，还是舟车端坐，抑或居家休闲，都在用手机上网，不少人甚至成为"低头族"。就媒体来说，网络与新媒体极大地改变了传播媒体的原有格局，形成了传统媒体与新兴媒体相互竞争而彼此融合的发展态势，从而形成崭新的信息传播格局，使人类文化的生态系统发生了前所未有的历史性巨变。

那么，我们应当如何研究新媒体对文化生态的重构呢？国人习以为常的思路，大多是基于研究者个人对网络文化或新媒体文化的体认与感悟来概括其本质。譬如，有的研究者认为，网络文化是全球同步的文化，是全民参与的文化，是个性十足的"客"文化，是集大成文化，是强势文化，是新人类文化②；有的研究者又说，新媒体文化是人类文化的全新建构，显著特点是互动性，重要特点是去中心化，本质特点是创新性，它带来了人类思维方式、行为方式和生活方式的巨大变革。③ 这种本质主义的归纳，自然是各有见解，各有道理，然而往往是公说公有理，婆说婆有理，难以达成学理共识。

西方学界的研究路径有所不同。从1990—2000年的网络文化研究来看，或致力于提出可分析性的理论概念，如"虚拟社区"和"在线身份认同"；或对有关的具体问题进行批判性分析，如"网络

---

① 曹锦清编：《儒学复兴之路：梁漱溟文选》，上海远东出版社1994年版，第15页。
② 尹韵公：《论网络文化》，《新闻与写作》2007年第5期。
③ 孟建、祁林：《新媒体文化：人类文化的全新建构》，《新闻爱好者》2016年第4期。

中相互作用的情境化""网络空间话语研究""线上访问进程及其障碍""网页界面设计"等①。这样的研究路径，显然更具科学性和可操作性。

在笔者看来，一味地思辨网络文化或新媒体文化的本质与特征，笼而统之的本质概括将难以为继。正确的路径应当是秉承文化研究的传统，从现实的社会语境出发，探寻值得研究的问题，提出可分析性的概念，结合具体的语境做出学理性的阐释分析，从而提出研究者的真知灼见。譬如，除了上述"虚拟社区""在线身份认同""网络空间话语"等论域，"网络赋权"或"新媒体赋权""沉浸传播""粉丝文化"等，可以说是相当重要的论域。当然，传统上从媒体视角出发而命名的"网络文化""新媒体文化""博客文化"等，也是值得拓展与深化的论域。着眼于新兴媒体与传统媒体的冲突与融合，"融合文化"则是一个比较宏观的论域。总之，新媒体对文化生态的重构，是一个开放性的立体化论域，有待研究者大力开拓。

[原载《西南民族大学学报》（人文社会科学版）2018 年第 1 期]

---

① ［美］戴维·西尔弗：《1990 年至 2000 年间的网络文化研究》，转引自［英］戴维·冈特利特《网络研究：数字化时代媒介研究的重新定向》，彭兰等译，新华出版社 2004 年版，第 31—51 页；杨新敏：《国外网络文化研究评介》，《国外社会科学》2002 年第 3 期。

新媒体:文化艺术创新的引擎、杠杆和本体

吴信训

一　文化艺术与科技有不解之缘

人类文明史昭示，文化艺术的伊始与演进，总是与同时代科技的发展水平息息相关。仅以国人最熟悉的书法艺术为例，据研究甲骨文艺术的学者揭示：中国书法艺术的萌芽与汉字的发明几乎同步。涉及汉字的发明与使用，当然也蕴含着刀笔及软笔的书写技巧。殷墟甲骨文书法以"实用和艺术实践相兼"的高起点和带有推演的书风，显现其刀笔之坚爽、软笔之舒裕，结体之成规、章法之变宜，肇启晚世书法要素的滥觞。[①]

从中可见，当时的殷墟甲骨文书法艺术无疑与当时的刻刀、软笔及其制成技术密切关联。至于书法艺术后来推演历史中，笔墨纸砚文房四宝的不断优化，与"真草隶篆"书法艺术风格及魅力的异彩纷呈，更进一步印证了这一道理。至于文化艺术的其他领域，同样的案例比比皆是。

---

① 宋镇豪：《序〈甲骨文艺术〉》，载柳学智、西沐《甲骨文艺术概论》，中国书店 2011 年版。

更值得我们关注的是，在数字化的当今时代，文化艺术与科技之间，更具有前所未有的深刻互动关系！

二　新媒体是文化艺术创新的引擎：引发新的文化艺术样式

有必要从学理的角度，以及有史以来的发展情况，诠释新媒体的内涵，因为，现在很多概念的核心是基于互联网来定义新媒体，但事实是在互联网的概念还未产生之前，20世纪六七十年代伊始，在西方发达国家，新媒体已经成为热词之时，被称为新媒体旗手的却是有线电视。为此，我们认为，"新媒介（新媒体）是以全新的技术实现既往未有的传播功能，或对既存媒介在传统技术与功能上实现了某种质的超越的媒介"[①]。

"从传播史的角度来看，新媒介与'旧媒介'也可以说是世事沧桑必然的推陈出新的相对概念。"[②]

从新媒体与文化艺术的关系来看，事实揭示，一种新媒体的诞生，往往会像强劲的引擎，催生出文化艺术创新的动力，引发新的文化艺术样式。

以视觉艺术为例：图片—照相—黑白电影—彩色电影—有声电影—宽银幕电影—立体电影—IDMX巨幕电影—120帧巨幕电影。

以手机科技与手机文化为例：打电话（通话）—短信（短信文化：手机承载的各种电子文字读物，及其传播技巧）—微信（微信文化：文字＋图片＋视频）—生活应用（手机生活文化：定位，搜索，购物……）。

[①]　吴信训：《"新媒介研究"课程讲稿》，《世界传媒产业评论》2008年第1期。

[②]　吴信训：《世界大众传播新潮》，四川人民出版社1994年版，第29页。

三　新媒体是文化艺术创新的杠杆

（一）新媒体促使传统文化艺术转型提升

最为记忆犹新的案例是"2010 上海世博会"轰动全球的中国馆展示的巨型动画《清明上河图》。原本由北宋画家张择端画在绢纸上、宽 24.8 厘米，长 528.7 厘米、静态的中国画，运用"基于大幅卷轴的数字化应用"技术，通过 12 台投影仪，变为长 128 米，宽 6.5 米的巨图。而且，图中所有的人物和场景都可以动起来，在 4 分钟内整个《清明上河图》中的人物动作都不会重复。白天，城里是徒步行走的人流，骑着骆驼的商队，小桥下潺潺的流水，吆喝着号子声的水手；夜晚，夜市上是忙碌的小商小贩，屋里准备歇息的夫妻，小酒馆里传出的猜拳声。参观者不仅能够看到行人在寒暄，而且能听到他们打招呼的声音，还能看到小孩子在玩耍……①

文学名著《三国演义》创新性地制成了《三国演义》有声可动漫画，上市之后大受欢迎，3 个月点击率达 13 万次，和纸质媒介的漫画相比，收益提高了几十倍，还在 iPhone 和 iPaid 成功上线。②

尤其是新媒体在传统舞台艺术上焕发异样光彩，具有极大的创造空间，值得我们高度关注调动灵感和创意想象！传统舞台艺术由于局限于舞台的时空条件，一方面创造了特有的舞台语汇及艺术表达手段，形成了特有的艺术魅力。另一方面，也由于在反映生活，在传达美感体验等方面的舞台间离效果局限，伴随电影电视等现代艺术表现形态的出现，传统舞台艺术市场影响力度与广度受到极大

---

① 罗道海：《解密中国馆会动〈清明上河图〉 曾想展出真品》，猫扑网，http://news. mop. com/expo2010/2056690. Shtml，2010 年 5 月 1 日。

② 张忱：《文化产业规模化集约化专业化发展的新示范》，经济日报，http://paper. ce. cn/jjrb/html/2010－12/26/content_ 131847. htm，2010 年 12 月 26 日。

地冲击。现在一些舞台艺术家积极探索运用新媒体科技与传统舞台艺术融合，取得了可喜的效果。每一年的春节联欢晚会就是鲜明的典范。我们想到，一些传统舞台剧种，如越剧、舞剧、歌剧、评弹等，如果也积极探索充分调动新媒体科技的表现手段，与自身的艺术表现手段和特点巧妙融合，扬长避短的话，对进一步焕发艺术生命力，一定会大有裨益。

（二）　新媒体优化传统文化艺术的生产与消费方式

众所周知，传统的雕塑艺术，设计制作小样全靠人工一笔一画、一刀一凿，描绘雕制。这样不仅费工费时，修改起来也比较麻烦。现在利用计算机 3D 打印技术，则可以很方便地在电脑上随心设计出多种造型，反复比较，精心修改，确定方案后，通过特制的"打印机"和打印材料，很快就可以"打印"出一尊精美的雕塑小样。可见，新媒体为艺术生产提供了借势转型的可能。①

新媒体科技在影视产业中所创造出的数字化摄影、非线性编辑、卫星传输、数据库播映等数字电影、电视的新的生产与消费方式的优越性，已经比较普遍地为人们知晓与感受。微电影创作、网红直播更是让曾经是贵族艺术的影视艺术飞入寻常百姓家。

（三）　新媒体开拓传统文化艺术新的传播机遇

以前传播是有限传播，受到时间和空间的限制，但是现在，新媒体促成了如下深刻的变革："黄金时间"——无时不可的传播；有限的传者——无处不在的传者。

在传统的广播电视文化传播中，人们十分讲究一个概念："黄金时间"，意指一天中广播电视节目视听率最高的时段。也就是人们最容易也最习惯收看收听电视广播的时间。而这个"最容易、最习惯"

---

① 　王琦：《借力与顺势：新媒体时代的明星纪录片刍议》，《新闻界》2016 年第 18 期。

的依据从何而来呢？主要来自于人们生活起居、工作规律，以及当时时代的传播工具特征而形成的视听环境。以电视为例，电视曾被外国学者比拟为"第五壁的电视"。是因为电视自从进入人们的家庭起，一般被放在客厅里一个显要的位置，仿佛是竖起了一面不可或缺的墙壁，每天晚饭后，往往是全家人都会聚集在它的面前，收看电视节目。电视台和广告商都发现，这是全天中一个最容易积聚最多受众的时间。于是，电视台往往将重要新闻和优质节目在这个时段播出，广告商也最愿意出高价在这个时段做广告，以取得最佳的社会效益和经济效益。这个时段无论对电视台还是广告商都最具有较高的含金量，"黄金时间"的概念就由此而来。随着电视事业的发展，以及人们对电视传播规律认识的深化，人们还逐步发现"黄金时间"也不只是局限于晚间，甚至还可以开发出"黄金时间"。后来的午间"黄金时间"段，就是由此而来。实践还显示，不同国家、不同地区的黄金时间不同；同一地区不同媒介、频道、各套节目的黄金时间也不同。

所有的文化艺术传播，其实都有一个受众最佳接触、受众最易接触的"黄金时间"问题。于是，既往的传播理论研究中，专家学者们依据对广播、报纸、期刊等不同媒介的受众接触习惯的实证调查研究分析，对不同媒体，不同受众群的传授规律，做出了各种各样的归纳总结与描述，以指导媒体的经营和产业发展。但是，伴随手机、电子书（包括平板电脑）等移动多媒体终端技术与功能的日益完善，尤其是互联网、广电网、电信网运行功能日渐强大，三网融合日趋应有的境界，网络覆盖天地贯通，无所不在，广大民众的媒体接触习惯也随之发生天翻地覆的变化。

很突出的一点，就是以往相对定时定点的读书、阅报、看电视、上网等，现在变得可以随时随地随意读书、阅报、看电视、上网。

而且，手机、电子书等移动多媒体终端上随时随机主动推送琳琅满目的信息、报纸、书刊、视频等，会让原本对某些形态媒体不感兴趣的人也无意接触，甚至慢慢从无意接触到无意接受。这对媒体当然也就包含媒体上传播的内容来说，正是开发潜在受众的绝好机遇。这在一定意义上来讲，可谓是新媒体环境下"黄金时间的碎片化"。

众所周知，长尾理论揭示了这样的原理：只要存储和流通的渠道足够大，需求不旺或销量不佳的产品所共同占据的市场份额可以和那些少数热销产品所占据的市场份额相匹敌，甚至有过之而无不及。各种文化艺术形态及产品如果善于与新媒体嫁接，就可以有效拓展传播的空间。把碎片化的黄金时间集腋成裘，产生长尾经济。

四　新媒体是文化艺术创新的本体：媒体即文化

我们来看看手机的文化功能、艺术功能。

两年前笔者曾经写过一篇文章《4G前景下我国媒体融合的新变局与进程展望》[①]，指出：4G标志着移动互联网应用终于突破了一度由网络宽带困扰的某种"临界点"；由4G伊始，将带来一种新的最大可能，即："孕育革命性产品，并催生相关产业的革命性变化"；在4G网络时代，4G的"即摄即传"业务会成为常态。甚至任何人都可能成为手机前的"直播记者"，可以通过网络或社交媒体发布视频新闻；在一定意义上可以说，4G开启了一个移动影像新时代。

以前，手机只是用来打电话的，而现在，手机不光能打电话，还能电视购物、社交，很多事也可以在手机里操作。除此之外，拍一些视频在手机上进行编辑播放，也可以写小文章放到网上去。手

[①]　吴信训：《4G前景下我国媒体融合的新变局与进程展望》，《新闻记者》2015年第9期。

机写作，手机美图创作，手机视频创作……这些都有力地证明，手机不再仅仅是打电话的工具，其本身已成为一个文化媒体、艺术媒体。而且，4G 开始以后，下面还有 5G、6G……媒体即文化、媒体即艺术，一切皆有可能！

五　新媒体拥抱文化艺术的时代：高校应该做什么？

实践已经显示，媒体融合的现实趋势——信息生产方式的融合、信息传播渠道的融合、信息传播终端的融合、信息生产者与消费者的融合，方方面面的融合对信息环境及人类生存方式引发了深刻变革，同时，形成了对一系列新型人才的需求。

我们可以清楚地看到，当今时代，影视传媒业界、学界都面临着巨大的发展机遇，但同时不能忽视的是，学校教育、传统的人才培养理念及模式也面临深刻的挑战！尤其是高等院校首当其冲的影视媒体类、新闻传播类、艺术创作类、综合设计类、信息科学类等学科。

我们注意到，伴随着移动影像新时代的到来，欧美发达国家在相关专业设置、课程体系等方面已随之发生了变革。如，将广电专业与印刷媒体专业合并为"广电与印刷媒体融合专业"（Merged broadcast & print journalism），或简称"融合媒体专业"；增加"多媒体课程"（Multi-media courses），"社交媒体课程"（social media courses），"数据新闻课程"（Data Journalism），"数据可视化"（Data Visualization）等。

应该说，我们的教育与实践的发展总是有距离的，而且往往是落后的。我国沿革至今的人才培养模式，还呈现相当的灌输化、教条化、照本宣科化、学用脱节化等局限。人的价值实现也还存在通道单一化、路径被动化、论资排辈化等弊端，遏制广大学子的独立思想、创新激情与文化自觉。

长期以来，我们的影视媒体类、新闻传播类学科，由于办学经费、实验设备环境、教师队伍、评价标准等局限，教学活动比较偏重坐而论道，对学生的动手能力、实践能力的培养，特别是影视语言应用与创新能力的培养比较薄弱。尤其是现在专业硕士培养规模不断扩大，教师队伍中相应实际能力的欠缺矛盾也更为突出。应该看到，优化教师队伍，改革课程体系，尤其是改革课程内容和教学方法，是当务之急。需要花大工夫，扎实的功夫。

新媒体科技前所未有的创造能量，以及我国推进文化大发展大繁荣的大政方针，促使我们必须站在大国崛起的时代高度，必须面对中国文化创意产业发展的现实需求。

对高校教师来说，不能只是分析新的文化现象给学生听，也不能只讲大道理。在教学实践中，老师要根据业界前沿的动态不断更新自己的知识结构和提高能力，并且能及时地、生动地、明白晓畅地输送给学生。大学教师讲的应该是学生在社会中不易学到的东西。

教育部、中宣部于 2013 年 6 月出台了一个《关于加强高校新闻传播院系师资队伍建设实施卓越新闻传播人才教育培养计划的意见》，也就是所谓的"卓越新闻传播人才教育培养计划"。简单一句话概括为"培养学生全媒体业务技能，强化实践；未来五年 500 个记者进入高校新闻传播专业任教，500 个高校教师到媒体兼职；改革招生、培养、课程和学制模式"。这是一个很好的计划。从实际执行的情况来看，还可以进一步完善。

今天的中国，正以前所未有的雄风和平崛起于世界。在移动影像新时代，用富有生命活力的影像"讲好中国故事"，不断增进中国人民与世界各国人民的相互了解与信任，共建和平和谐的人类社会，这是我们影视传媒、新闻传播学科师生自豪的社会使命和专业精神。期望和各兄弟院校的同人们共同不懈努力,充分利用、不断开发新媒体的巨大潜能,为国家培养更多更好的文化艺术创意人才。

[原载《西南民族大学学报》(人文社会科学版)2018年第1期]

"互联网+"时代艺术与传播
关系的嬗变

蒋晓丽　贾瑞琪

"网络时代让我们每个人都坐上了过山车，我们被当下冲击得七零八落，在天旋地转中不得要领。"① 毫无疑问，互联网技术的发展对于人类社会带来的影响和冲击十分剧烈而深刻。2015年，李克强总理首次在《政府工作报告》中提出"互联网+"战略，并将其定义为"创新2.0下的互联网同传统行业融合发展的新形态、新业态"。这就从政策层面肯定了互联网在今后经济社会发展中的基础设施作用。"互联网+"所预示的是互联网由被动的"工具"性角色向作为矛盾主体的主动性角色转变的趋势。互联网同传统行业的结合引发的将不仅仅是各行业领域的生存样态的变革，更包括不同领域之间的关系形态的重构，艺术领域同样如此。

一 艺术与传播关系的溯源与探究

"无论从何种意义上来看，文化总是和传播媒介密不可分，它们是一个硬币的两面……媒介本身就是一种文化，传播本身就属于文

---

① 〔美〕道格拉斯·洛西科夫：《当下的冲击》，孙浩、赵晖译，中信出版社2014年版，序言。

化的范畴，传播是文化的内在属性和基本特征。"① 作为文化重要组成部分的艺术，则必然同传播有着千丝万缕的关系。艺术是一种面向他者的审美创造活动。北京大学彭吉象教授从狭义与广义两个层面为艺术作了定义，他认为狭义层面的艺术专指文学以外的艺术门类，而广义上的艺术也包括作为语言艺术的文学。广义的艺术又可分为实用艺术、造型艺术、语言艺术以及曲艺、杂技等民间艺术形式。② 本文所探讨的艺术即为广义内涵的艺术。艺术作为人类审美意识的最高表现形式，它的多重社会功能始终是以审美价值为基础的，只有在这一基础上，艺术才能发挥自身价值。③ 艺术家们创作艺术的最终目的，是向艺术鉴赏者们发起一种审美的邀请。因此，可以说，艺术自诞生起就包含着传播的内在取向，传播是艺术价值得以实现的必然途径。

实际上，艺术同传播的关系可以追溯至原始社会时期，早在这一时期，艺术的萌芽就已诞生。人们在采摘、狩猎等长期的生产劳动中，逐渐开始使用符号、制造工具，以此来传递信息、辅助生产乃至自我装扮。在西班牙的阿尔塔米拉洞穴中所发现的绘有 20 多种旧石器时代的动物形象的壁画、部落之间打仗前所跳的"战争舞"，我国所发现的周口店人、半坡村人等所制造的陶器用具、骨制项链等，虽然这些实物或图像本质上是一种无意识的、不能称之为创作、偏向于工具性质的成果，然而，它们作为具有审美价值的艺术作品的性质无疑是确定的。但是，由于原始社会时期语言、文字等传播工具的缺位或者使用范围的局限，这一时期的"艺术"传播并非借

---

① 蒋晓丽、石磊：《传媒与文化：文化视角下的传媒研究》，华夏出版社 2008 年版，第48 页。

② 彭吉象：《艺术学概论》，北京大学出版社 2006 年版，第 1 页。

③ 同上书，第 39 页。

助媒介实现，而是由艺术本身作为传递信息的介质，在扮演实用工具的角色的同时，也在传播知识、交流思想、抒发感情等方面发挥着作用。

"只有当艺术活动成为一种相对独立的审美创造活动和社会职业之后，人类才有可能真正发现艺术的审美精神及创造特性。"① 农业文明时期，文字、纸张、笔墨等传播介质得以出现，为艺术与传播的剥离提供了可能。但是，在农业文明初期，尤其是魏晋南北朝之前的很长一段时间内，艺术是被视为一种技艺划分在物质生产领域的，此时的艺术更多意义上是安身立命的一技之长，因此，它的实用性远远高于精神审美性。而农业文明中后期，随着人的主体意识的觉醒以及对于艺术审美需求的萌发，艺术才得以与传播彻底分离，获得独立。在我国，具有代表性的是魏晋南北朝尤其是唐朝的文学创作方面的自由之风；在西方，具有标志性的事件则是欧洲的文艺复兴运动。然而，尽管艺术脱离了物质领域的羁绊，上升至精神审美层面，现代性的传播理念却并没有形成，这一阶段的传播大体上仍旧是作为一种无意识的行为在艺术活动中发挥作用。

以工业革命为标志，人类步入工业文明时期。机械化、批量化的生产方式代替了手工劳作，双手被解放出来的人们开始注重产品的外观，于是，早期的设计理念逐渐产生。随后，在大量工业产品的设计过程中，"艺术工业"理念诞生，这一理念将工业机械生产的产品提升到了艺术的高度。伴随着工业时代市场竞争的加剧，工业产品的设计与宣传逐渐盛行，进一步激发了现代艺术传播理念的诞生，传播开始"有意识"地在艺术领域发挥作用。因此，严格意义上而言，艺术与传播的关系正是在工业文明时期得以明朗化与确切

---

① 陈鸣：《艺术传播原理》，上海大学出版社 2009 年版，第 5 页。

化。在此之后，艺术同传播的关系在不断的融合中更加紧密，趋于一体。

因此，艺术与传播二者之间的关系源远流长，且伴随着不同时期传播工具的改进以及传播技术的发展一直在发生着变化。在这一过程中，艺术走向成熟化、多元化，传播与艺术之间的关系也愈发紧密。在"互联网＋"时代，传播工具种类大大丰富，传播格局发生了剧烈的变革，艺术与传播的关系也必将面临进一步的嬗变并创造出更多的可能性。

二　"互联网＋"时代艺术与传播关系的新样态

信息时代尤其是"互联网＋"时代的到来，于艺术而言，并非单单是拓宽了其传播的途径，或者对现有的艺术行为加以影响乃至催生出新的艺术形式。而是以这类传播方式为代表，作为一种整合的力量，从整体上对艺术文化的结构、精神与形态进行着冲击与改造。艺术与传播的关系无可避免地要接受这一规则的影响与制约，在"互联网＋"的时代背景下衍生出新的定位与内涵。具体而言，"互联网＋"时代艺术与传播的关系发生了如下改变：

（一）传播地位基础化：媒介在艺术传播中基础性地位显著

德波在其《景观社会》一书中对大众传播技术在"景观社会"构筑过程中发挥的作用进行了描述，并且认为景观社会不是一种虚拟的存在，而是一种被"物化"了的世界观。[①] 在"互联网＋"时代，互联网技术的助推使得大众传媒获得了前所未有的影响力，在社会生活的各个领域发挥作用。因此，不仅仅是大众传媒所构筑的景观社会，就连大众传媒本身也已经被物化，成为一种无处不在的

---

① 〔法〕居伊·德波：《景观社会》，王昭风译，南京大学出版社2007年版。

基础设施。

就艺术与传播的关系而言，媒介在其中所发挥的基础性作用也越来越明显。以往，艺术创作的重点在于艺术家的自我展现以及自我价值的实现，所创作的艺术作品在很大程度上并不是基于传播这一目的。不少艺术家将自己的作品用于同行之间的交流学习、赠予他人收藏或者仅仅用作个人欣赏，并未表现出强烈的艺术传播倾向。因此，很多作品被尘封多年，未能与受众见面，有些艺术家艺术造诣极高但却不被世熟知。

然而，在"互联网＋"时代，传播的力量无处不在，不同领域之间的壁垒被打破，艺术不可避免地受到市场化、商业化的冲击。网络技术的发展驱动着传统领域的变革与转型。为了适应新的生存格局，艺术必须走出象牙塔，为普罗大众所认知和接纳，以此获得更大的生机，其对于传播的需求也更为明显。因此，"互联网＋"时代的艺术表现出较以往任何时候都更加鲜明的传播指向性。而在这一过程中，传播媒介也一改以往偶然性、临时性的传播角色，变得基础化和不可或缺。可以说，在"互联网＋"时代，艺术与传播已经建构起了一种相生相伴的紧密关系，凡是艺术在场的地方，就必然会有传播行为，必然有传播介质在其中发挥作用。

（二）传播介质泛载化：艺术传播的介质趋于多元

"互联网＋"时代，利用无线传感器网络，计算机系统对整个世界的感知与控制能力都大大增强了，一种典型的产物便是物联网（Internet of Things）。物联网是依托互联网技术的一种延伸和扩展的网络，物联网技术可以在真实的物体上安装一定的传感设备，并将其利用互联网进行连接，通过一定的程序实现对物体的远程控制以及物与物之间的通信。其核心是任何物品与物品之间，都可以进行信息交换和通信，也就是物物相息。

作为"互联网＋"时代的一个重要技术产物，物联网预示了一种新的发展趋势，即一切皆终端，一切可传播。这种传播的泛载化，为艺术传播带来了新的可能，艺术不再囿于某一种或某几种传播媒介，而是可以借助更为广泛的载体实现实时传播、实地传播。在未来，借助红外线感应器、射频识别技术、激光扫描技术等信息传感设备，通过一定的端口将其同无线网络连接起来，从而使物体"智能化"，再利用虚拟技术，便可以实现艺术信息的远程传播与展示。例如，以一面安装有特殊传感仪器的墙壁为载体，人们便可以在休闲时间通过遥控设备观看系统中存储的艺术作品信息，从而实现适时欣赏。

事实上，在未来，不只是墙壁，桌子、书本、家电等任何物品，都可以作为介质来对艺术信息进行传播。现阶段，虽然物联网仍旧处于起步阶段，但已出现了一些势头良好的尝试，如车载物联网。这种技术将在每辆汽车中装入超声雷达波、传感器、摄像头、计算机、无线收发装置等装备，从而将汽车打造为超级传感器节点，实现汽车之间以及汽车同道路基站设备之间的便捷通信。在未来，汽车的车窗可能被作为显示屏，而其方向盘则同时担任遥控设备的作用，整辆汽车就是一个小型的移动互联系统。而随着此类载体的类型的多样化，其传播功能也将不断拓展，而艺术借助于这些媒介，将会得到更加广泛的传播。

（三）传播作用动力化：传播行为推动了更多艺术形式及平台的诞生

正如每个时代都有与其发展水平相适应的传播技术一样，每一种传播技术的使用也将催生与之相适应的艺术形式。在新的传播媒介逐渐成为艺术传播的基础的同时，传播的作用也开始向动力化转变。一方面，艺术的范围被大大拓宽；另一方面，推动了新的艺术传播形式的产生。

早在 2011 年，美国政府下属的美国艺术基金会（National Endowment for the Arts）就已宣布，所有为互联网和移动技术而创造的媒体内容，包括电子游戏被正式确认为艺术形式，艺术的范围由此被大大拓宽。此外，根植于互联网载体之上的微小说、微电影，由于艺术传播的大众化而出现的街头涂鸦、立体画等艺术形式的诞生，也都离不开传播在其中所发挥的推动性作用。

与此同时，为了适应新的艺术形式发展需求，更好地开发并催化新艺术品种的诞生，新的互联网艺术推广平台也得以搭建起来，为艺术传播构筑了畅通的渠道。其中，成立于美国洛杉矶的 Think Space Gallery（新兴艺术作品网）比较有代表性。这是一家致力于艺术创作和艺术家介绍的机构，它所展示的主要是流行文化、图形艺术、设计和街头艺术等行业，主推年轻艺术家的作品推广，线上项目介绍和线下展览的模式，每年都有一年一度的艺术作品展览，参观者来自世界各地。此外 deviant ART、日本艺术画廊、Cool Showcase 等都是基于对艺术的展览和传播而建立起来的网络平台。

在国内，不少传统的画廊、拍卖行已经将艺术品的展出行为从线下转移至线上，一些网站也开辟了艺术展览专区。通过这些平台，任何人都可以将自己的艺术创作上传，供他人欣赏与点评。新的艺术形式通过这些平台得以快速与广大受众见面，从而建立起初级粉丝群，进而得到推广，扩大影响力。这就为新兴艺术家知名度的提高以及新的艺术形式的诞生起到了巨大的催化作用。甚至在很大程度上促进了艺术品交易的完成，为艺术产业发展带来了极大的商机。可以预知，在"互联网 +"时代，伴随着互联网与各行各业联系的不断加强，艺术受传播的影响也必将不断深化，新的艺术形式及传播平台还将源源不断地产生，并推动艺术获得更加长足的发展。

（四）传播角色主体化：媒体成为新兴艺术形式的主体部分

香港城市大学李金铨教授认为，从理论的角度而言，传播新科技不仅是信息沟通的平台与触媒，更是塑造、维护和强固身份认同的动因。而传播是具有物质基础的主要社会现象，不是无足轻重的附丽或寄生现象。面对新媒体技术对于现实世界以及艺术领域的猛烈冲击，媒体艺术家白南准也曾预言："当拼贴技术代替油彩和画笔的时候，显像管就将代替画布。"

在"互联网＋"时代，网络技术的飞速发展使得传播的物质基础特性更加凸显，并将预言变为了现实。艺术传播媒介早已脱离工具化属性而开始向艺术主体属性转变，媒体已经不仅仅是艺术传播的介质和载体，更成为一种艺术生产的主体，作为艺术本身的一部分参与到艺术创作之中，新媒体艺术就是这样一种新的艺术形式。新媒体艺术是指以多媒体计算机及互联网技术为支撑，在创作、承载、传播、鉴赏与批评等艺术行为方式上全面出新，进而在艺术审美的感觉、体验和思维等方面产生深刻变革的新型艺术形态。[①]

作为新媒体技术与艺术相结合的产物，新媒体艺术作为一种新兴的艺术形态已经成为艺术领域的后起之秀，并且对传统的主流艺术占主导的格局带来了一定的冲击和挑战。从概念界定不难看出，新媒体艺术诞生于互联网技术这一大背景之下，并且以互联网等信息传播载体作为创作的主体，换句话说，在新媒体艺术这一新的艺术形式中，媒体表现出双重属性，一方面是作为传播工具的介质属性，另一方面则是作为艺术构成元素的物质属性。这种新的艺术形式的诞生促进了艺术同传播的关系的进一步融合，使二者达到一种"你中有我，我中有你"的新的关系形态。

---

① 许鹏：《新媒体艺术论》，高等教育出版社 2006 年版，第 6 页。

在"互联网＋"时代，互联网技术无疑还将为艺术的发展提供更多的物质、技术支撑，并且促进原有传播技术的不断更新换代以及新的传播媒介的持续产生，加之受众对于技术的运用与对新的传播模式的偏爱，媒介在艺术传播中所扮演的角色还将发生更大的变化，其作为艺术创作主体元素的地位还将进一步稳固。

（五）传播对象精准化：艺术的定制化传播成为趋势

互联网思维的核心是用户思维。在互联网时代，信息不对称的局面被打破，实现了高度的透明化，用户的话语空间也在不断扩大，产品的设计、用户体验以及品牌口碑的塑造都离不开用户的参与。不仅如此，用户参与的模式也发生了极大的改变，并非是以社区或者论坛的形式参与讨论、发表观点，而是真正参与到产品生产的每一环节中去，用自己的思维去影响甚至改变产品。

由于社交网络、移动互联网、大数据、云计算等为代表的新兴互联网技术的应用，用户信息数据得以快速被收集和储存，这就为艺术的定制化创作与传播提供了可能。通过多元化的渠道，用户可以同艺术家实现线上、线下的互动与交流，可以对艺术家的艺术作品提出自己的创作建议，参与到艺术的灵感激发、设计构思以及创作活动中去，甚至可以将自己的艺术作品的具体要求上传到具体的网站，对艺术作品加以定制。

现阶段，在影视业，观众的态度和评价已经对剧情的发展起到了决定性的作用。美剧"纸牌屋"便是一个典型案例，该剧即是利用大数据对受众的接受喜好加以分析，进而决定了导演、演员、剧情设置、播出方式的选择，可谓是一部"算"出来的电视剧。这些都是"互联网＋"时代充分运用互联网技术而实现定制化传播的具体实践。

与定制相对应的另一种艺术创作方式便是"众筹"（crowd funding），"众筹"是一种社会大众通过互联网为企业或个人发起的项目进行小额投资的新兴的商业模式。① 随着互联网技术的兴起，"众筹"已经不再是新鲜词语，这种方式也被广泛应用于各种领域，如"众筹新闻"等。近年来，"众筹艺术"也作为一种新兴的创作形式在艺术领域崭露头角，艺术从业者可以通过在众筹网站上注册账号，将自己的艺术作品上传，粉丝可以对自己喜爱的艺术作品进行捐助，从而帮助艺术创作者实现自己的创作愿望。

在西方，这一筹集资金的形式已经在独立艺术领域广泛采用，而在国内艺术圈，这一形式也逐渐兴起，出现了多种众筹项目，如出售艺术家时间、预售艺术作品等。通过这种方式，藏家可以提前介入艺术家的创作活动，与其共同完成艺术的创作。虽然这一方式的发起者为艺术家，然而，在某种程度上来说，仍旧无法摆脱定制化的影子。可以预知，随着网络技术的进一步发展，这种形式还将会有更大的发展空间。

（六）艺术传播生活化，生活艺术传播化：新媒体促成艺术与传播的生活化交融

布迪厄在其场域理论中指出，场域是由社会关系网络组成的空间，场域的具体形态存在于社会的各种力量的较量过程中。场域之间也存在力量的相互作用与渗透，因此，场域空间的变化具有不确定性。② 场域的边界是其作用力终止的地方，艺术作为一个场域其作用范围也是不断变化着的。

在"互联网＋"时代，由于互联网技术的发展以及艺术传播的兴盛，艺术的创作门槛较之以往大大降低，种类也得以大大丰富，尤其是与高雅艺术相对应的通俗艺术文化的诞生，使得艺术从某种

---

① 孟韬、张黎明、董大海：《众筹的发展及其商业模式研究》，《管理现代化》2014 年第 8 期。

② 李晓玲：《布迪厄的场域和惯习：一个消费的视角》，《社会科学论坛》2008 年第 11 期。

程度上来说，褪去了精英文化的外衣，表现出明显的大众化倾向。而相对于艺术的通俗化，艺术受传者的审美素养以及审美情趣却呈现出日渐提高的态势。加之传播渠道的拓宽、艺术欣赏成本的降低等因素，艺术传播已经无孔不入，渗透进普通受众的日常生活的方方面面，变得日常生活化了。

艺术传播在日常生活中的渗透表明，艺术同其他场域之间的信息流动与作用力日渐活跃，呈现出向其他领域的溢出式的蔓延与扩展，使得场域之间的"跨界"（Crossover）发展成为可能。由于艺术作品的渗入，日常生活也已经被艺术信息裹挟，从而更加审美化、艺术化了。"当代生活世界有一个很显著的特点，即生活审美化和审美生活化。这不仅仅是某种生活态度和审美态度的变化，而且是一种历史的生成，也就是生活变成美的，而美变成生活的。这样我们所处的时代可以称为一个走向美的时代。"① 因此，可以说，传播已经将美带到了每个人身边，人们对于艺术之美的追求也已经被内化为一种意识，并且通过日常行为加以外化，将艺术与生活融为一体。

三　总结与反思

加拿大传播学者麦克卢汉在其著名论断"媒介即讯息"中指出，真正有价值的讯息不是各个时代的具体传播内容，而是这一时代所使用的传播工具及其开创的可能性。不难看出，艺术的传播方式以及艺术同传播之间的关系也由于各个时代所使用的传播工具的差异而不断发生着变革。在"互联网＋"时代，互联网技术对于艺术领域的影响已经不仅仅局限于单一的传播方式领域，而且是从艺术的创作灵感至审美价值的实现，乃至艺术价值再创造环节的全方位、

---

① 彭富春：《哲学美学导论》，人民出版社 2005 年版，第 1 页。

无孔不入的渗透。在不断催生新的艺术样态与发展模式的同时，更进一步消弭了艺术同传播之间的界限与鸿沟，让二者实现了史无前例的交融共生。

然而，我们也必须正视技术的发展与传播工具的过分使用对艺术构成的潜在威胁。法国学者让·鲍德里亚在其《象征交往与死亡》一书中提出"仿像（simula-crum）时代"这一概念，认为仿像时代是受符码支配的时代，"艺术在这一超现实的仿真原则下可以进行自我的无限再生产。在超现实的仿真原则中，艺术死亡了"①。虽然鲍德里亚的这一观点有过分夸大技术在艺术实践中的作用的嫌疑，但是，从某种程度上而言，他向我们发出一个警示，即艺术需要与传播技术有一定的安全界限，避免因技术的过分干预而走向异化和消解。

"互联网＋"时代，传播技术的飞速发展带来了信息的空前盈余，信息的弥漫式扩散如同无形的纽带，将不同领域连为一体。传播爆发出的巨大能量已经将人类社会推入一个广泛"解构"的时代，任何乌托邦式的、理想化的领域经由传播都将向现世观念、实用主义的通俗化表征转变。在不断"解构"的过程中，人们对于未知领域的好奇心与探知欲被大大满足了。然而，这种无限制的消解，最终导致的将是崇高不再、经典消亡、庸俗泛滥、审美低下。不仅如此，技术作用下的大众传媒所具有的工业化与商业化的内在属性决定了其追求利润的内在属性，这就导致了艺术的批量化与流水线式的生产。在传播技术的过度牵引下，艺术成为传播的附属品，成为为了传播而传播的工具。艺术的高雅地位将被侵蚀，艺术创作中的人文尺度以及对于文化本体性的内在追求将被抛弃，最终必将导致工具理性与非理性倾向的泛滥。这些都无疑是同艺术传播的初衷以

---

① 曾耀农：《艺术与传播》，清华大学出版社 2007 年版，第 16 页。

及艺术的发展走向相背离的。

实际上，并非仅仅是艺术领域，整个社会体系中的所有领域与环节也都无法逃离互联网技术浪潮的冲击。也不仅仅是艺术与传播的关系，而且是包含政治、经济、文化等广泛层面的传播元素与传播的关系也都发生了剧烈而深刻的变革。因此，"互联网＋"时代带给我们的，不应单单是技术的巨大飞跃而带来的全新的创造力以及无限可能性的惊喜，更应引发我们关于技术跨越式发展对整个社会网络结构与秩序体系的冲击与变革的深思，应当重视隐藏在高度的技术繁荣背景下的潜在危机。作为服务性、基础性的技术不应凌驾于社会基本道德伦理规范之上，也不应因为技术的过分使用而违背创造与使用技术的初衷。回到艺术与传播关系这一问题，传播的存在，其目的应当是拓宽艺术传播的速度、广度与深度，促进艺术的全面发展与繁荣，而非违背艺术的价值与内涵，甚至对其造成消解与破坏。

因此，从这一层面而言，未来在包括传播在内的技术的应用过程中，如何保持足够的清醒与冷静，确保将技术的使用维持在合理的界限与尺度之内，避免技术对于其所服务对象本真的弯曲以及对社会价值观念的错误导向，从而有效地做到将技术为我所用，更好地为社会发展服务，是"互联网＋"这一技术充盈的时代所必须思考和厘清的问题。

（原载《当代文坛》2016 年第 1 期）

传媒生态环境的变化与文化
建设面临的挑战

丁柏铨

任何一个时代，文化建设对于社会成员的心理层面和精神层面都有其不容低估的重要作用。传媒生态与文化建设有着密不可分的关联关系；而传媒生态的变化，又会影响文化建设的进程。本文将就传媒生态变化给文化建设带来的挑战及传媒应该担当的职责进行探讨，以就教于方家。

一　传媒生态环境：发生巨变已是不争的事实

传媒生态环境是传播媒体生存于其中的环境，是一切制约和影响传媒的内外部条件的总和。近年来，由于传播技术的飞速发展和其他相关因素的共同作用，我国的传媒生态环境已经发生了巨大的变化。这当是一个不争的事实。

对于传媒来说，环境有内外之分。

内部环境包括传媒的设备、资金等"硬件"，员工素质、技术条件、管理制度、企业文化等"软件"。

外部环境则包括：

（一）政治、政策及法治环境

政治昌明、开明，政策正确、合理，是传媒健康并持续发展必不可少的条件。反之，传媒发展就会受挫、走弯路。改革开放以来，传媒获得了发展所需要的良好的政治和政策环境。党的十三大作出"重大情况让人民知道，重大问题经人民讨论"的重大决策，并首次提出"舆论监督"的重要命题，在传媒生态环境中注入了民主的基本元素，其意义不可低估。党的十七大提出的"扩大人民民主"和保障人民的"四权"（知情权、参与权、表达权、监督权），都是传媒生态环境得以优化的重要保证。随着传播技术的飞速发展，若干年前已经兴起了网络问政。在网络时代，"重大情况让人民知道"的践行、重要政务信息和公共信息的公开被提到更高的层次。

法治是传媒进行传播活动的必要保障。党的十八届四中全会通过的《中共中央关于全面推进依法治国若干重大问题的决定》，确定了国家治理的基本方略，有着里程碑意义。立法、依法、守法、执法，成为国家治理和社会治安过程中的规则和准绳。传媒及传媒工作者合法的传播活动，在更高程度上受到法律的具有更大力度的保护。应当说，这是传媒生态环境中的一个可喜的变化。

（二）经济大环境

经济繁荣、物力雄厚，是传媒发展另一必不可少的条件。如果经济萧条、百业萎缩，传媒业恐怕也难以一枝独秀。经济基础，无疑是整个人类社会的存在基础，当然也应当是传媒及传媒赖以生存和兴旺发达不可或缺的基础。2008年的国际金融危机，不仅给全世界的金融业和实体经济带来了危机，而且给各国的传媒业带来了彻骨寒流。这就是一个方面的有力证明。

在经济大环境中，社会主义市场经济体制及由此给经济社会带来的影响不容小觑。社会主义市场经济体制是对计划经济体制的反拨，自实行至今已经显现出旺盛的生命力。它极大地激活了社会生产力，极大地释放了社会成员的活力，极大地提高了综合国力和人民生活水平。对于传媒来说，它们被置于市场之中，与受众的关系很大程度上成为精神产品生产者与消费者的关系，从而有利于传媒从消费终端来考虑提高产品被受众接受和认可的问题；但同时，传媒也会因受到利益的诱惑和市场的刺激而体现出过度取悦于消费者的倾向。如何解决好满足消费者的需求与对其需求进行正确的引导之间的关系，是一门相当高深的学问，同时也是传媒在文化建设中面临的一大难题。

再说传媒同行之间的关系。在社会主义市场经济条件下，同行之间已经形成竞争，某些传媒之间又更进一步形成了竞合。正当的竞争，有利于传媒克服惰性，千方百计提高传媒的产品质量和服务质量，这对于传媒服务和文化建设有着推动作用；但是，你死我活的恶性竞争则会使传媒走上歧途，对传媒参与文化建设造成极大的负面影响。

（三）文化环境

任何人都不可能离群索居，脱离一定的文化环境而存在。文化具有无可摆脱的笼罩性和渗透性，对人有着潜移默化的影响。文化中的科技文化，包括了科学发现、科技发明、技术创造，对于人类认识境界提升、认知能力增强、社会发展进步而言，既是其结果（合乎发展的逻辑），又是其原因（重要的、直接的推动力量）。

作为科技文化高度发展的产物，互联网是由计算机之间在有线或无线状态中形成的特殊网络。正如习近平总书记所说："我国有7亿网民，这是一个了不起的数字，也是一个了不起的成就。我国经济发展进入新常态，新常态要有新动力，互联网在这方面可以大有作为。"[①] "互联网＋"已成为国家战略。互联网的作用已不限于信

---

① 《习近平主持召开网络安全和信息化工作座谈会　强调在践行新发展理念上先行一步　让互联网更好造福国家和人民》，央视网，http://news.xinhuanet.com/politics/，2016年4月19日。

息的储存和处理，也不限于人际的通信和交流；已经深刻地影响和改变人们的生活方式、思维方式和工作方式。它不仅是经济新常态下新的动力，而且是文化建设的强大动力。从媒体视角来看，它有超凡的功能可以容纳海量的信息，进行即时的跨越时空的传播，能将文字、图片、音频、视频集于一身。它几乎具备了传统媒体所具有的一切优点，同时又有传统媒体所不可企及的长处，与手机联姻以后，更进一步扩展了功能。手机原系供个人日常之用的，便于在移动状态中使用的通信工具，较之固定电话、电报、对讲机等，在人际交往方面具有更多的功能，使用中更方便。在互联网和手机（当然也可以是手提电脑）实现"移动互联"。其强大的功能使传统媒体受到极其严峻的挑战。移动互联使人人拥有并在任何时空中方便使用自媒体有了现实可能性。自媒体意味着社会话语权的解构和重构，意味着原本的话语格局和舆论格局被颠覆，意味着原先的秩序被打破和新的秩序正待建。

再看与新闻业密切相关的出版业。在新的技术条件的驱动下，也发生了全方位的深刻变化。狭义出版的格局被突破，扩展至数字出版，再拓展到广义的出版和知识服务。"大（大数据）、智（人工智能）、云（云技术）"，成为发展趋势。其间包括了大数据挖掘、智能信息处理、3D 打印、物联网、AR/VR 等各种新兴技术。出现了"三种巨变"：出版物的生产方式巨变，出版物的呈现形态巨变，读者的阅读方式巨变。出版对于文化的传承、发展以新的方式产生影响。与上述变化相对应，文化建设中出现了许多亟待研究的新课题。

以上诸多环境共同构成了传媒生态环境。当然，它们并不截然可分，而且常常会发生交互作用。例如，包含着传播技术革命的内容在内的文化环境，也常常会使得政策环境和经济环境发生改变。

在由三种环境构成的传媒生态环境都发生了巨大而深刻的变化的大背景之下，文化建设面临着严峻挑战，担负着文化建设重任的传媒可谓任重道远。

二 文化建设：面临传媒生态环境变化带来的严峻挑战

文化是一个可以从不同的维度加以界定的概念。一般而言，人们这样定义文化：它是人类在社会历史发展过程中所创造的物质财富和精神财富的总和，包括物态文化、精神文化、制度文化和行为文化四个方面。其中，物态文化属于物质财富的范畴；而精神文化、制度文化和行为文化，则属于精神文化范畴。文化建设当然也就包括以上四个方面的建设，且应该都有所进展。

文化建设是一项浩大的社会工程，既是人类社会进步的巨大推进力量，同时也是社会进步所结出的硕果。文化建设包括如下三个方面的内容：

一是在本国的已有的文化中进行甄选，从中提取出优质的文化遗产和固有精华加以传承。今天的中国是历史上的中国的继续和延伸，是其合乎逻辑的发展；今天的文化是以昨天的文化为根基发展而来的。习近平总书记说过："培育和弘扬社会主义核心价值观必须立足中华优秀传统文化。牢固的核心价值观，都有其固有的根本。抛弃传统、丢掉根本，就等于割断了自己的精神命脉。对我们来说，博大精深的中华优秀传统文化是我们在世界文化激荡中站稳脚跟的根基。"[1]

二是面对外来的文化，如同鲁迅在《拿来主义》一文中所说，

---

[1] 习近平：《在十八届中央政治局第十三次集体学习时的讲话》，中国文明网，http://www.wenming.cn/djw/djw2016sy/djw2016xxll/201611/t20161129_3912483.shtml，2014年2月24日。

必须实行"拿来主义"（放出眼光、占有并挑选、为我所用）。毋庸讳言，外来文化总是精华和糟粕共存的。排斥精华、取其糟粕，与同时排斥精华和糟粕或同时吸收精华和糟粕，都是不可取的。在被鲁迅比作"大宅子"的外来文化面前，既不可当"徘徊不敢走进门"的"孱头"，也不可当"勃然大怒，放一把火烧光，算是保存自己的清白"的"昏蛋"，更不可当"因为原是羡慕这宅子的旧主人的，而这回接受一切，欣欣然地蹩进卧室，大吸剩下的鸦片"的"废物"。"拿来主义"是特定主体在外来文化面前的唯一正确的态度。坚持"拿来主义"，特定主体须有担当、有睿智、有眼光、有勇气。

三是在新的历史条件下，在社会历史进程中创造新的文化。人类社会在不断进步和发展。新的社会生活内容催生新的文化内容和新的文化样式。例如，网络文化，就应该是一种新的文化。而微博、淘宝等类型，则属于新的文化样式。传媒生态环境在一些方面的速变和整个文化建设的渐进，是一对富有内涵的矛盾，也是互联网时代的富于深意的文化景观。

在文化建设的历史进程中，传媒担当着重任，具有三种身份：一为中国和世界优秀文化的传播者，把中国的优秀文化传播出去，让世界进一步了解中国；把世界上的包括西方的优秀文化传播到国内来，使国人进一步了解世界。这项工作，传媒一直在做，但尚有很大的提升空间。二为中国优秀传统文化的传承者。中国的优秀文化，既有民间自然传承的一面，也还有需要官方进行组织和致力于"抢救式"传承的一面。"申遗"就体现了"抢救式"传承中国优秀文化遗产的努力。三为培育和创造新的文化的推动者角色。历史上的文化再优秀，也不应该是今天的文化的全部。在新的现实生活中创造新的文化，这是一个永恒的主题。传媒对文化建设，既不能无动于衷，也不能无所作为；传媒在其中发挥推动作用、促进作用，才能不负众望。

必须清醒地认识到：传媒生态环境变化对文化建设带来的严峻挑战。这是必须考虑的一个问题。那么，对文化建设构成严峻挑战的传媒生态环境变化主要有哪些呢？

巨变之一：传统主流媒体在很大程度上面临被边缘化的危险。

主流媒体受到互联网的巨大冲击。在网络为公众提供便捷通畅的信息渠道的情况下，主流媒体在通常情况下已经不是公众获取新闻信息和其他相关信息的首要选择。习近平总书记意味深长地说过："很多人特别是年轻人基本不看主流媒体，大部分信息都从网上获取。必须正视这个事实，加大力量投入，尽快掌握这个舆论战场上的主动权，不能被边缘化了。"[1] 年轻人基本上不看主流媒体，固然有从主流媒体上获取信息不尽方便的直接因由，但是深层次的原因似乎不在于此，而在于主流媒体在他们的心目中，认同度不高、权威性下降、依赖度偏低。总之，主流媒体的话语分量在降低。主流媒体要避免在舆论场上被边缘化，重新牢牢掌握话语主动权和主导权，难度在不断增加。与此相联系，主流媒体还应努力避免在文化建设中被边缘化。要掌握文化建设中的主动权和主导权，这同样是一件难度很大的事情。对于主流媒体而言，重获文化建设中的主动权、主导权与重获舆论场中的主动权、主导权一样重要，也一样艰难。

巨变之二：自媒体的传播力在文化格局中已经相当可观。

根据中国互联网络信息中心（CNNIC）近期发布的第39次《中

_____

① 《习近平在全国宣传思想工作会议上发表重要讲话》，求是网，http：//www.qstheory.cn/tjyd/，2014 年 8 月 19 日。

国互联网络发展状况统计报告》，截至 2016 年 12 月，我国手机网民规模达 6.95 亿人，较 2015 年年底增加 7550 万人。网民中使用手机上网人群的占比由 2015 年的 90.1% 提升至 95.1%，提升 5 个百分点，网民手机上网比例在高基数基础上进一步攀升。[①] 在用手机上网的网民的庞大基数中，包含大量自媒体使用者。

自媒体是既没有门槛也没有"把关人"的媒体，是使用特别普遍和特别方便的媒体。在自媒体使人人都拥有话语权的现实条件下，关于同一事件的多种信息及意见和关于不同事件的繁多信息及观点，既历时性留存又共时性传播。

如果以主流媒体和自媒体引发的公众的关注和应和的情况来看，通常是后者甚于前者。不排除公众情绪所起的作用，但对社会热点事件的披露，大抵是自媒体早于主流媒体，主流媒体常常充当"跟进者"的角色。这是个发人深省的问题。

众声喧哗已经成为当今舆论场中的常态。这其实并不是坏事。但是喧哗中如果有声音对人民群众所推崇的英雄表示不屑、不恭、不满，甚至进行丑化、诋毁、污蔑，这就构成了对人民群众心理底线的挑战因而不能被容忍；如果颠覆社会主义核心价值观，也是决不许可的；对全盘否定传统文化中的精华的思想和行为，也应坚决予以反对。

从文化建设角度观之，需要对喧哗的众声背后的多元价值观进行审慎考察和分辨，对其中的积极的价值观加以倡导和弘扬。事实上，较之自媒体盛行之前，多元价值观已然得以在网络空间中充分凸显且相互碰撞。社会成员认同和尊崇什么样的价值观，有其选择的自由，外力不可强迫，即使强迫也未必就能奏效。然而这并不是

---

① 第 39 次《中国互联网络发展状况统计报告》，http：//www.cac.gov.cn/cnnic39/index.htm。

传媒可以推卸文化建设的责任的理由；恰恰相反，应当是媒体义不容辞地担当文化建设的重任的重要动因。

巨变之三：信息传播的碎片化挑战思维的系统性和深度化。

自媒体传播的多数信息，多呈现出碎片化的特点（以微博最为突出）；而在网络文化的孕育下，不费心神地读图成为公众接受信息和观点过程中一种带普遍性的倾向；不宜娱乐化的话题和内容，往往也被娱乐化处理以博人们眼球；稍稍深邃一点的思想观点受到排斥，具有思辨色彩的思维成果不被看好。

对于相当一部分网民的"'智力递减'而'暴戾递增'"的思维方式和行为方式，有人作过如下概括并不无批评之意："听一半，理解四分之一，零思考，双倍反应。"① 别人的意见通过微博表达，原本已经简而又简了，结果不等看完或听完，就自以为理解了（结果是只理解了四分之一甚至更少），而后几乎是不假思索，即作出自以为是的强烈反应。过程是"智力递减"（惰性在增加），结果则是"暴戾递增"（理性在减少）。长此以往，国人的思维深度和处事方式将会程度不等地受到影响。这对于文化建设而言，是一件令人担忧的事情。

巨变之四：社会话语系统呈现极为复杂的景象。

文化建设自然还应当包括社会话语系统的建设。在任何时代，社会话语系统都有其不可取代的作用，也都有其与时代内容相对应的语汇和言语方式。它既是同时代的社会成员交流思想不可缺少的载体，又是进行文化传承必不可少的凭借。从某种意义上说，它是特定时代风尚的体现，是特定时代的社会文化的直接反映。社会话

---

① 徐百柯：《网上行事切忌"智力递减"而"暴戾递增"》，中国青年报，http：//zqb. cyol. com/html/2012 – 06/05/nw. D110000zgqnb_ 20120605_ 4 – 01. htm，2012 年 6 月 5 日。

语系统建设是文化建设的题中应有之义。

自新兴媒体兴盛以来，公众参与社会话语系统建设的积极性和贡献度同步增长。一方面，网民在网络空间中使用的幽默诙谐之语，每每成为热词、妙语广为传播，例如，"给力""躲猫猫""70码""表哥""房叔""高大上""雷人""网红"等，网民参与社会话语系统建设的积极性大增；另一方面，网民参与社会话语系统建设的准入门槛降低，几乎人人都有机会为此添砖加瓦。用历史的眼光看，社会话语系统中不断出现新的语言材料和新的语言现象，从来没有像今天这样突出和活跃；"草根"对于社会话语系统的贡献，从来没有像今天这样巨大。

但是，以下几类网络语言，对社会话语系统构成了挑战，进而构成对文化建设的挑战，传媒不加选择地使用这些类型的语言是不合适的。具体包括：

一是太过武断的语言。太过武断总是与太过绝对联系在一起的，其背后则是特定主体的任性率性和对客观事实的不尊重。例如，对某人某事，一部分网民和一部分传媒，总是动不动就说是"史上最……"，缺乏证据，显得极不负责。在社会语言和传媒语言的使用中，此风不可长。

二是不够文明的语言。有些网络语言，极为低俗、粗俗、庸俗、恶俗。有评论者指出：语言中"与生殖器关联的词语总是特别容易流行，各种国骂，各种调侃，往往与'俗字'勾连，诸如'屌丝''装逼''傻逼'以及本年度异军突起的'然并卵'，这些人类生活的伴生物，让俗人们过着嘴瘾，自有一份痛快"①。网络空间中使用

---

① 刘巽达：《有感于"2015十大流行语"》，光明网，http://guancha.gmw.cn/zhuanlan/2015-12/16/content_18125765.htm，2012年6月5日。

和传播频率很高的一些词汇，确实存在不够文雅甚至是相当污秽、有碍观瞻的问题。

三是被滥用的语言。有些词用得相当随意然而又缺乏准确的意义。"门"字的使用就是如此。初始使用"门"字，从"水门事件"及主角为克林顿和莱温斯基的"拉链门"事件中得到灵感、进行调侃，颇为风趣；但以后只要是丑闻就冠以"门"，就毫无创意可言了，只是显现出惰性。当然适当放宽些要求，有些"门"尚可说通；但莫名其妙的"门"也不在少数。如："代表门""弃权门""翻脸门""天线门""早熟门""学历门""堕胎门""骚扰门""搜索门""踩猫门""裸奔门""车祸门""吊灯门""盒子门""上海地铁洗手门""跳跳门""公园拉拉门"，如此等等，不一而足。除了说明特定主体思想苍白和词汇贫乏以外，还能给人留下什么印象？

四是游戏式的语言。如"十动然拒""说闹觉余""闹太套""我勒个去""自干五""羡慕嫉妒恨"等。"十动然拒""说闹觉余""闹太套""我勒个去""自干五"等属不知所云；"羡慕嫉妒恨"，则显得相当啰唆、拗口。[①]

以上种种网络语言，完全颠覆了准确、鲜明、生动的社会语言准则。用这样的语言以自赏，尚可；作为与人交流的个体的写作行为和言语方式，不值得提倡；而进行大众传播的传媒，则不应为此类网络语言提供一席之地。

三　各类传媒：在文化建设中的责任与作为

面对传媒生态环境的变化，肩负文化建设的重任的传媒，在推动文化建设的进程中应当如何作为呢？

---

① 丁柏铨：《论新闻中的另类不良文风》，《新闻记者》2011 年第 11 期。

首先，以正确的价值观对公众进行引领，并以此作为根本点。

价值观的定义有多种。笔者认为以下界定相对较好：价值观是指个人对客观事物（包括人、物、事）及对自己的行为结果的意义、作用、效果和重要性的总体评价，是对什么是好的、是应该的总看法，是推动并指引一个人采取决定和行动的原则、标准，是个性心理结构的核心因素之一。这一界定，涉及如下三个要点：（1）价值观是特定个体的一种基本判断，涉及对外界（人、事、物）及自己的行为结果的价值的看法。其中包括对是非、对利害、对趋避的认识和取向。（2）价值观是特定个体心理结构中的核心因素。其他的这个观、那个观，其中有些是由价值观派生的。（3）价值观对个体和群体的思想行为起着支配作用。应当说，价值观是社会文化中的最为核心的部分；因而充分发挥正确的价值观的引领作用，不仅能引领个体及群体的思想和精神，而且也能引领文化建设。因而它至关重要。

一个很现实的问题是：在对外开放的大背景之下，在由互联网带来的众声喧哗的舆论格局和社会环境之中，社会成员的价值观呈现为多元形态且自由传播。人们选择和遵奉什么样的价值观，有其自由和权利；但是，倘若贬低革命英烈的价值观、贬低公众共同认同的社会主义核心价值观，就很不合适了。

紧接着的问题是：传媒致力于推进文化建设时，对以正确的价值观进行引领要有自觉和强烈的意识；而不是无意识为之，也不是弱意识以对。有自觉和强烈的意识，方才可能主动地、负责任地考虑一些问题，包括怎样从普通人中发现鲜活的、有说服力的典型，如何使其价值观得到弘扬并为公众所认同和推崇，以什么样的方式叙述他们中的感人故事使公众产生共鸣，收到见贤思齐的效果，等等。

其次，以热忱的态度传承中国的优秀传统文化。

列宁早就论述过这样的道理："只有用人类创造的全部知识财富

来丰富自己的头脑，才能成为共产主义者。"① "人类创造的全部知识财富"中，也就包括了本国的先辈们所创造的文化，由列祖列宗所留下的优秀传统文化。

中国的传统文化源远流长、博大精深。其中，有许多内容熠熠生辉，至今仍是瑰宝；有相当多的内容依然是当今时代文化建设的支撑和依凭；有些是经过适当改造而仍然可用的。当然，中国的传统文化中也存在着糟粕，需要加以剔除。在烨烨闪光的部分中，孝文化就很有代表性。有学者说："千百年来，孝深深地融入中华民族的血液中，流淌不息，永不停歇，这股文脉给中华民族注入生命活力；孝深深地扎根于中华民族的文化土壤里，根深蒂固，成为中华民族赖以生存和发展的精神力量"，孝文化是"中国文化有别于西方文化的根本标志，成为中国传统文化的核心内容"。② 毫无疑问，孝文化是中国优秀传统文化的精髓之一，是传统文化中的精华部分。传媒要利用自己的优势，以适当的传播方式，为弘扬优秀传统文化出力。

所谓合适的传播方式，是指受众乐意接受的方式。如下一段材料："子欲养而亲不待，请珍惜他们在你身边的时光。"近日，一组名为《最温馨祖孙对话》的创意图片走红网络，图片中展现了奶奶和孙子的温馨对话。当在最后一张图中看不到奶奶的身影时，众多网友表示戳中泪点！与此同时，该组图片引发网友集体追忆，大家纷纷晒出自己和祖辈亲人的合影，并诉说着无数个感人片段。③ 一组创意图片没有采用简单说教的方式，而是在动情和谐振方面下足了

---

① 《共青团的任务》，《列宁选集》第4卷，人民出版社1985年版。

② 《专家谈孝：推陈出新以"孝敬"教育弘扬社会主义核心价值观》，中国文明网，http://www.wenming.cn/ddmf_296/xd/xxf/dq/wzsl，2014年4月29日。

③ 《祖孙温馨对话最后一张有没有戳中你泪点?》，中国文明网，http://www.wenming.cn/ddmf296/xd/yw，2014年11月10日。

功夫，充分发挥了"戳中泪点"效应。笔者相信，该案例对传媒在文化建设中发挥重要作用，有着一定的启迪意义。

再次，"放出眼光"，吸纳外国的优秀文化。

别国的文化，对于中国来说是外来文化。它产生于外国的社会土壤，与产生于中国的社会土壤的文化自然存在着差别。但优秀文化是属于全人类的，是全人类的共同财富，是可以供全人类共享的。当下，由于互联网的非同寻常的互联作用，情况就更是如此。诚如习近平总书记所说："当今时代，以信息技术为核心的新一轮科技革命正在孕育兴起，互联网日益成为创新驱动发展的先导力量，深刻改变着人们的生产生活，有力推动着社会发展。互联网真正让世界变成了地球村，让国际社会越来越成为你中有我、我中有你的命运共同体。"① 站在"地球村"和人类"命运共同体"的历史高度看问题，我们会对吸纳外国优秀文化有更加自觉、更加清醒的认识。

但是，中外之间的文化交流和交融是问题的一个方面；还有另一个方面，那就是中外思想文化之间的交锋和冲突。由于国家根本制度有别，文化背景和传统有别，占主导地位的价值观有别，上述交锋和冲突历来存在；而在互联网时代，交锋和冲突则呈现出新的特点。第一个新特点：文化上的"西强我弱"态势在互联网空间中得到直接的体现。以互联网的根服务器为例，在全世界总计的13台主根服务器中，有10台在美国；中国连一台都没有。10台主根服务器在美国，美国在互联网世界中拥有极大的发言权。第二个新特点：西方发达国家对别国的思想文化渗透，比以往多了一种更方便和更隐蔽的方式，即通过互联网进行渗透。在一些国家的"颜色革命"

---

① 《习近平关于互联网系列重要讲话》，腾讯网，http://news.qq.com/a/.htm，2016年11月16日。

中，我们可以感觉到这种渗透的客观存在和厉害之处，这种情况是以往所没有的。

传媒面对这样的挑战，需要对互联网有更深刻的认识。互联网是人类智慧的结晶，是科学技术高度发展的产物；但它同时也是一个"坎"（反映和影响人心向背、聚散的"坎"，使人心背和散的言论、情绪会在这里得到放大和传染）。如果过不了互联网这个"坎"，就难言国家长治久安。在互联网世界中，传媒应当担当起引领舆论、疏导情绪、凝聚人心的神圣职责。主流媒体既要就热点事件和民众关切的问题及时发声，理所当然地使自己成为意见领袖，同时也要引导已有的意见领袖，使之成为体现社会主义核心价值观的意见领袖。

最后，进行人人积极参与文化建设的社会动员。

文化建设不仅是官员及专家学者们的事，而且是全体人民的事。可以说是人人有份、大家有责。有必要进行全面参与文化建设的社会动员。传媒有着极大的动员力、号召力和人脉资源，应该不失时机地采用恰当的方式进行这样的动员。网上流行这样一段话："你所在的地方，就是中国。你是什么，中国便是什么；你怎么样，中国便怎么样；你光明，中国便不黑暗。很多时候，一缕阳光，就可以温暖整个世界；一个微笑，就可以灿烂所有春夏秋冬。"笔者认为：这里的"你"，既是单个中国人，对于中国的向上和向前发展负有不可推卸的责任；又是无数单个中国人的集合体，是中国的化身。每一个"你"，都是一个大写的人。

同样道理，每一个中国人都是中国的一分子，也应该是中国文化建设不可缺少的一分子。你是什么，中国的文化建设便是什么；你怎么样，中国的文化建设便怎么样；你投入、你努力、你使劲，中国的文化建设便更灿烂、更美好、更辉煌。中国的社会话语系统的建设就是如此。你多奉献一份智慧、多尽一份甄选的责任，就会使这个系统更美妙。又如，在孝文化方面身体力行，这是人人需要做的，也是人人都可以做到的；这不仅是以实际行动在传承孝文化、中华优秀文化，而且也是在切切实实地推进文化建设。

[原载《西南民族大学学报》（人文社会科学版）2018 年第 1 期]

二

大众传媒与价值形塑

论大众传媒的价值形塑与思潮引领

陈伟军

大众传媒选择性地反映现实，也遵循不同的话语结构、框架创造现实。社会共识的达成，与大众传媒呈现的统一的生活图景、观念世界有着很大关系。围绕着占支配地位的社会价值观、旨趣和目标，大众传媒强化了共有的文化模式、生活经验和表达范型。每个共同体总是通过大众媒介向下一代传播、灌输价值观念，从而保证社会文化的连续性，建立主导性的文化秩序。

大众传媒覆盖了文化的各个领域，融入日常生活的话语空间，使主流的价值观念变成潜意识的文化预设。限制错误、腐朽思潮传播，提倡高品位内容，这是建构主流文化不可或缺的。主流意识形态对于大众传媒具有调控和制约作用，为信息传播提供了定向框架。中国的大众传媒运作理应围绕社会主义核心价值体系所规定的目标和导向来展开，在信息传播中融入科学的认知模式、思维方式、价值观念和评价体系，透过新潮迭起、风云变幻的表象，凸显相对恒定的时代主题。

一

社会生活快速变动、流转，大众传媒制造出海量信息流，社会思潮多元共生、强劲冲击，促成了人们意识、心理和价值观发生种种变化，神圣价值和权威话语的真理性受到怀疑。社会主义核心价值体系虽然在官方表述中被不断强调，但因为手段单一、重复太多，其效果也在逐渐递减。"今天的中国社会各界，在社会道德观、政治历史观、民族国际观这些方面，基本上找不到共识。尽管官方有它的一套表述，读的人并不多。但真正掌握媒体的人——那些在报摊上能卖得出去的报刊的编辑、记者，或者那些不论是小说家，还是戏剧作家、电视剧作家，所表达的观念与之是有很大分歧的。"① 我们社会的核心价值观，真的是迷失在一般的社会价值观的多元化里了。

价值认同危机是我们在社会发展中面临的时代问题，这也是在现代化过程必须面对的难题。西方社会早就陷入了类似的境况，严肃的学者对此进行了深入反思："我们时代的根本疾患是价值的沦丧。这种危险状况比历史上任何时候都严重，关于这种状况存在着各种各样的描述，诸如颓废、道德沉沦，抑郁、失落、空虚、绝望，缺乏制度、信仰和值得为之奉献的东西，等等。"② 西方的物质世界神速发展，精神文化的颓败却难以遏制。旧的价值体系陷入困境，而新的价值体系尚未产生。今天的世界已经由工业化时代转入信息化时代，智能化、电子化、全球化的浪潮进一步涤荡旧的观念，形形色色的意识形态、价值体系兴起，在传播过程中相互缠绕、抵消，人们最终难以找到精神的归宿。

与世界范围内的价值观念大混乱相重合，中国的现代化、全球化进程同时伴随着巨大的负面价值和精神迷乱。"当然，在历史上，思想和行为的方式每个社会不同，每一代人都有变化。但是，在过

---

① 潘维、玛雅：《聚焦当代中国价值观》，生活·读书·新知三联书店2008年版，第4页。
② ［美］马斯洛：《人类价值新论》，胡万福译，河北人民出版社1998年版，第1—2页。

去的时代，变化比较缓慢，而且主要是局部的。今天，日益增加的信息和日益繁忙的推动向一个全球相互联系的信息社会转变，价值观念的变化正在加速，并向全世界扩展。"① 中国社会转型期间的价值冲突，广泛表现在政治、经济、思想、文化、道德等各个领域。在对外开放的新形势下，西方发达国家在政治制度、经济体制、文化模式、生活方式等方面的示范效应（demonstration effect）传播得特别快，常常是变成一种支配效应（domination effect）。

"从实际情况来看，中国社会成员的大多数除了从各类传媒的直接信息传递来接受西方思潮的影响外，更多的就是通过文艺及娱乐休闲途径来接触西方思潮的。虽然这一途径缺乏理论的系统性，是感性的、具体的，显得零散而片段，但它们对于人们人生观及价值观的影响却是非常明显并且十分深远的，如当下存在的种种倾向：不受现实社会伦理规范的制约，轻易放弃远大理想和信仰，追求现时短期效应，单纯追求生理感官的本能满足，追求消费主义符号象征意义的虚荣心，等等。"② 如在关于经济与道德的关系方面，人们的理解也出现了分歧。改革伊始，有人提出"代价论"，认为市场经济的发展必然要以社会伦理道德的沦丧为代价。这种观点虽然受到了广泛的批评，但是这并不意味着这种道德价值观念在人们的生活中没有市场，那种"理想理想，有利就想"，"前途前途，有钱就图"，"一心向钱看"的不良风气的社会表现就说明了这一点。③ 社会变革也付出了极大的代价，道德滑坡乃至失范成为触目惊心的现象。

当代社会的复杂程度不断增加，多元的社会主体和利益格局事

---

① ［美］拉兹洛：《决定命运的选择》，李吟波等译，生活·读书·新知三联书店1997年版，第72页。

② 黄力之：《先进文化论》，上海三联书店2002年版，第241页。

③ 邹广文：《社会发展的文化诉求》，河北大学出版社2004年版，第27页。

实上提出了各种可能的社会生活模式，个体获得了前所未有的选择自由，人们的精神旨趣和思想维度显示出极大的差异。拜金主义、消费主义、虚无主义、犬儒主义、后现代主义等，各种混杂性的社会思潮、异质文化，在我们的社会中共存。作为一定时期内传播开来的一种思想趋势或思想潮流，社会思潮既可以表征为意识形态层面的思想理论，也依托于较广范围内存在的社会心理。每一种思潮都有其产生的社会环境和心理依据，包含着一套观念和价值系统，以综合形式的社会意识影响着人们的行为方式。新传播互动科技拓宽了普通人卷入社会思潮的通道，极大地释放了个体力量，博客、微博等"自媒体"（we media）让个人获得前所未有的话语权。"装载了 Windows 操作系统的电脑使得上百万的人们能够把他们的观点数字化，并广为传播。"① 不同的利益诉求、价值取向并存于共时空间内，人们必然陷入选择困惑和价值冲突之中。

2010 年中国经济总量首次超过日本，成为世界第二大经济体。现在中国经济发展到了转折关头，既要转变发展方式，又要全面推动文化繁荣与社会进步。改革开放进入"深水区"后，也是社会矛盾尖锐化时期、社会问题多发期，深层次矛盾日益复杂纠结，具有重大影响的突发性、群体性事件时有发生，一系列社会思潮动态地交错展开，泾渭分明的阵营已不复存在。当然，任何社会都不可能是无差别和无矛盾的社会。面对当下错综复杂的新情况，必须妥善处理社会矛盾、保持社会和谐发展，在建立表达利益机制的同时，也要用各种方式塑造、凝聚社会共识，引导群众以理性、合法的形式表达利益要求，保持社会秩序稳定。社会秩序只有成为全体社会成员衷心认同、

---

① ［美］托马斯·弗里德曼：《世界是平的》，何帆等译，湖南科学技术出版社 2010 年版，第 45 页。

自觉维护的价值规范，才能真正化解矛盾纠纷，实现长治久安。

二

当代社会处于空前的大变革之中，生产力持续发展，经济社会结构不断调整，物质财富积累成倍增长，人们的精神文化生活空间被大幅度拓宽，生活方式、价值选择有了完全的自主性，个体享有更多的自由。互联网、手机等新媒介的强势崛起，博客、微博等的碎片化传播，知识爆炸、信息爆炸的冲击波，使社会的整个价值系统历经强烈的震荡，人们的心灵从未遭受过如此多样化观念的碰撞。面对加速改变的外部世界和各种混杂信息、异质思维，人们需要不断校正自己的认识方向，以对新事件、新形象和新变化作出判断。

每个人都有自己的思维模式、行为导向，特定的历史、文化、语言、经验和价值体系制约着个体的心理模型。人的思维结构是动态形成的，主体的价值观念、知识经验和情感因素不可能完全出自个人的塑造，大众媒介提供的海量信息刺激着人们头脑，各种社会思潮传达的多元观念影响着人们的感知。新概念、新思想层出不穷，传统的信念和世界观被撼动乃至舍弃，激烈的文化冲突使人们无所适从，在价值取舍上失去了方向感。现代化、全球化改变了民族国家的生存和发展方式，同时也造成价值体系的强烈震荡。东方/西方、传统/现代、自我/他者、个体/群体、利己/奉献、正义/邪恶、信仰/虚无，这些复杂的关系都需要重新审视。近现代以来，西方严肃的学者一直在思考文化突围的路径，他们因精神领域的不确定性而备受困扰，对传统社会神圣价值解体带来的文化溃败深感忧虑。当代社会整体的文化凝聚力逐渐减弱，个体不断分裂为互不相干的原子，迷失在精神荒漠之中。

社会生活世俗化的进程是难以阻挡的，人们越来越远离神圣价值，沉迷于日常生活的娱乐和消遣之中。阿尔文·托夫勒指出，当代价值观的转换比历史上的任何时期都更为迅速。在过去的社会里，一个人可以预期，整个社会的公共价值体系在他一生中基本上会保持原状。然而在今天，除了未经工业技术洗礼的孤立社会之外，再也没有一个社会能够保持不变。① 社会变革的速度越快，价值体系越不稳定。英国学者彼得·达格伦指出，现代社会文化环境有三大特点：一是认同多元化，二是社会关系表面化，三是符号环境传媒化。② 这些都与高强度、快节奏、多变动的现代生活有关，新媒体、新技术压缩了时空，缩短了信息、知识传递的过程。

电子技术的发展表达了西方文化和人的主体性的具有革命性的文化转向。文化加速运动，根据虚拟世界的规则形成了媒介扩容。虚拟这一概念的产生不仅从根本上改变了图像的使用，而且人类的经验也进入了一个新的层次，在那里人类的变化常常要和一个无阶级的半肉体半金属的电子人联系起来，在那里生活通过电子媒介技术可以实现快速循环。人类的知觉甚至都可以转换成机器人的编程。想象力就成了机械与人的界线和媒介。"计算机编程的数字语言创造出了人类对自己的言语、创造和行动作出反应的语境，似乎人类自身已经不再具备重塑自己的能力。"③ 人们的生存方式、思维范型、人际交往方式告别了传统的模式，个人利益实现、价值实现的渠道拓宽了，价值认同的差异化、个体化、去神圣化成为客观存在。

对于被深度卷入全球化进程的中国来说，主流价值体系建构必须立足于本土的现实经验和文化资源。正如齐格蒙·鲍曼所指出的，

---

① ［美］阿尔文·托夫勒：《未来的冲击》，蔡伸章译，中信出版社 2006 年版，第 163—164 页。

② 陆扬、王毅：《大众文化与传媒》，上海三联书店 2000 年版，第 90 页。

③ ［加拿大］朗·伯内特：《视觉文化：图像、媒介与想象力》，赵毅等译，山东文艺出版社 2008 年版，第 304—305 页。

由于多元主义是不可逆转的，不可能出现全球普遍认同的世界观和价值观，现存的世界观和价值体系均牢牢地植根于各自文化传统的基础之上（更准确地说，建立于各自的自主性权力制度的基础之上）。① 根据卡尔·曼海姆的说法，我们一切想法都是意识形态，任何一个国家的伦理体系在任何时候都只是占优势的统治集团认为对于社会有益的行为在意识形态上的表现。由此可见，所有道德价值和道德规范都是相对的，绝对的标准是无法达到的。曼海姆认为，对一个特定的文化来说，一种意识形态在实际上可能比另一种意识形态更为有用，但他觉得无法超越于各种意识形态之外去找一种普遍适用的价值。"世界上存在着各种不同类型的文化；并不是一切社会都采用了西方传统文明所采纳的各种基本价值。"② 因此，西方的价值体系、社会思潮只是我们进行文化建构的一种参照，不存在所谓的"普世价值"能够完全整合全球的观念。而且西方文化本身也包含着巨大的危机，西方文明昭示的并非是人类精神追寻的坦途。

中国传统文化可以为今天的价值重构提供一定的思想资源，但传统文化对现代人的意义也是备受质疑。"五四"以来，儒学遭到启蒙精英的猛烈攻击，传统价值的合法性、有效性被不断拆解，在文化大革命中更是被彻底颠覆。改革开放后，尽管有"国学热"、文化保守主义思潮的回流，但传统价值体系已不可能为当代社会提供精神支柱。要走出中国传统文化及西方文化的双重困境，我们时代的文化重构使命是任重而道远的。从某种意义上说，经济发展在短时间内便可以见出成效，社会整治以重拳出击很快也能起到作用，而文化转型、价值体系建构就不可能一蹴而就，它是在长时期的动态

---

① ［英］齐格蒙·鲍曼：《立法者与阐释者》，洪涛译，上海人民出版社2000年版，第190页。

② ［美］宾克莱：《理想的冲突》，马元德等译，商务印书馆1983年版，第9页。

过程中进行的，要经过一个历史时段才能看出社会文化、群体心态和价值理念的嬗变。新媒体能够快速地传递海量的信息，但是思想文化上的吸收却需要时间和努力。

改革开放以来，中国的经济发展一路高歌猛进，走完了西方国家上百年才走过的发展历程，人们在面对这个全新的世界时难以把握自己的定位，各种纷繁复杂而富于挑战性的观念在人们的头脑中掀起思维风暴，社会心态浮躁焦虑、敏感脆弱。精神世界失衡与社会环境急剧变迁、利益格局深刻调整有关，也与文化转型缓慢、艰难有关。物质丰盛的繁华社会摧毁了人们的传统信念，世俗生活更能激发人们的贪欲、占有欲，精神萎缩造成时代的平庸和虚无主义蔓延。消费主义的价值观使人们着眼于丰裕社会的物质和商品，在炫耀性消费中寻找精神满足。媒介社会、文化工业各种产品表征出的符号价值和象征意义，迎合了当代人的欲望心理，快乐原则、拜金主义甚嚣尘上，传统的人文价值被放逐。

三

近年来"中国模式""中国道路"受到国内外关注，人们惊叹于中国取得的经济奇迹。然而，物质财富成倍增长并不能掩盖精神文化建设滞后的严峻问题。2011年4月，温家宝同国务院参事和中央文史研究馆馆员座谈时针砭时弊："毒奶粉""瘦肉精""地沟油""染色馒头"等恶性的食品安全事件足以表明，诚信的缺失、道德的滑坡已经到了何等严重的地步。一个国家，如果没有国民素质的提高和道德的力量，绝不可能成为一个真正强大的国家、一个受人尊敬的国家。

毋庸讳言，道德虚无主义、价值相对主义、个人享乐主义和拜金主义等思潮，严重侵蚀着人们的心灵，是非、善恶、美丑的界线被抹除，社会的底线不断被逾越、践踏。一些网民出于对现实社会道德滑坡的失望，用各种言论表达对毛泽东时代的怀念，诸如那个时代均贫富、等贵贱、人心向善、社会风气端正、丑恶现象一网打尽、腐败根除、生存压力小、幸福指数高等。一部分人在享受改革开放巨大成果的同时，却又对毛泽东时代充满眷恋，并不惜对其美化、理想化，其中的原因是十分复杂的，这种现象与社会心态失衡、利益分殊、价值失落有着重要关系。在继续朝着分殊化、多元化前进的当代社会，要达到观念完全一致是不可能的，人们的思想、意见和判断的视野越来越开阔。但是，如果不能保持价值体系的基本稳定状态、坚守社会底线，导致私人价值观念与公共价值体系对立、对抗，整个社会必然会陷入深重的精神危机。

从当今中国的现实状况来看，社会转型和心态张力孕育了各种思潮和价值主张，大众焦灼、疑虑、愤懑等复杂情绪都在寻找表达途径。社会思潮、社会心理需要有效地疏导，确立社会主义核心价值体系在文化结构中的强势地位，只能用开放包容的心态看待问题，用理性平和的方式潜移默化地影响，以提高社会凝聚性，形成社会共同意识，把主流的思想、价值观内化为社会大多数成员的意识，从而发挥文化的凝聚力功能，将拜金主义、享乐主义、道德虚无主义等错误思潮的危害降到最低。文化的力量与市场的力量、政府的力量一起，形成互补作用，推动社会良性运转。

一个社会的核心价值体系是历史实践推动"生长"出来的，也是人们有意识地设计、建构的结果。历史发展有其规律性，而人的因素在社会生活中和一切文化建构中始终具有不确定性和易变性。人与人之间的观点分歧、思想差异、心理鸿沟，构成了社会和人生的种种复杂景观。遏制错误、腐朽的思想传播，引导人们的意识、行为和习惯，是文化建设的重要内容。以核心价值体系整合文化的共同体，并非要压制不同思想和言论、消弭文化的多样性、最终导向思想一律，各种"异质思维"仍有其表达的途径和空间，文化的生机、活力有赖于思想的多样性和差异性。核心价值体系是一种普遍话语和一个具有包容性的框架，为公众提供交流的基本规范和共同理想，传递着文化共同体成员所分享的深层结构意义的"符码"。理想话语与现实语境常常存在一定的距离，核心价值体系建构的任务不可能一劳永逸地得以完成，它是在持续的宣传普及和综合过程中完成的。面对社会的各种分化冲动，核心价值体系凝聚各种有价值的资源的场域，为社会文化秩序整合提供支撑力量。

文化建构、价值认同离不开大众传媒的符码化运作。媒介的意义生产是在一个复合的、动态环境中进行的，传媒的价值导向受到特定的政治、经济、文化和社会状况的制约。阿特休尔认为，世界各国的新闻媒介尽管存在各种差异，但其共性特征也有很多。"一首交响乐尽管充满不谐和音和不谐和音调，但总体上是统一和谐的。像瓦格纳风格的歌剧，其主旋律在整个结构中始终贯穿如一，全世界新闻媒介的意识形态也是如此。新闻媒介中所统一的部分是它作为教育者作用时能够保持和谐一致"；无论什么样的社会制度，"新闻媒介都被当作维护社会秩序的主要力量——教育人民使他们在社会中发挥各自的作用"。[①] 大众传媒有一定的自主性，但政治权力和资本力量会对媒介运作产生影响，使之用社会的观点而非个人的观点衡量事物。传媒组织对信息进行取舍，迎合或拒斥某种思潮，都是经过媒介机构"把关人"过滤、筛选的。知识、资讯、社会思潮经过大众媒介的选择性"粘贴"发布给受众，成为社会共享的经验和意识。

---

① ［美］J. 赫伯特·阿特休尔：《权力的媒介》，黄煜等译，华夏出版社1989年版，第315—316页。

在当代社会里，所有的大众传媒只传递一种声音是极不正常的，受众既需要从媒介获得一定程度共享的信息、经验和价值观，也应该能接触到多元的话题和意见，与各种社会思潮理性对话。理想的传播体系，以核心价值体系为依据提供一个共同的参考框架，同时又包容个性、差异性，其话语取向是开放的、多样的、可接近的。媒介系统是整个社会结构的一个重要部分，从历史的演进来看，政治权力系统完全操控大众传媒必然导致思想文化专制。如文化大革命中媒体的监管机制，对公共文化空间和精神领域构成强有力的钳制，舆论一律使个体的思考和探索被淹没。

大众媒介是社会的"传感器"，与社会的稳定、和谐密切相关。然而，稳定、和谐不是单一话语独白，不是扼杀思想文化、社会思潮的多样性、丰富性。稳定、和谐绝不是打压反对声音之后剩下的一片赞美之辞，矛盾的对立性和统一性是我们理解和谐的前提。包容不同的意见、思潮，真理最终将在实践中战胜荒唐的思想。社会思潮本身也会随着社会变革而发生变化，积极与消极、正价值与负价值都可能在历史进程中相互转化，社会发展会不断催生新价值。

对社会思潮进行合理的引领与调控是必要的，完全的自由、随心所欲的状态并不存在。大众媒介是社会思潮传播的载体，具有舆论引导和社会动员的功能，价值引导的核心是围绕利益问题来展开。当代中国的社会发展深刻改变着各种资源的分配方式，改革的实质就是对社会资源进行重新分配，改变社会的利益关系和格局。思想与利益其实是密切相关的，利益结构的调整影响着社会思潮的走向，社会构成、利益关系的多样性，是形成多样化社会思潮的根本原因，不同的阶层、不同的利益主体或群体通过各种方式表达自己的利益诉求，形成新的观点和主张。

在很多场合下，思想有其历史根源，背后隐藏着十分复杂的利益。

新社会思潮的出现往往不只是思想文化环境变化的结果，它也代表着新利益群体的现实欲求与内在渴望。不同社会思潮之间的交锋，各种社会思潮与主导意识形态之间的碰撞，是一个复杂的过程。每一种思潮都代表着理解现实的不同模式、不同的阐释符码和背景、不同的思考前提和利益链，它们在传播过程中形成舆论声势后，便会影响公众态度乃至权力机构的决策，然后间接地影响社会资源的分配。值得注意的是，对媒体的监管并不是要导向单一的意识形态、价值体系和评判标准。和谐社会是兼容并包、多元共存的社会，多种意见自由竞争，有利于建立社会心理疏导机制或者曰社会安全阀机制。利益表达的渠道畅通后，反而可以在一定程度上避免极端的破坏性行为。

在某种意义上说，价值导向也是一种利益取向，它是社会权力系统为了调节不同阶层、集团以及个体之间的利益关系、利益格局而倡导的一种价值取向。一个社会出现价值观念混乱的局面，本质上是由于利益结构的变化使然。核心价值体系维护着民族国家多数人的利益，用共同利益来维系人们的合作与交流。因此，以社会主义核心价值体系引领社会思潮，既要注重宣传教育、调控艺术，更要处理好与多样化社会思潮相关的利益博弈。

凭借大众传播和教育系统，核心价值体系的建构有助于在当代社会里形成利益共同点，但是大众传媒作为文化力量毕竟无法解决社会的利益结构，社会和谐还有赖于其他制度、措施在社会变革的过程中有效发挥利益调节的作用，使局部利益与社会整体利益相结合，将理想因素与人民群众的现实需求有机统一。传媒不是孤立运作的，社会思想共识形成、核心价值体系建设是一个长时间的系统工程，始终需要在历时和共时的维度上动态展开。

（原载《学术论坛》2011 年第 11 期）

社会主义核心价值观与出版文化

陈伟军

任何社会都是建立在一定的价值共识基础之上的，核心价值观是维系社会秩序、调节思想行为、塑造身份认同的精神力量和纽带。党的十八大报告从国家、社会、个人三个层面提出"富强、民主、文明、和谐""自由、平等、公正、法治""爱国、敬业、诚信、友善"的社会主义核心价值观。这为我们时代的核心价值观建构明确了具体内容，有利于形成和谐稳定的价值共同体。

要在全民族激发拼搏奋进的正能量，建设团结、和睦、幸福的美好家园，新闻出版业承担着不可推卸的文化使命。大量优秀的出版物和精神产品，可以为社会提供知识资源和思想养料，建构起国家和民族的精神文化大厦，弘扬核心价值观，凝聚社会人心。陈原先生曾说："一个时代的文化，一个社会的文明，在很大程度上蕴藏在图书里。"[①] 的确，出版物反映着一个时代的精神状况，引导着大众的文化趣味和价值取向，塑造着读者的观念世界。作为意义和价值生产的载体，报刊、图书等文化产品影响着受众的社会认知、自我定位和价值认同。以社会主义核心价值观引领出版文化建构，是

---

① 陈原：《总编辑断想》，辽宁教育出版社 2001 年版，第 16 页。

我们时代的一个重大文化主题。

一　文化和价值是出版活动的灵魂

价值是人们在实际生活中的愿望和诉求被抽象为观念标准、判断尺度，并以此评价客观事物，它与现实生活有着深刻联系，同时又是一种理想形态的信念追求。核心价值观是社会的"元规范"（metanorm），由社会制度、文化系统等来支撑，社会成员共享着这些基本的认知框架。托克维尔曾形象地指出核心价值体系的重要地位，他说："我们只要仔细考察一下，就会发现任何时代都有一个占有支配地位的制约其他事实的独特事实。那个时代的基本思潮，或由此引起并将人的感情和思想汇集起来的主要激情，几乎都是由这个事实造成的。这就像一条大河把两岸的小溪汇纳起来一样。"① 作为支配性的意识形态符号，核心价值体系通过信仰、习俗、道德等联系方式，将分散的人群整合起来，树立大致相同的价值取向和行为规范。

文化和价值是出版活动的内核和灵魂，出版文化传播的根本目标就是塑造人，即通过各种出版物传播信息和知识，熔铸个体的思维模式、心理结构，使信息、知识与人们的生活结合起来进而影响其价值观念，代替他们原来的观念去解释行为的价值和意义。历史传统、精神文化和现实生活，都与出版文化及其传播过程相互关联。语言、信息、媒介、传播，是社会互动不可或缺的因素，与社会秩序、心灵秩序是内在融合的。正如雅各布·尼德曼所说，没有一个伟大的理念可以孤立存在，它必须和一系列为人类生活带来希望、指明方向的理念相辅相成，人类只有将一系列理念与具有文化特色

---

① ［法］托克维尔：《论美国的民主》下卷，董果良译，商务印书馆 1988 年版，第 621 页。

的艺术形式、绘画、经文、礼仪和风俗习惯有机地融合起来，广泛传播，才能为人类造福。文学艺术、宗教文本、风俗民情、报刊图书等，成为精神文化领域的建构力量，充当着意义、符号与讯息的生产者或信使的角色。雅各布·尼德曼接着写道："'文明'这个词的确切含义实际上就是他们所做的努力以及他们所取得的成果。我们可以把这个过程看成将伟大的理念在人世间传播的过程，但是我们还必须记住这些理念不光是以哲学观点的形式，同时还是以宗教、科学、艺术、音乐、绘画、雕塑、舞蹈、建筑、神话和故事的多种形式传播给大众的。"①

任何社会都必须创建价值和意义的选择、构型、传送的系统，而传播机制是维系文明秩序的重要载体和支撑。就像涂尔干所指出的，"正因为人类有了代代相传的各种书籍、雕刻、工具、乐器，以及口头传说，等等，人类经验所产生的结果才几乎可以被完整而详尽地保存下来。这样，人类本性这块土壤，才会覆盖上一层厚厚的积淀，而且依然在不断加厚。正因为有了一代一代的兴衰与更迭，人类的智慧才不会消弭，反而会无限积累起来，也正因为有了这种无限的积累，才会使人类得到提升，使人类既能胜过动物，也能超越自己"②。经验分享是价值认同、民族国家认同的基础，现代人被报刊、图书等主流媒体所社会化，受众借此分享共同的经验、思想、看法和价值观。优秀的出版物在引导舆论、凝聚共识、建构核心价值观方面发挥着不可替代的作用。

新闻出版业是一个特殊的文化生产行业，与特定时代的文化氛

---

① ［美］雅各布·尼德曼：《美国理想：一部文明的历史》，王聪译，华夏出版社2004年版，第12—13页。

② ［法］爱弥尔·涂尔干：《道德教育》，陈光金等译，上海人民出版社2006年版，第239页。

围、价值变迁有着紧密联系。从历史上看，谷登堡印刷术对促进人的自我认识和思想文化传播起到了巨大作用。书籍及其携带的文化解放力量，在历史进程中不是突然释放出来，它渗透到文化阶层之中，创造自己的受众。印刷媒介的逐渐普及，体现了自"上"而"下"的传播过程。启蒙读物由上流社会向下层民众广泛流传，导致思想、文化的深层震荡。这也即马克思所揭示的，从科技兴起、社会革命和文化传播的角度而言，印刷术是"对精神发展创造必要前提的最强大的杠杆"。书籍出版调动了民众的文化需求，公共教育随之兴起，知识和信息生产的速度日益加快。

传播方式的革命，不只是纯粹技术层面的载体转换，同时也深刻地塑造着人们的思维模式和接受方式。印刷机为专制主义、蒙昧主义催生了掘墓人，科学成果的大量复制与传播，由先进的印刷媒介带来的新的观察与体验，促成了文艺复兴、启蒙运动时期科学革命的爆发，知识和技术为社会进步提供正能量。媒介技术变革为文化嬗变、价值更新提供了基础条件，信息、知识传播与价值观裂变几乎是同步进行的。由此，"印刷品广泛传播在各类人群之中，从而形成了一种没有阶级之分的、生机勃勃的阅读文化"[①]。人们的精神空间被书籍拓宽了，自由、民主等观念赋予了个体前所未有的独立感、尊严感。民族主义、个性主义等思想的兴起，又为现代国家造就了基本的情感联系纽带、交流方式和评价尺度。

历史变迁、思想解放、社会进步的大潮，离不开新闻出版业的推动。今天，中国的新闻出版业必须追随时代变革的主旋律，深度融入波澜壮阔的历史进程，以社会主义核心价值观引领思想文化传播，塑造美好心灵，巩固党和人民团结奋斗的共同思想基础，凝聚

[①]　[美] 尼尔·波兹曼：《娱乐至死》，章艳译，广西师范大学出版社 2004 年版，第 43 页。

起实现中国梦的强大精神力量，为民族复兴提供智力支持和文化支柱。

二 直面精神迷乱、引领价值流向

当代社会处于空前的大变革之中，生产力持续发展，经济社会结构不断调整，物质财富积累成倍增长，人们的精神文化生活空间被大幅度拓宽，生活方式、价值选择有了完全的自主性，个体享有更多的自由。知识爆炸、信息爆炸的冲击波，使社会的整个价值系统经历强烈的震荡，人们的心灵从未遭受过如此多样化观念的碰撞。面对加速改变的外部世界和各种混杂信息、异质思维，新闻出版业要积极适应、主动参与社会现实变革，更加理性地适应市场需求，引领价值流向。

必须承认，处于社会历史转型期的中国存在着多样化的价值冲突，广泛表现在政治、经济、思想、文化、道德等各个领域。社会生活快速变动、流转，大众传媒制造出海量信息流，社会思潮多元共生、强劲冲击，促成了人们意识、心理和价值观发生种种变化。当代社会日益趋向组织化、科层化，职业领域中的规范和秩序编织成无形的网络，人们在工作和生活中承受的压力越来越大。为了放松自己、摆脱压抑，人们转向浮光掠影式的"浅阅读"，以获得一时的视觉快感和心理愉悦。社会生活世俗化的进程难以阻挡，人们越来越远离神圣价值，沉迷于日常生活的娱乐和消遣之中。平民化的通俗读物、影像商品拥有巨大市场，高雅文化被迫迎合普通人的趣味，改头换面走向大众。传统知识分子的生存方式和文化心态，受到了外界很大的干扰或诱惑。近年来出版的商业目的越来越明显，功利色彩和浮躁心理成为一种普遍性的群体状态。出版界虽在加速"推陈出新"，出书的品种越来越多，但"去文化"的现象也十分突出。令人眼花缭乱的新书，大部分成了速朽的东西，"垃圾图书""快餐文化"就像过眼烟云，转瞬即逝。

由于新闻出版业的长足发展，中国已发展成为世界出版大国，但人均购书量、阅读量较低。我国的人均购书量只有发达国家的几分之一甚至十几分之一。有数据表明，2011年中国的人均图书阅读量为4.3本，韩国10本，俄罗斯超过20本，以色列达到60本。[①] 在新媒体环境中，传统的纸质阅读、深度阅读受到很大冲击。互联网、手机和iPad等移动终端给阅读带来了便利，但"读屏"引发的认知方式的变化却不容忽视。经典文本对新兴的"移动一族"缺乏吸引力，信息超载、信息过量让年轻人难以过滤、选择，他们沉迷于视频、游戏、QQ、微博、微信等而不能自拔。新的移动载体使人们热衷于"快闪"，不断点击屏幕然后赶快走人。面对高速传播的信息流、符号流和影像流，一些人感叹：有了博客，就不看书了；有了微博，连博客都不看了。新媒体技术、新传播形态吸引了人们的眼球，但也分散了人们的注意力，尤其是减弱了大众对于经典文本的兴趣。

新媒体技术和消费主义意识形态在一定程度上改变了阅读的性质和样态，信息、知识被过度包装，转换为娱乐化、实用化的"内容"和"产品"。在文化与经济融合发展的趋势下，报刊、图书等文化产品呈现出泛市场化经营的倾向，文化消费日益趋向大众化。一些人对新闻出版发展存在某种认识误区，在经济效益和商业运作原则的驱使下，享乐主义、拜金主义、利己主义等思潮渗透到不少出版物中，主流价值对新闻出版发展的正面导向作用时而

---

① 杨旭：《不妨读些"无用"书》，人民日报，http://culture.people.com.cn/GB/n/2012/0920/c1013 - 19055919. html，2012年9月20日。

被忽略。消极思想弱化了人们的社会责任感和道德意识，弱肉强食的社会达尔文主义制造出恶性竞争的语境，利益追逐成为一些人生活的最大目标。

无论社会生活和传播技术如何变革，人文阅读对培养人的道德灵性、高尚情操、文化人格起着至关重要的作用。新闻出版业要营造一种以人为本的精神文化氛围，将出版物的实用价值、商业价值和文化价值有机统一，发挥出版物的社会心理调节和价值导向功能，矫正错误的思想观念，防止垃圾文化的负面作用扩散。

三 探索价值引领的多维路径

从当下的媒介生态和出版文化状况来看，以社会主义核心价值观为本位，提高出版物的精神品格和文化档次，使报刊、书籍真正成为人类的信息知识、历史传统、实践经验、科学技术、文学艺术、伦理道德乃至民族精神的记忆和负载，即便是单一的消遣娱乐性读物也能贯注一定的审美素质和人文内涵，这需要出版界持之以恒地不倦探索。

首先，在出版理念、价值定位上，要确立社会主义核心价值观至上的理性认识和目标，将社会主义核心价值观作为出版文化领域彰显的基本主题，出版更多、更好的文化精品。在多元价值观交互碰撞的今天，必须发挥社会主义核心价值观的统摄功能，不断纠正现实生活中与价值信仰和理想不相符合的各种偏差、失误，通过新闻出版实践将社会主义核心价值观大众化、日常化，使之扎根于人们的思想意识深处，成为人们行为和观念的根本价值指针。在新潮迭起、变化不定的社会生活表象中，新闻出版业运作要围绕社会主义核心价值观的内核和灵魂，从古今中外的思想资源中汲取智慧，在信息传播中融入科学的价值尺度和认知模式，引导人们的实践活动与价值追求。报刊、书籍既是精神文化的载体和文化传播的媒介，又是可以营销流通的消费商品。商业化大潮汹涌而来，新闻出版业发展不能简化为纯粹的市场操作，不能忽视共同的价值理想建构。在碎片化、机械化的生活中创造或重构具有凝聚力的思想文化新形态，这也是出版人不可推卸的历史使命。

其次，在文化市场、出版物市场管理上，要树立价值导向的标杆。对社会危害性极大、有着较广泛群体心理基础的拜金主义、享乐主义以及极端个人主义等错误价值倾向的读物，要进行警示、曝光，限制其传播。按照马尔文·德夫勒的分类，媒介内容都可大致归为以下三类：一是低品位内容。例如渲染暴力、公开描写色情以及其他被广泛认为导致人们品位下降、道德沦丧、激发反社会行为的内容。二是无争议的内容。这种内容被认为既不能提高也不能降低人们的品位，不被视为对道德标准的威胁。三是高品位内容。这种内容品位较高，有利于提高人们的道德水准，某种程度上催人奋发向上。① 限制低品位内容传播，提倡高品位内容，推出更多思想性、艺术性、观赏性俱佳的优秀作品，这是建构社会主义核心价值观不可或缺的。

再次，在表现形式、传播手段上，要通过丰富多样的出版物扩大社会主义核心价值观传播的广度和深度。当前我国的主流意识形态虽占领着新闻出版的主要阵地，但社会主义核心价值观仍不免受到各种异质观念的冲击和影响。对于一些人思想认识上的误区和价值选择上的迷误，新闻出版业要主动引导，用多样化的表现形式和灵活的策略提升引导艺术，将社会主义核心价值观融入出版物创作传播的全过程，以最大限度地统一思想、达成共识。人们对某种思

---

① 　熊澄宇编选：《新媒介与创新思维》，清华大学出版社 2001 年版，第 61—62 页。

想观念的认同，跟价值体系本身的吸引力有关，也与教育、宣传和传播工作有关。马克思曾称赞自由出版物"无所不及，无处不在，无所不知"，"是从真正的现实中不断涌现出来而又以累增的精神财富汹涌澎湃地流回现实去的思想世界"。① 社会主义核心价值观是当代中国人精神认同的依据和基础，新闻出版业要深入发掘社会主义核心价值观的丰富内涵，推动主流话语大众化，并对整个社会形成亲和力、凝聚力，使大众发自内心地向往社会的共同目标和价值理想。

最后，在媒介生态、技术变革方面，报刊、图书等纸质媒介与网络、手机等新兴媒体要多维互动，形成合力，提高价值引导的有效性。每个时代都有自己的思想范式和文化形态，精神文化发展具有自身独特的规律。时至今日，新媒体的崛起，使学习方式、知识获取、传播手段、价值取向和媒介控制都发生了重大变化。文化传播越来越受到高新技术和媒体策划的制约，传媒技术和市场力量共同参与、规范着图书出版与文化生产的流程。新闻出版工作者应该始终站在媒介技术的前沿，充分运用数字化手段，把时尚、情感、审美等文化元素注入文本中，激发数字产品在传播主流文化中的隐性熏陶、感染和教育作用，不断探索运用新文本形态构建精神家园的新路径，打造社会主义核心价值观传播新平台。数字技术等运用于新闻出版实践，可以丰富精神文化的创造性空间，拓宽主流声音抵达大众的载体和通道，使先进文化在新媒介语境中获得蓬勃的生命力。

社会的价值规范并非一成不变，个体的信念也不会自发形成，社会环境变化将会提供多种价值选择，人们可以从中去寻找有价值

---

① 《马克思恩格斯全集》第 1 卷，人民出版社 1956 年版，第 75 页。

的生活形式。恩格斯在《反杜林论》中曾指出："文化上的每一个进步，都是迈向自由的一步。"综观人类社会发展的历史，文化是一种超越性的力量。在民族国家及区域经济社会发展过程中，文化发挥着内源动力的功能。中国目前正处在迈向文化强国的过程中，新闻出版业要有深远的文化战略，坚持价值本位与经济效益的和谐统一，为我们剧烈的变革时代提供精神支撑和价值依托，让主流文化渗透到人民群众日常生活的方方面面，使民众获得道德坚持、精神守望的从容，鼓起奋发进取的勇气，焕发创新创造的活力。

（原载《中国出版》2013 年第 17 期）

新媒体语境中的文化引领与价值形塑

陈伟军

党的十八大报告提出，全面建成小康社会，实现中华民族伟大复兴，必须推动社会主义文化大发展大繁荣，兴起社会主义文化建设新高潮，提高国家文化软实力，发挥文化引领风尚、教育人民、服务社会、推动发展的作用。"文化引领"，这是一种醍醐灌顶的观念转变，是"软实力"与"硬功夫"协调、碰撞出的最强音，是经济快速发展之后文化资本演化、裂变、提升的全新导向思维和战略决策。

为什么文化对经济、社会和道德风尚等能产生巨大的引领作用？说到底，缘于文化是一种超越性的力量，是思想观念、价值取向和行动实践的集合。文化既有自身独立的精神、价值表征形态，又贯穿于人类的政治、经济、社会和历史领域。文化是超越于物质之上的精神力量，在各个领域都能起到全方位的引领功能，表征为价值导向建构和精神力量凝聚等方面。在历史的长河中，文化繁荣、价值转换、观念变革和社会进步，往往与大众传媒的推动分不开。换言之，传媒是文化引领得以实现的重要载体和通道。

每个时代的传媒都以其特有的方式展示着这个时代的文化景观和价值观念。信息时代的新媒体同样呈现着社会的文化生态和价值关系，并不断改变着人们的思想观念。多元化的社会价值观念与新媒体的信息表达融为一体，构成了一个时代和社会价值演变的晴雨表。今天，随着移动互联网、物联网、云计算、卫星传输等基础技术的发展，以及民众生活水平、文化程度的提高，网络、手机、平板电脑等新媒介或移动终端长驱直入青年的日常学习、生活，在很大程度上掌控着他们的眼球和手指。数字化信息充斥日常空间，悄然改变着人们的认知方式乃至价值观念。在多元化的文化语境中，如何建构我们时代的主流价值观成了当下异常紧迫的问题。

一 异质符号播散与多元价值冲突

在转型期的社会文化整合中，新媒体的价值建构及意见与信息整合功能不容忽视。新媒体为大众提供了一系列新的选择，不同的信息、知识传播模式，代表不同的理解世界的方式。如何解决满足最大多数人的利益表达与满足不同阶层的利益诉求之间的矛盾，提供群体成员所分享的深层结构意义的共识符码，这需要新媒体对自己的角色功能重新定位。

当代社会的复杂程度前所未有，在新的社会分化、变革中，各种矛盾、利益纷争层出不穷，社会各个阶层都在运用网络等新媒体表达自己的声音，不同社会成分的诉求共存于一时。而体制内媒体面临巨大尴尬，新媒介"倒逼"改革的压力越来越大。按照布尔迪厄的总体社会观，社会是一个相互缠绕的、由争夺各种有价值的资源的场域组成的网络。① 社会的急剧变动决定了当代中国的价值冲突广泛存在，包括政治、经济、法律、道德、宗教、文化等各个领域。

---

① ［美］戴维·斯沃茨：《文化与权力：布尔迪厄的社会学》，陶东风译，上海译文出版社 2006 年版，第 54 页。

资源配置、权力运行机制的弊端和缺陷，衍生了不合理的利益格局，涌动于其中的价值碰撞，跟社会心理相呼应、共振，并与技术发展潮流和其他社会因素汇合在一起，转化为信息和文化的生产、流通、接受，构成人们多样化生活模式、思想观念和未来愿景的文化图谱。错综复杂的形势、格局，使得"改革顶层设计"的理念浮出历史地表，并成为中国新的政治表述，在各个层面上被广泛使用。

社会变迁和技术创新对大众传媒的影响巨大，传媒对社会发挥的功能效用处于不断调整之中，它所传递的符号文化便折射出这种变动效应。在社会的大系统中，媒介技术从来不是中性的，而是潜藏着丰富的社会、政治、文化的蕴含，融合了观念、制度、习惯和话语表意实践，成为社会秩序不可或缺的组成部分，各种力量都试图以其特有的方式影响、左右传媒的话语与价值取向。文森特·莫斯可认为，"技术性能本身被带入社会语境后，就有可能参与社会建构，这样，技术应用的可能就不仅仅限于国家权力的政治需求和商业公司的市场扩张，不同形式的社会力量组合亦可能把新信息传播技术作为探讨社会问题的一种方式，一种呈现主流所不接受的信息的方式，西方国家不断兴起的新社会运动和另类媒介的结合，就是社会与技术博弈的征兆"①。

新媒体信息空间具有空前的异质性、混杂性，不同的目的、利益、标准与价值交错杂陈。因为我们社会成员之间的利益份额处于此消彼长的矛盾中，群体结构的复杂性可能催生或裂变出新的利益区隔，越来越多相同利益、身份、价值观念的人们，通过新媒体手段集合起来，采取多种形式表达诉求、争取权益，群体间的纠结和

① ［加拿大］文森特·莫斯可：《数字化崇拜：迷思、权力与赛博空间》，黄典林译，北京大学出版社 2010 年版，第 13 页。

摩擦增加。在线沟通、虚拟交流和网络结社等社会化联系模式，使群体事件、越轨行为增多。而网络"意见领袖"中的"公共知识分子"，以代表社会良知、守望公共利益的姿态出现，对突发事件、公共事务发表意见，通过批判性的话语推动舆论风潮。相关信息往往由新媒体首发、病毒式传播，继而由传统媒体转载，产生更大的"溢散效应"。社会公共领域的边界被拓宽，即便是在微博中"围观""转发"，也显示了受众对公共事务的一种参与，权力遮蔽真相的可能性越来越小。

在短暂、松散、流动变异性强的虚拟场域中，过度解读或者"标签化"的趋向显露出来，社会性事件的引爆点不断降低，愤怒、怨恨、敌意等负向情绪蔓延。传统的价值观念逐渐淡漠，昔日的权威声音如今难获信任，我们的政府、专家及官方媒体遭遇信任危机。各个阶层都有一些牢骚和抱怨，"拿起筷子吃肉、放下筷子骂娘"的情况更多了。在微博空间和虚拟社区中，表达嘲讽、不满乃至仇恨情绪的文字随处可见，凸显了巨大的文化断裂和社会鸿沟。

今天的社会变化速度之快、程度之深、波及面之广，令人们一时无法在心理和观念上达到完全的调适和平衡。在社会变迁中，人们不容易一下子摆脱原来的价值取向而进入新的观念系统中来，价值体系的变迁需要有一个缓冲的过程。认识论的障碍和新旧价值观的冲突，容易造成陌生感、焦虑感、挫败感和反常现象。最典型的例子是网络愤青的偏激姿态，他们往往以片面化甚至极端化的思维方式介入热点话题，常常表现出一边倒的声音和行为。特别是涉及贪污腐败、贫富差距、收入分配、暴力拆迁、食品安全、社会公平等方面的话题，网络上的"义愤"宣泄、正义呼唤尤为强烈。

新媒体对于大众感知、诠释现实的作用越来越大，信息技术为利益表达、意见交流、文化传递提供了更具包容性的平台，传播范式的转换使"世界观的信息化"趋势愈发明显。新媒体信息自我生产、自我发展、自我管理的模式，不断衍生出价值认同、文化认同的象征符码，对思想观念的影响逐步递增、扩展。新媒体文化彰显了一种约翰·费斯克所说的"微观政治"或曰"日常生活的政治"，它以循序渐进的方式，发生在家庭、切身的工作环境、教室、社群等结构当中，朝向无权力者的权力的重新分配，试图扩展自下而上的力量得以运作的空间。① 各种类型的文化表达通过网络论坛、SNS社交网站、博客、微博、微信等途径导入虚拟现实空间，形成各自的叙述规则和价值逻辑。网络民主、民粹主义、民族主义、个人主义、后现代主义和消费主义等思想倾向，不仅在知识界、文化界表现出来，而且与社会心理有着广泛的契合之处，成为大众精神生活的重要组成部分，尤其是在新生一代中蔚为风气、时尚，进一步可能积淀为某种集体记忆和共同心理，从整体上重组社会意识和行为模式。

数字技术、电子媒介技术的发展，使人类的认知和体验进入了一个新的层面。信息加速运动，如云计算将让数据、程序和操作系统不再存储在单独的电脑上，而是通过互联网来提供动态易扩展的云集合资源，使信息、知识等需求服务自助化，随时可以存取，虚拟世界的法则为媒介扩容提供了依据，话语快速膨胀、循环。高新技术丰富了传播活动和人类行为的内涵，数字语言构筑了新的社会文化语境，人们置身于一个感知、观念和电子加工的复合世界，技术与生活无缝对接，创造出一种符合人类经验和想象的虚拟生活方式。这也就是朗·伯内特所说的"媒介变成了自我创造和再创造的新型场所——生活就像艺术一样可以编辑和重构。不仅如此，电子

---

① ［美］约翰·费斯克:《理解大众文化》，王晓珏等译，中央编译出版社2001年版，第58—59页。

视像开始渗透到人类的许多活动领域，与人类的各种活动形式相互影响和交流"①。仿真技术及新媒体的表意实践，在某种程度上改变了人的主体性。

新媒体的便捷性、高效率、离心力和多向传播的模式，快速重构着当今的媒介生态，并创造出新的文化族群。年轻人将更加依赖于电脑或移动终端随心所欲地读取屏幕，文字、图片、声音和视频转换为非线性、超链接的文本形态传播，固有的媒体经验被重新定义，互动性和参与性极强的数字世界成为传递、共享文化符号与意义的重要场域。新的通信和媒介系统对传统思维方式带来挑战，人类内在感受和认知的质量将会发生本质上的变化。网络的结构变得日益分散化，网民的流动性非常大，公众信息交换的速度和密度都在增长，传统的身份认同方式逐渐淡化，公民的政治参与观念及对社会和公共事务的理解被注入新的内涵。

认知模式和符号系统的转换，使人们更多地停留在事物或现象的表层，思想和价值如同碎片般播散。正如施尔玛赫所说，"因为在网络上不仅仅交换货物，也交换思想和感受，我们会越来越频繁地经历思想潮流和感觉倾向的摇摆"②。新媒体作为认知与交流载体，为大众的思想和价值认同提供新的象征文本、符号系统与话语规则，改变着当代文化的生态结构。手机、平板电脑不仅是通信设备或移动终端，同时也是权力工具，影响着用户的感知模式和判断方式。

二 缤纷文化景观与多维现实映射

文化与科技融合、文化与经济融合，导致新媒体信息生产的内

---

① ［加拿大］朗·伯内特：《视觉文化：图像、媒介与想象力》，赵毅等译，山东文艺出版社 2008 年版，第 348 页。

② ［德］弗兰克·施尔玛赫：《网络至死》，邱袁炜译，龙门书局 2011 年版，第 163 页。

涵和价值发生变化。新媒体文化与主流价值的关系，这是一个需要深入认识的对象，也需要对其观念流变、未来走向作出相应的预测。我们必须直接面对社会转型期媒介生态的变化，从现实发现和分析新媒体语境中的文化景观、价值逻辑。

新媒体文化本质上属于大众文化，同时兼有流行文化、主流文化、边缘文化和亚文化的属性，是一个多元价值取向杂糅的场域，庞杂的象征与符号对应着混沌的现实。价值认同多元化、社会关系表面化是现代社会文化环境的突出特点，这在新媒体语境中尤为明显。

由于现代技术的介入，媒体的信息生产方式发生了很大的改变，在文化领域形成了新的生产关系，形成了不同于传统的人与人之间的关系，这就相应地出现了与之相关的文化生产伦理和新的社会道德关系。虚拟空间激荡着非中心的私人话语、个性话语，彰显个体的心灵世界，展示多样化的观念视域，延伸思想和行为模式，寻找认同感和归属感，以实现主体价值。新媒体信息生产者呈现多元化的生存方式，信息传播观念相应发生变化。数字化催生许多新的行业、新的职业和新的人群，如网络写手、网络编辑，还有快闪族、BoBo族、视觉系等特殊族群，以及网络动漫、网络游戏、手机小说等亚创作群。他们的精神背景、生活资源、知识状态、艺术伦理等，建立了新的人与媒介的关系，玄幻穿越、耽美浪漫、游戏竞技、灵异惊悚、名人逸事、草根说史等各种类型的原创文本纷纷登场。

网络游戏、网络动漫、网络音乐、微电影、微视频、在线阅读和下载服务等，扩充了大众文化的内容。随着文化产业新兴业态的发展，更多技术含量高的文化商品不断被生产出来，以满足大众日常娱乐、消遣的需求。新媒体的大众文化属性还体现在贴近普通受众的感受与价值观，人人都有展示自我、发表意见的权利，正如土豆网的主打理念所昭示的——"每个人都是生活的导演"。在传统的媒介环境中，单向度和无反馈的传播体系将"现实"的许多方面过滤掉了，其编码的过程和内容易于被监管和控制。而新媒体信息准入的门槛大为降低，信息壁垒被打破，特别是移动博客、微博和微信等终端联系，使草根民主得以扩散到更大的社会空间，普通受众也能成为信息创造者、传播者，实现个人思想与价值的共同分享。

在新媒介中，信息、知识等内容都是瞬间传送与接受的，流行文化由此找到了特别适宜的土壤和温床。时尚的自我装点、文化快餐、奢侈消费、享乐休闲等，如潮水般此起彼伏，流行的周期大为缩短。"甄嬛体""元芳你怎么看""学弟加油体""航母 style""笨笨牌红烧肉"等热词或现象，显示了微博制造流行话语潮的力量，推动参与式文化体系构建，其传播速度之快令人惊叹。

新媒体激发了人们的想象力，为个体和族群提供价值观、信念、合法性、情趣和偏好。他们通过符号化、幻影化的虚拟实践，体验文化时尚和消费，将信息和娱乐范式转换为现实的形象，参与想象的共同体，塑造普遍的认同性。经济主义、消费主义和物质主义的价值取向，在虚拟世界中颇为流行，财富、金钱和高档商品是通用的价值符号，炫耀财富、展示奢华成为一些新富阶层遏制不住的冲动。形形色色的明星大腕、社会名流私人化的生活方式，吸引着公众的眼球和注意力。消费主义、享乐主义价值观的扩张，使得过去曾具有重要意义的工作、传统的神圣价值，都失去了原有的光环。

新媒体是一个高度复杂的系统或场域，以往被忽视的人群和议题，在便捷、自由的虚拟社区中可以找到自己寄居的"地盘"，并代表弱势群体的利益诉求和日常生活价值，形成补偿性的影响。由于社会分层的差异，不同个体在教育、社会地位、职业、地域、收入水平等方面差别极大，"屌丝""穷矮丑"与"高富帅""白富美"

的称谓背后，折射出社会的残酷与无奈。讽刺与自嘲式的"屌丝"亚文化，意味着弱势、边缘的群体也获得了诠释生活的角度与权利。

在传统的信息生产、传播中，边缘文化和亚文化受到种种限制与阻隔，媒介"把关人"和信息容量的限制使"另类话语"和"边缘话语"不能完全显现。新媒体赋予事物或现象以不同的阐释，社会成员大胆彰显自我，发出大量他们自己的形象信息，甚至包括性爱和身体展示，公布情感日记、出位裸照、性爱录像带等，表达特殊的爱好与兴趣，扩散多种欲望和诉求。如网络上涌现的"同人文""耽美文"，以自娱自乐为目的，强调另类体验分享，题材涉及自杀、同性恋、性别混乱、心理畸变等敏感的社会问题，显示出前卫、叛逆和颠覆气质。由于网络原创作者的壮大，他们通过与其他有同样心理或价值倾向的人的网上联盟，得以强化他们的身份认同。像耽美爱好者纷纷创立耽美网站，用众多的个人论坛传播其原创作品，并将他人的作品整理、汇编成集在论坛内传播。"耽美"类边缘文化、亚文化曾长期处于弱势、灰暗的地带，当下如何认识其发展趋向、社会正负功能及影响力，是一个值得探讨的课题。新媒体加速了社会群体的分化、裂变和重构，社会公众细分为更多的小群体、族群，世界观的分裂和多元性在虚拟情境中呈现无遗。

新媒体具有价值弥散的特性，但它作为一个多层面的资源和信息空间，与主流文化并非完全脱节，主流的政治价值、道德价值、普适价值在其中多维穿越和映射。凭借其强大的优越性、主导力和整合力，主流文化以自己的价值观念策略性地对新媒体施加影响，对各种新兴的亚文化起到引领或同化作用，以确立自己的主导方向和规则。同时，主流文化必须与时俱进，借助新媒体进行全面传播、扩大地盘，才能不断巩固其领先的支配地位，如新闻网站、政府网站、门户网站等，都是我国主流文化传播的重要阵地。新闻网站、门户网站纷纷开展博客、微博、网络论坛、社交网站、搜索引擎、手机报刊、手机电视、网络视频、动漫游戏等新媒体业务，创新主流文化传播形态。官方微博、网络问政、微政务等形式，突破了以往的意识形态说教模式，构建对话交流的新型操作平台，有助于提高主流价值的认同度。而主流文化与新媒体文化结合的程度、效果，取决于受众对不同文化理念的认识深度以及他们的价值立场、认知取向、认同环境等因素，具体效应因人、因时、因地而异。

三 文化引领风尚与主流价值重构

新媒体文化与主流价值观有交叉的地方，但也存在不一致之处，在道德和政治方面可能偏离了主流价值，但在内容和形式上它与主流文化各有进入对方的渠道，构成影响和互动。新媒介语境下多元文化情境的症候式表达，折射出主流价值的裂变、分化和重构，媒体的文化实践和符号意义为我们时代的文化创造和转型提供了多元、开放的可能。而文化引领战略超越了传统的文化概念和思维模式，体现了自觉的文化态度、自信的进取精神和开放的创造精神。

面对今天的新媒体生态及文化表征，主流文化系统如何对其进行引领，如何以更大的包容度吸收合理的成分，对主流价值建构的方式、内涵作出调整，达成共识路径，或者建立更为有效的主流价值目标导向和认同系统，这种认同价值如何才能既有理想的感召力，又是可以落实和操作的，并为绝大部分国民所能接受，这其中隐含着我们时代的一个文化本质问题。在现实语境的转换中，主流文化的话语机制变革也是势在必行，它需要克服长期以来过于严肃、呆板、重在教化的倾向，贴近大众设计话语表达方式和意识形态修辞。

新媒体文化完全由体制收编，必然丧失生命力。在不同文化形态之间，分歧乃至对立是客观存在的，各种异质性的因素相遇、共生、对话，有利于促进思维活跃、文化繁荣。新媒体以其创造性的表意实践，对主流文化具有补缺、更新的作用。各种新兴的次生文化样式和时尚文化浪潮，在平衡社会心态、迎合多样化审美趣味或精神需求方面，可以发挥独特功能，使不同的社群分享各自不同的兴趣爱好、思想情感。官方文化主导力量不能对其简单地进行"界定""贴标签"或"妖魔化"，对网络上盛行的恶搞、火星文、粉丝、自拍、网聊、御宅族、同人女、山寨春晚等亚文化形态、事件，不能通过制造道德恐慌和舆论审判对它们进行遏止和"棒杀"。二元对立的轻率评判，比如好与坏、善与恶、美与丑、高雅与低俗等，并不能阻止新兴亚文化扩张，居高临下的道德裁决可能会激化不同文化形态的对立。

新媒体发展已呈现多重属性、多样化形态，在政治、经济和文化的系统场域中包孕着丰富的价值意蕴，显示当前全球化趋势下新媒体文化发展的新内涵与新前景，也为不同价值观念的对话创造了一个空前广阔的平台。不同精神维度的交织、碰撞，也会推动新媒体文化发生变异。"文化引领"不是一个抽象的概念或要求，也不是以专断性的姿态强制导向文化一元化，而是在探索新的文化规律的前提下，实现理论和实践的结合、思想与行动的统一。文化引领的多维向度，既表现在对意识形态的整合和价值体系的构建上，又表现在对公民思想、行为的引导和规范上，还表现在对经济发展的促进、提升和对社会的凝聚作用上，它着眼于整合文化领域的精神力量，推动全社会的创造精神和创造活力竞相迸发、充分涌流。

承认新媒体文化存在方式的多样性并对其加以认真研究，并不等于认同其中的话语立场与价值取向。批判现存新媒体语境中亚文化低俗的一面，发掘并维护文化的精神价值，在现代社会道德滑坡的情势下倡导一种主流价值，是"文化引领"的基本立场和题中之意。文化引领就是争夺人的过程，在新媒体文化个性化发展的大趋势下，用户、受众越来越"小众化"，寻找价值取向的共性是至关重要的，成功的文化传播主要通过引导社会风尚、氛围、舆论和思潮发挥效力，以获得多数人的理解和认同，并与他们的日常生活结合起来，将主流价值转化为常识形态的意识与观念，成为民众解释行为和事件的价值、意义。

"文化引领"还是一个不断变化发展的动态过程。在文化发展中，没有永恒不变的理想模式和价值体系。文化引领的目的是动态平衡、整合各方文化力量，突破利益固化的藩篱，推动"顶层设计"的统筹规划和改革，聚合意识形态领域协调推进的正能量，努力解决前进中出现的各种深层次价值冲突，消除不和谐因素的引爆动力，为社会良性发展构筑文化的生命线和价值链。

（原载《现代传播》2013 年第 7 期）

网络游戏的表意逻辑与价值向度

陈伟军

作为可供娱乐的开放性奇观文本，网络游戏凭借其强烈的视觉冲击力、创造性、参与性和互动性，引发用户高强度、多样化的心理效应，进而影响其认知和价值取向。市场与艺术、商业与文化、技术与伦理，赋予网络游戏复杂的属性与功能。风靡一时的手机游戏《王者荣耀》就曾引发媒体论战，促使人们进一步正视网游的成瘾问题和价值角色。在价值论的视野中审视网络游戏的文化角色，有助于我们寻找一种更契合人的心灵体验、情感诉求的技术手段，使得人机关系能够根植于健康人性的精神原点，在科技与产业的平台上培育起价值与意义建构的维度。

一 交互式影像叙事与欲望的替代机制

以计算机和互联网技术为依托，网络游戏产生了一种自由的交互式影像叙事。游戏需要"叙事"，"叙事"与"意义""价值"生成密切相关。即便是第一人称视角射击游戏（FPS）和格斗游戏（FTG）这些以追求动作快感为基调的游戏类型，叙事元素的比重也日益增多。叙事主线联结着游戏的各要素，特别是在角色扮演游戏（RPG）中，叙事性与互动性水乳交融，玩家可以获得"阅读小说"

或"欣赏电影"的多样感受，释放更大的热情。多维立体视听叙事交流形式，为网络游戏增加了更丰富的体验元素，玩家在各种跌宕起伏的情节、故事中寻找其游戏角色和行为的意义。

网游文本为玩家提供了在时间上分离的操作经验，它充满了模糊性、不连贯性和符号学的含混性，容纳了粗糙、重复、中断和拼凑，表征为一种随心所欲的符号嬉戏。延宕、重复的网游文本，仿佛是幽深曲折的迷宫，没有确定的叙事指向，其敞开的语境始终在接纳新的玩法。变化多端而又环环相扣的关卡，给玩家以似曾熟悉的陌生体验，意义和价值朝不同的维度播撒、指涉，如同四处播撒的种子，缺乏中心和逻辑。玩家体验的并非完整的自我和外部世界，而是进入一个幻游旅行、夸张变形的超时空，连续的时间和整体的空间分崩离析为一系列浮游的当下片段。由于摒弃了静态的固定结构，变幻无穷的网游文本成为海市蜃楼般的虚空运动，其世界本体是动荡分裂、非逻辑的，其虚拟变形和流动性难以把握，繁复的"意指链"不断漂浮，意义的产生表征为场景无限延伸的动态过程。网络游戏高度重视玩家的直观感应，高密度的能指符号追求瞬间冲击力，凝聚为迷魂陶醉式的"欲望美学"。在沉浸式的视像世界中，虚拟形象支配着叙事，各种形象操控着玩家的视线、趣味和心志。玩家并不是想探寻深度意义和终极价值，他们仅仅是为了消费形象和符号本身。

网游文本通过设定历史、政治、经济、人文、科技等宏观背景，以及物种、服饰、画面、音乐等微观细节，创造出一个相对完整的世界，这个世界给玩家带来的整体感觉，就是游戏世界观。网游中的"世界观"一词，源于日本。在一些游戏策划案中，游戏世界观的设定被放到了开篇位置，它是整个游戏策划最重要的组成部分之一，业内甚至有"卖游戏先卖世界观"的说法。优秀的网游文本都呈现了一个接近于亲身体验的虚拟世界，延伸自然、社会和人的心理。与真实的行动相仿，玩家沿着游戏既定的世界观进行探索。如《功夫 Online》在制作时便以"武侠创世纪"为产品定位，突出"侠义精神"的主旨，力图以中国人最能接受的方式来制作一款具有鲜明东方特色"世界观"的游戏，将游戏精神和中国传统文化、道德观念结合起来。这款游戏画面风格华丽清新，音乐以东方的丝弦和金石乐器为主，烘托出浓郁的民族风格。《完美世界》以盘古开天辟地为引子，在中国上古神话的基础上打造了一个特殊的文化空间，以史诗般的背景和波澜壮阔的剧情为玩家展现一个古老神秘的奇幻世界。

游戏世界观以叙述为手段，铺陈环境、场景、背景和氛围，包括特定历史时代、政治格局、经济体系设定等，还有画面、服饰、武器特点和角色之间的关系，这些要素的设定和阐明，帮助玩家迅速理解游戏的基本内容和运行逻辑，进入角色状态。待到游戏全面展开，世界观更是渗透在各个元素之中。游戏大作通常都有其完整的世界观，是语境、观念、意象和理想的集合体，举凡现实生活中的要素都能在其中找到踪迹。《魔兽世界》系列拥有宏大而完善的故事背景和历史架构，涉及政治、军事、宗教、神话、种族等，所有这些方面组合在一起，构成一个有内在生命的游戏世界，一种有复杂结构的世界意象，同时也是一种生存方式。

以世界观为基础，网游不只是为用户提供休闲和乐趣，同时也潜移默化地塑造着玩家的价值观，甚至左右着流行文化潮流。在这个浮躁的社会中，效率和速度至上的观念让"快文化"引领着人们的生活方式和消费潜意识，网游满足了年轻一代"触屏穿越"的操作速度和主观体验，迎合快捷生活节奏中的大众趣味。网络游戏采用类似于"震荡神经"的方法，使玩家摆脱思维限制、超越日常生活，凝神专注消解了主体与客体的距离，玩家同对象直接融和。迷幻式的投入使得网络游戏者暂时忘却自我，心灵和意志脱离现实的束缚，达到物我同一的状态。在这个意义上，网络游戏也是一种"有意味的形式"，玩家在全情投入中感到精力旺盛、活泼、轻松自由或自豪。

现代人的情感、欲望、自我意识都很复杂，玩家可以在网游中选择扮演自己心仪或是仰慕的角色，消弭生活跟游戏的界限，在时间和空间的转换、更替中获取不同的身份。一位游戏者解释说"很多人在刚开始游戏时，表演的是与自己全然不同的人物，但最后，大多数人还是禁不住把自己的个性带了进来"①。由于人物的行为选择、命运历程完全操控在玩家手中，原先处于时空隔离中的人物不知不觉地转化为游戏者的自我。玩家越是投入游戏，就越是认同虚拟的角色。而游戏所预设的对手是一个被掏空了情感和灵魂的符号，一个被玩家所掌控的傀儡。用户玩得越好，游戏开发商便会把它设计得越难。大型在线网游中数量庞大的任务，让玩家应接不暇而又乐此不疲。如《燃烧的征途》《巫妖王之怒》中的任务数多达几千个，无尽的任务赋予玩家以踏实感、使命感。时而闪现、时而飘散的任务，帮助玩家一步步成长，感受一种快节奏的自我连续。当下网游商家非常重视游戏版本更新，注入新鲜元素，增加新内容或新系统，延续网游的生命力。《神魔大陆》《九阴真经》《大唐无双》《魔域》《天龙八部》等网游更新的频率很快，重铸光影、情节和角色，玩家因而能够长时间津津乐道并沉浸其中。万花筒般的变幻影像，调动起玩家紧张、激动乃至狂喜之情，全身心投入泛化的情感和感官体验，复杂性和乐趣在网游中共生共融。

---

① ［美］华莱士：《互联网心理学》，谢影、苟建新译，中国轻工业出版社2001年版，第44页。

网游为个体的各种欲望诉求敞开了释放渠道，虚拟的仿真方式为玩家创造了一种戏剧性的生活空间。玩家在自我意识的冲动下，被奇幻的场景带入虚拟现实，重构了空间与时间、客体与主体。网络游戏生产快感、价值和身份幻象，它创造一种虚拟氛围，让玩家进入奇幻的虚拟物王国自由选择和行动，随时支配象征性权力资源。在五彩缤纷、奇思妙想的游戏世界中，玩家依照网游中的角色和形象来想象自我，轻而易举地建构起自我和他者，由此观照自身和周围对象的价值。彼得·威纳（Peter Wayner）描述说，"游戏中的一切都在玩家的想象中展开。在街上其他的行人看来，玩家的行动可能有点疯癫。有了这些新的工具，设计者以一种玩家周围的世界与他们可能有关或无关的方式建立神秘的领域、定向运动场、引人入胜的小说和与现实平行对等的宇宙"①。游戏角色的不停转换，玩家轻易获得多样性的亚文化身份，用新的思维、眼光观察世界。网游为玩家释放社会性的想法和需求提供了虚拟通道，网络化的游戏人在数字化的领地里以幻想的角色扮演不断变换着脸谱。网络游戏中流动多变的身份转换，使玩家找到一种欲望的替换机制，即通过视像、音乐、文字等的组合，以身份置换、形象切换、情感转移和意义移易等方式，完成多重欲望主体的自我想象。

网络游戏者的角色扮演行为，是一种易装式的自我表演和呈现，以他者的面貌装扮，通过位置互换承担不同社会角色功能。玩家可以探索各种各样的可能性，包括对异质性思维和生活方式的认同。在带有自我表演和展示色彩的游戏空间里，分散的多个自我及其人格之间仍然有着内在联系，这也就是对理想自我的寻求。变化多端

---

① Peter Wayner, "When All the World's a Staged Game", *New York Times*, November 11, 2009.

的感性生活、繁复奥妙的视听形式，推动玩家在符号的游弋之中扩张自我，实现其成就动机、情感交流和群体归属等社会性需求。

玩家的游戏角色转换十分灵活自由，在不同地位、阶层、职业、性别的角色之间，可以根据需要随心所欲地切换、再造"自我"，游戏世界与个体生活之间并不一定具有真实的联系。网络游戏是玩家展示自我的一个舞台，游戏行为带有自我表演的性质，玩家在游戏中扮演特定角色完成一系列事件，从虚拟人群中找到自我的镜中映像。这是一个完全属于玩家的影像世界，角色被任意支配，人物成为游戏者的替身和载体，抽象的意义和价值被赋予一目了然的符号形式和行动过程，世界的运行合乎自我的意愿、利益。就像《QQ西游》打出来的口号："你可以娶个妖精做老婆！你可以嫁个神仙当老公！你可以抓个玉帝当奴隶！你可以拜个兄弟闹天宫！"离经叛道，打破常规，敢为天下先，现实生活中的"弱者""小人物"，完全可以成为游戏中的"强者""大人物"。类似于一种"白日梦"的补偿机制，网游帮助玩家延展自身、逃避世界，实现他们在现实生活中不可能达成的愿望。诸如英雄豪杰治国平天下的运筹帷幄，武侠江湖血雨腥风的快意恩仇，灵异修真见性明道的飞舞激扬，神魔决战惊天动地的磅礴气势，冒险探索悬念迭出的紧张刺激——玩家的种种欲望在想象中获得满足。

二　简化的价值路标与获胜的总体追逐

在棋牌、赛车、射击、益智等游戏类型之外，网络游戏通常有着简单明了的价值指向路标。特定的题材、统一的规则、升级的模式，设定了网游文本的价值判断基点。网游中的角色扮演，每个形象都代表着一个价值符号，"生"与"死"的较量，"善"与"恶"的角逐，"义"与"利"的纷争，"成功"与"失败"的交替，都分外明显。玩家对游戏角色的选择——神仙还是魔兽，侠客或者强盗，警察抑或暴徒——本身就包含了一种价值判断。网游会将角色的性格特点、价值取向和思维逻辑简化，选取人物性格最鲜明的一个方面放大。尤其是那些"正邪"对决的游戏中，正面角色和反面角色的阵线敌我分明，"善"与"恶"的价值冲突格外激烈。玩家在视觉映像群中左奔右突，扮演神仙、皇帝、元帅、军师、战士、杀手等各种角色，简单的价值定位和概念化、类型化的人物最容易获得游戏者的认同，由此轻易抵达现实生活不能跨越的疆域，进入一个自我和游戏互动编织的意义领地。网游自主自足的影像世界脱离了日常生活的轨道，在行为规范和价值取向上与通行的规则既有重合也有差异。网络游戏不能视为市场制造出来的浅薄潮流和人工制品，它与主流文化的界限并非不可逾越，其间有着重叠和交叉之处。

从与主流价值观相契合的层面而言，助人为乐、惩恶扬善、激浊扬清、大公无私、追求自由、超越自我、自强不息、捍卫尊严、戮力同心、挑战极限，这些正面价值在网络游戏中时有呈现。

2004年面世的国内首款青少年教育网络游戏《学雷锋》，着力突出讲文明、树新风、助人为乐、真诚奉献的价值导向。对于游戏中那些"踩草坪者""说脏话者""乱丢垃圾者""闯红灯者""随地吐痰者"，用户需要阻止这些反面角色的不文明行为；另一些"老爷爷""老大娘""小朋友"等需要帮助的人物，用户则需要对这些弱势人物进行帮助，在规定时间内纠正违规行为和做好事得分并获"小红星"奖励。尽管这款游戏推出后引发了巨大争议，其"寓教于乐"的出发点跟主流意识形态的要求实则是一致的。2005年，国家新闻出版总署曾计划实施大型系列爱国主义网络游戏出版工程《中华英雄谱》，将雷锋、岳飞、郑成功、郑和、包拯等作为网络游戏的主角。爱国主义教育延伸到网络游戏世界，其意图和目标固然好，但要真正激起玩家的兴趣不容易。一些打着"寓教于乐"口号的游戏最终失败，缘于简单的图解教育理念。像爱国主义网游出版工程《中华英雄谱》原计划以百名民族英雄为题材，但在实施中却遭遇难产，其初衷不易实现。

宣扬主流价值观，要遵循网络游戏的规律，调动多种叙事方法和视听手段。中青宝研发运营的《抗战英雄传》《亮剑Online》等网游作品，用爱国主义、英雄主义的情怀来影响玩家，同时努力激发游戏的乐趣。如《亮剑Online》以抗战时期国共两党合作抗击法西斯侵略者为故事背景，玩家扮演的普通士兵，既可加入李云龙的独立团，也可加入楚云飞的三五八团，同仇敌忾、共同抗击日本侵略者。北京欢乐亿派公司开发的《抗日血战上海滩》则以淞沪会战为背景，玩家在游戏中扮演一位抗日民间武装的领导人，深入敌后完成一系列"不可能完成的任务"，突破层层封锁杀入日军总部，直至最后手刃日军司令。为了见到这位司令，玩家必须要先跟大大小小的日军士兵、军曹、武士、忍者、自杀式炸弹人、生化兵等殊死搏斗。游戏舍弃灌输和说教，在追求精彩好玩的同时，也体现了规则的导向性，传递昂扬向上的价值旋律。南京军区与巨人网络公司联合开发的中国首款军事网络游戏《光荣使命OL》，内容包括守卫钓鱼岛、在"辽宁号"航母上战斗、抗震救灾等众多玩法，玩家可以组队阻击由计算机扮演的假想敌，或进行仿真"红蓝对抗"。《光荣使命OL》可以满足游戏联网对战的要求，同时发挥军事游戏的国防、民防教育作用。

就数量来看，直接弘扬红色主旋律的网络游戏并不多见，爱国主义教育、思想政治教育主旨在纯粹娱乐性的文本中容易流于生硬、牵强。如国内首款大型廉政文化主题游戏《清廉战士》发布后引来铺天盖地的质疑，最后被迫关闭。《清廉战士》的终极目标是到达清廉仙境，那里"鸟语花香，人民恩爱和谐，国家富足，世界一片祥和"。但良好的动机不一定衍生良好的效果，《清廉战士》以游戏的方式将反腐倡廉教育形式化、表面化、简单化，其理念、思路显得过于幼稚。不难理解，真正受玩家欢迎的红色网游只有抗战、国防等题材的战争游戏、军事游戏，除却战争的惨烈，玩家个人的意愿与民族国家的意志具有某种一致性，战争游戏中的英雄主义追求，亦契合网游的内在精神。

尽管网游属于大众文化的领地，它以娱乐表现方式传达的内涵和意义，也能够在多种维度弘扬正面价值。网游中的奇幻、武侠、神魔、修真、战争、历史等题材，都可以在弘扬正面价值的基础上提升用户黏性。像《摩尔庄园》《梦境家园》等游戏构建的网络虚拟社区，如同温馨、舒适的港湾，凸显了健康、快乐、爱心、创造、分享等主题。《天龙八部》《金庸群侠传Online》《笑傲江湖Online》等游戏对正义的张扬，意气风发的英雄们忍辱负重、奋力拼搏乃至舍生取义的精神让人感到悲壮。《三国策Online》《三国演义Online》《成吉思汗》等游戏中帝王将相纵横捭阖、"治国平天下"的韬略，让人心生仰慕。《剑侠情缘Online》《仙剑奇侠传》等游戏中情意绵绵的浪漫爱情，让人感悟心灵的纯真与美好。

《魔兽世界》《反恐精英》《铁甲战神》等大型多人在线对战游戏，除刀光剑影、枪林弹雨的激烈厮杀之外，强调了团队协调、精诚合作、百折不挠等精神。网络游戏中的家园系统、宝宝养育系统、宠物养成系统、合成系统，有助于强化玩家的社群归属感。在家园系统中，玩家可以建造自己的房屋、花园和牧场，体验做家具、布置新居等的快乐。在养育系统中，无论是已经结婚的玩家，还是单身玩家，都能够获得自己的宝宝，感受生儿育女的天伦之乐。在商业系统中，玩家可以自己摆摊或者开设属于自己的商店，体验经营店铺的辛苦与乐趣。网游行业中的人士喜欢说"他们为了游戏而来，为了社交而留下"。集体想象与个体情感交汇，游戏者经由想象感受集体性存在，获得从众式的精神和心理感应，在与其他参与者的相互联系和制约中完成社会身份的再建构。

成千上万人在线玩同一款游戏，分别承担某一个特定角色，相互合作对敌、同舟共济，集体激情增加了游戏的黏着度。《魔兽世界》里的粉丝，一心想完成心爱游戏里的挑战，他们齐心协力在"魔兽世界百科"（WoWWiki）网站上写了海量的说明文章，造就了仅次于"维基百科"的第二大在线百科全书。① 虚拟的世界和社群成为参与者彼此分享经验、价值和逃离外部现实的场域，玩家以美学和技术方式自我演绎，通过在线社交、角色转移来想象理想的自我情形，从中感觉到更自信、更有力，进而获得心理满足和身份认同。而那些违背游戏礼仪或社会规范的玩家，可能会遭到其他玩家的围攻而导致身败名裂，最后只有退出该款游戏，这也说明网络游戏具有一定的社会约束力。

网络游戏包含的价值内涵，总体上遵循的是一种胜利者的逻辑。在网络游戏中，名利之心和获胜意识外化为具体的多重指向性，包括武器、装备、道具、卡片、等级、经验、积分、虚拟货币、资格和荣誉等。玩家拥有的东西越多、级别越高，价值感就会越强烈。玩家在游戏的过程中，一方面可能要对游戏账号、道具、装备等投入金钱，另一方面也会积累起虚拟财富，这种虚拟财富还能转化为现实中的真实财富。在消费文化的语境中，网游的符号消费和符号价值脱离了传统的交换价值和使用价值范畴。从 5173 网、淘宝网等

---

① ［美］简·麦戈尼格尔：《游戏改变世界：游戏化如何让现实变得更美好》，闾佳译，浙江人民出版社 2012 年版，第 2 页。

网络交易平台上就可以清楚地看到，每天都有许多游戏账号、游戏装备、游戏道具在线交易。玩家为了在虚拟世界中卓绝群伦，不惜花重金购买"顶级"装备，帮助提高其幸福指数和角色实力。在《传奇》和《奇迹》等网络游戏的后期，玩家的乐趣除了攻城略地之外，就是身着极品装备、手持超级武器四处游走、赢得钦羡。现在，人们很难分清网游流行的主因究竟是游戏性、艺术性、探索性和社交平台，还是玩家对虚拟财富的占有感。

三　放纵式娱乐道德与有待完善的规则

游戏族不全然是被动的，群体中成员的兴趣、诉求也各不相同。网游的娱乐本性，使得它在观念表达、价值呈现方面更注重玩家的感受和体验。较之其他艺术类型，网络游戏中思想、意识形态控制的尺度要宽松许多，虚拟和快乐原则允诺了亚文化的差异感，保持体验的差异性和价值的多样性。

网络游戏追逐刺激和快感的本性，决定了它经常要逃逸出体制文化规范和主流价值体系，其叙事方式、文本风格和价值取向存在诸多差异，它的内部包含着价值和规范的矛盾、张力。以竞技游戏为例，古今中外的神话、历史、传说和战争，造就和编织了错综复杂的英雄谱系，以"英雄"冠名的网络游戏层出不穷，为用户感受不同时代、民族的英雄风采提供了观望路径，如《英雄联盟》《风暴英雄》《超神英雄》《英雄之刃》《无尽英雄》《英雄三国》等，它们契合了玩家英雄崇拜的心理，凸显英雄超常的惊世之举，宣扬百折不挠、勇往直前的意志品质，但游戏中的"英雄"与"暴徒"之间很容易相互转化。具有超凡魅力的卡里斯马（charisma）式人物，一旦解除了道德戒律的约束和崇高价值的光环，英雄就可能成为凶恶残酷的暴徒，或者成为冒险主义、虚无主义、无政府主义的替身。

英雄的成就之路，诠释着残忍与死亡。网络游戏大范围地演绎了暴力美学，人物角色以优雅、舒展或劲爆、夸张的身体动作，将残酷的杀戮变成纯粹的形式快感。暴力行为是游戏中最常见的元素，题材包括战争、犯罪、黑社会、监狱、竞速、异形入侵等方面，如《侠盗猎魔2》《侠盗飞车》《死亡空间》《战争机器》《生化奇兵》《战神》《穿越火线》等暴力游戏，都曾流行一时。游戏预设的敌我双方，通常是诉诸武力来解决矛盾冲突。网游中的暴力表现刺激着游戏者的神经，让玩家在惊悚、忙乱的操作中体验进攻、复仇或虐杀的快感，变成虚拟世界中的"虐待狂"。游戏者还可以为自己的暴力行为找到各种各样的合理解释：公平、自由、正义、善举、荣耀……玩家"以暴制暴"，用暴力狙击嚣张的邪恶力量：僵尸、怪物、侵略者、暴徒集团，死亡为游戏世界注入了冲劲和活力。通过一系列极端行为来确证自我价值和社会价值，与敌对方的冲突性越强，玩家的价值感就会越强。暴力精神是一些网络游戏的出发点，是先行的基调和主题。如《征途》游戏系统将国与国之间的征战设定为必需，不同国别之间任意屠杀、不断征战，玩家由此获得游戏进行下去所需的虚拟物资，这样就造成了恶意 PK 的泛滥，杀人数量成为升级的标准，游戏者杀死"其他国"玩家时能得到"功勋值"游戏奖励，"功勋值"积攒到一定程度后可以在"本国"获得相应的官职，体现了弱肉强食的掠夺价值观。不只是《征途》，在很多网络游戏中，富甲一方成了维系生存的必要条件。在毫无翻身希望的情况下，玩家要么选择离开游戏，要么选择投入金钱提升自己的等级、装备和名望，来适应强者生存、弱者淘汰的游戏环境。金钱与暴力合谋，蜕变为无节操的"娱乐至死"，极力规避价值评判和反思，这背后潜藏的价值观完全是金钱崇拜、强权崇拜和强盗逻辑。

由于网络游戏崇尚瞬间快乐，倡导愉悦、放松和虚拟成就，它在主流价值标准之外,引入了一种更为相对的思维模式和意义体系。生存与死亡,正义与邪恶,救赎与罪恶,男人与女人,神仙与鬼怪,崇高与庸俗,智识与情感,真实与梦幻,客观与主观,恬静与惊恐……这些全都纠结、调和在一起,失去了泾渭分明的界线,形成一个彼此难解难分、一团乱麻式的整体,传统的认识论、道德范畴已然失效。为了满足用户的欲求,吸引他们专注于文本,开放性、生产性的网络游戏符码中预留了相当大的空白,允许玩家在操作中认同另类的文化和价值。玩家在网游中可以扮演反面角色,与正面人物对抗,游戏是从另外的价值维度和道德视角来叙述故事情节的。如《反恐精英》中玩家被分为"反恐精英"和"恐怖分子"两队,警察和土匪之间的对阵结局是以胜负论"英雄",而无关乎善恶是非。玩家甚至可以在一些游戏中进行性别转换,男性玩家扮演女性角色成为"人妖",或者女性玩家扮演男性角色改变性别,在游戏的结婚系统中成为别人的"配偶"。《剑侠情缘网络版3》是被称为"人妖"最多的游戏,玩家从身体的性别束缚中解放出来,体验类似于"变性人"的新鲜感觉,现实世界中被视为"另类"的"人妖"在游戏中"合法化"了,释放出更大的性自由欲望。

网络游戏作用于玩家的身体经验,浸染了波德里亚所说的"娱乐道德","其中充满了自娱的绝对命令,即深入开发能使自我兴奋、享受、满意的一切可能性"①。玩家驰骋于游戏的幻想天地,忘却时间流动,牢牢抓住永恒的现在,放纵自己吼叫咒骂、发泄愤怒,或者成为虚拟空间的越轨者,各种世俗冲动无序流动、瞬间爆发。游戏者站在他者位置上大胆臆想,认同暧昧模糊的思想内容或异质性

---

① [法]让·波德里亚:《消费社会》,刘成富、全志钢译,南京大学出版社2006年版,第51页。

道德观念。现实生活中无法满足的金钱欲、权力欲、暴力欲、情欲等，在网游的奇观世界中可以任意投射。所有的行为举动都限定在文本世界之中，惩罚和奖赏都不会成真。像《穿越火线》《热血战队》《战地之王》《生化战场》等枪战游戏，以惊险刺激的血战火拼扣人心弦，玩家可以痛快淋漓地射杀对手，即便自己被杀死了还能够复活，失败了可以重来。游戏中常见的 PK（Player Killing）行为，高等级玩家随意杀害低等级玩家，"你死我活"的残酷对决遵循的是"胜者为王"的游戏法则。另一类以种植为主的社交游戏如《开心农场》等，则圆了都市人的"田园梦"，让玩家在自己的农场里开垦土地、浇水施肥、种植各种蔬菜和水果，但也允许玩家去好友的土地上种杂草、放害虫、搞破坏和"偷菜"，这些行为在现实中都是不被允许和被视为不道德的。而《万王之王》《劲舞团》《聚仙》《魔界2》《大话西游3》等游戏中的"结婚系统"，剔除了爱情的纯真美好与浪漫气质，更不用考虑日常的锅碗瓢盆、柴米油盐，婚恋变成了兴之所至的"娶媳妇""过家家"而无须承担道德责任，任凭游戏者言行举止轻浮随意，为无休止的网恋、猎艳架设桥梁，投合玩家的虚荣心。

　　虚拟空间中的社会控制减弱，游戏者的动机模式存在一定区别，各种情感、欲望和梦想驰骋飞扬，本能冲动在游戏中获得一种短暂的解放状态。游戏中激烈的冲突、极度的夸张、另类的时尚和超负荷的感觉，偏离了理性化的常态现实，显示了对新奇和异质性的追求。玩家可以公开追逐财富、权力、荣誉、美色，展开无序的冒险旅程和越轨行动，甚至认同摧毁秩序的罪犯，或者竭力获取风情万种的美女青睐。身体被当成了商业道具，异化为"性感"的物体，高度性感化的影像是吸引玩家投入的重要因素。网络游戏中的男主角自由地支配着整个舞台，在这个空间幻觉的舞台上，他统领着观看，创造着行动。女性处于"传统的暴露癖的角色"，"被观看、被展示，为了强烈的视觉和色情的冲击力，其外观被符号化，女性可以说就是暗指被观看性"①。这种男女角色的关系，深刻影响着网络游戏的人物叙事。正如肖恩·库比特（Sean Cubitt）所说，网络化的游戏人，沉浸于电脑空间中的那种可怕而又美丽的眩晕感觉、吉布森（Gibson）小说中的色欲、网络冲浪者专注于屏幕时的色情感受，这些都不是对资本和唯我主义个人主义的颠覆，而是商品拜物教化作幻想的角色扮演的一种强化形式。② 以前被疏离、放逐的生活趣味和异己的文化因子，现在大行其道，新的时尚潮流、社会话语广泛传播到用户之中。

　　大致而言，玩家的年龄越小，越容易接受形式简单、意义一目了然的对抗性游戏，更容易狂热地投入和着迷，对主流意识形态和价值观念的偏离可能会更大。游戏世界的残酷性经常超过现实生活，激烈的竞争、对抗随时可能将游戏者淘汰出局。玩家必须承认这种游戏规则，清醒地面对困境和失败。就游戏本身来说，规则主要分为系统设计者制定的外在规则和游戏中玩家互动交往产生的内在规则两大类，它们不仅是玩的方法、胜利的方法、通关的方法，同时也代表着价值和规范，是不可逾越的边界，玩家只有在游戏规则内活动，方能实现游戏目标。那些刺激、血腥、"打怪升级"的网游，其游戏规则本身便偏离了社会价值和规范。诚然，游戏的价值准则与现实的价值准则不会完全统一，但网游创作者刻意将游戏规范与现实规范对立起来，无疑将使玩家深陷价值冲突的泥沼。网络游戏

---

　　① ［英］乔纳森·哈里斯：《新艺术史批评导论》，徐建译，江苏美术出版社2010年版，第137—138页。
　　② ［新西兰］肖恩·库比特：《数字美学》，赵文书、王玉括译，商务印书馆2007年版，第152页。

中的天地和舞台无论有多么宽广，它都应该有自己的价值砝码和道德准则。一些粗制滥造的网络游戏文本，无视道德人伦底线，也不顾及美学的基本原则，极端强调自我，张扬华丽奢侈、性感妩媚甚至色情淫秽的物质感官刺激，滋生"虚拟强奸""未成年人士性爱俱乐部"、网络性交易等丑恶行为，渲染冒犯性、毁灭式的快感，很可能导致玩家养成自私、自恋和攻击型的人格类型。"现象级"手游《王者荣耀》也曾饱受争议，主流媒体斥其为"历史被毁容，乃至被肢解，不仅古人遭冒犯，今人受惊扰，更误人子弟，苍白了青少年的灵魂"，游戏中"只有耻辱，不见荣耀"。

　　网络游戏的良性发展，有赖于合理、完善的规则。规则具有强制性，是驱动游戏世界有序运作的保障，也是价值导向实现的核心机制。必须用规则来建构集体共识，培育真正的游戏精神，避免出现价值沉沦和道德盲点。如《传奇》《奇迹》等游戏中的杀人红名制度，玩家在杀过人之后，其身份标识（ID）的颜色就会转变为红色，这种暂时性的处罚措施，便带有一定的道德警示。对违背他人意愿、主动攻击其他用户角色的恶意 PK，一般游戏里会给予惩罚，即增加恶意 PK 玩家的罪恶值。但是，有的游戏中玩家花钱购买道具就可以消除罪恶，这种"放纵"让运营商获取更多的金钱，他们有意降低了游戏中的道德尺度，就如同允许现实社会中的犯罪分子通过花钱免去法律处罚一样。不同的规则赋予网游不同的意义和价值，有些是正面的，有些是负面的。规则带有目标指引的性质，规定了游戏社区内哪些是可接受、可容忍的，玩家不得从事哪些活动，违规者将受到什么惩罚。网游设计者在注重游戏可玩性的同时，要精心构建规则体系，使正面价值能够引领游戏的技能体系、PK 体系、经济体系、恋爱体系，也就是玩家都在规则的秩序之内活动，从而维系游戏世界的平衡、稳定。

规则和价值体系的建设，是一个渐进的动态过程。由于网络游戏的种类、数量越来越多，内容极其庞杂，玩家的诉求各异，人们需要面对的问题会层出不穷，应该加以限制的行为也会不断增加。为了确保网络游戏日常的有序运作，健全游戏管理者 GM 程序是不可或缺的。按照弗里德里（Markus Friedl）的说法，GM 在游戏世界中提供了多种多样的功能，他们是仲裁者、导师、警察、公共检举人、分析师，以及设计师与社区之间的通讯员。① GM 是网游社区中的监督员，对越轨者进行惩戒，视其情节轻重、违规性质，分别给予强制离线、删除角色或注销账号等处罚。外在的限制、约束固不可少，而更多的情况下，游戏者的行为和取向难以完全用规则来引导，这时就需要靠玩家的辨识力和自律，自觉抵制那些宣扬金钱至上、暴力为尊等不良价值观的网络游戏。

大众通常喜欢新奇、刺激的文化消费，网络游戏的参与者也不例外，其趣味、心理和行为，都需要因势利导、乱中求序。在主流文化和艺术价值的熔铸下，网络游戏也会发生种种变异，在主流意识形态的缝隙间起到拾遗补阙的作用。网络游戏创造性的实践，在平衡社会文化生态、拓宽文化建设深广度方面，具有积极意义。借助于制度安排、心理干预、媒介素养教育和美育教育等手段，引领游戏制作的价值导向，建设道德与信任网络，提升玩家自治能力，主流文化可以驾驭网络游戏的发展流向，使共同性的主流价值观有能力去赋予另类叙事文本以有效性和合法性。

必须承认，网络游戏的价值立场是杂乱而多变的。多数网游作品力图在主流文化、商业文化和流行文化之间谋求平衡，成为"文

---

① ［美］Markus Friedl：《在线游戏互动性理论》，陈宗斌译，清华大学出版社 2006 年版，第 146 页。

化产业"的一部分，以妥协的姿态进行意义和价值规范之间的重新"协商"。还有一些低级、粗俗、毫无想象力的网游文本，背离了文化价值和艺术规律，成为情色、暴力和仇恨等越轨情绪、心理或欲望宣泄的通道，正是这类文本引发了人们对于网络游戏的"道德恐慌"，也使其行业形象受损。庸常、低俗的网络游戏文本，挑战社会伦理道德和文化秩序，需要得到方向性的指引和提升，使之在向多种情感、意愿开放的同时不悖于主流价值观。网络游戏天马行空的叙事态度，在角色扮演、内容创意、规则设置中有必要确立价值的边界，审慎地排除那些传递负面价值的叙事和操作，精心搭建理想、规范、有序的游乐场，让网游文本蕴含较多的人文和审美价值元素。

（原载《福建论坛》2018 年第 8 期）

典型人物报道的价值导向分析

——以《人民日报》"身边的感动"专栏为例

倪思洁　董天策

我国典型报道的现有研究成果，主要集中在典型报道的基本理论、社会功能、历史发展及实务操作四个方面，内容广泛、观点多元，却并未形成一个清晰、系统的理论框架。关于典型报道的社会功能，大多数研究成果都是感悟式的思辨探索，并未进行系统的科学剖析。要使典型报道在不断变化的社会语境中发挥持续有效的作用，就必须细致剖析现今典型报道的话语运作规律。

针对典型人物报道如何呈现并引导价值观，如何更好地实现典型报道的价值导向功能等问题，本文主要采用批评话语分析方法，以《人民日报》"身边的感动"专栏为例，选取自开栏（2010年3月22日）以来到2012年3月22日两年间的报道为样本语料，采取每4日抽取一份样本的方式（若所抽取的当日报纸中没有出现该专栏，则忽略不计），抽得77期专栏，共84篇典型人物报道。

批评话语分析以系统功能语言学为理论基础，注重阐释意识形态与话语间的相互作用和辩证关系，认为意识形态影响着话语的生产、分配和消费，话语对意识形态存在反作用，同时注重分析意识形态和话语是如何来源于并服务于社会结构。作为批评话语分析者之一的哈桑（Hasan）提出的体裁理论认为，体裁研究由两个要素组成：一是语境配置（Contextual Configuration），二是体裁结构潜势（Generic Structural Potential，GSP）。在哈桑看来，"语境配置"可定义为"语场"（field）、"语旨"（tenor）和"语式"（mode）三个变量"组成的具体值"。[①] 语场是指文本所涉及的内容，语旨是指文本所提及的人物及其关系，语式是指文本的传播途径与方式。而"体裁结构潜势"，可定义为"对某一语体的文本结构变化可能性的描述"。[②]

以哈桑的论述为参照，本研究对样本语料进行语境配置、体裁结构和词汇语法三个层面的分析。

一　典型人物报道的语境配置

从语场、语旨和语式三个方面对样本语料进行分析后发现，典型人物报道的语境配置为：其一，语场：褒奖赞扬，通过描述典型人物的典型事例弘扬"爱岗敬业""见义勇为""助人为乐"的主题，倡导利他主义价值观。其二，语旨：典型形象社会层级较高，以专业技术人员为主，与媒体的关系是"自上而下"式。其三，语式：以语言为主导，新闻报道式的书面语与口语相结合；以文字和图片为传播介质；以书面形式为传播方式。这种语境配置与社会的政治、经济、文化因素密切相关。

（一）政治因素与报道主题——典型人物报道的语场特征

典型报道是在政治因素的干预和影响下诞生的，现今的典型人物报道依旧是以政治理念作为主题的"风向标"。"身边的感动"专

[①] Halliday, M. A. K & Hasan, R. Language, *Context and Text*: *Aspects of Language in a Social-Semiotic Perspective* (2nd ed.), Oxford University Press, 1989, p. 55.

[②] Hasan, R., *Ways of Saying*: *Ways of Meaning*, In Cloran, C., Butt, D., & Williams, G. (Eds.), Cassell, 1996, p. 53.

栏2010年3月22日在《人民日报》头版刊发开栏语《致读者》，提出要"通过报道身边的平凡人物、普通群众的故事，展示普通百姓的崇高精神与高尚品质，体现传统美德、民族精神和时代特征，进一步弘扬社会主义核心价值体系"。

分析"身边的感动"专栏中84篇典型人物报道可知，以"爱岗敬业""见义勇为"和"助人为乐"为主题的报道，所占比重较大（见图1）。其中，"爱岗敬业"主题所占比例最大（44.05%），该主题突出典型人物克服主客观困难因素，热爱本职工作，坚守岗位的精神，倡导为人民服务，对工作和社会负责的利他主义价值观。"见义勇为"主题（16.67%）的典型人物报道突出典型人物为了保护国家、集体或他人的利益，不顾自身安危，抵制违法犯罪行为或抢险救灾等事迹，宣扬见义勇为的利他主义价值观。"助人为乐"主题（15.48%）主要突出典型人物以帮助他人为己任，不惜舍弃自身利益，所呈现的也是利他主义的价值观。

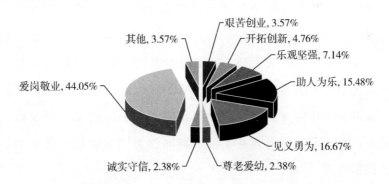

图1 "身边的感动"专栏报道主题分布

因此，从语场上看，"身边的感动"专栏采用褒奖赞扬的报道立场，目的在于弘扬利他主义价值观。

（二）经济因素与报道对象——典型人物报道的语旨特征

陆学艺等人根据个人的组织、经济、文化资源的不同，将当前中国社会划分为"十大社会阶层"①。笔者以十大社会阶层为依据进行统计分析后发现，语料中所报道的典型人物大多来自社会较高层级（32 人，占 38.1%），以"专业技术人员"和"国家与社会管理者阶层"居多，主要展现典型人物的乐观敬业精神。

　　典型人物报道通过呈现社会不同阶层的利他主义事迹，可以有效地重建层级间的互信，形成社会各层级的基本行为指南。而典型人物报道的诞生和典型人物的选取，都是为了满足促进生产力发展的现实需要。近年来，我国经济虽发展较快，却遭遇产业结构的瓶颈，产业结构调整和转型升级成为时代的需要。"技术创新""知识产权"作为经济发展和转型升级的关键词，被提及的频率越来越高。在此社会背景下，专业技术人员的"爱岗敬业"和"开拓创新"的价值理念，必然会成为典型人物报道的重点。

　　（三）文化因素与文体特色——典型人物报道的语式特征

　　2011 年，人民日报社、新华社等中央媒体开展"走转改"活动，典型人物报道的报道方式和传播途径也随之发生一些变化。在语言方面，书面语与口语相结合，口语语言保留了一部分地方特色和个性化特征。在传播介质方面，图片作为一种关键性的符号系统融入以文字为主的传播渠道，以"有图有真相"的方式进行图文并茂的报道。在传播方式上，报纸与图书相结合，使文本形成持久的影响力，在一定程度上弥补了报纸新闻作为"易碎品"的缺陷，延续了其影响力。

二　典型人物报道的体裁结构及其价值导向

　　（一）典型人物报道的体裁结构潜势

　　综观样本语料可以发现，典型人物报道要建构人物形象，就必

---

　　①　陆学艺:《当代中国社会十大阶层分析》,《学习与实践》2002 年第 3 期。

然要对其个人情况进行简要介绍，并包含至少一个完整的叙事部分；同时，为了充分体现报道主题，报道还包含一些评价元素。本研究对 84 篇典型人物报道逐一分析，发现典型人物报道各元素出现的大致规律，即体裁结构潜势如下（图 2）：

标题^图片^编辑按^ ⫴<人物简介>^（现状^）［初始事件^发展^结局（·评价）］⫴

图 2　典型人物报道的体裁结构潜势

在体裁结构潜势的各类连接符号中，"^"是指该符号所连接的前后元素的位置不可变动；"（）"内的成分是非必要元素，可能出现，也可能不出现；"＜＞"内的元素可融入由"^"直接连接的其他元素；"（·）"符号内元素为非必要元素，其位置可在"［］"之内任意变动；"←"是指"⫴⫴"内的元素结构可以重复出现。

（二）体裁结构潜势的或然性与价值导向

在典型人物报道的体裁结构中，"标题""图片""编辑按"为必要元素，出现的方式不存在变动；"人物简介"是可融入元素，"现状"是非必要元素，需要对二者出现的概率、形式做进一步分析。

1. "人物简介"的形式及其价值导向功能

"人物简介"可能出现的形式有四种，笔者对样本语料中各种形式出现的概率（表 1）统计后可知，"人物简介"元素作为典型人物报道的必要元素，大多（72.6%）融于"现状"和"初始事件"元素之中，这种方式一方面能够使"人物简介"戏剧化；另一方面，"人物简介"在融入"现状"或事件叙述时带有冲突感，有利于报道为典型人物的个人经历贴上价值标签，使价值导向明确。

表1　　　　　典型人物报道中"人物简介"出现的形式及概率

"人物简介"出现的形式	篇数	概率（%）
人物简介＋现状＋	12	14.3
人物简介＋现状－	11	13.1
人物简介/现状	38	45.2
人物简介/初始事件	23	27.4
总计	84	100.0

（注："＋"表明元素单独出现；"－"表明元素不出现；"/"表明所连接的两个元素相融合）

以《谢静绿化荒山十一载　清晨植树晚上疲惫回城》为例：

　　暮春四月，万物复苏。山里的清晨还有阵阵寒意，眼前的谢静并没有人们想象中"大老板"的样子。不施脂粉的她皮肤黝黑，一身运动服打扮，熟练地驾驶着越野车驶进山沟。自包下火烧沟西山5000亩荒山后，这里就成了谢静的家。

　　过去一直经营被服企业的谢静，在32岁时迷上了山沟绿化，成立起青海绿通实业有限公司，自任总经理。①

　　"人物简介"部分将人物的样貌、经历与其接受记者采访的具体状态相连接，增添了报道的现场感，避免出现"简"而"平"的现象。同时，典型人物报道强调人物所处环境和所做事迹间的对比性，凸显了典型人物的性格特征及其中隐含的价值取向。

　　2. 叙事结构的形式及其价值导向功能

　　在所选取的84篇典型人物报道中，共有161次完整的叙事。"评价"元素出现的次数和位置都较为灵活，根据该元素出现次数

---

　　① 郅振璞、李亚欧：《谢静绿化荒山十一载　清晨植树晚上疲惫回城》，《人民日报》2010年6月18日第6版。

和位置变化，叙事结构共有 15 种排列组合形式。笔者对这 15 种形式出现的概率统计后发现，"评价"元素集中出现的概率较大；"评价"元素集中出现一次或两次的情况较多，出现三次或四次的概率则较小；"评价"出现在叙事结尾和同时出现在开头和结尾的情况较多。

分析叙事结构中"初始事件""发展""结局"和"评价"四个元素及其相互关系，则可以发现：

第一，典型人物报道在叙事过程中会将事件报道与评价融为一体，制造纯粹叙事的表象，隐藏对人物的直接价值判断。"评价"的作用在于以意见性而非事实性的信息烘托和升华典型的形象，而"间接评价"却是一种以事实性信息的形式传达意见性信息的方式。记者在选择"评价"元素时，大多会用间接而非直接评价，这些意见性信息与事件叙述的融合度相对较高，不会给读者造成意识形态的强加感。

第二，典型人物报道会通过叙事元素的对比，凸显或隐含报道主题。在叙事中，"初始事件""发展"和"结局"这三个必要元素间，往往带有较明显的对比性。"初始事件"通常展现典型人物在做出典型行为前的状态，强调典型人物个人状态（如健康、财富等）和所处环境（如贫瘠、荒凉等）等条件限制。"发展"元素呈现典型人物作为行为施动者的自我调整或主动再社会化的过程。"结局"则呈现典型人物对社会的成功融入，并与"初始事件"所体现出的人物状态形成鲜明对比，以此使得典型人物报道的价值取向得以体现。

三　典型人物报道中的词汇语法及其价值导向

典型人物报道中的词汇语法，也是其价值取向的重要载体。在词汇方面，主要通过两种词典化路径对词汇所蕴含的价值观进行规范或重塑，并以凝聚共识的立意方式宣示报道的价值取向；在语法层面，注重以负面评价的形式表达对典型人物的颂扬。

（一）规范与重塑——典型人物报道的词典化倾向

词典化是指"人们根据话语类型、个人语境、社会语境、社会文化语境，选择几个用词去指称同样的人、群体、社会关系或社会事务"①，有助于形成意识形态的认同。典型人物报道的词典化，主要有两条路径：

一是强化词汇某一方面的语义，赋予其规范性的价值内涵。这种词典化倾向通过重复，形成社会群体对某一词汇语义的认同，使社会群体明确这一词汇的褒扬性质，进而通过对这一词汇内涵的演绎，阐明内化于该词汇中的价值观，并明确什么样的态度和行为符合这一内涵。在典型人物报道中，词典化的"代表作"便是"最美"一词，该词已基本形成了广泛的社会认同。

典型人物报道中的"最美"一词，最早用于 2011 年 7 月关于"最美妈妈"吴菊萍的报道。此后，该词频繁用于典型人物报道，也频繁出现在"身边的感动"专栏报道中。专栏报道了危急关头在车轮下勇救学生的"最美教师"张丽莉，身残志坚致力于法律援助工作的"最美律师"郭二玲，舍身救人于火海之中的"最美高富帅"周江疆等许多"最美"人物。近年来，不少公众一边感慨"道德滑坡"，一边却不知在价值理性与工具理性间应何去何从。在这种社会语境下，典型人物报道中的"最美"人物，为社会提供并强化了利他主义的价值观——使"最美"浓缩了舍己救人、助人为乐等利他主义的价值观，成为一个具有规范性内涵和价

---

① 胡春阳：《话语分析：传播研究的新路径》，上海世纪出版集团 2007 年版，第 189 页。

值取向的符号。

二是通过调整词汇语义，转变社会价值认知，重塑认同。这种词典化路径首先通过典型事例，赋予词汇一种新的内涵，形成新的价值认知和认同。这种内涵可能与社会对该词汇以往的认知不一致甚至相对立。

以"90后"一词为例，近年来大多数公众为90后贴上"非主流""脑残"等负面标签，以鄙夷和质疑的态度批判90后群体。在此社会背景下，典型人物报道中推出一些与90后相关的报道，如《石秀琴：90后女孩撑起一片天》《"麻袋哥"：90后大学生的公益情怀》《见义勇为父子兵：90后儿子献出生命，农民工父亲身受重伤》，这三篇典型人物报道强调90后不是柔弱的、没有社会责任感的、自私的，凸显了他们吃苦耐劳、心系社会、关心他人的道德品质，试图调整公众对90后群体形象的认知。

两条路径的不同之处在于，第一条路径是对词汇固有内涵的强化，第二条路径是对词汇可延伸内涵的挖掘与重塑。

（二）共识与评价——典型人物报道的价值观宣示

随着社会转型的日益深化，社会阶层的分化不断加剧，不同阶层的现实利益与价值诉求各不相同，个人对固有价值观的坚持和对其他价值观的排斥、质疑倾向越来越明显。在这种情况下，社会主义核心价值体系要取得合法性，首先要去除意识形态的强制色彩，努力凝聚广泛的社会共识。当然，凝聚共识并不是说所有社会成员在所有问题或大多数关键问题上达成一致意见，而是说人们要养成互动、讨论、争辩、协商和妥协的习惯，既要容忍异议的存在，又要克制自己的冲动，寻求大家对现实问题的都可接受的理性诉求，以及基本的价值认同。

以"耐心"一词为例，该词出现的频率较高，一般出现在强势群体与弱势群体的互动之中，特别用来描述管理者（如官员、基层管理人员）对被管理者（如群众）的态度，或施助者对受助者的态度。例如，《石宝森：27年真情"种"法》①用"耐心"形容辽宁省凌海市司法局宣传科科长石宝森27年的普法宣传工作，表现其用法律武器，维护百姓利益，为农民解难的事迹；《刘淑珍：火热夕阳红》②用"耐心"一词描述刘淑珍对高龄的、无儿无女的、依靠最低生活保障金生活的张秀玲老人的开导和劝慰；《胡艳苹：给28名智障者一个温暖的家》③用"耐心细致"形容胡艳苹对智障者的悉心照料。

官民分化和贫富差距是当下社会面临的主要问题。"耐心"一词形成社会强势群体和弱势群体间都应具备的共识，传递出一种强势者应该"耐心"对待弱势者，弱势者也不能缺乏耐心、无理取闹的理念。因此，"耐心"这一词汇也就具有促成不同社会层级间的价值认同，抑制群体分化的功能。

（三）批评与颂扬——典型人物报道中语义的转变

一些典型人物报道总是站在褒奖颂扬的立场上塑造典型形象，容易出现"高大全"的报道形象，很难获得读者认同。样本语料中出现了一些对典型人物的"批评"和"质疑"，使典型人物成为可接近、模仿的形象。由于典型人物报道的语场并未发生变化，这种"批评"和"质疑"往往带有语义的转变，即以外在否定或消极怀疑的形式实现积极的形象呈现。

例如，《绿色守护神王海青》一文引用了王海青的五弟对他的评价：

---

① 何勇：《石宝森：27年真情"种"法》，《人民日报》2011年9月21日第6版。

② 詹溪、冀业：《刘淑珍：火热夕阳红》，《人民日报》2010年8月9日第6版。

③ 孟海鹰：《胡艳苹：给28名智障者一个温暖的家》，《人民日报》2010年11月25日第6版。

> 五弟在黑金河林场经营苗圃，打算把树苗卖给县林业局。
> 王海青放话：买别人一棵 1 元，除非你 5 毛。他甚至发出一条
> 禁令：汤原县造林用苗一律不许从这个苗圃购买。五弟感慨道：
> "要是没这个哥，生意可能还好做些。"①

从表面上看，这个评价表达了五弟对王海青的不满，这种不满是建立在社会普遍认同的"朝里有人好做官"的特权思维基础上的，而五弟对王海青的批评，恰恰实现了对特权价值观的否定和对王海青不徇私、反特权的正直形象的颂扬。这样，一方面能够防止典型人物报道出现"高大全"的形象，另一方面也能够用潜在的意识形态影响公众，通过语义的转变促成价值认同的转变。

四 典型人物报道的出路

典型人物报道的式微已经引起了广泛关注，这种式微现象甚至引发了关于"典型报道消亡论"的争论。本文暂不讨论典型人物报道是否会消亡，但将其式微的原因归结为两点：

第一，典型人物报道的语境配置未能与时俱进。"话语在不同的社会语境中会以不同的方式被生产、分配和消费，影响话语分配与消费的社会因素之多也绝不亚于影响生产的因素。"② 与 1942 年典型人物报道诞生之初和历史发展相对比，现今的典型人物报道所处的社会语境发生了较大的变化，但典型人物报道的生产、分配和消费缺乏对社会语境变化的敏感，相应的调整较少。

第二，典型人物报道在实践操作中未能将理论落实到实践之中。

---

① 丁志军：《绿色守护神王海青》，《人民日报》2011 年 12 月 6 日第 6 版。
② 胡春阳：《话语分析：传播研究的新路径》，上海世纪出版集团 2007 年版，第 221—222 页。

典型报道的理论体系可分为认识论和实践论两个方面，实践论层面的典型报道理论要求记者能够站在群众之中，当今典型人物报道对记者编辑的要求也是如此，但在具体的操作过程中，并不是所有记者都能深入群众。

有鉴于此，要解决典型人物报道的式微问题，就必须从报道的语境配置、体裁结构和词汇语法运用三个层面进行改革和创新。

首先，典型人物报道要从语旨、语式上增强报道的可读性和影响力。在语旨方面，可以改变记者与典型人物的关系，缩小参与者间的社会距离，增强报道的感染力。典型人物报道要有所创新，必须转变"自上而下"式的报道为"自下而上"式的报道，即记者主动发掘典型人物，并与之建立长期、密切的联系。在语式方面，既可以适当增加新闻图片，使报道更加形象，又要在与新媒体的互动中获得主动性。从目前传统媒体与新媒体的互动来看，传统媒体一直处于被动接受的状态，在主动输出信息方面显得能力有限。不少传统媒体都拥有自己的新媒体平台，并非所有拥有新媒体平台的传统媒体都能够充分利用这一资源。因此，投入更大的人力物力建设和管理新媒体平台的内容生产，是促成典型人物报道拥有更大的受众群和影响力的关键。

其次，典型人物报道要突破千篇一律的布局结构。在语篇结构上，典型人物报道可以采取以下四种方法：一是配发编者按，以"阅读提示"等简明扼要的方式摘取典型人物事例要点，提炼报道内容，吸引读者阅读；二是配发短评，使主题得以提升，并以"我们"的口吻拉近与读者的距离，形成对读者心灵的影响力；三是以"镜头式"的写作手法提升报道的可读性，叙事中要尽量体现冲突感，同时，以"镜头"取代以往评价性的标题，降低说教色彩；四是多用间接评价，人的品质往往是在与人交往的过程中体现出来的，间接评价能使典型报道所展现的社会整体感更强，也在一定程度上增强了报道的客观色彩。

最后，典型人物报道要善于将意识形态隐藏于词汇语法之中。把意识形态隐藏在词汇语法之中，报道中应少用主观性较强的形容词，多用带有更强客观性的动词和副词；注重名词的词典化，借助报道载体的影响力，形成社会对某一词汇内涵的认同，进而整合和调整社会共识。同时，适当的负面评价在一定程度上也能够加深公众对典型人物的思想、精神、价值观的理解，并在理解的基础上达成认同。

五 结语

传媒在当今社会已经同政治力量、经济资本一起，成为支配性的权力，它"能够有效地占用人们的心理频道"，使"观念倒映为现实成为突出现象"。[①] 典型人物报道将作为观念的意识形态映入现实，又以宣传的形式占据公众的心理空间。它通过呈现社会不同阶层的利他主义事迹，重建层级间的互信，形成社会的基本行为指南，解构以"自我"为中心和自身利益最大化的思维方式，从观念层面调整经济关系与社会关系的连接方式，将社会生活重新纳入经济生活之中。同时，典型人物报道又通过语义转变等方式以"润物细无声"的姿态滋养社会道德和价值观念，建构并维护着心灵秩序，成为累积执政的合法性资源和道德资源的方式之一。

本研究只对《人民日报》"身边的感动"专栏的 84 篇典型人物报道进行了分析，对于一些非党报类报纸、杂志，如《新京报》《三联生活周刊》等，没有纳入分析的范围。因此，本研究未必能准确

---

① 石勇：《如何走出"坏社会"困境》，《南风窗》2013 年第 1 期。

反映典型人物报道的整体情况。党的十八大对社会主义核心价值体系的新概括和对文风的强调，可能会使典型人物报道处于不断的变革当中，逐渐呈现出一些新的特征。

（原载《新闻爱好者》2013 年第 2 期）

三

新电视媒体与文化传播

电视"成人礼"仪式及其
文化表意分析

陈文敏　董天策

　　"仪式"是文化人类学的重要命题，源自农业社会并与传统文化紧密关联，世俗/神圣是仪式分类的基本架构。"仪式，通常被界定为象征性的、表演性的、由文化传统所规定的一整套行为方式。它可以是神圣的也可以是凡俗的活动，这类活动经常被功能性地解释为在特定群体或文化中沟通（人与神之间，人与人之间的）、过渡（社会类别的、地域的、生命周期的）、强化秩序及整合社会的方式。"① 礼仪之要，在于维持社会秩序、支撑文化权力并彰显其威权。在仪式盛行的传统社会或最不发达的文化中，神灵意志曾贯穿先民的生命阶段。"此类社会中，人生的每一变化都是神圣与世俗间之作用与反作用——其作用与反作用需要被统一和监护，以便整个社会不受挫折或伤害。"②

　　随着启蒙主义与科学精神对世界的唤醒，理性开启了对宗教、神话、威权解魅的现代性进程，与这些要素密切关联的仪式也随之

---

① 郭于华主编：《仪式与社会变迁》，社会科学文献出版社 2000 年版，导言第 1 页。
② ［法］阿诺尔德·范热内普：《过渡礼仪》，张举文译，商务印书馆 2010 年版，第 3 页。

消解，礼俗社会走向了法理社会。马克斯·韦伯称之为世界的祛魅（Disenchantment of the World），卡尔·马克思判定为"一切坚固的东西都烟消云散，一切神圣的东西都世俗化了"①。随着宗教在公共与社会政治空间中日益萎缩，信仰成为私人事务，或越来越"信仰而不属于"（Believe without Belonging），神圣（宗教）世界对世俗世界的控制力日渐式微，传统仪礼大大简化或失去其合法性基础。"进行现代化的国家往往通过取缔地方组织并清除民间社会的仪式传统来实行有效率的统治。毋庸赘言，这种统治方式在取得效率的同时也造成了一些社会问题。"② 处在不断对新场景的适应过程中，一些社会礼仪被抽空了意义能指，成为空洞的伪仪式，或被较高等级成员所操纵，改写了古代仪式的原初象征意义。

民间礼仪的没落以及民众的生疏，体现了传统文化的当下命运。英国哲学家怀特海认为，"当国家的公共礼仪被消减到最简单的程度，私人社团和协会立刻就开始重新构建使用符号的行为"③。但无论东西方，公众过渡礼仪中的成人仪式都晦而不显，日本、韩国、德国有所谓成人礼，美国有中学毕业典礼，但都没有全国观瞻性的青春期庆典，中国的情形也大致如此。因为与社会风尚高度契合，成人礼缺失的弊端正步步显露，对成人礼回归的吁请日益明显。当代中国从公共文化政策层面作出设计，颁布了《爱国主义教育实施纲要》（1994 年 8 月 23 日）、《共青团中央关于规范十八岁成人仪式教育活动的暂行意见》（1996 年 4 月 8 日）等文件。但相关实证研

① 马克思、恩格斯：《共产党宣言》，转引自［英］乔治·拉伦《意识形态与文化身份：现代性和第三世界的在场》，戴从容译，上海教育出版社 2005 年版，第 206 页。

② 高丙中：《民间的仪式与国家的在场》，参见郭于华主编《仪式与社会变迁》，社会科学文献出版社 2000 年版，第 333 页。

③ ［英］A. N. 怀特海：《宗教的形成——符号的意义及效果》，周邦宪译，贵州人民出版社 2007 年版，第 92 页。

究表明，全国 18 岁成人仪式教育活动的总体情况是："东部地区活动的开展情况要好于西部地区，城市中学要好于农村中学，大城市开展的情况要好于中小城市……参加成人宣誓仪式的学生每年不会超过 500 万人。"[①] 成人仪式重心往往放在领导出席、讲话程序上，作为仪式主角的青年被置于次要位置，有舍本逐末之嫌，意识形态痕迹过重，社会反响平平。因此，现代成人礼的规制、呈现、传承问题，亟待引起各方重视。

一 电视"成人礼"：被发明的新传统

电视媒体作为社会整合的强有力机构，如何在文化建设中发挥更好的作用机制，是电视台"高位主体"谋划的重心。近年来，中国电视文艺克隆西方之风盛行，某种程度上加剧了"他者"文化的进入。湖南卫视频道定位"快乐中国"，以青春、时尚为主打元素，但其泛娱乐化取向面临学界诟病与业界竞争的重压，影响焦虑下的电视湘军一直在寻找电视文艺的突围路径。从 2009 年起，湖南卫视与《中国青年报》、共青团湖南省委在"五四"青年节这一天，联合打造以"十八而志，青春万岁"为主题的全国首档青少年青春盛典成人礼，到 2012 年已逾四届。该节目不是对各地成人礼的电视照搬或实录，也非简单的"电视参与下"的庆典仪式，而是完全由电视台为主策划的一次大型"媒介事件"，其宏大的传播主旨、独特新颖的节目创意及直播效果，引来社会各方关注。

湖南卫视的电视成人礼并非一个封闭式的庆祝共同体，而是溢出电视传播边界的跨媒体传播，虽然仪式主场由电视典礼承载，但湖南交通广播和金鹰网的同步播出，提高了节目的受众到达率。节

---

① 李忠亮：《18 岁成人仪式教育活动研究》，硕士学位论文，河南大学，2007 年，第 76 页。

目前后还策动了新媒体的全程参与，如通过腾讯微博、微博校园征集参与者、发布调查问卷、进行微直播，等等。一个节目（也是节日）的参与者越多，它的公共性也就越强。据央视索福瑞媒介调查公司数据显示，2009成人礼收视份额为 2.53%，在全国卫星频道同时段排名第四，而 4—44 岁人群的收视份额高达 4.24%，同时段排名第一。[①]

作为事件营销的成功案例，2009—2012 年的电视成人礼有其显在的样本意义，体现了电视传媒在传统的断裂与修复、媒介品牌塑造与创新层面的种种努力，也为电视文化人类学、实践仪式理论研究提供了文化标本。仪式不仅是多重社会因素作用下的过程，也是过程中的行为者及事物，有其发展变化与兴衰轨迹。"被发明的传统意味着一整套通常由已被公开或私下接受的规则所控制的实践活动，具有一种仪式或象征特征，试图通过重复来灌输一定的价值和行为规范，而且必然暗含与过去的连续性。"[②]

湖南卫视在"五四"青年节的电视成人礼活动，实乃一个"被发明的新传统"，既与社会记忆中的传统版本有令人信服的关系，又与现实仪礼息息相关，尤其体现在对中华成人礼的现代性重构，以及电视对仪式要素的征用上。

（一）礼仪—电视—节庆：中华成人礼的现代性重建

过渡礼仪（Rites of Passage）由法国人类学家阿诺尔德·范热内普 1909 年正式提出，主要指个人或社会从一种状况到另一种状况的转换过程：出生、成年、结婚、死亡等重要生命关口，必经一定仪

---

① 《〈青春飞扬快乐成长〉——湖南卫视"成人礼"2009 活动案例》，参见喻国明、陈永主编《营销革命：新媒介时代营销案例精粹》，中国人民大学出版社 2009 年版，第 172 页。

② ［英］E. 霍布斯鲍姆、T. 兰格：《传统的发明》，顾杭、庞冠群译，译林出版社 2004 年版，第 2 页。

式才能安然渡过，更多体现为一种社会文化秩序。范热内普提出了著名的三阶段论：分离—过渡—整合，他将先前世界分隔之礼仪称为"阈限前礼仪"，将在边缘阶段中举行礼仪称为"阈限礼仪"，将融入新世界之礼仪称为"阈限后礼仪"。①"边缘礼仪"是过渡礼仪模式的重要进阶，个体处在从"世俗"之门步入"神圣"之坎的中间状态，这一新旧交替、半明半晦的时间里充满不稳定与危机，边缘礼仪在成人礼仪中占有重要角色。

成人礼又称"成丁礼"或"成年仪式"，是原始社会青年男女成年的传统仪式，世界上多数民族都有其成人礼，冠、笄礼是古代汉族的成人礼。中华成人礼由仪式情境与心理氛围组构，以特定的祭词、古训、族规、会款、誓约等行为象征，抵达心灵并世代传承，成为华夏民族礼仪之邦的集体无意识积淀。现代成年礼蕴含着个体"成为一个人"的仪式召唤：从告别"旧我"到迎接"新我"，获得成年的身份象征，被教导承担起社会成员应有的责任，实现"生理成熟期"到"社会成熟期"（范热内普语）的跨越。

从时间管理与文化空间的生产而言，电视成人礼在"古代成人礼"与"现代节庆"之间找到某种紧密的关联性——共同的仪式主体——"青年"及其象征意义。在18岁这个人生重要节点，为即将成年的青少年铺设红地毯，将盛大的证礼仪式运用在节庆之中，使之转化为电视仪礼的一部分，仪礼与节庆的内涵都极大增殖。"五四"青年节源自1919年反帝爱国的五四运动，1949年12月国家正式宣布为中国青年节，其精神内核为"爱国、进步、民主、科学"。《共青团中央关于规范十八岁成人仪式教育活动的暂行意见》要求，各单位成人宣誓仪式集中在每年的"五四"或国庆期间举行（上半

---

① ［法］阿诺尔德·范热内普：《过渡礼仪》，张举文译，商务印书馆2010年版，第17页。

年出生的青年参加"五四"期间的仪式，下半年出生的青年参加国庆期间的仪式）。电视成人礼把握了青少年的独立意识，选择与"五四"青年节接合，无疑是贴切的，既让"五四"青年节这个原本被公共政策"发明出来的传统"获得了更深层的意义，也让中华成人礼传统得到了接纳与再生，确立了在当下社会的合法性。

2009 年电视成人仪式现场演绎了"笄礼"；2010 年现场播放了孔子故里曲阜以及台北成人礼仪的短片；2011 年、2012 年邀请学者现场解读"成人礼"以增加文化感，虽只占短短几分钟，确有点石成金之效。2011 年胡小伟（中国社会科学院教授）现场讲述冠礼的演变：缁冠、皮弁、爵弁；2012 年郦波（南京大学教授）这样阐释成人礼的时代意义：

> ……冠礼的意义并不止于此……在今天的成人礼后，我们就要掀开自己青春崭新的篇章，而青春的使命就是儒者的使命，就是面对现实的勇于担当，就是面对历史的勇于传承，用宋儒张载的话来说，就是为天地立心，为生民立命，为往圣继绝学，为万世开太平。

严格意义上的中华成人礼，只留存在《周礼》等典籍中，而电视庆典中的证礼嘉宾对成人礼的阐释相当个性化，通过视觉艺术将原本表述晦涩且程序繁杂的仪礼点化得恰到好处，从而成功扮演了媒介知识分子、"媒介快思手"（布尔迪厄语）的角色，自身也成了这一场大型"行为秀"的有机组成。

电视成人礼在仪式主题及其所追求的公共价值上进行了明显的革新创化，如庆典的中枢性仪式——面对国旗宣誓，则是对古代成人礼的现代性重建。"有时新传统可能被轻而易举地移植到旧传统之上，有时它们则可能被这样发明出来，即通过从储存了大量的官方仪式、象征符号和道德训诫的'仓库'中借取资源。"① 简言之，在电视成人礼"礼仪—电视—节庆"的模式中，电视媒介的中介化作用完成了政治节庆的仪式填充，实现了中华礼仪与现代媒介、政治仪式与日常仪式的有效对接，既赋予电视成人礼的时代意涵，也保证中华成人礼的一种新质发生。

（二）超构—超验—返魅：电视"成人礼"仪式机制

如前所说，马克斯·韦伯用"祛魅"概念来揭示欧洲宗教改革肇始、启蒙运动以来的社会价值合理性转变过程。祛魅指祛除事务的"神性"与"魔力"，由超验神秘返归自然世界、世俗生活本身，祛魅是现代性发展的必然结果。而美国学者大卫·格里芬看到了祛魅带来现代性隐忧的这一悖论，在后现代有机论的基础上提出了"返魅"（Re-enchantment）的概念，认为被祛魅否定的"主体性、经验和感觉"是广泛可能的，返魅的世界是一个主客体统一的完整世界，现代性"祛魅"与后现代"返魅"之间，绝非简单的反对关系。"所谓返魅，绝不是要返回到巫术、秘法和蒙昧状态，而是要返回到爱、灵性、慈悲、心灵的修正与力量、人与神的关系性共在。"②

因此，宗教、仪式或者膜拜，可以理解为主体间追求"意义"和"深度"的一种精神交往。仪式是一种返魅的艺术，不仅表现出对神圣物的尊敬，而且也建构了跟神圣物一样的对象。在仪式变化的诸多因素中，技术理性与媒体的替代性功能影响深远，电视传媒也能通过对仪式的征用、通过电视特有的跨越感和穿透性，来建构"想象共同体"（本尼迪克特·安德森语）的共时性与同一空间性，

① ［英］E. 霍布斯鲍姆、T. 兰格：《传统的发明》，顾杭、庞冠群译，译林出版社 2004 年版，第 7 页。

② 戴立勇：《现代性与中国宗教》，中国社会科学出版社 2008 年版，第 96 页。

从而达到电子诗性的返魅；而电视成人仪式试图以向传统致敬的方式获得对神性的重拾，以期人们在后工业消费社会中的某些特定时刻获得"诗意的栖居"。

电视节目以及看电视的行为，都是日常仪式中的重要部分。广义而言，所有的电视节目都具有一定的仪式化特征，是一种远离宗教的"近似仪式行为"（凯瑟琳·贝尔语）。1981 年，戈索尔斯（E. Goethals）提出了"电视仪式"概念，认为电视仪式将我们周遭日常的事物都赋予了超验的、神圣的内涵，使得这些事物从凡俗变为神圣。①"经验"在杜威美学中占据主体地位，日常生活中，大多数人的经验生活大大多于超验生活，对形而上学的超验世界的追求带来超验之美。艺术的一个重要职能就是感受、体验、表现潜验生活，超验和潜验都是为了完善人的经验世界，进而保证人性的全面、健康发展。

以电视成人礼来说，电视征用了古代祭祀仪式、膜拜仪式、巫术仪式等形式，以及积淀于其上的人类集体无意识，通过对出离了普通日子之外的"大日子"（即节日）进行"超构"处理，从而让观瞻者分享一种逃逸了日常生活的"超体验"，最终达到超乎世俗化情感的"返魅"心理状态。因此，电视仪式的作用机制可以表述为："超构——超验——返魅"。媒体通过象征性扩展的超构模式，使参与者与观瞻者达到超出日常经验的体验，从而在审美经验上获得神性与崇高感。成人礼通过对礼仪的电视搬演、征用与意义改造，成功地解释和戏剧性地处理了一种文化行为的神秘性，实现了对传统的拯救。

———————————

①　转引自王青亦《真实电视：电视仪式与审美幻象》，中国传媒大学出版社 2012 年版，第 67 页。

二 电视"成人礼"仪式的表意系统

恩斯特·卡西尔在《人论》中将人定义为"符号的动物",认为"象征符号"的生产是人类文化活动的中心。斯图亚特·霍尔认为意义并不内在于事物中,而是被构造与生产出来的。电视成人仪式作为一个意义体系,其表意系统蕴含着象征符号的意义生产与循环流通。表意系统基于以下条件:受多维的感官经验、节目框架机制和一种体现价值观,以及形塑人们对世界的经验感受和认知秩序的能力。

(一) 意义锚定:作为媒介事件的仪礼框架

框架理论(Frame Theory)是建构流派中的一支,框架的概念源自贝特森(Bateson,1955)、高夫曼(Goffman,1974)在《框架分析》中将此概念引入文化社会学,后被借鉴到大众传播研究中,成为"议程设置"的扩展理论。电视传播是一种受"框架"约束的组织行为,约束来自合法机构的意识形态管理、传播机构的组织文化、媒体介质特性以及信息商品的买方市场等诸多层面。"媒介制作者所具有的专业的成规和实践活动包含着一些有关节目应如何制作('生产关系')的设想和观念。他们从更广泛的意识形态化的社会('知识的框架')中得出的议程和意义——'对情景的界定'。最后,电视自己的方式和成规被用于完成编码的过程中,其作用是使之自然化,或使节目的意义对观众而言清楚易懂。"① 因此,作为"意义的社会化生产与再生产"(霍尔语)的电视媒介必须设定自己的叙事及表意框架,帮助观众去掉某些意义,来固定(或"锚定",An-

---

① [英]大卫·麦克奎恩:《理解电视——电视节目类型的概念与变迁》,苗棣等译,华夏出版社2003年版,第229页。

chor）媒体需要传播的那些意义。

通过对 2009—2012 年电视成人礼的文本分析可以看出，作为电视仪式的典型样本，湖南卫视电视成人礼一开始就被打造成"媒介事件"，具备美国学者丹尼尔·戴扬、伊莱休·卡茨关于"媒介事件"的系列特征：如提前策划、宣布和广告宣传，"邀请"观众来参与"仪式"与"文化表演"、对空间以及世界的"征服""神圣的日子""大众传播的盛大节日""群体情感宣泄"等。主题策划、特殊程式、节目基调、序列拟定、视觉风格等都是电视仪式的关键。

电视成人礼节目架构大致如下：在宏观层面，是推出以"礼"为形式，以"国学、儒家、家国责任"为表意核心的"节日电视"，从而实现隐性德育的培植；在中观层面，是在节目进程中圈定仪式"阈限"，选取有"超验"可能的象征符号与媒介展演，来完成仪式程序；在微观层面，是在场域情境中透过主持人及证礼嘉宾的话语修辞，以确保情绪与气氛，更好地锚定意义。贯穿这三者之中最为重要的媒体经验，不是直接强推、贩卖意义，而是将宏大叙事融汇在大规模行为秀的景观与情境中，实现意义与快感的双向流通，将舞台打造成"电子教堂"。

在电视成人礼上的宣誓仪式环节，国族话语被移植到成人礼的誓约仪式中，从而框定了意义的指向，而仪式参与者很少有批评的可能，因为只有谙熟经典者才知道仪式运作的正确与否。因此，这种建构只要符合媒介运作的逻辑，甚至不必理会国家力量的安排，只要在合法的区间运行即可。《共青团中央关于规范十八岁成人仪式教育活动的暂行意见》规定："十八周岁成人宣誓仪式的基本程序包括：升国旗、唱国歌、面对国旗宣誓、领导勉励、前辈祝愿、成人心声、颁发成人纪念物等。"湖南卫视只在这些线性模式中按照自身需要设定了前辈祝愿、同龄人心声、嘉宾演讲、故事时间、展示成人纪念物、面对国旗宣誓等核心环节。两相比较，在宣誓词上的重大修改呈现了节目框架中最重要的话语叙事：

共青团中央规定的成年礼宣誓词：

> 我是中华人民共和国公民，在十八岁成年之际，面对国旗、庄严宣誓：我立志成为有理想、有道德、有文化、有纪律的社会主义公民。遵守宪法和法律，热爱社会主义祖国，拥护中国共产党的领导。正确行使公民权利，积极履行公民义务，自觉遵守社会公德。服务他人，奉献社会；崇尚科学，追求真知；完善人格，强健体魄，为中华民族的富强、民主和文明，艰苦创业，奋斗终生！

湖南卫视电视成人礼的宣誓词：

> 我宣誓，从今天开始，我以诚信对他人，以孝心对父母，以热心对社会，以忠心对国家，我宣誓，因为有我，人民将更加幸福，因为有我们，家园将更加美好，祖国将更加昌盛，天地为鉴，国旗为证，十八而志，青春万岁！

限于篇幅，本文不对两段宣誓词做话语分析，显然是后者能更自然地内化宣誓者的认同感。湖南电视台副台长张华立在论及2009年电视成人礼时表示，"……其中有一个青年感恩的环节……使我在录制现场和审片时两度落泪。它让我坚信，一切生硬的道德教条和装腔作势的训谕面孔，都架不住鲜活的事实展示；它也让我坚信，没有兄弟姐妹的独生子女一代其实和我们一样，具有与生俱来的悲天悯人的情怀，只不过需要场合、时机；它还让我坚信，悲天悯人看上去不那么高大全，但一定是一切道德的源泉"①。

（二）符号展演：话语修辞与电视影像叙事

在当代社会知识由"语言学转向"到"话语转向"的重要转型中，话语可以指任何具有类似语言结构的表意方式和表意单位，它既是形式，也是内容。"话语"与"语言"意蕴紧密，与"文本"也是一对既相区别又高度相关的概念。话语分析可用来揭示电视传媒与意义建构的复杂关系。"声响、词语、音符、音阶、姿势、表情、衣服，都是我们的自然和物质世界的组成部分，但它们对语言的重要性不在于它们是什么，而在于它们做什么，在于它们的功能。它们构成并传递意义。"②

从语境学和符号学来看，节日电视的仪式话语关乎特定群体、社会关系和社会文化规范的象征性法典。仪式表演总是在具体、特定的场景中展开，其中大量的符号被赋予了特殊指称与象征意义，尤其是仪式中的核心器物，能带来丰富的能指剩余。象征性符号是一切注视的中心，是仪式的实证、向导和源泉，在事后成为仪式的历史记忆。如国旗是一种浓缩型（观念与情感的浓缩）的神圣—象征型符号，年轻人围绕着国旗立誓，是一种聚集到共同体信仰中的仪式行为。因此，象征性符号及其相应行为建构了宣誓仪式的神圣性。现场行军礼（仪仗队）或注目礼（宣誓者），全场起立、左手放置胸前立誓，此时口头仪式与行为仪式达到一致。又如2010年成年礼中的"时间芯片"指向一种不同于常物的特殊质量的"神圣性"，是对超自然体的呼唤（写给未来自己的信件经此保存在世博会

---

① 张华立：《我们为什么还要办"快乐女声"？》，《视听界》2009年第3期。
② ［英］斯图亚特·霍尔：《表征——文化表象与意指实践》，徐亮、陆兴华译，商务印书馆2003年版，导言第5页。

里）。再如 2009 年成人礼的成长信物——一个被制作成"长城砖"形象的小挂件，体现了象征与意义的内在一致性，意指每个公民都是建设中华民族共同信仰体的一分子，也意指祖国对儿女的召唤，是国家在场的体现。

除了象征性符号，音声与视觉形象的修辞在典礼中也作用显著。古典修辞学由亚里士多德开创，以"语言"为重，看重语词上的说服、规劝与设计，通常运用在公开演讲中，以期让听众接受某一观点或采取某种行动。而美国新修辞学以"心理"为重，新修辞学奠基者肯尼斯·博克认为，其核心是"认同说"与"无意识"因素。在电视成人礼盛典中，这两种修辞被大量使用，尤其体现在证礼嘉宾的演讲词上，以 2012 年为例：

证礼嘉宾杨澜（知名主持人，杰出女性的代表）：

……你们是如此的独一无二。你们的信念、你们的热情、你们的才华、你们的气质、你们的魅力，包括还有那么一点点小小的不完美，就构成了如此生动的你们。十八岁的时候，与其重复，不如创造。为什么不做自己，做更好的自己呢。你们说对吗？

证礼嘉宾韩寒（80 后作家，公众人物的代表）：

……你的青春就是一场远行，就是离自己的童年、离自己的少年越来越远的远行。你会发现这个世界跟你想象的一点都不一样，你甚至会觉得很孤独，你会受到很多的排挤。度假和旅行，其实都解决不了这些问题，那我解决这些问题的办法就是不停地寻找自己所热爱的一切。

证礼嘉宾罗援（全国政协委员，少将）：

> ……我的父亲罗青长 18 岁的时候，他已经深入龙潭虎穴，他的人生选择，是"救国"。我 18 岁的时候，参加了中国人民解放军，我的人生选择，是"卫国"。我的女儿罗丹丹，18 岁的时候，在她的日记上，摘录了周恩来总理的名言："为中华之崛起而读书。"她的人生选择，是"建国"。今天，你们也到了一个人生选择的关头，"天将降大任于斯人也"，强国，是你们这一代不可推卸的历史担当！

2009—2012 年，到过电视成人礼现场的证礼嘉宾有知名主持杨澜、百度 CEO 李彦宏、科学家袁隆平、少将罗援、留法学生代表李洹、冬奥会冠军王濛、青年作家韩寒、郭敬明、蒋方舟、学者胡小伟、郦波、偶像歌手周杰伦、李宇春、台湾鬼才导演九把刀、中国载人航天工程总设计师周建平、新东方教育集团董事长俞敏洪等。社会各界知名人士以精神导师的身份讲述自己的 18 岁，他们的出现意味着"神话偶像"转为"眼前现实"，其话语修辞在表意实践中起到重要的威权作用与劝服效果。

电视运用图符、表征和象征这三大类符号，能同时把诸如演讲、音乐、音效、色彩、手势、面部表情和动作等能指表现出来。在仪式的电视影像呈现中，日常生活停顿下来，仪式成了一种严密的舞台设计，它统辖、创造着一种绝对的、特殊的秩序，或者说，它圈定禁忌、设定阈限，它就是秩序本身。主持人具备神圣的祭司性质，有义务按既定的框架推进节目进程、维持全场秩序、引导仪式完成。视觉叙事中的镜头语言对建构电视真实或曰"幻象主义"起着重要作用，镜头景别通常有疏远而客观的全景、较为安适的中景、紧凑的封闭性特写。在电视成人礼仪中，多机位、电视摇臂技术、俯拍与仰拍的"非常规"视角，展现了画面强烈的倾向性与暗示性，镜头会有意推近普通人，将其作为大特写的主体，特别是当被摄主体处于情绪激动——流泪或欢乐时，以展现电视美学的"高峰体验"，营造特定的场景氛围和最大限度的兴奋点，电视仪式创造性地通过传媒技术，形成了新的神圣/世俗二分的方式。

（三）套层观证："在场"与"远距"的互动

斯图亚特·霍尔的文化循环理论认为，文化是一个社会或集团的成员间的意义生产与交换，其中关联着编码到解码的循环过程。英国学者安东尼·吉登斯根据前现代社会和现代社会的差异，提出了"社会性整合"和"系统性整合"这一对概念，前者指互动在"共同在场"的情形下完成，行动者面对面的交往和身体接近获得了"在场可得性"或称"共同在场的情境"。"聚集意味着须在共同在场中、并通过共同在场完成对行为共同的反思性监控，聚集中亲密无间、协调一致的情境特征对这种监控过程起到了决定性的作用。"[①]而在信息技术发达的现代社会，"系统性整合"取代了"社会性整合"，行动者或者集团之间跨越时空进行交互作用，人们无需通过身体的直接呈现就可获得在场可得性，时空不再是互动的障碍。大众传媒、远距通信的中介化使得"时间消灭空间"（马克思语），物理空间不再重要，但"文化空间"却因此延拓。节日电视创造了覆盖最大空间的新的"社会群体"与虚拟社群，即使不能进入仪式中心——演播室，观看电视依然可以达成互动仪式，使之确保共同体验的发生。

---

① ［英］安东尼·吉登斯：《社会的构成：结构化理论大纲》，李康、李猛译，生活·读书·新知三联书店 1998 年版，第 146 页。

电视仪式是一种分散仪式。媒介技术保证了一种"套层观证"的可能性——看台对舞台的观证、镜头对看台的观证、远距对荧屏的观证。"亲身在场使人们更容易察觉他人的信号和身体表现；进入相同的节奏，捕捉他人的姿态和情感；能够发出信号，确认共同的关注焦点，从而达到主体间性状态。"①在大众传播中，能够会聚在"此时此地"的行动者不过寥寥，如2009—2012年受邀至电视成人礼现场的青年分别是2009名、2010名、2011名、2012名，更多的青少年只能通过电视机或网络直播来观证。这种套层观证使得"演播现场"成为前台的"共同在场"，台上台下的互为观证成为提高"互为主体性"的一个条件，而远距离的观证说明受众既是缺席的，又是在场的，或者说他们以"缺席"的方式实现了"在场"。

仪式的情境这样发生：在场者一边看舞台仪式展演，一方面自己成为电视镜头下的景观，典礼现场的多个机位在不同位置窥伺，电视摇臂在空中逡巡，在场者不知自己何时会进入后台导演的镜头切换中——或许是下一秒，因此，必须要对可能出现的"下一秒"进行印象管理。成人礼中常用镜头快速寻找人脸，将其定格为大屏幕的特写镜头，如2009年的"礼物传递"、2011年"寻找笑脸的主人"都是如此，此时电视镜头以及影像技术成为一种在场的监视装置，有如边沁与福柯的"全景敞视主义"，监视的最高境界就是自我监视，偶像出场时的快乐尖叫，立誓时的肃穆坚毅，"故事时间"流下的泪水……都是仪式中必要的身体表演。

在场者知道电视机前万千观众在场外凝视，而凝视是一种带权力的观看，场外的观众能看到场内的所有景观（甚至因为近镜头与非常规镜头而看得更多），而自己却无须成为"被看"，但有一点可

---

① ［美］兰德尔·柯林斯：《互动仪式链》，林聚任等译，商务印书馆2009年版，第106页。

以保证的是，虽然他们并非处于仪式的中心，而镜像作用使他们不会离仪式太远。"这种远距离的仪式可以提供共享的情感、团结以及对象征性符号的尊重……这里电视近似于身体的反馈，通过挑选情感表达最强烈与仪式活动最投入的瞬间，使远方的观众感到看见的他人就像自己一样。"① 因此，"镜中自我"使场内外保证了共有的行动、意识与共有的情感、互动实践成为可能，只是程度不同而已。

三 电视"成人礼"仪式的表意权力

"仪式作为社会认同与社会动员的方式之一，既可以有整合、强固功能，又可能具有瓦解、分化的作用。仪式、神话、信仰体系并非源于政治真空的环境中，它们反映、增强并弥漫于政治权力中。"② 在罗兰·巴尔特的观察中，所指、能指和神话之间的关系对应着直接意指（Denotation）、含蓄意指（Connetation）和意识形态（Ideology）三个层次。作为一个体现主流价值观的超大型行为艺术，电视成人礼的表意权力体现在如下两个向度：

（一）身份政治与媒体赋权

作为一个开放性的"生产性文本"，电视成人礼如何在复杂的现实场景中处理好文化与市场、传媒与受众、传统与现代，以及主流/大众/精英之间的逻辑关系，并非易事。成人礼以 90 后青少年为仪式主体，展示青春一代于己、于家、于人、于国的盛大情怀，因此，不回避亚文化主体的文化现实，为其身份赋权是重中之重。一方面，90 后作为改革开放以来的独生一代，难免以"我"为中心、"唯我独尊"，这与礼仪的核心如尊重他人、关爱他人、平等合作、严于律

---

① ［美］兰德尔·柯林斯：《互动仪式链》，林聚任等译，商务印书馆 2009 年版，第 95 页。
② 郭于华主编：《仪式与社会变迁》，社会科学文献出版社 2000 年版，导言第 2 页。

己存在断层，同时，社会文化、家庭文化中示范作用的缺乏，致使家庭礼仪启蒙教育失去了内在根基，应试教育也忽略了礼仪的道德与审美教育。另一方面，从社会资源而言，青少年是社会等级较低的弱势人群，很难以各种自治和身份权力的争夺来确证自身，主张自己的文化身份。

承受着社会对 90 后"脑残""非主流""没有责任感"之类的刻板印象，90 后背负了一定程度标签化的"污名"身份，而电视成人礼的组织是其权力合法性的一个重要策略。"通过仪式建立起一个现实观及相应的自我观，从而创造出一个重新组构意义的主观心理状态，这便是仪式的功能，以及仪式对问题提供解答的方式。"① 湖南卫视长期关注青少年成长，一直致力于青少年身份政治、身份权力的诉求，试图在青少年的"苦文化"（繁重的课业）与"酷文化"（对流行文化的追逐）之间找到平衡点，帮助他们逃离被误读的社会身份，将其建构为拥有某种良好品性、潜质和价值观的族群，并努力修正社会对这一代人的看法。因此，电视成人仪式在某种程度上成为替青少年赋权、鼓励该族群"自我加冕"的一种路径，节目也因此获得大批拥趸。

赋权/增权（Empowerment）是西方 20 世纪六七十年代以来西方传播学研究的重要议题，赋权与失能、增权与无权、培力与无力，是相对应的概念。权力不仅是客观存在的能力，也是一种主观感受——权力感：自我概念、尊严感、福祉感、重要感等。湖南卫视节目研发中心为青少年策划一档高端文艺节目，为此留出频道和黄金时间，更重要的是，以他们为仪式主体并颂扬其文化观念，

---

① ［美］巴巴拉·梅厄霍夫：《过渡仪式：过程与矛盾》，参见［美］维克多·特纳主编《庆典》，方永德等译，上海文艺出版社 1993 年版，第 165 页。

是一种媒介赋权实践。如 2011 年由共青团中央评选出的"大学生自强之星标兵"有 9 人来到电视成人礼现场,寒门学子讲述自己的励志故事,主持人何炅最后不失时机地说:"我可不可以跟你们拍个照?因为我觉得你们是我的榜样。各位,我可以站到你们中间吗?我现在站在自强之星的中间了!"引得全场尖叫,当作为仪式祭司的主持人离开"祭坛"走到台下,放下自己身段的同时其实就是抬升了大学生的身份,从而在意识形态上达到了"神话"的意指效果。

巴尔特所说的"神话"(他称之为"迷思",Myth),最主要的特点是其自然性。"庆典提供了一种框架,在这一框架内,各群体的人们可以通过建立或摧毁理想的或现实的自我形象,进行自我审视、自我批判、自我赞美。"[①] 在电视成人礼中,许多被社会结构束缚的东西获得了解放,尽管"阈限后"的社会地位并未因此提高,但他们世俗权力的丧失得到了某种补偿,获得了神圣的力量、弱者的力量,个人空间因此被社会化、文化化,群体的高峰因此成为个人生活的高峰,也会被有选择性地记忆。

电视成人礼的文化取向,力争体现对青少年亚文化的尊重与体认。如 2010 成人礼中有"电子时代的情诗"环节,凸显 90 后群体的爱情观;又如 2012 成人礼主题是"十八岁的选择",注重青年人自我选择的权利,该活动事先在网上开展大型问卷调查活动,分别有以下主题:十八岁的选择——如果可以互换,下一秒你想成为谁?十八岁的你快乐吗?你在烦恼什么?你最想尝试的第一次?在你心中什么是十八岁 9.8 分的影视作品?你的青春埋在哪些书里?成人礼现场用公布"万份问卷调查结果 TOP 5"的方式,让青少年表达

---

① [美] 维克多·特纳:《庆典》,方永德等译,上海文艺出版社 1993 年版,第 22 页。

对于生活、理想和人生价值的态度。典礼现场还请到一个由家长、老师、领导组成的观礼方阵，体现了成人世界对他们身份的接纳、认可与祝福。成人礼在其文本中体现出文化差别，在符号中留出相当大的空白，以便亚文化可以用来协调并形成其意义，而不只是发行人想提供的意义，这也是该电视文本得以流行的原因。

（二）价值重置与社会整合

人类学家拉德克利夫—布朗认为，仪式对于构建和维护社会秩序，加强群体团结作用重大。仪式是社会控制的一种方式，仪式可以也必须强化某些价值观，使个人服从群体和国家的利益。"仪式的一系列影响中的最后一项是道德。当个体带着来自于群体高度体验的能量去行动时，他会有道德感。"① 作为一种公共文化行为，娱乐或审美只是节日的外在形式，其终极目的在于社会教育和社会融合，通过集体参与的庆祝活动，建立一套公共的精神信仰和价值观念。把本土文化传统纳入民族国家的体系之中，将国族话语缝合进媒介运作逻辑中去，以实现主流价值的询唤，是节日电视的要义。

作为社会整合的重要机构，电视在集体记忆、集体认同上发挥着重要作用。电视运用支配性意指系统来编码，将主流的核心价值观、国家意识形态编织进具体节目之中，从而形塑国民品性。电视成人礼重在成人意识教育，包括独立意识、感恩教育、青春期文明礼仪，展现新一代怀抱理想、感恩尽责、关爱奉献、忠义担当的时代特质。

2009 年，"感动中国" 2006 年度人物黄舸来到成人礼现场。在 CCTV "感动中国" 颁奖礼上，身患顽疾的黄舸是 "感恩之旅" 的

---

① ［美］兰德尔·柯林斯：《互动仪式链》，林聚任等译，商务印书馆 2009 年版，第 76 页。

阳光少年，而在成人礼现场，与死神赛跑 20 年的黄舸只想在主持人的帮助下给父亲一个深情拥抱，这一细节展现了家庭伦理的内涵。2011 年的"故事时间"，主持人张丹丹讲述了这样一个故事：小女孩佘艳自出生就被遗弃，与养父相依为命撑起一个幸福的贫寒之家，而在身患白血病即将离世之际，佘艳写下遗书让父亲把社会捐助的 58 万元全部转赠给同样病症的陌生人，她的墓碑上刻着"我来过，我很乖"。当主持人说出"当我们选择善良，我们就会遇到更多的善良，当我们选择相信美好，我们就会遇见更多的美好，大家能相信吗?"全场为之动容。

2011 年这个叫"相信"的主题故事阐释了这样的价值理念："18 岁了，我的朋友们。相信爱情吧，相信青春，相信奋斗，相信朴素，相信奉献，相信执着。相信那些老掉牙的词儿，相信你们的父辈，以及你们父辈的父辈都一直相信的事儿吧。"这些向传统致敬的话语赢得全场的泪水与经久不息的掌声。在此，仪式话语不但联系了象征符号的"感觉极"和"理念极"（维克多·特纳语），也将原始而直接的情感与高尚、系统化的社会价值相连接，实现了传统与现代的精神契合，完成了"价值重置""隐性德育"的媒体意志。

仪式高潮部分出现在舞台上的军旗、仪仗队，以及在这一爱国主义符号面前的集体宣誓、证礼行为，成为想象国家民族的重要方式，"天地为鉴，国旗为证"表达的是一种精神上的献祭决心，"祖国"就在这里，"奇理斯玛"的神性开始显现。"奇理斯玛"（Charisma）一词是早期基督教语汇，马克斯·韦伯在论述各种权威时将它加以引申并赋予其新义，爱德华·希尔斯认为"奇理斯玛"是符号秩序中心，是信仰和价值中心。"我们通过仪式能够最清楚地看到，个人在社会中，在国家中；社会在个人中，在国家中；国家在个人中，在社会中。"① 主流修辞与主流核心价值观既实现了对诸多亚文化的征召与收编，也通过社会动员强化了公民的社会秩序感以及涂尔干所言的社会"有机整合"。

四 结语

综上所述，礼仪之于少年、媒介、社会、家国，均有重要意义。人生仪礼发生在个人生活领域，不是公共文化生活，国家可以不予干预，但大众传媒应该具备一种文化敏感力，有义务将其纳入运作框架内进行规划呈现，使年轻一代的传统文化情结、民族认同感、群体内聚力和内心幸福感落到实处，这也是媒介文化的重要维度。电视传媒在文化大发展、大繁荣的历史使命中，有必要为普及传统文化、创新现代文化做出特有贡献。"遗产是一种求助于过去的现代文化生产模式……遗产生产同时包括拯救过去和将其表现为可参观的体验，两者相辅相成。"② 电视成人礼仪是针对"意义的问题"的媒介实践，对于文化认同、媒介认同，以及共同体的建构，都有良好的传播功效。

我们认为，电视成人礼的成功带给传媒业一些新的启示：电视成人礼有必要被国家级广播电视媒体借鉴，以建构更高的媒介仪式平台；有必要将节庆文化与国家性的仪式做更多对接，以期在跨文化传播中有更大影响力；有必要在电视仪式的开发上多做文章，以实现历史性记忆的"恢复"或再现。当然，消费文化时代，电视仪式的文化拼图也必然杂糅着诸多亚文化与市场化的因素，存

---

① 高丙中：《民间的仪式与国家的在场》，见郭于华主编《仪式与社会变迁》，社会科学文献出版社2000年版，第310页。
② ［英］贝拉·迪克斯：《被展示的文化：当代"可参观性"的生产》，北京大学出版社2012年版，第124页。

在"形式大于意义"与电视宰制的问题。但是，无论业界与学界，都有必要在电视仪式的作用机制与媒介的意义生产上进行更深层次的探索。

（原载《新闻大学》2013 年第 2 期）

电视诵读类节目的意义取径与范式重构

陈文敏

  20 世纪六七十年代，美国学者约翰·卡威尔提（John Cawelti）提出程式理论，后继者霍拉斯·纽卡姆（Newcomb Horace）、珍妮·福伊尔（Jame Feuer）、贾森·米特尔（Jason Mittell）的类型（Genre）研究均判定：现代电视工业是高度类型化的，类型化不仅使传播生产更为经济，也是受众的观看期待。2017 年伊始，电视诵读节目异军突起，培养了大批的"重度观看者"，其场景样态、修辞表达、文化品格呈现异质性特征，成为电视综艺类型—电视文化综艺亚类型—电视诵读节目子类型的范本，彼此之间具备英国哲学家维特根斯坦所言的"家族相似性"（Family Resemblance）特征，"情感共同体"是电视诵读节目仪式情感及其情感动员的终极诉求，而这些意义是通过电视的"口语文化"操作抵达的。本文对场景化的电视诵读节目进行文本分析，以深化情感社会学视域下电视情感传播的学理研究。

一 电视诵读节目的情感诉求与类型递嬗

  任何电视类型节目都有其传播框架、情感（情境）规定，电视诵读节目也不例外，这一发源于 20 世纪 90 年代的电视节目类型经历了隐而不显的漫长蛰伏，2016 年年底以来在情感类型学上出现质变。

（一）诉诸情感：电视综艺的口语文化

传播学研究已经明证，"诉诸情感"与"诉诸理性"是大众传播的两大重要策略，很难截然分开，是对立传播形态的辩证统一，在不同传播活动中各有侧重，诉诸情感往往比诉诸理性能产生更大的态度改变。电视是一种以营造高情感来追求"情感共同体"联结的技术装置，情感力生产是电视发挥引导力、提升竞争力、彰显影响力的重要路径。李建军等认为，理性传播看重传播的思维方式，而情感传播是着重于心理取向为尺度的传播形态。① 崔莉认为，电视情感传播的效果实现依托于两个功能：一是个体（包括传者、受众）内在的情感体验功能，促成人类感性文化的生存发展，满足个体形而下的欲望；二是情感对社会文化外在的建构功能，作用于社会关系和社会结构的现实。②

美学家李泽厚认为，中国文化是情本体的文化，"情本体是乐感文化的核心"。③ 在官方的文化发展过程中，感情与激情长期是被忽略的，而当前被作为文化策动的重要因素。美国社会学者梅斯特罗维奇（Stjepan G. Metrovic）在其著作《后情感社会》（*Postmotional Society*，1997）中认为，现代情感是被文化产业精心操纵的"后情感"。但是，情感电视的主战场并不在电视综艺，更多在私人话题访谈、电视婚恋、生活类角色互换节目之中，这些节目在情感疏离、隔绝的后情感时代起到情感联结与缝合的作用。电视文化综艺虽然也有部分的情感因素，但教化之风使其更多强调精英化的认知解惑，

---

① 李建军、刘会强、刘娟：《理性与情感传播：对外传播的新尺度》，《江西社会科学》2015 年第 5 期。
② 崔莉：《浅议电视情感传播的双重功能》，《现代传播》2012 年第 9 期。
③ 李泽厚：《实用理性与乐感文化》，生活·读书·新知三联书店 2005 年版，第 55 页。

端庄理性。选择一种修辞就是选择一种影响力，电视诵读节目区别于娱乐综艺的最大差异，在于更注重口语文化，力图让真、善、美"入耳"并"走心"。媒介环境学派第二代核心人物沃尔特·翁（Walter J. Ong）提出了口语文化—书面文化的两级概念，他将电子媒体的语言称为"次生口语文化"，认为"次生口语文化"之中存在着"遗存性口语"和"文字性口语"（Literateorality）。"次生口语文化"或多或少具备"原生口语文化"的九大特征："附加、聚合、冗余、保守、贴近、对抗、移情参与、衡稳、情景式。"① 可以说，电视诵读在社群感的养成、套语的使用上，是更刻意为之的自觉的口语文化。

（二）视听场域：电视诵读的类型递嬗

在 1991 年问世的《普通媒介学教程》一书中，法国媒介理论学家雷吉斯·德布雷基于技术与文化的互动关系提出了"媒介域"（médiasphère）的重要概念，并将其分为文字（逻各斯域）、印刷（书写域）和视听（图像域）三种类型。② 技术及其制度配置牵连在社会文化、信仰秩序的确立和改变之中。无疑，当前的社会主导媒介是以电子媒介为主要载体的"图像域"传播情境，媒介技术、记忆手段都偏向于此，视听（图像域）成为当代决定人类思想活动的主要线索和主导性象征系统。"场"（Field）这一物理学概念被引入社会科学领域，源于格式塔心理学代表人物库尔特·考夫卡。考夫卡认为，人类的心理活动源自观察者的心理场（Psychological Field）和现实物理场（Physical Field）结合而成的"心物场"（Psycho-Phys-

---

① ［美］沃尔特·翁：《口语文化与书面文化》，何道宽译，北京大学出版社 2008 年版，第 24—37 页。

② ［法］雷吉斯·德布雷：《普通媒介学教程》，陈卫星、王杨译，清华大学出版社 2014年版，第 456—457 页。

ical Field)。场论创始人库尔特·勒温以 B＝F（PE）为公式，说明人的行为（Behavior）是心理活动（Person）和心理环境（Environment）的函数（Function）。而法国学者布迪厄的"媒介场"（Media Filed）概念，将"场域"视为一个结构化的、半自主性的社会空间，认为艺术场会受到"惯习""幻想"（Illusion）"资本"的影响。提出"媒介情境论"的美国学者约舒亚·梅罗维茨认为，电子场景比印刷场景能更有效地组织社会环境，影响人类行为。虽然西方场域理论在中国的适用性还有待观察，但基本说明了艺术的意义生成跟传播场域关系密切。

电视综艺是中国转型期社会文化的观察窗口之一，经历了艺术本体意识的觉醒期、审美品格建构的成长期、世俗审美的成熟期，并走向后综艺时代的艺术多元期，娱乐与益智并举，奇观与人文共存，但总体而言较为花哨且审美贫弱，最近几年国民文化节目开始崛起并进入精耕细作时期。电视诵读节目的前身并无清晰的、仪式化的常规样态，存在着节目定位不清、内容宽泛、曲高和寡、类型混合等共性，收视群体不断窄化，互动很少，最终不断边缘或退场。如对书籍进行摘选与荐读的电视读书节目，譬如央视《读书时间》（1996—2004 年）、《子午书简》（2001—2011 年）、《读书》（2011 年至今）、凤凰卫视中文台《开卷 8 分钟》（2007—2014 年）、河北卫视《读书》（2000 年至今）、上海星尚频道《今晚我们读书》（2011 年至今）等。又如，电视主题晚会中常出现单一性的电视诗朗诵或整场的"诗歌电视"，均是电视复现的舞台表演艺术，其中电视机构的身份多为工具客体而非行为主体，如央视的《电视诗歌散文》（1998—2010 年）、《新年新诗会》（2005—2015 年）、"传统佳节系列诗会"等系列节目。

艺术类型的范式演化是惯例和创新的动态交替，受到《Letters

Live》等英国综艺的启发，《见字如面》（黑龙江卫视 2016）、《朗读者》（央视 2017）等电视诵读节目在人文素养、精神情感的唤醒培育上开创了新局面。应该说，不论早期的诗歌电视抑或当下的电视诵读，都是"感情性"的，同为雅文化代言，但呈现出由精英到大众、由单向到互动、由抽象到具象、由舞台到剧场、由元叙事到小叙事（微型叙事）的显性特征。在本质上更出现了诗学理论的变化：即由西方传统诠释理论所说的"语音中心论"（Phononcentrism）到文本主义者（雅克·卢梭、雅克·德里达、彼得·拉米斯等人）表述为"语词（文字）中心论"的过渡，前者将注意力指向语音的原生状态；后者更看重文字（逻各斯）的中心地位。

二　电视诵读节目的致效机制与情感效力

美国实验心理学家霍夫兰（CarHovland）在主持长达 20 年之久的耶鲁大学关于传播与态度改变研究计划中，认为传播致效原则（Principle of Communication Effect）存在信息来源、说服方式、环境影响三方面的因素。依照这一分析框架，电视诵读节目的致效机制由影音书信艺术（信源）、电视吟游诗人（说服）、电视互动仪式（场景）组成，并以怀旧主义、声音（文字性口语）诗学、电子剧场的演绎，指向过去之谜的想象、家国天下的情感以及精神交往的诉求。

（一）新型书信艺术：怀旧主义的情感联结——过去之谜

书信始于春秋时期，古有尺牍、双鲤、双鱼、尺素、尺书、雁足、雁帛等表述，"邮驿传达"，"千里面语"，"烽火连三月，家书抵万金"，两千多年来形成了独特的中国书信文化传统以及书信修辞理论，如刘勰《文心雕龙》中"详观四书、辞若对面"的概括。司马迁《报任安书》、嵇康《与山巨源绝交书》、诸葛亮《诫子书》、林觉民《与妻书》、傅雷的《傅雷家书》等为世人称道。随着人类文化史分期和媒介史分期的推进，电子时代的文学从中心走向边缘。美国学者希利斯·米勒（J. Hillis Miller）在20世纪80年代的一篇论文中抛出了全球性的"文学终结论"问题，文章开篇引述了其导师雅克·德里达的话语："……在特定的电信技术王国中（从这个意义上说，政治的影响倒在其次），整个的所谓文学的时代（即使不是全部）将不复存在。哲学、精神分析学都在劫难逃，甚至情书也不能幸免……"[1] 书信成了保罗·莱文森（Paul Levinson）媒介演化"玩具、镜子和艺术"三阶段论中的"艺术"，"与其说新技术将其先驱埋葬了，不如说是将先驱技术推上了一个更高的层次，把它们推向了令人钦佩的地位，虽然不再使用它们"[2]。即没落的书信具备了"艺术装置"的稀缺性并成了"装置艺术"，影音书信投契了当代社会对传统书信的怀旧意识。

东西方学者普遍认为，怀旧主义是一种典型的现代性症候，有其独特的心理机制、情绪功能与审美风格。"工业化和现代化的迅速步伐增加了人的向往，向往往昔的较慢的节奏、向往延续性、向往社会的凝聚和传统。"[3] 怀旧这一世界性社会文化景观是要"在现实与过去的碰撞、缓冲和协调之中找回自我发展的同一性、连续感"[4]。怀旧成为各大艺术的母题与审美，也被电视产业开发利用，日常生活审美化也成了电视诵读节目的文化诗学特质。相较而言，《见字如面》是历时态的"用书信打开历史"，是满足"过客"怀旧意识的

---

① ［美］M. 希利斯·米勒：《全球化时代文学研究还会继续存在吗?》，国荣译，《文学评论》2001 年第 1 期。

② ［美］保罗·莱文森：《数字麦克卢汉——信息化纪元指南》，何道宽译，社会科学文献出版社 2001 年版，第 209 页。

③ ［美］斯维特兰娜·博伊姆：《怀旧的未来》，杨德友译，译林出版社 2010 年版，第 19 页。

④ 赵静蓉：《怀旧：永恒的文化乡愁》，商务印书馆 2009 年版，第 6 页。

"摆渡者"，起到情感联结之用；《朗读者》是共时态的"一个人一段文"，以现代人的自我"敞开"达到情感交流之效。新型电子书信成为手书原物的替代性功能使用，正如法国哲学家保罗·利科所言，在场的图像和印记之间存在"相似性之谜"，也正如符号学家罗兰·巴特所说，每一个文本都建立在前文本（Pretext）的基础上，这也是观影者产生代入感、历史感、想象力、情感力的符号运作机制。

（二）电视吟游诗人：声音诗学的情感唤起——家国天下

电视媒介的主声主画说长期争论不休，二者的情感作用难分高下，其合力大于单一性。电视诵读是"次生口语文化"的"文字性口语"，其口头表演与神圣情怀、终极关怀联结在一起，"说书人"的声音诗学、剧场凝视成为意义的来源。美国学者费斯克（Fiske）与哈特利（Hartley）认为，"……游吟式电视对其'母邦'（Home）文化来说，是一种强大的保守力量或社会中坚（Socio-central）力量，它用隐喻使新奇而陌生的事情具有熟稔的形式和意义"。① 《见字如面》定位于名人书信朗诵，邀请实力派演员等技能娴熟的口头表演者。这些叙事者是真正的"电视吟游诗人"，他们首先在情感上对作品有深度理解，然后将修辞嵌入抒情史诗一般的声线里：崇敬的语气，洪亮的气势，轻巧的拿捏，婉转的气蕴，短暂而隽永的静默，控制的嗓音与笑泪。上佳的话语表演给人以尊崇之情，以此实现情感的公共运作与情绪的媒介管理。德国批评家瓦尔特·本雅明在其名篇《讲故事的人》中把讲述者分为农夫和水手两类，前者谙熟本土时间的传统；后者懂得远方空间的故事。讲故事是口传时代的文化遗存，而电视诵读重新聚合了农夫与水手的身份，将远近不

---

① ［美］约翰·菲斯克编撰：《关键概念：传播与文化研究辞典》第 2 版，李彬译注，新华出版社 2008 年版，第 24 页。

同的主题故事如遇见、陪伴、选择、礼物、告别、勇气、青春等带给大家，并以互动叙事引出朗读者和吟游诗人。

《朗读者》和《见字如面》这两档诵读节目的成功，在于对精心挑选的书信或文稿进行口语表演，并将情感糅合在个人际遇、生活日常、烽火离乱、家国天下的互动叙事之中。《见字如面》中有夏完淳的忠烈家风、成仁取义，有"中国禁毒第一人"林则徐的心声，有女作家萧红写给前线抗战的弟弟"中国有你们，中国是不会亡的"，也有抗战将士们的绝笔。这些均是革命意志、民族大义的体现。《朗读者》中，有翻译家许渊冲、航天英雄杨利伟讲述各自的事业情怀，有文史专家叶嘉莹讲述古典诗词的一种几近失传的记诵方式——吟诵，有名人或素人诉说爱情、亲情、感恩……受"远方崇拜"心理的影响，受众在此遭逢了想象、情感、记忆之间的关系，以"审美共通感"的路径抵达"情感共同体"的共通结构："审美的参与（投影—同化作用）由于其经常的想象的特点类同于巫术的和宗教的参与，但是由于其世俗的特点又类同于支配我们与他人的现实关系（友谊、爱情、仇恨等）以及与生活中的重大实体（国家、祖国、家庭、政党等）的现实关系的感情的参与。"①

（三）电视互动仪式：剧场观瞻的套层结构——精神交往

电视诵读节目的情感俘获与宏观的社会情感、微观的电视情境相关联。转折期的中国社会情感结构处于复杂的变化场景中，出现了被情感社会学家描述为"情感的终结"的某种状态——"情感的终结"并不表示情感在当代不存在了，而是意味着情感的积极存在形式或积极功能正在消失，是"愉快性情感的终结、利他性情感的终结、真实性情感的终结、高层性情感的终结、情感稳定性

---

① ［法］埃德加·莫兰：《时代精神》，陈一壮译，北京大学出版社 2011 年版，第 83 页。

的终结"。① 电视诵读节目便是要实现以上积极情感的重返，艺术生成并导向情感，或曰，情感的对象化形式是艺术最直观的本质特征。当社会分化明显、怨怼情绪上升，富有诚意的正性情感、体现真善美诉求的电视诵读就能适时感动观众、治愈生活。一种由言语—视觉—声觉构建的公共会话在互动参与中激活了个人记忆，正如兰德尔·柯林斯（Randall Collins）所说："互动仪式理论的核心机制是，高度的相互关注，即高度的互为主体性，跟高度的情感连带。"②

　　电视诵读节目搭建了台网互动的审美平台，其情感效力最直接地来自于"媒体超构→观众超验"。"超构"体现在特定的朗诵区、访谈区、点评区，电子剧场为一种展演—观瞻上的"套层结构"，其基本模式是：剧场（意义源）→朗读者（意义中心）→场内群众嘉宾（凝视者）→第二演播室的文化嘉宾（阐释者和对场内的凝视者）→网络弹幕（对屏幕的凝视者、再阐释者）→网络观影者（对屏幕、弹幕的凝视者）。套层观瞻中的每一层都具有表演成分，其中以诵读者最为强烈，"口语社会的关键是记忆。记忆把诗歌—音乐朗诵和表演活动转化为创造和再造社会化自我的承载手段，成为个人身份进入集体的载体③。书信本来具有私密性，而"私语真情"的公开化让观众对日常生活的"跃出"而获得超验感。书信诵读的"文字性口语"表达，既贴近生活又拉开与生活的距离，以"有意味的形式"（克莱夫·贝尔）达到"溶解性的美"（弗里德里希·席勒），形成了写信者、收信者、朗诵者、观瞻者之间的精神交往。如

---

① 郭景萍：《情感社会学》，上海三联书店 2009 年版，第 84—86 页。
② ［美］兰德尔·柯林斯：《互动仪式链》，林聚任等译，商务印书馆 2009 年版，第 79—80 页。
③ ［美］林文刚：《媒介环境学：思想沿革与多维视野》，何道宽译，北京大学出版社 2007 年版，第 267 页。

在节目中，黄永玉直指前辈"为势位所误"的赤诚情感，陈寅恪对"纲纪精神"的较真情怀，蒋雯丽说艾滋病患"只是病人，不是罪人"的悲悯情怀，闻一多"其心可悲、其志可嘉、其勇可佩"的爱国情怀，清华老校友潘际銮等人的赤子情怀，史铁生告诉盲童"平等是一种品质"的正能量情感，单霁翔赞赏故宫的工匠精神，郭小平、赵家如守护人间大爱的利他情感……影音书信成为交流思想、留存记忆、映射现实、表达意识形态的文化容器。

三　电视诵读节目的价值选择与范式重构

在新世纪面向民族复兴的文化重建道路中，将中华优秀传统文化作为战略资源，既是社会主义核心价值观的落地需要，也是媒体文化建设的重心所在，电视对传统文化的"创造性转化、创新性发展"恰逢其时。

（一）守土有责：从传统加冕到现代创化的电视引导

英国左翼批评家雷蒙·威廉斯（Raymond Williams）曾寄望电视能把"伟大的传统"和"整体的生活方式"融合起来，创造出为民众共享的民主文化，但他发现观众"没有真正去享受它，甚至无所用心，徒耗时日而已。这种死气沉沉的气氛中，'伟大的传统'根本就无法在其中生存"。威廉斯称之为"冷漠的收看"（Indifferent Acceptance），并认为这种态度才是"真正的危险"。① 当前，文化复兴成为中国电视文化综艺供给侧改革的重要文化源头，但缘于世界祛魅及工具理性的影响，国民对传统的态度出现分歧，电视传播存在着跨文化、跨区域的文化折扣（Cultural Discount）现象。近几年来，

---

① 转引自易前良《美国"电视研究"的学术源流》，中国传媒大学出版社2010年版，第115页。

电视综艺潮流中分化出一系列文化品格高、辨识度高的优秀传统文化宣导节目，声名最大者为央视的《中国汉字听写大会》《中国成语大全》《中国诗词大会》等，以弘扬传统文化、普及国学知识而大获成功，但也有人质疑"少年人，背个诗词算什么本事"。诗词竞赛类节目对受众记忆力存在压迫性，国学的核心理念、根本精神是否真正普及与受关注？

而电视诵读节目突破了"字、词、诗、画"的路径依赖，将小众的国学竞赛转化为大众的书信诵读，从而形成了差异化的品牌效应，在对社会发挥正向功能的同时，保证了综艺审美范式的一种新质发生：不论诵读主题指向个体还是家国，均以微型叙事再造了"文化的空间化"和"空间的文化化"，建构了仪式化的、静观默照的审美意蕴。"口头史诗表演同时既可以是庆祝、对青年的教育、对集体认同的强化，也可以是维持各种民间故事的活力。"[1] 如《朗读者》在清明节推出"告别"主题，由中国驻马里维和部队的战友们为牺牲的战友朗读，主题由"家"深化到"国"，以隐性德育实现传播效能，国家民族以缺场的方式实现了在场，体现了对传统的追认与文化加冕。

（二）美育尽责：从情感主义重返人本文化的电视涵化

美育又称审美教育、美感教育，其终极意义在于完美人格的塑造，促进身心的和谐发展，通常融汇在对自然、对生活美、对艺术美的感受之中。电视由于其声画并茂、视听合一的传播特征，美育优势十分突出。"由于文字是可以看见的符号，它就可以产生更加精妙的结构和能指，大大超过口语的潜力。"[2] 电视诵读的"文字

---

[1] ［美］沃尔特·翁：《口语文化与书面文化》，何道宽译，北京大学出版社2008年版，第124页。

[2] 同上书，第64页。

性口语"既有书信的内视性,又有口语的情感性,以表演美学和播音美学呈现出文化之雅,复现了诗歌"兴、观、群、怨"的美育功能,将衰落离场的"艺术美学"化为非虚拟在场的"科技美学"。

在后情感时代,电视精品应该重建唯美、本真、至善等情感主义时代的伦理,但又不能停留在其表层。笔者认为,《见字如面》《朗读者》的样本意义在于回归了人性的常识,说"人话"而非说"神话",不把"政治正确""伦理正确"放在首位,节目的意图也并非让大家重新手书家信,而是把古典审美转变为人文素养和社会共情(Empathy)能力。共情是一种能设身处地感受、体验、理解他人处境、他人情感的能力,而这种重要的能力在当代正渐渐丧失。正如陈寅恪在读冯友兰的《中国哲学史》时曾说过:"对于古人之学说,应具了解之同情,方可下笔。"《见字如面》尤其在价值判断上对"人"抱有"了解之同情",理解个体的时空、历史局限性,承认在对错、善恶、好坏、是非的二元对立中存在着中间地带。节目中曾出现极具争议性的信件,如吴聪灵写给范美忠(范跑跑)的公开信《我是这社会的一员,并欠你一个道歉》,从"逃生变成了偷生"入手,最终自省"施暴与受暴,都是心的凋零"……这类信件促发人们对"社会合理性"与"社会合情性"进行开放式探讨,在公共领域的辩论中,培育遵德又仁爱的国民,提升人们的自我关怀和共情能力。而从电视《朗读者》到线下的"朗读亭",这一公共文化服务模式又持续唤醒着社会的正向情绪。

四 结语

情感是构成社会存在的本原和社会发展的深层动力机制,情感的最大功能在于社会交往和精神交往,以社会群体为出发本位的责任感、正义感、同情感，属于情感的公共运用。诗、词、歌、赋、书、信、画等元素越来越成为电视 IP 的有机组构，能够纠偏当前偶像建构的误区并重返电视的美育功能。当前电视诵读节目的范式意义在于，比过去单向度的"抒情传统"多了场景化"叙事传统"，即为小叙事、互动叙事，比娱乐综艺多了文化品格的提升，从而达成了融同情、共情、移情等多元情感在内的情感共同体。但美育教育者对情感节目的有效性和有限性要有清醒认知，电视诵读节目这一"想象的情感共同体"会不会变成类似于齐格蒙特·鲍曼所言的围绕着"一次性发生的热闹事件"的"趣味共同体"或"美学共同体"（也称为"表演会式的共同体"）（Carnival Community）呢？美学共同体的"焦点"像一个可以将许多个体暂时挂在上面，又可以随时被取下而挂到别处的"钉子"，所以又称之为"钉子共同体"。①

　　这种场景化的、暂时结成的共同体会不会随着节目的结束而消散？将"文字"和"口语"的情感置入一个很难被当下知识青年认可的非虚拟情境中进行表演，感想式的认可需要一种扩张版的情感叙事，这种表达的诗性是否能够持久？这正如古希腊先哲柏拉图对于"语音中心论"与"语词中心论"的复杂心态：柏拉图严厉地将"模仿诗人"逐出其理想国，在于他认为诗歌具有远离真理、编织谎话、非理性的特点并具有腐蚀性。但他同时又认为，如果诗歌、故事若对有秩序管理和人们的全部生活有益，那么在一个管理良好的城邦是需要它们的。② 说到底，电子书信、电视诵读有利于情感安顿，但并不开启民智，阅读习惯和人文素养的提升策略仍在电视之

---

① ［英］齐格蒙特·鲍曼：《共同体：在一个不确定的世界中寻找安全》，欧阳景根译，江苏人民出版社 2003 年版，第 86 页。
② ［古希腊］柏拉图：《理想国》，郭斌和、张竹明译，商务出版社 1986 年版，第 404—409 页。

外、宣教之外。如果煽情成为滥情，"电视说法"和"生活活法"长期脱节，电视诵读类节目至多也只是审美对象的"蛋糕上的酥皮"（金元浦语），这就成为包括电视诵读节目在内的国民文化节目从娱乐转向后又陷入孤芳自赏的一种警醒。

（原载《现代传播》2017 年第 7 期）

央视公益节目《等着我》的
情感叙事解析

董天策　窦心悦

　　《等着我》是中央电视台综合频道于 2014 年 4 月 5 日正式播出的寻人节目，曾前后三次入驻央视一套周日黄金档，收视率常常超过 2%。作为一档大型公益寻人节目，《等着我》借助国家力量，携手中国公安部、中国妇女联合会、"宝贝回家"公益打拐组织等部门，共同帮助寻人者实现团圆梦。官网数据显示，自开播以来，该节目依托融媒体平台，共帮助 1100 个家庭、1 万人找到了失散的亲人，并无偿帮助求助者 6000 余名，寻人成功率达到 60%。[①]

　　作为一档以"讲故事"为主要表现形式的电视节目，《等着我》的突出特色是在呈现寻人故事的过程中善于使用情感叙事。节目开播以来，除了常规节目，曾先后三次推出黄金档特别节目，时间分别为 2015 年 5 月 24 日至 2015 年 7 月 19 日、2016 年 4 月 3 日至 2016 年 6 月 21 日、2017 年 4 月 9 日至 2017 年 7 月 9 日。这三季黄金档特别节目总共包含 29 期节目，囊括 119 个寻人故事，具有代表性和典型性。笔者选取这三季黄金档特别节目作为分析样本，从叙事学视

　　① 胡建礼：《〈等着我〉：真心助人　真实感人》，《光明日报》，http://epaper.gmw.cn/gmrb/html/2017−05/09/nw.D110000gmrb_20170509_3−12.htm，2017 年 5 月 9 日。

角出发，探究情感叙事在《等着我》节目的独特运用。

一　情感叙事的社会语境：渴望真实的情感体验

情感是人性的重要组成部分，是人类存在的基本规定和本质力量。① 学界对情感产生过程的探讨，往往聚焦于生理结构、心理、意识与无意识、社会行动等层面，并从本体论、认识论和实践论等多个角度加以研究。情感是人类必不可少一种精神力量，既是人类的本质，也是一种社会事实，对人类的社会行为具有重要的影响。美国著名社会心理学家马斯洛在"需要层次论"中指出，人类在内心深处潜藏着不同的需要，这些需要将会对人类的行为提供动力支撑。他将人类的需要划分为五个层次，由低到高分别是生理需要、安全需要、归属与爱的需要、自尊需要以及自我实现需要。② 其中，"归属与爱的需要"以及"自尊需要""自我实现需要"，无不包含人类对情感的需求。

马斯洛认为，只有当低层次的需要得到满足，人类才会对高层次的需要产生迫切需求。随着物质生活的极大满足，生理需求与安全需求逐渐让位于情感需求，这同当前的媒介生态环境不谋而合。近年来，诉诸心理与情感需求的影视作品层出不穷，例如婚恋交友类电视节目、情感调解类电视节目等，颇受广大群众欢迎。这正是"物质日渐丰富而精神渐趋失落的时代背景之下社会文化心理的表征"③。由于此类节目将自身定义为"生活服务类节目"，刚推出市

① 郭景萍：《试析作为"主观社会现实"的情感——一种社会学的新阐释》，《社会科学研究》2007 年第 3 期。

② ［美］亚伯拉罕·马斯洛：《动机与人格》，许金声译，中国人民大学出版社 2012 年版，第 243 页。

③ 苗元华：《消费主义时代中影视艺术情感叙事的审美缺失与价值实现》，《文艺评论》2012 年第 5 期。

场的时候赢得了比较高的收视率。随着节目的持续播出以及同类节目的涌现，一系列的问题逐渐暴露出来。譬如嘉宾身份造假、婚恋观与价值观扭曲、故意炒作和过分煽情、主持人引导不力、节目话题低俗等。究其原因，同大众文化的消费主义倾向密不可分。在消费主义影响下，文化产品不再以生产作为中心，逐渐向以消费为中心转变。在商业利益和资本增值的驱动下，经过商业化手段精心包装的文化产品，也"不再注重由传统印刷文化提供的审美静观体验，而是满足大众当下的即时体验与反应"①。

作为大众文化的典型代表，电视不断提供感官刺激，使观众模糊了生活现实同虚拟现实之间的界限，沉醉于虚拟现实提供的情感体验。这与美国社会学家梅兹托维克提出的"后情感社会"不谋而合。在后情感社会中，情感并非不复存在，而是逐渐沦为商品社会消费的客体，呈现出浮夸、肤浅的特征。譬如标榜"真实"的电视真人秀节目，在"看"与"被看"的共谋关系中就潜伏着消费主义的商品文化逻辑。② 此时的"真实"便成为"虚构的真实"。本应由内而发的情感沦为消费的对象之后，观众的个体欲望得到短暂的替代性满足，然而内心深处对真实情感的渴求却依然难以找到宣泄的出口。

在此背景下，如何最大限度摆脱"虚构的真实"，为大众提供持久的情感体验，无疑是电视创作者面临的挑战。基于此，《等着我》节目以构建全媒体寻人平台为目标，以"公益寻人"为核心，邀请有寻人诉求的普通老百姓面对镜头讲述一个又一个真实的故

---

① 苗元华：《消费主义时代中影视艺术情感叙事的审美缺失与价值实现》，《文艺评论》2012 年第 5 期。
② 朱凌飞：《视觉文化、媒体景观与后情感社会的人类学反思》，《现代传播》2017 年第 5 期。

事，以情感叙事的方式传递最真实的情感。所谓"情感叙事"，是指创作者在叙事的过程中讲述具有生命体验的内容，有意识地关注并真实展现个体命运的一种叙事方式①，具有明显的人文关怀和审美特征，其目的在于为受众提供真实的审美情感，让人回归精神家园。

二 情感类型：悲喜交加的多元情感体验

在对 119 个叙事文本进行统计和归类之后，笔者发现，《等着我》节目在叙事过程中所突出表达的是亲情、恩情、友情、爱情和师生情（详见图 1 和图 2）。这五种类型是人类社会中不可缺少的重要情感。《等着我》在叙述寻人故事的过程中，通过对上述情感的传达，既营造出悲伤氛围，又穿插了喜悦之情。在满足受众多元情感体验的同时，传递着追求真善美的价值观。

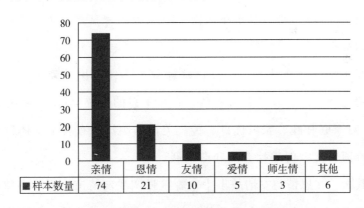

	亲情	恩情	友情	爱情	师生情	其他
■ 样本数量	74	21	10	5	3	6

图 1 《等着我》节目叙事故事的情感分析柱状图

首先，节目强调对亲情的呼唤。在 119 个故事样本中，强调亲情的样本共 74 个，占比 62%，远远超过其他情感所占据的比重。可

---

① 郭劲峰：《感动观众：个体生命体验的公众分享——纪录片的情感叙事策略研究》，《北京电影学院学报》2013 年第 5 期。

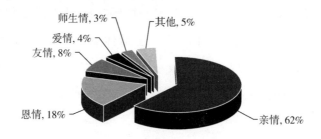

师生情,3%　　　其他,5%
爱情,4%
友情,8%
恩情,18%
亲情,62%

图 2　《等着我》节目叙事故事的情感分析饼状图

见，亲情是《等着我》节目最为重视的情感。节目对亲情故事的倾向性，透露出"家文化"在我国社会中的影响。从原始社会出现的氏族部落，到儒家"修身、齐家、治国、平天下"的社会理想，以血缘关系为纽带的家是社会最基本的单位，家庭伦理本位的价值观因此成为中国传统文化的重要内涵。《等着我》节目在叙述寻亲故事的时候，将求助者在寻亲过程中的坚持、勇敢、善良等品质加以着力表现。"智障哥哥只身坐车未归　全家人倾家荡产寻人""儿子上学期间被拐　母亲独自一人苦寻二十年""电视《失孤》原型郭刚堂十八年骑行万里寻子"……这些标题无不体现出关爱亲人、家庭至上的伦理观念，以及勤劳勇敢、自强不息的传统美德。"家和万事兴"，对家庭和睦、家风优良、传统美德的颂扬，有利于个体价值向社会价值转变，促进社会的和谐发展。

其次，在恩情与友情故事中，着重强调战友情谊，用情感叙事抒写集体记忆。战友情谊在恩情与友情中均占据较大比重。在以恩情为主叙事文本中，有9个文本讲述的是战友情谊；而在以友情为主叙事文本中，则有6个文本叙述的是战友情谊。在这总共15个叙事故事文本中，抗日战争成为叙事的主要内容。对国人来说，抗日战争这段历史已经固化为中华儿女共同的集体记忆。节目通过呈现抗战老兵当年浴血奋战、保卫国家的故事，使抗日战争这一集体记忆得到反复强化。

集体记忆具有自然衰退的属性①，需要社会上不同的主体对其进行反复塑造和建构。有学者指出，在 20 世纪 80 年代之前，我国的抗战叙事以"胜利叙事"为主，突出抗日战争最终胜利的结果。而 90 年代中期，中国人民的"受难叙事"跃居第一位。② 可见，时代的不同以及主体的差异，都会对集体记忆的建构产生影响。

《等着我》节目主要是从情感叙事的角度展开对抗日战争这一集体记忆的抒写。在 2015 年 5 月 24 日播出的节目中，通过 86 岁抗战老兵的回忆，突出了战友之间在艰苦的作战环境下相互帮助、共渡难关的珍贵感情。在老兵的叙述中，战争的暴力记忆、受暴者的苦难记忆以及中国人民的反抗记忆，均有不同程度的体现，但占据主导地位的无疑是战友情谊，以及牺牲自己成全他人的救命恩情。节目通过情感叙事，在强化集体记忆、提升自我反省意识的同时，用情感黏合个体之间、个体与社会以及与个体同国家之间的关系，为社会的和谐提供重要的精神力量。

再次，爱情与师生情成为悲伤氛围中的一抹亮色。作为人类生活的一种主要情感，爱情本应该是单纯的。然而，在消费主义盛行的现代社会，爱情被人为地标注了价格，逐渐演变为奢侈品。在都市情感类电视真人秀节目中，男女嘉宾在互相选择的过程中谈论最多的是房产和豪车，爱情观已然被物质所扭曲，社会主流价值也因此受到冲击和异化。③ 在《等着我》中，节目在叙述爱情故事时，没有运用电影以及电视剧中的狗血桥段，也没有真人秀节目中的夸张表演和对物质

---

① 殷冬水：《记忆与权力：民族自省的政治逻辑——东北沦陷史陈列馆抗战国家叙事的个案研究》，《社会科学战线》2015 年第 7 期。

② 贺建平、洪晓彬：《创伤叙事与集体记忆的建构——以纪录片〈重庆大轰炸〉为例》，《中国广播电视学刊》2014 年第 5 期。

③ 项仲平、杜海琼：《电视相亲节目低俗化现象的反思与服务化的品质追求》，《电视研究》2010 年第 9 期。

条件的刻意强调，而是引导求助者在最放松的状态下讲述其对爱情的向往和憧憬，叙述最真实的情感。既有年轻人寻找一见钟情的萍水相逢者，也有年长者寻找时隔三四十年的初恋对象。不论是年轻人还是年长者的爱情故事，勇敢地追求幸福成为节目突出的一个重要内容。每个人都有追求幸福的权利，这恰恰是节目所要传达的价值观。

以师生情为主的故事数量最少，却是赢得现场观众笑声最多的故事类型。在5月1日播出的第一个故事"花甲四姐妹携手寻找崇拜多年的'男神'"中，主持人和现场观众发出笑声的次数在所有故事中最多、最集中。节目用中景和近景镜头记录笑容，进一步强化了现场的欢乐氛围，并将这种欢快的情绪传递给电视观众。这同上述其他三种故事营造的悲伤氛围形成了鲜明的对比。在亲情、恩情以及友情的叙事中，求助者在叙述过程中传达出来的常常是命运多舛、时运不济之际的坚强毅力。尽管节目宗旨是对自强不息、顽强拼搏的颂扬，但是在求助者的叙述过程中，流泪却成为最常见的场景。如果节目一味营造悲伤氛围，难免会让观众产生审美疲劳。爱情与师生情所营造的欢乐气氛，则为节目添加了一抹明丽的色彩，使节目传达的情感更加丰富多彩。

三　叙事模式：母题与主题的巧妙搭配

（一）叙事母题："寻找"母题与两种寻找历程

对叙事故事文本的分析必然离不开对"母题"与"主题"的探讨。二者是民俗学家以及文学家主要运用的分析工具。所谓"母题"，是指"人类过去不断重复，今后还会继续重复的精神现象"①，

---

① ［美］乌尔利希·韦斯坦因：《比较文学与文学理论》，刘象愚译，辽宁人民出版社1987年版，第138页。

是不可分割的最小叙述单元。

为了更好地分析节目的母题，笔者将《等着我》三季黄金档节目包含的119个故事样本的叙事模式总结为以下五类：（1）儿时因为被拐卖/被遗弃/被送养/其他原因同亲人走失，长大后寻找亲人；（2）子女或亲属因为被拐卖/被遗弃/被送养/其他原因同家人失去联系，家人多年来坚持寻亲；（3）养子女因为被拐卖/被遗弃/被送养/其他原因同亲人失去联系，养父母代子寻亲；（4）曾经同被寻者萍水相逢，为了报恩或追寻爱情而寻找被寻者；（5）多年前作出承诺，根据承诺的内容寻找当事人。在这几类叙事模式中，始终包含着一个共同的、反复出现的母题——"寻找"。

"寻找"母题同人类的生存密切相关，"生生不息的人类每天所从事、所求索的一切就现实目的来讲，无非是一种免于陷入困境的努力，从终极意义而言，无不具有源于追寻的生命冲动"[①]。从词性上来看，"寻找"是一个动词，代表一个动作，因此必然存在动作的发出者和动作的承受者。通常，在叙事文本中，"寻找"动作的发出者具有显性特征，易被受众识别；"寻找"动作的承受者则兼具显性和隐形特征，在显而易见的寻找对象背后往往隐藏着具有深层意义的寻找客体，而后者正是创作者透过"寻找"这一具有隐喻意味的动作所传达出的文化价值。

《等着我》节目呈现出显性与隐形两种寻找历程。第一种"寻找"是现实层面的显性寻找。在节目中，具有寻人诉求的是来自社会各界的普通老百姓。由于个人力量微弱，寻找被寻者的目标难以凭借个人的努力而实现。因此，以搭建"公益寻人平台"为目标的《等着我》节目，便成为老百姓的求助对象。在收到求助者的寻人委

---

① 杨经建：《寻找与皈依：论20世纪中国文学的追寻母题》，《文艺评论》2007年第5期。

托之后，《等着我》节目组迅速成立寻人团，并根据求助者提供的线索展开对被寻者的寻找。此时，寻人团便成了寻找的主体，被寻者是客体。

然而，在《等着我》第一季黄金档节目中，节目并没有将寻人团寻人的具体过程在节目中加以呈现，而是通过核心事件——"开启希望之门"的设置，将求助者的寻人诉求以及寻人结果进行串联，详见图3。

图3 《等着我》第一季的叙事结构图

尽管"开启希望之门"这一充满仪式化的环节可以有效设置悬念、激发观众对寻人结果的期待，但是节目在寻人故事叙述完毕后就直接跳转到"开门"和公布寻人结果的环节，导致观众在感动之余常常产生这样一个疑问：被寻者究竟是怎样被节目组找到的？毕竟大部分求助者为节目组提供的寻人信息非常有限，例如一块胎记、几封书信、模糊的时间等。基于此，不少观众质疑寻人故事的真实性，甚至认为《等着我》是一档虚假节目。

为了解除观众的疑问，从第二季节目开始，节目组增设了全新的叙事环节——"寻人团在行动"，即在求助者讲述完寻人故事后，节目组会在录制现场的大屏幕上播放寻人团团长舒冬带领寻人团志愿者寻找被寻者的视频，详见图4。在"寻人团在行动"视频中，节目组用摄像机将寻人团志愿者成员如何根据有限的线索按图索骥并最终找到被寻者的真实过程记录下来，然后通过后期剪辑，将视频压缩为一分钟左右的VCR。随着寻人视频在节目录制现场的播放，观众的质疑得到了解决，节目的真实性也得以充分彰显。

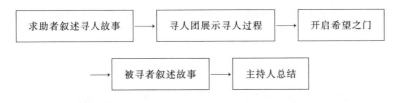

图4 《等着我》第二季与第三季的叙事结构图

第二种"寻找"是精神层面的隐形寻找，主要体现为求助者面对镜头诉说其寻人诉求的心路历程。此时，寻找的主体是寻人故事的叙述者，即求助者，而寻找的客体表面上看是被寻者，但从深层意义上来看，寻找的客体其实是自我身份以及自我价值。正如哲学家苏格拉底曾经向全人类提出的三大哲学性追问那样，对"我是谁""我从哪里来""我要到哪里去"的追问，从本质上来看就是对自我身份、自我价值的探寻。

首先，求助者对"自我身份"的寻找主要体现亲情故事中。在求助者寻找家庭温暖、渴望亲人团圆的背后，隐藏着一种"寻根"诉求、一种对精神家园的追寻。《等着我》在2015年5月24日中播出的第三个寻人故事中，来自我国台湾地区的女儿时隔三十余年远赴内地，寻找从未谋面的亲生父亲。这种执着的寻找，不仅体现出台湾女儿对家人团聚的迫切渴望，同时又暗指台湾游子同祖国大陆之间无法割舍的同胞之情。寻根的意义因此而得到展现。其次，求助者对"自我价值"的寻找主要体现在其他情感故事中。年过八旬的老人为了遵守承诺而寻找当年的老战友，来自巴基斯坦的友人寻找当年为母亲治病的中国医生，害羞女孩寻找火车上的邻座男孩，等等。在这些故事中，我们不仅看到了世间最美好、最浓郁的情感，同时也看到了求助者在寻找被寻者过程中获得的精神蜕变，从害羞到勇敢，从弱小到强大。正是在转变过程中，求助者的自我价值也得到了实现。

（二）叙事主题：重视家庭和睦，提升个人修养

值得注意的是，在叙事故事中，同一个母题可以服务于不同的主题，表达出不同的观点和倾向。母题同主题既有联系又有区别。一方面，母题是在艺术作品当中"重复出现的主题成分"，是"同主题相关的某种特别的情景或观点"①，具有重复性。而主题则指的是叙事作品中"深刻而又融贯统一的观点"②。另一方面，二者的不同之处在于母题是具体的叙事单位，具有客观性和具象性的特征，而主题由于融注并揭示了创作者的主观性倾向和观点③，因而是抽象概念，需要经过读者的提炼才能够得到。《等着我》节目在运用情感叙事表现"寻找"母题的同时，呈现了多元化的叙事主题，详见图5。

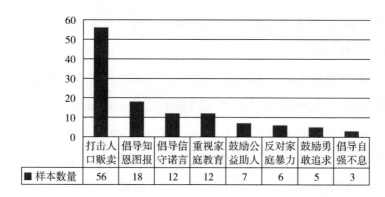

图5 《等着我》三季黄金档节目各主题故事数量柱状图

通过观察和分析，笔者发现《等着我》节目的八个主题可以划分为两大类型，即"重视家庭和睦"与"提升个人修养"。二者分别同中国民族传统美德中的家庭美德以及个人品德相对应，体现出节目组对传统美德的重视和对构建和谐社会的追求。

---

① 张靖：《"母题"新观》，《中国社会科学文学研究所学刊》（年刊）2011年。

② ［美］克林斯·布鲁克斯：《小说鉴赏》，主万等译，中国青年出版社1986年版，第358页。

③ 王立：《中国文学中的主题与母题》，《浙江学刊》2000年第4期。

第一类主题包括"打击人口贩卖""重视家庭教育"以及"反对家庭暴力"这三个主题。从数量上来看，上述三个主题的叙事文本为74个，同前文所述的亲情叙事数量保持一致。由此可见，人口贩卖、家庭教育缺失以及家庭暴力，是《等着我》节目叙事故事中导致求助者与被寻者失联的三大主要因素。其中，以"打击人口贩卖"为主题的叙事故事共计56个，在所有主题中位居第一。这一主题占据如此大的比重，同当前政府部门大力打击拐卖人口的理念和行动具有一定的契合度。从2009年公安部"全国公安机关查找被拐卖/失踪儿童DNA数据库"的建立，到2011年中国社会科学院"随手拍解救乞讨儿童"行动的发起，从2015年民政部"全国打拐解救儿童寻亲公告平台"的打造，再到2016年年末公安部"儿童失踪信息紧急发布平台"二期的上线，我国政府部门在打击人口拐卖方面正在不断努力。《等着我》节目在叙事故事的选择中将寻找被拐亲人作为"重视家庭和睦"主题下的重头戏，一方面向观众展示了政府在打击人口拐卖方面所取得的成果，鼓励全民为公益打拐事业贡献力量，另一方面意在强调人口拐卖的危害，敦促人们增强安全意识。

节目组通过展示家庭暴力、家庭教育缺失对家庭完整带来的危害性，提醒电视观众要妥善处理代际矛盾。这两类主题故事主要展现的内容是：曾经有暴力倾向或忽视子女教育的父母，前来寻找离家出走多年的子女。节目在呈现叙事故事时，往往提前揭晓寻人结果，并将求助者叙述寻人诉求的演播厅设置为"第一现场"，将被寻者接受采访的空间环境设置为"第二现场"。通过交叉蒙太奇剪辑，将求助者在第一现场的叙述同被寻者在第二现场的叙述交叉组合，凸显父母与子女之间的矛盾和冲突。在2015年6月21日播出的《母亲苦寻儿子一夜白头》节目中，母亲一直强调自己非常尊重孩子，而离家出走的儿子却认为父母给予自己的学习压力过大，且父母同自己的关系如同"上下级"，缺乏交流。这种父母同子女之间产生的误会以及观念的差异，正是代际矛盾产生的根源。节目组在呈现这类故事时，通过对双方误会的展示，强调在家庭教育以及代际矛盾处理的过程中，换位思考和有效沟通具有重要意义，期望对节目的受众起到教育和引导效果。

《等着我》节目的第二类主题则包括"倡导知恩图报""倡导信守诺言""鼓励公益助人""鼓励勇敢追求真爱"以及"倡导自强不息"。在这五个故事主题中，节目组通过挖掘寻人故事中主人公身上的闪光点，表达对知恩图报、信守承诺、乐于助人、无私奉献、勤劳勇敢、自强不息等中华民族传统美德的赞扬。

通过对这两类叙事主题的分析可以发现，二者分别同儒家强调的"修身、齐家、治国、平天下"中的"齐家"与"修身"相对应。而在儒家看来，"修身"是后三者的起点，只有个人品德修养得到提升之后，才能做到"齐家"，并在此基础上实现更大的抱负。近年来，我国经济社会发展速度迅猛，在物质生活水平得到提升的同时，精神文化层次提升的步伐却没能同前者保持一致。当"扶不扶摔倒老人"这一话题居然能引起全国上下热烈讨论的时候，我们更应该意识到建立正确的价值观、提升国人道德素养水平的重要性。作为大众传播媒介之一的电视媒体，必须要勇于承担社会责任，积极地引领社会主流价值观，引导受众对自身道德修养水平展开思考。曾义务为失学女孩传道解惑的108位大学生老师，公益帮助太行山严熹烈士遗骨魂归故里的历史爱好者，因父亲无故离开而只身扛起整个家的四岁小女孩，等等。通过对这些寻人故事的呈现，节目为受众树立了一个个平凡又伟大的榜样，引导人们在感动之余，从中华民族传统美德中汲取养分，提升自身的道德品质。

四　叙事策略：彰显"真善美"的价值观念

拥有一个好的故事文本固然重要，而如何"讲故事"以及怎样"讲好"故事却是制胜的法宝。在情感叙事中，《等着我》节目一方面利用多重叙事视角，通过多元观点的碰撞为观众提供理性评述，强调积极的价值取向；另一方面，反复强调节目的公益性质，唤醒人们对"真善美"的向往，引导受众积极投身公益事业，充分彰显了节目的社会价值。

（一）多元观点碰撞，用理性评述强调积极向善

作为《等着我》节目的主要叙述者，求助者在叙述寻人故事的时候，不可避免地会将自己的主观情绪融入其中。受到内聚焦叙事视角的限制，求助者往往无法看清故事的全貌。在这种情况下，如果任由求助者从片面、单一的视角叙述故事，一方面会导致节目陷入煽情的泥淖，另一方面还会使节目的价值取向发生偏差。为了解决这一问题，《等着我》节目组邀请著名播音主持人赵忠祥、资深媒体人兼专栏作家张春蔚、公安部刑侦局打拐办主任陈世渠、"宝贝回家寻子网"创办者张宝艳，以及著名歌唱艺术家郁钧剑等，作为寻人助力团嘉宾成员，由他们从外聚焦叙事视角对寻人故事展开客观、理性的评述。

以2016年4月3日播出的《执着25年的真相　父母为何遗弃我》寻人故事为例：求助者在叙述寻找亲生父母的原因时，反复强调自己对亲生父母当年"遗弃"自己的"痛恨"。此时，寻人助力团嘉宾成员陈世渠适时插入提问，根据求助者当年被"遗弃"的年龄推断出求助者儿时被拐卖的可能性比较大。接下来，嘉宾张春蔚和郁钧剑分别从子女和父母的角度对求助者的故事进行点评，将求助者的对父母的"恨"解读为对父母的"思念"。嘉宾们多元观点

的表达和碰撞，将节目的感情基调从悲观转为积极，在强调积极向善的同时，使节目的价值取向回归正轨。

（二）引导受众投身公益，将情绪价值转化为社会价值

对于大众传媒来说，教化功能是其最主要功能之一。一档优秀的电视节目不仅要为观众提供优质的节目内容，更要能够引起观众对自我价值的反思，进而对其社会实践活动的开展起到积极的推动作用。

《等着我》节目成立之初就将"大型公益寻人节目"作为自己的节目定位，并在叙事的过程中通过主持词的设计和节目环节的安排来突出节目投身公益的决心。首先，为了表明该节目的公益性质，主持人舒冬在每期节目的开场白中反复强调寻人的无偿性。其次，由于求助者提供的寻人线索十分有限，且寻人的工作量又比较大，因此单靠节目组自身的努力，无法帮助求助者实现寻人的愿望。《等着我》节目总导演杨新刚曾表示，他希望借由《等着我》节目的播放吸引观众加入寻人平台，主动成为寻人团志愿者。[1] 节目从第二季开始增设的"寻人团在行动"环节则实现了这一心愿。在寻人视频中，寻人主体除了主持人舒冬和公安干警之外，更多的来自民间志愿者。这些志愿者会为了一个细小的线索而驱车千里，也会为了一个不起眼的消息而跋山涉水。观众在观看寻人视频的时候，不仅能够看到寻人的真实过程，更能够感受到寻人的艰辛和志愿者心甘情愿的付出。在志愿者身体力行的感召之下，许多观众感动于志愿者团队热心公益、甘于奉献的精神，主动报名加入寻人团，积极投身公益事业，并自发形成了"等着我吧"志愿团队。在这一过程中，

---

[1] 宋心蕊、燕帅：《〈等着我〉寻人团从"一周寻一人"到"一天寻一人"》，人民网，http://media.people.com.cn/GB/n1/2016/0406/c40606 – 28252675.html，2016 年 4 月 6 日。

观众将从节目中获得的情感价值转化为宝贵的社会价值，用实际行动践行"真善美"的价值观。

五　结语

中国不仅历史悠久，传统深厚，而且生机勃勃，在民族复兴、国家强盛的征程中焕发出无限的活力。电视节目制作在践行文化自信的道路上，理应从博大精深的中国优秀传统文化中寻找灵感来源，并在新的社会语境中找到其合适的位置。《等着我》正是这样一档立足当今中国现实而又植根于中国文化精神的创新节目。自 2014 年开播以来已历时四年，表现出强劲的生命力，主要原因就在于节目在情感叙事的过程中，通过提供具有人文关怀的审美情感，准确地抓住了社会大众渴望真情实感的心理需求，并从中挖掘出诚实守信的道德修养、勤劳勇敢的进取态度、扶危济困的公德意识、自强不息的奋斗精神。这些积淀在中国优秀传统文化中的精神追求，不仅是把个体联系在一起的"黏合剂"，而且在完善精神家园的同时，驱使个体在内在情感力量的感召下主动成为"真善美"的传播者，化情感价值为社会价值。

（原载《当代传播》2018 年第 3 期）

人、故事与隐喻：寻人类电视
节目的叙事分析

董天策　　杨龙梦珏

2014年春，深圳卫视、中央电视台先后推出各自的寻人类电视节目《你有一封信》《等着我》；2015年年底，安徽卫视又推出《我要找到你》。这几档寻人类电视节目不仅获得了高收视，也赢得了良好的口碑，取得了巨大的社会效益。作为公益类电视节目的一种类型，寻人类电视节目借助媒体的力量帮助寻人者寻找失散的故人，通过公共性与话题性、公益性与艺术性的叙事，着力表现寻人者与被寻者之间的情感故事，帮助人们解决内心深处的情感需求，传递社会核心价值。寻人类电视节目的突出表现，不仅来源于对真实故事的关注，而且与寻人类电视节目独特的叙事方式与手段有关。

近年来，学界对寻人类电视节目的题材选择、艺术特色、成功经验、价值功能和节目形态都进行了比较详细的阐述，但研究主要局限于个案的阐释，对寻人类电视节目的叙事技巧少有概括性的分析。本文以《我要找到你》《你有一封信》《等着我》等寻人类电视节目为研究对象，深入剖析寻人类电视节目叙述者的讲述、情节的编织、段落的组合以及寻找的隐喻，分析寻人类电视节目如何通过"寻找"母题来反映社会现实问题，透视社会，关照现实。

一　讲故事的人：情感叙事的叙述者

寻人类电视节目的核心在于讲述寻人故事，叙述者是关键的分析要素。按照叙事学理论，影像的生产者并非是寻人类电视节目的创造者，而是在制作节目时采用特定立场、观点、态度在影像中表现出来的"第二自我"——隐含作者。"隐含作者"由韦恩·布斯（Wayne Cayson Booth）在《小说修辞学》一书中提出，强调对文本外作者的关注而非对文本自身的内在批评。[①] 也就是说，布斯认为叙事文本的生产者是隐含作者，隐含作者既在文本之中，又在文本之外，实质上是写作状态的作者。对于隐含作者，申丹认为西方叙事学的研究存在两方面的误解，一方面过分关注"隐含"的隐喻，另一方面过分关注作者自身。从布斯的原意来说，隐含作者是在写作状态中的作者而非日常状态中的作者，只有写作状态的"第二自我"才是叙事学可分析的人格。[②] 简单来说，故事叙述中的叙述者自身无法发送信息，发送信息的是叙述者背后的写作者，叙述者仅仅是传达叙述信息的中间环节。[③] 因此，要分析寻人类电视节目的内在价值，应对隐含作者进行分析，从寻人节目的影像文本中剖析隐含作者的意图。

寻人类电视节目是以"寻人"为主线的节目，核心是讲述转型时期普通个体的真实故事，通过对个体生存状态的呈现，挖掘节目中真实流露的情感，体现节目的人文关怀。节目不仅重视真实情感的叙事，表现转型时期小人物的喜怒哀乐、悲欢离合，也以极具媒

---

① ［美］韦恩·布斯：《小说修辞学》，华明、胡晓苏、周宪译，北京联合出版社 2017 年版，第 79—80 页。

② 申丹：《叙事、文体与潜文本》，北京大学出版社 2018 年版，第 38—47 页。

③ 赵毅衡：《当说者被说的时候：比较叙事学导论》，四川文艺出版社 2013 年版，第 6—7 页。

体责任与人文关怀的手法表现转型时期的热点问题与普通个体的日常生活状态，关照现实，重塑精神家园。由此，可以分析隐含作者的意图在于从小人物叙事的角度重构中华文化的精神支柱。但是，隐含作者在影像文本中不能发声，需要通过叙述者来完成叙述行为，下面将以三家电视台播出的三档寻人类电视节目（详见表1）为例来作具体分析。

表1　　　　　　　　　三家电视台播出的寻人类电视节目

节目名称	首播时间	播出频道	节目形式
《你有一封信》	2014 年 3 月 6 日	深圳卫视	主持人引入故事——寻人者讲述故事——邮差送信——被寻者打开信封——被寻者讲述故事——主持人总结
《等着我》	2014 年 4 月 5 日	中央电视台综合频道	主持人引入故事——寻人者讲述故事——（寻人过程）^注——开启希望之门——被寻者讲述故事——主持人总结
《我要找到你》	2015 年 12 月 7 日	安徽卫视	主持人引入故事——寻人者讲述故事——开启大门——被寻者讲述故事

注：因被质疑真实性，《等着我》从 2016 年第二季开始在希望的大门环节之前加入寻人过程。

在寻人类电视节目中，叙述者为影像中的"发声者"，主持人、当事人、解说词以及专家都属于叙述者。隐含作者借叙述者之口传达自己的意图。其中，解说词在节目中起到点缀的作用，作为语言上的重要道具推动情节的发展。主持人则主要起到统领节目的关键作用，包括引入故事、串场、与其余人员（当事人、专家学者）进行交流和总结内容等，主持人通过语言的表述控制电视节目的整体节奏与故事的呈现，清晰地表明隐含作者所要呈现的价值观，主持人与解说词的相互配合，形成了寻人类电视节目的仪式化建构。线索与故事的细节则由当事人——寻人者与被寻者进行自我叙述。这种自我叙述属于内视角叙事，寻人者由自己的经历讲述寻人故事。寻人者并不知晓是否能完成寻找的过程，也不能预知故事的整体走向。

与此相对，主持人与解说词则包含着全知的上帝视角。威廉姆·尼尔斯（William Nears）认为，全知视角包括四种类型：无所不能的全知（Omnipotence）、通晓古今的全知（Omnitemporality）、无处不在的全知（Omnipresence）与通晓心灵的全知（Telepathy）。[①] 解说词的全知主要表现在参与故事的整体进程，根据节目需要，交代故事发生的背景、场景和因果。主持人则带有通晓心灵的意味，不仅是与寻人者进行对话的角色，并且在故事引入与总结部分，主持人能对当事人内心的情感进行升华与总结，提炼寻人故事的情感内涵。

总的说来，在寻人类电视节目中，寻人者与被寻者两个内视角叙事是整个节目的核心，寻人者讲述自身真实的情感，从当事人角度将坎坷曲折的寻人故事娓娓道来，他的情绪和表现，或哭泣或悲愤，真切地表现寻人者在寻找过程中所经受的痛苦与煎熬。影像生产者在娱乐节目众多的背景下选择以公益节目的姿态，从小人物叙事的角度表现普通个体的日常生活图景，以真实的故事来倡导精神层面的真善美，以电视媒体的影响力号召观众参与到寻人过程中，从而使节目与社会建立起真实的联系。

二 故事的情节编织：情感叙事的建构

寻人类电视节目取得成功的主要原因是小人物叙事的真实与深刻，通过电视叙事手法讲述寻人者寻人的故事，以真情实感来打动观众，展现世间各类美好的情感。节目组摒弃苦情的情节设置，采用自我讲述与悬念设置的手法，表现真挚的情感，用温情的故事打动人。寻人类电视节目具有高度同一性的叙事模式，通过巧妙的手

---

① ［美］威廉姆·尼尔斯：《无神论者的全知：论简·奥斯丁的"不犯错误的叙事者"》，载唐伟胜主编《叙事中国版》第二辑，暨南大学出版社 2010 年版，第 120—128 页。

段编织情节来陈述故事，以真情动人，而非刻意营造煽情气氛。

海登·怀特（Hayden White）认为，故事要具有形式上的连贯性，有赖于情节编织，只有将提供的材料编织起来，才能形成叙事。① 寻人类电视节目的创作过程便是情节编织的过程，体现为将不同个体的陈述与碎片化的寻人情节编织成故事，在深层结构方面组接不同的故事，形成内在结构的统一性。

节目的核心命题是描述真实的生活，寻找并塑造失落的精神家园，通过对转型时期热点问题的表述，立足于传统文化精神与时代经验，以寻找为切口，再现生活中的真实情感。寻人类电视节目所叙述的文本通过对亲情、爱情、友情以及师生情、战友情等真挚情感的表现，为观众讲述小人物的寻找故事。根据表1，可以将寻人类电视节目的叙事模式分为以下几个阶段：

讲述过去的事──→核心情节的反复重现──→相遇可能 { 惊喜相遇 / 再次失望

图1　寻人类电视节目的流程总结

（一）讲述过去的事

寻人类电视节目通常将故事讲述、悬念设置以及情感表达等各种因素由寻人者、主持人和解说词等多位叙述者合作完成，虽然存在多位叙述者，但寻人者仍然是主要叙述者，由其讲述自身的故事，寻人者置身事件之中，以故事中主角的身份讲述寻人故事产生的原因与寻找的过程。

寻人者自我讲述的过程，主要使用传统电视谈话节目的形式进行，由主持人与寻人者形成的二元结构进行故事的讲述，两者在谈

---

① Hayden White, *The Value of Narrativity in the Representation of Reality in Narrative*, University of Chicago Press, 1981, p. 19.

话过程中处于平等交流的状态，这不仅给寻人者一种安全感，同时也让寻人者更有倾诉的欲望，"在亲密的对话情境中，说话人事先就选好接受者，并会小心仔细让后者听个明白"。① 节目从主持人与寻人者的对话过程中呈现寻人故事的起因与经过，在这个交流过程中，主持人主要起到引导与控制谈话节奏的作用，主要叙述者是寻人者。节目实际上为寻人者提供了一个倾诉的平台，完整地呈现寻人者在倾诉中的语言、神情以及情绪、心态的变化，这种交流的方式实际是单向的撒播：通过寻人者与主持人的对话呈现出依托于寻人者回忆的真实故事，寻人者在讲述自我的故事，观众在听故事，观众真实地感受到寻人者讲故事时的情感起伏，获得特殊的体验式情感。寻人者所讲述的生活困境、情感纠纷与普通个体在转型时期所遭遇的困惑、迷茫、焦虑、压抑不乏相似之处，于是达成观众与寻人者的情感共鸣。讲述者获得了倾诉情感故事的平台，实际上也是与观众进行情感交流的过程，亲历者的讲述弥合了寻人者与观众之间的界限，将观众与寻人者之间的距离拉近。

（二）核心情节的反复重现

寻人者在完成自我讲述后，节目并未直接进入高潮，而是通过寻人者与主持人或专家学者的对话来反复重现核心情节，对寻人的核心细节进行反复确认。叙事重复（Narrative Repetition）旨在强调核心情节，增强叙事效果。② 以《你有一封信》为例，节目开场便以解说词搭配画面陈述故事核心细节，由寻人者讲述自身寻人故事，再由主持人与寻人者进行对话确认核心事件，接着，由"邮差"去

---

① ［美］约翰·杜翰姆·彼得斯：《对空言说：传播的观念史》，邓建国译，上海译文出版社 2007 年版，第 53 页。

② ［挪威］雅各布·卢特：《小说与电影中的叙事》，徐强、申丹译，北京大学出版社 2011 年版，第 64 页。

"送信"并寻找收信人，被寻者接收信件时再次确认核心情节，最后在被寻者讲述、主持人总结的过程中再一次重复核心情节。在整个节目流程中，核心情节被重复了六次，其叙事效果被大大强化，最后一次重复则标志着故事的结束。寻人类电视节目通过对寻人者背后情感故事的着力刻画，来反映社会的热点问题，从"寻人"层面拓展出深刻的社会意义。

这些核心事件也正是社会转型时期的突出问题，寻人类电视节目特别关注以下几个问题：其一，拐卖儿童类故事的叙述。寻人类电视节目《我要找到你》共有 14 期内容，有 8 期节目讲述与拐卖儿童有关的寻人故事。儿童被拐卖酿成了很多家庭悲剧，孩子的丢失导致很多家庭幸福的毁灭。拐卖孩子作为社会的痛点，需要电视节目的重视与突出，节目组着力描绘拐卖儿童的故事，便是希望借助电视媒体的力量，整治拐卖儿童的事件，为这些家庭提供精神层面的抚慰。其二，美好爱情的叙述。《你有一封信》节目中，一位年近古稀的老人执着寻找自己的爱人，希望能再次向对方表明自己的爱意，自己虽年老，但爱意不变。爱情故事自身带有跌宕起伏的色彩，不仅具有较强的吸引力，也使节目的叙事更具故事化与情节化。其三，对约定故事的叙事具有强烈的情节化特征，通过对"毕业后约定再聚首""三十年前的约定，我们骑车去西藏""首届研究生支教团约定二十年后再聚首"等约定故事的叙事，寻人类电视节目将叙事类型扩展，讲述同学、友人、陌生人之间的故事。寻人类电视节目"寻找"的不再只是物质意义上的躯体，更是普通人日常交往的朴实情感，这些故事贴近观众的日常生活，唤起现代化快节奏生活中人们最质朴的情感。

（三）相遇可能——悬念样式

在整个叙事过程中，"相遇可能"是叙事的高潮部分，是揭开故事悬念的重要部分，节目通过之前的寻人叙事已经设置了悬念，接下来便是悬念揭开的高潮。故事走向圆满还是仍留遗憾，都在这个部分呈现，而这个部分也是连接寻人者与被寻者两个故事主线人物的重要情节，支配着叙事的主要进程。在《等着我》中，这个"可能"由"希望的大门"来揭晓。与此类似，《我要找到你》屏幕的打开，也是"门"的隐喻。而在《你有一封信》节目中，这个过程由屏幕中"信封的展开"来完成。三档寻人类电视节目都将"相遇可能"这一环节的叙事给予仪式化的表达，庄严而神圣。《等着我》中"希望的大门"与《你有一封信》中"信封的展开"是整个叙事手法中最重要的元素，之后的情节是否得以展开，铺垫的悬念能否揭开，都有赖于"希望大门"的打开。由此，寻人类电视节目叙事可以分为两部分，前面部分是设置悬念，通过"是否能找到那个人"的疑问设置故事悬念，而"希望的大门"便是揭开之前所设置的悬念，若不能找到被寻者，那么故事则由此结束，如果能找到人，节目便进行被寻者的自述。

寻人类电视节目叙述故事的主线是寻人者的个体经历，通过对寻人者过去经历的描绘，深入挖掘个体的情感体验与命运转折，进而描绘亲人离散的悲情故事，讲述爱人分别的感人情节，刻画出时代背景下个体与友人别离的思念、与战友的生死情谊以及师生之间动人的故事，这种真实的故事与真挚的情感是这个时代较稀缺的精神慰藉。随着现代化生活压力的增大，生存的焦虑与精神生活的物化使得越来越多的人困于生活的表象，传统社会赖以生存的精神家园与质朴的情感愈来愈消失殆尽。寻人类电视节目从普通人的真实情感出发，以寻人者的自述来呈现错综复杂的寻人故事，节目并未消费求助者的悲情经历，以煽情的方式赚取观众眼泪，而是以真人真事唤醒现代生活中稀缺的朴实情感，为求助者提供寻人帮助与精神慰藉，引发观众深度的讨论与思考，传递共同的人文关怀与精神价值。

三　段落的组合：情感叙事的系列故事

寻人类电视节目采用巧妙的叙事手法，将寻人故事与情感抚慰相结合，通过相似的叙事元素与创作手法，将系列节目连贯起来，倡导人世间的真善美。每一期节目选取不同的寻人主题，表现个体的喜怒哀乐，但随着各期节目不断，自然形成该档节目的整体，引发观众不断对"寻找"进行深层次的思索。

肖恩·奥沙利文（Sean O'Sullivan）认为，系列电视节目具有段落性，段落性是一种表达能力，即通过选择、部署和进行段落结合来制造意义的能力。在电视系列节目中，一期电视节目仅仅是整个电视系列节目的一个组成部分，因此影像生产者在一期电视节目的段落安排中，为了形成整体，必定创造出一种形式上的相互作用，尽管每期之间的寻人故事是不同的，但由于形式与内容上的相似性与相互补充，多期电视节目形成一个叙事整体，不仅在寻人故事的讲述方面具有连贯性，也让节目的理念在各部分中具有一致性。肖恩·奥沙利文认为，电视系列节目存在六个关键要素：重述（Iteration）、多样性（Multiplicity）、惯性（Momentum）、世界构造（World building）、人（Personnel）、设计（Design）。[①]

第一，奥沙利文所说的重述是指电视系列节目中反复出现的是叙事的核心，凭借这些叙事元素组成系列电视节目各部分的搭配与衔接。对于寻人类电视节目而言，其叙事的核心是寻找失散的人，因此，虽

---

① ［美］肖恩·奥沙利文：《系列叙事六要素》，载谭君强《叙事学研究：回顾与发展》，上海外国语教育出版社 2017 年版，第 67—77 页。

然侧重点有所不同，但此类节目都具有相似的叙事模式，即讲述失散的故事→相遇的可能→再见或并未找到，如图 1。寻人类电视节目多采用此种叙事模式，对"相遇的可能"这一环节，各节目都使用可辨别的、具有仪式化的叙事方式。即使《等着我》在改版后，依然继续沿用"希望的大门"这一揭开悬念的模式，而《你有一封信》则在节目中使用信件作为贯穿整个节目的物件。在《我要找到你》节目中，主持人每次开场都使用同一句开场白"有爱有奇迹，我要找到你"，通过主持人语言的"召唤"拉开寻人故事的序幕。相似的叙事模式、标准化的开场白与结束语，风格统一的舞台与音乐设置等要素，使得不同的寻人故事、期与期、季与季之间组合成一个整体，并且具有仪式化的作用。当同样的音乐响起，聚焦特殊物件，寻人叙事的最大悬念揭开：找到被寻者的圆满结局或者并未找到的残酷现实，这种叙事手法不仅让节目更具有张力，受众也在重复的、熟悉的节目模式中可以寻找到舒畅、稳定的秩序感和情趣①，音乐、场景与话语的重复，唤醒观众对寻人过程的仪式化见证。

第二，多样性是指系列叙事并不倾向于讲述同一故事，这种对多样化的追求不仅是故事场景方面，更是故事类型方面。与《等着我》《你有一封信》的故事类型多样性相比，《我要找到你》将视线主要聚焦于失子家庭的寻亲故事，虽然故事类型具有同一性，但在其 14 期节目中并非叙事模式相同的寻亲故事，而是存在着被抛弃后寻亲、被拐卖后寻亲、被抱走后寻亲、寻孩夫妇帮助其他孩子找到父母、为救孩子打击黑砖窑等不同情形的失子家庭故事，即使是同一类型的故事，节目也选取了不同的讲述者，如被拐卖后寻找亲人的故事，节目组便选取了子女寻找与父母寻找两类。通过对不同情形拐卖事件的叙述，

---

① 〔英〕大卫·麦克奎恩：《理解电视》，苗棣译，华夏出版社 2003 年版，第 72—73 页。

打击拐卖的节目理念与叙事主题得以凸显。可见，节目聚焦拐卖儿童的叙事题材，为避免类似家庭悲剧的再次发生做出努力，这种叙事手法也是"隐含作者"意识的体现。

第三，惯性是指系列电视节目中各集之间的关系，故事片通常在每一集的结尾创造必要的悬念，或将主要人物置于某种危险之中。对于寻人类电视节目而言，关注现实生活，传播正能量是寻人类电视节目最突出的特点，不仅追求故事性与节目收视率，而且重视节目传递的社会价值与人文色彩，帮助需要帮助的求助者，强调积极向善的价值观。

第四，世界构造是指系列电视节目通过不同的故事构造出一个完整的世界。寻人类电视节目以寻找作为窥探真实世界的切口，从寻人故事这一切口探寻转型时期社会的发展，不同年龄段的人拥有不同的生活体验，寻人的背景和缘由也各有不同。在节目中，爱情和恩情故事主要集中于老年群体，老年人往往想念青年时的美好故事，或执着于年轻时候的爱恋，或想念最初一起奋斗的人，希望"有生之年能再见对方一面"。而寻亲故事主要集中于青年人与中年人，青年人的寻亲故事在于幼年离散，想念亲人或埋怨被抛弃，而中年人的寻亲故事则主要是因意外与孩子分离，对骨肉亲情的不舍让他们坚持要找到丢失的孩子。在这些故事的叙述中，整个社会关于寻找的风貌与轮廓也便显现出来，这也是寻人类电视节目打动人心之处，每个故事都是普通人真实的故事，这些人就生活在观众身边。

第五，人物的选取也是电视系列节目必不可少的连贯要素。在寻人类电视节目中，有三种人物是必需的——寻人者、主持人与被寻者。前两者必须在电视节目中"现身"，而被寻者是否"现身"，还是仅仅存在于他人的叙述之中，取决于寻人者是否能找到分离的人。寻人者与被寻者是节目的核心人物，如果缺失，寻人叙事便无法进行。为了体现寻人者的性格与特点，节目使用现场自我讲述的方式呈现，用纪录的方式表现现场，不仅有利于展现寻人故事的张力与戏剧性，而且使节目更真实、更丰满。而主持人则是根据电视节目的需要对叙事进行整体把握的关键人物。为了增加叙事的多样性与丰富性，寻人类电视节目还增添了帮助寻找的人与倾听故事的人两种人物，前者主要包括寻人团等，不仅在节目效果上提升可信度，而且对于现实中是否能找到被寻者提供较大帮助。《等着你》的寻人团，《我要找到你》的寻人过程，《你有一封信》的"邮差送信"，虽然存在叙事的建构与加工处理，但是节目组与热心人士都实实在在地帮助寻人者找寻离散的人，节目的公益性质与号召社会向善、参与寻人过程，无不体现出影像生产者开办节目的初衷。《等着我》节目建构了比较系统的寻人平台，由志愿者和公安部、民政部等相关部门组成强大的寻人团，为寻找被寻者提供坚实的后盾，因此节目的社会效益也更显著。而现场倾听故事的是参与节目的专家，主要是对寻人故事做出评价与总结，关照寻人者的内心，为当事人提供情感帮助，通过多角度的陈述，呈现社会转型时期普通人生活的悲欢喜乐，营造出一种真善美的正能量。

第六，叙事策略与设计是电视系列节目六要素中与影像生产者最密切的，前五个要素主要关注叙事文本层面的建构，而这个要素关注系列叙事的设计与构建本身，包括节目的整体流程、形式、镜头的组接与后期编辑等，影像生产者所想要传达的内容都包含在"设计"元素中。《等着我》《我要找到你》《你有一封信》等节目，就是以现实层面的关照为核心讲述发生在中国大地的真实故事，从打击拐卖到纪念第二次世界大战，从寻找母亲到寻访故友，寻人类节目通过讲述真实故事，使观众切身感受到当下语境中的人文温情。

四 故事的隐喻：寻找母题与精神家园重建

近年来的电视节目趋于娱乐化，严肃和具有社会效应的电视节目显得不足，寻人类电视节目的发展便是对过度娱乐化的反思，通过寻人这一切口，对现实问题进行深入思考，构建出独具特色的叙事模式。而寻找是人类文化发展的母题，寻找作为一种隐喻，是社会问题与现实缺陷的表征。

（一）寻找自我

母题是构成故事的基本单元，寻找不仅是人类永恒的母题也是人类行动的初衷，其目的是为了寻找精神家园与梦想，是人类陷于困境中的努力。寻找具有追寻生命意义的冲动，是人类对于自身存在的本质与生命价值的自觉意识与精神追寻。[①] 寻找母题蕴含着人类所具有的复杂情感，这种情感推动着人类物质与精神活动的探寻，一种源于人的内在欲望——追求自我精神完善的驱动力，促使人类找寻精神家园。这里的家园具有双重含义，一是寻人者追寻的物质意义上的故乡与家园，二是精神层面上的美好家园，不仅代表过去的美好时光，也是理想归宿、毕生追求。[②] 当代人类自我反思的终极问题便是精神家园的困顿，意义的消解与精神的匮乏使得人类意识到，当今时代的问题并不能通过对物的追寻而获得解答，而应该从民族文化传统中寻到赖以生存的精神支柱。对于一个民族而言，精神家园是传统文化与时代精神相结合的民族精神血脉。当个体遭遇现实生活的种种困惑与不幸时，精神家园能带领人们走向

---

① 杨经建：《寻找与皈依：论 20 世纪中国文学的追寻母题》，《文艺评论》2007 年第5 期。

② 赵京华：《寻找精神家园：周作人文化思想与审美追求》，中国人民大学出版社 1989年版，第 19 页。

"归家的路"。

2017 年 11 月 7 日，《等着我》节目叙述一位母亲带病寻子，她拼凑了一张 30 年前的全家福。当年，由于儿子被拐，丈夫病亡，寻人者背负"灾星"的谣言，迷失了自我。如今，她希望能通过节目寻回儿子，找回幸福的家庭，以证明自己不是"灾星"。她的寻子之路，不仅在寻找儿子，也是在寻找自我，寻找难以割舍的情感记忆。这位寻人者的苦难是生存之痛，节目选取这个故事，便是要呈现弱势群体的生存困境，以寻人者的自我救赎寓示"归家"。在寻人过程中，这位母亲经历了精神蜕变，从迷失自我到寻找自我，寻人的圆满也意味着她证明了自己，找寻到自我的身份。寻人类节目中，寻人者的自述不仅是讲述故事的过程，也是建构自我身份的一种形式，在自我讲述与寻人过程中，寻人者找到真正的自己，回答了"我是谁""我从哪里来""我到哪里去"的人生命题，寻找到家园感、认同感与归属感。

（二）寻找个体的生存境遇

寻人类电视节目中的主人公往往是社会生活中的普通人甚至边缘人物，他们的生活是有缺陷的，他们努力寻找，但收获甚微。寻人者寻找的过程，也是确认自我生存状态的过程，寻人者不仅在寻找走失的亲人，也在寻找失去的亲情，寻找血脉相连的纽带。寻访战友的老人所寻找的，不仅是失散多年的战友，也包括逝去的峥嵘岁月与往昔情谊；寻找初恋的高龄老者，不仅是为了获知对方的近况，也是追寻甜蜜回忆的一种表现。寻人类电视节目的寻找，不仅是寻找物质实体的人，也是寻找精神层面的"魂"，寻找叙述者的个体生活状态，寻找精神家园，通过对寻找故事的叙述实现精神家园的重建。

寻人故事中饱含扣人心弦的情节与打动人心的情感，那些隐匿于生活中的真实情感，在寻人故事中流露出来。寻人类电视节目关注普通个体的生命状态与情感状态，寻人者身上所真实流露出的坚持不懈、努力追寻等美好品德得到传播，这种基于现实层面的叙事使节目最大限度地贴近生活，透视社会。

在寻人者寻找过程的背后，隐含着"隐含作者"的意图，寻人类电视节目制作的初衷在于弘扬社会正能量，节目不仅在关注个体的生活，也在抚慰转型社会中人们焦虑的情感，观照人们的心灵。寻人类电视节目的生产者关注现代社会中的普通个体，特别是弱势群体，从个体的自我讲述表现社会问题，以负责任的态度关注现实生活中的存在的热点问题，抨击拐卖儿童，倡导社会关注老兵，传递真善美的价值观。寻人类节目关怀现实，面对生命中意义困惑、价值消解和信仰退却等问题，以真实故事关怀普通个体，以疗伤的姿态给予人希望，从而获得"家园感"，找到心灵皈依之所。

（三）寻找历史责任感，建构"国家记忆"

节目所要寻找的不仅作为历史见证者的个体，更是中华民族的国家记忆与集体认同。随着社会的发展，过往的历史痕迹渐渐消退，在某种价值观扭曲的作用下，一些人开始遗忘历史。寻人类节目以"寻找"为切口，寻找逝去的记忆，寻找历史的悲痛，寻回观众的历史责任感，寻回民族精神之魂。譬如，《等着我》在描述普通人抗争命运故事的同时，讲述国家命运与个体记忆交织的历史大叙事，唤起观众关于远去历史的集体记忆，凝聚中华儿女的民族认同感。

《等着我》节目组制作了关于抗日战争、解放战争、抗美援朝、对越自卫反击战等重要历史节点的感人故事，寻访历史事件的亲历者，由亲历者讲述历史大叙事下不为人知的细节，将观众带回到历史之中，感受尘封许久的历史记忆，唤起情感共鸣。在 2015 年抗战胜利 70 周年之际，《等着我》播出了多期以抗战为主题的节目，其中一期讲述 94 岁抗战老兵寻找日军投降仪式中的战友，通过老兵的讲述翔实地描绘出 1945 年 9 月 9 日日军投降时的场景，重现了中国历史上最重要的历史时刻——日军投降，将观众带入战争岁月的时空中。老兵希望自己与战友作为抗日战争的亲历者，能将历史传承给后人。节目组寻访到几位亲历日军投降仪式的战友，通过 3 位老兵的讲述，强化了中华民族关于抗战的集体记忆，重现了战争岁月的历史情境，高扬了爱国主义精神，表现出对祖国兴旺发达的愿景，为社会发展提供精神支柱，以期实现思想文化的自觉与生命精神的唤醒。

寻人类电视节目是情感类电视节目的一种类型，其内容包含了经济转型时期的现实问题与社会困境，节目通过对生活中真实故事的呈现，为观众描绘出现实世界的图景和生存的意义。精神家园不仅寓示着精神的归属、认同和安宁，更是精神力量的凝聚、心灵的皈依和情感的寄托。对于个体而言，精神家园的找寻是为了获得生命意义的答案与生存根基，对于民族群体而言，关怀现实是在哺育自身成长的家园中获得凝聚个体生命与思想文化的观念体系。

五　结语

当今中国正处于社会转型的变革时期，文化层面受消费主义的影响，呈现出追求感官满足的肤浅状态，在此情况下，重构精神家园尤为重要。寻人类电视节目以寻找为切口，讲述现实生活中的寻人故事，展现普通个体的日常生活与现实问题，为寻人者提供实际帮助与精神慰藉，用温情的故事打动人，呈现世间各种美好的情感，对于弘扬传统文化，重建精神家园，具有十分重要的文化建设意义。

寻人类电视节目通过挖掘个体生命故事，表现转型时期普通个体的生存状态，建构了求真、向善、塑美的人文价值理念，弘扬真实故事中坚守承诺、敢于担当、勤劳善良的美好品德，通过真实的故事让观众洞见人性的美好，用影像书写温暖的中国故事，呼唤大众珍惜亲情、重视友情、关注生活中的真挚情感，为建设美好生活与精神家园而不断努力。

（原载《现代传播》2019 年第 2 期）

"去英雄化"

——当前电视剧人物塑造的一个误区

王玉玮

捷克作家伏契克在《论英雄与英雄主义》一文中认为："英雄，就是这样一个人，他在决定性关头做了为人类社会的利益所需要做的事。"[①] 的确，英雄是指为维护国家领土以及主权完整，保障国家安全，维护人民利益以及民族尊严所做出杰出贡献的仁人志士，是支撑国民对崇高与伟大、真善美不懈追求的力量源泉。然而，当前一些电视剧创作往往随意贬低英雄的品德与价值，其结果消解了英雄的崇高与庄严性，英雄由此变得世俗化，甚至有些鄙俗化。

一 人物形象 "去英雄化" 的形成原因

20 世纪 90 年代以来，市场经济的盛行带来大众文化的迅速发展，"我是流氓我怕谁""玩的就是心跳"，俨然成了一部分人的世俗生活信念。影视作品中"痞子化"形象，就这样不断解构经典、疏远权威，消解着英雄的神性特质。

---

① 转引自彭家海《19 世纪初的美国社会与美国浪漫主义文学》，湖北社会科学出版社 2008 年版，第 36 页。

（一）娱乐消费主义等哲学思潮的影响

从 20 世纪 80 年代中期开始，随着中国社会政治经济所发生的变化，消费主义观念开始渗透到文化创造和传播过程中，从而导致中国主流文化的权威地位有所动摇。进入 90 年代以来，整个社会经济的市场化不断发展，以通俗性、娱乐性、消费性为特点的大众文化开始盛行，如通俗文学、流行音乐、商业电影，并以一种"独立的品格"与主流文化、精英文化形成"三足鼎立"的态势。罗兰·巴特在《神话——大众文化诠释》中认为，大众文化，包括一切符号体系均有"神话"的特征，这种现代神话的"魔力"即在于："它已经将现实内外翻转过来，它将本身的历史掏空，并且用自然填充它，它已从事件中移开它们的人性意义，而使它们能意指人类的无意义。"① 英雄逐渐成了观众消费的对象，而不再是负载着崇高寓意的精神救赎者。英雄的形象像商品一样被供给、消费着，英雄本身的悲剧性被改写、利用。"每个人都可以成为英雄，因而英雄也就无所谓……大众文化以它自己所设定的英雄模式和样式，消解了主流文化所倡导的英雄主义，社会大众在大众文化的英雄模式的诱惑下，也就是对主流文化所宣扬的英雄产生了怀疑。"② 大众就是在这样的消费主义文化中逐步接受了娱乐的英雄，同时也消解了英雄原有的崇高性与严肃性。"大众文化的某些商品或文本之所以流行，并不仅仅因为人们可以从中获取社会相关意义，传递这些商品的媒介也必须具备可以适应于日常生活实践的特征。"③

（二）个性化的草根英雄契合了当代大众审美需求

一直以来，英雄有着非常明晰的概念，那些不怕困难、为人民

---

① ［法］罗兰·巴特：《神话：大众文化诠释》，上海人民出版社 1999 年版，第 203 页。
② 同上。
③ 郑祥福、叶晖：《大众文化时代的消费问题研究》，中国社会科学出版社 2008 年版，第 49 页。

利益、为捍卫国家而英勇奋斗、令人钦佩的人，就是大众心目中的英雄。《铁道游击队》中的刘洪、《保卫延安》中的周大勇、《林海雪原》中的杨子荣、《烈火金钢》中的史更新、《新儿女英雄传》中的牛大水，等等，都是符合这一特征的英雄。进入 20 世纪 90 年代，随着政治语境的逐渐淡化，当代英雄的塑造更多地关注于英雄身上一直未被深度挖掘的人性。这既是对于传统文艺那种"高、大、全"英雄形象的反驳，又有别于无产阶级价值规范的神化英雄的塑造。"与传统的正面人物不同，如今塑造出的英雄人物更具有强烈的生活气息，观众感到触手可及，弥合了过去一些主旋律剧与大众欣赏之间的鸿沟。这些有大可爱也有小缺点的平民传奇英雄，除了极易得到观众们的认同与喜爱外，更以'新英雄'气质，点燃了中国人的英雄主义情结与爱国主义热情。"① 《雾都》凭借其独特的视角再现历史以及对民族精神的传承，使得抗战剧并非简单地描写战争场面，或一味高奏英雄主义的赞歌，而是将人物形象塑造得更加立体化、多元化，表现出川军民族英雄最真实的一面。导演黄力加坦言："《雾都》展现了一个英雄最人性化的一面，但与传统英雄人物不同的是，朱豪有个性、有缺点，打破英雄人物'零缺点'的定式，给观众带来不同以往的视觉和心理冲击。"电视剧《亮剑》中的李云龙、《士兵突击》中的许三多以及《我的团长我的团》中的龙文章等，这样的平民能成为英雄，不仅仅因为他们有为国家、民族、集体牺牲的精神，而且他们执着、坚韧的普通人格更具有感动人的力量。这样，英雄塑造将平民的价值关怀与主流意识形态权威融合起来，在个人与历史之间形成了阐释的张力，使得英雄获得更大的表

---

① ［美］约翰·费斯克：《理解大众文化》，王晓珏、宋伟杰译，中央编译出版社 2006 年版，第 159 页。

达内涵，弥合了长期以来国家意志与个人意志之间的裂隙。这种弥合使得英雄的话语更加丰富，个人获得历史的价值和承认，历史也因个人的讲述更加真实和感动。"消费文化与电视产生了过量的影像和记号，从而产生了一个仿真的世界，实在与意象的差异被消解，变成了极为表层的审美幻觉。"① "去英雄化"在故事中加入了平民的意义，通过电视传媒将英雄的光荣和传奇与平民的日常生活经验和梦想融合了起来，激发了强烈的"审美幻觉"，制造了一个平民化的梦幻空间。

二　"去英雄化"人物形象在电视剧中的呈现

"借助形式而且只有借助形式，内容才获得其独一无二性，使自己成为一件特定的艺术作品的内容，而不是其他艺术作品的内容。"② 可见形式的展示并不是孤立的存在，它在很大程度上决定文艺作品内容的拓展，甚至在一定程度上对内容产生重大影响。电视剧《亮剑》《杀虎口》《民兵葛二蛋》等受到了广大观众的喜爱，其中重要原因之一就是塑造了一批痞性十足的英雄形象，以及"不匪不英雄"的个性特征。

（一）人物形象：草莽头目、黑道分子

猥琐的痞子、无业的游民、黑帮的头目、占山为王的土匪，甚至一些青楼女子等，一时都成为荧屏的抗日英雄。电视剧这种"去英雄化"的创作倾向受到了很多观众的追捧和欢迎，并赢得了较高的收视率。电视剧《杀虎口》中的抗战英雄白朗，原是大土匪头子

---

① 薛明、贾大雷：《军旅电视剧：新英雄点燃爱国热情》，哈尔滨新闻网，https://har-bin. dbw. cn/system/2009/03/29/051832921. shtml，2009 年 3 月 29 日。

② ［英］迈克·费瑟斯通：《消费文化与后现代主义》，刘精明译，译林出版社 2000 年版，第 79 页。

白庆虎的儿子，性格任性、固执，且我行我素，不接受纪律的约束。在战斗的关键时刻，他仅凭本能或直觉行动，而正是这种本能或潜意识总能使他神奇般地获得成功。白朗常以"老子"自称，充满着"草莽"气息，如"老子要钱、要粮、要女人，就是不要命""你脑袋被驴踢了？"类似的口头禅比比皆是。虎妞这样评价白朗，说他"粘了毛比猴还精"，而白朗认为"那是山里的野兽，早认我做了祖宗"。《厨子戏子痞子》中"抗日奇侠之一"的"痞子"是名生物化学专家，他爱打家劫舍、劫富济贫，其造型类似于西部牛仔，动作刻意夸张，身上永远被"抽掉两根筋"一样站不直。《痞子英雄之全面开战》讲述的是"痞子"与英雄因一场亡命之旅而共同完成拯救的故事。痞子与英雄一个满嘴胡诌，一个寡言认真；一个急于逃脱，一个勇于破案。而这黑白分明、截然不同的痞子与英雄，却是在一路追杀中不断碰撞与摩擦，最终完成改造。由黄渤饰演的痞子虽属资深黑道分子，但实则是个期望一夜暴富、能带女人远走他乡的小男人。警察吴英雄对痞子徐达夫说："这是我第一次，也是最后一次放走犯人。"这也正意味着片中英雄主义对"痞子化"人物的一种改造和认可，"痞子"与英雄的边界得以消失。

（二）性格特征：霸道任性、复杂多面

当前，电视剧常常通过不同情境中的人物表达反映出各自不同的性格特征。《历史的天空》中的姜大牙个性直爽、倔强、霸气。《亮剑》中的李云龙则与自己的部下称兄道弟，多次违抗上级命令，"他娘的""狗日的""老子"之类的口头禅不断。《狼毒花》中的常发爱女人、爱喝酒、爱吹牛，甚至有些不负责任，他甚至敢绑架地委书记，还无视组织纪律数次想杀掉俘虏为兄弟报仇。《我的团长我的团》刻画了一群本无希望的炮灰从失魂落魄到找回信念的过程，而把这群男人的魂招回的人就是龙文章，他疯疯癫癫、荒诞不经，但他心中有一个坚定的信念，要对得起那一千座坟墓。当龙文章用怪异的音调拖长了声音喊出"走！我带你们回家"时，一副天下唯我独尊的自大模样，极其神经质，狂放不羁。"坏人的面孔不一定那么猥琐丑陋，坏人没那么脸谱化，坏人中也有长得帅的"。的确，英雄人物是有缺点的，但"坏人"与"敌人"也并非一无是处。英雄未必是浓眉大眼，比如《激情燃烧的岁月》中的石光荣以及《潜伏》中的余则成；敌人也未必獐头鼠目，比如《潜伏》中李涯以及《誓言无声》中的罗建成。

（三）行动特性：调侃自负、满嘴胡诌

《血色浪漫》中的钟跃民曾在青春年少时期拥有过"痞性"的"顽主"经历：整日无所事事、无所畏惧、打架斗殴，在小群体中昏昏度日、重义轻生，并且以"拍姨婆子"为乐。顽主钟跃民的初恋是由不务正业的怂恿和逗趣开始，当钟跃民当街挑逗，周晓白骂其"流氓"时，钟跃民回答道："你怎么知道我的名字。"当其面对痞子"小浑蛋"时说："去他妈的，我他妈的管你是谁？""痞气"十足的钟跃民性情中包含逗乐、调侃，努力展现其是敢于反抗社会旧有规则的"英雄"。近年来，荧屏中这些"痞子们"不拘小节、脏话连篇、粗野成性，甚至将"痞气"和"英雄气"之间画上等号。《民兵葛二蛋》中的二蛋自诩为"混世大魔王"，其唯一在意的事情就是赌钱。二蛋虽足智多谋、勇敢仗义，做出了伏击鬼子、缴获战利品的行动，但同时又有着爱说大话、爱损人、贪赌享乐、偷奸耍滑的"痞子"习性。他对麦子流里流气地说道："你来投八路，跟我干，我当队长让你当副队长。"还在街头耍泼大喊："今天不把你打出屎来算你拉得干净！"葛二蛋几乎是"流氓混混"的代表，他与麦子两人平时最喜欢干的事情便是赌博。在一次赌博中，葛二蛋耍滑出"老千"被对方识破，不仅惨遭多人毒打，麦子还被扣押。当麦子命悬一线之时，葛二蛋又偷走娶媳妇的钱，用草人计骗取父亲，这才救出了兄弟。《厨子戏子痞子》中为套取"虎烈拉"细菌的真实秘方，八路军居然设计出劫财绑架的骗局，于是厨子、戏子和痞子纷纷加入，做尽痴傻疯癫之事。剧中痞子具有众多"痞气、无赖"的行为本性，无论是身着女装跳艳舞还是马车大劫案，极其荒诞意味的"流气"行为使得抗日英雄蒙上了一层鄙俗外衣。

三 "去英雄化"人物形象的内涵及价值评析

"去英雄化"是市场经济与消费主义盛行所催生的一种创作倾向，它虽然从普泛的人性层面使英雄形象与当下消费时代产生"对接"，进而拓宽了电视艺术的审美空间，但又难免因市场化的操作产生出大量复制、质量下滑等种种问题。针对这些问题，创作者应该合理处理市场化效应与民族精神重建的关系，在全力继承良性的艺术创作经验的同时，又得进一步注重个性视角的彰显以及史诗意识的追求。

（一）"去英雄化"颠覆了传统文艺的创作模式，但其"审丑"的审美特征有时显得有些矫枉过正

文艺对审丑艺术有一个逐步接纳的过程，其对审丑艺术的社会效应和现代人心理需求的观照值得肯定。相比之下，电视作品中审丑艺术负载了其他一些不容忽视的要素，如商业炒作、取悦观众，其本质往往已经偏离了审丑艺术作为揭露人最真实面貌的初衷，而成为哗众取宠的噱头。在《亮剑》《历史的天空》等电视剧中，英雄人物身上的某些缺点被不同程度地夸张，呈现出一种漫画式加喜剧式的"丑化"，这些人物犹如小品中的角色一样亲切感十足，极大地缩短了平民百姓和英雄人物之间的距离，"英雄神话"被彻底打破。冯小刚的电影捧红了葛优，这个长相看似并不十分完美的男演

员却有着极高的观众缘。孙红雷一双小小的眼睛，其貌不扬，却也成为众多女性喜欢的演员。赵本山、潘长江等人更是以其丑为其喜剧小品大大加分。电视剧《狼毒花》中的常发，艺高人胆大、极有女人缘，喜欢吹牛胡说，内心其实很羞涩。"天是咱的侄儿，地是咱的儿啊"是他的标识性歌曲，显示了其天不怕地不怕的血性汉子性格。在剧中，他多次只身闯入敌营敌阵，解救受困的女性和干部，真正的是亲者快、仇者痛的人物，而且福大命大，即使在叛变的敌群中被铁囚钢刀刺得鲜血淋漓，几近绝命，但一缸酒便可让他大难不死，复原元气。剧中，常发的神勇多少带有浪漫传奇色彩，有时夸张得过度，神勇莽汉的爱情传奇多少降低了其精神旨趣。这种带着强烈后现代意味的思潮反映在电视艺术中，则表现为大量无厘头、去深度、世俗化、娱乐化的人物形象，将"英雄"从受众的期待视野中轻而易举地剥离和挤压出去。

（二）"去英雄化"人物塑造贬低了英雄的意志或品德，从而导致英雄形象缺乏崇高感

古罗马时期希腊学者朗加纳斯认为，崇高的对象是那些伟大、恢宏的事物，崇高的本质在于"主体庄严伟大的思想"和"强烈激动的情感"。崇高能够刺激心灵的伟大思想和情感，使人投入一种"恍惚与赞叹"的愉悦之中。然而，大众娱乐文化逐渐远离理想主义和英雄主义，摒弃严肃、神圣、深刻，消解理想，追逐享乐。影视作品中"痞子化"的创作实则是一种消解英雄的做法，似乎只有符号下的"粗野"才能够显示其英雄气概，才能传达其胆识过人、蔑视世俗，甚至在"痞气"和"英雄气"之间画上等号。

荧屏需要英雄，观众期盼那些具有高尚精神境界、鲜明魅力和极富艺术感染力的英雄形象大量涌现。而"去英雄化"的叙事方式，显然是对过去那种"高大全"英雄形象矫枉过正。在《激情燃烧的

岁月》《历史的天空》《亮剑》《狼毒花》《暗算》《我的兄弟叫顺溜》等影视剧中，这种方式被发挥到无以复加的地步。倔强的石光荣，个性直爽、霸气的姜大牙，"他娘的""老子"之类口头禅不断的李云龙，说话不离"睡女人"的常发，这些人物形象离传统的英雄形象已经越来越远。确实，这些新英雄说粗话，没规矩，常常违反纪律，在长期的军旅生涯中学会识字，知晓些许革命道理，但事实上并非毛病越多、脏话越多，才越符合革命前辈和英雄人物的形象。作为生活原型，他们或许是真实的；作为艺术形象，尽管很丰满，但已突破了社会道德底线、精神文明基线和艺术审美界线。可以说，近年来再现匪性及粗俗性的英雄不少，但是却缺乏《红高粱》的火红火红的真正来自民间的野性力量的展示和赞赏，这不能不说是电视剧生产在当下的一个遗憾。

（三）"去英雄化"导致对英雄及其存在意义的否定，剥夺了大众对英雄精神的追求和向往

"去英雄化"对鲜活生命个体的心灵深刻揭示，把英雄和普遍人性揉到了一起，使英雄有了自己的成长史，使英雄开始向生活回归。《激情燃烧的岁月》《亮剑》《历史的天空》《军歌嘹亮》《狼毒花》，以及《我的团长我的团》《我的兄弟叫顺溜》等，这些电视连续剧为观众塑造了一个又一个诞生在火红年代、面临逆境无所畏惧，然而又带有某种自身缺陷的英雄形象。这些人物真实、生动，不仅有优点，更有常人所有的种种缺点。不可否认，"去英雄化"的创作追求出现了不少有分量的优秀作品，它摆脱了以往文艺作品中高大全的英雄形象模式，使英雄回到现实中来，对观众而言更具真实感和可信性，但作为引领社会主义核心价值观的电视艺术作品，并不能仅仅以荒诞不经的人物个性作为"增值点"，进而哗众取宠，骗取市场。

黑格尔曾说过：历史题材有属于未来的东西，找到了，作家就永恒。人类社会的生存与发展需要一种英雄主义精神，英雄主义精神赋予人类生存本身以意义，提升人类的精神境界，不断地把人类引向新的精神天地。可以说，正是英雄主义精神的存在，才促使人类步入文明社会，使人类社会的精神宝藏熠熠生辉。作为"引领国民精神前途的灯火"的文艺作品，我们在再现英雄人物的个性特征时，需要用崇高的审美理想以及高雅的艺术趣味为指引，不可脱离时代，脱离现实。当前电视剧生产大可不必将英雄神圣化，也无须丑化英雄，将英雄"痞子化"，它应该强化文艺的教育功能与审美功能，鼓舞国民精神，激励国民意志，进而引领先进文化前行。

（原载《南方电视学刊》2015 年第 3 期）

四

媒介叙事与国家形象

传播与"共同体想象"

——托克维尔的传播思想探析

董天策　刘晓伟

在传播学中，研究传播与人类社会的关系始终是一个诱人的领域。在力图打破施拉姆所建构的经验学派话语霸权的学者看来，探寻传播与社会生态的关系，是以更多元的视角审视传播问题的宏观研究方向之一。[①] 在涉足传播领域的早期社会学家那里，关注"传播""社会"和"共同体"之间的关系，则是一种普遍的现象。挖掘早期社会学家的传播思想，对我们从思想源头上理解传播学术史，深化对这一宏观研究方向的认识，显然具有重要意义。本文拟对托克维尔的传播思想做一分析，以期抛砖引玉，求教于方家。

一　托克维尔传播思想的双重内涵

作为社会学和现代政治学的先驱，托克维尔给后人留下了丰厚的精神遗产。尤其是自雷蒙·阿隆以来，后辈学者对托克维尔的思想已做过深入解读，取得了丰硕的成果。不过，托克维尔在传播学术史上的贡献尚未受到足够重视，国内既有研究也多是对其公共舆论思想的分析，政治学研究色彩浓厚。当然，在詹姆斯·凯瑞、伊

---

① 胡翼青：《传播学四大奠基人神话的背后》，《国际新闻界》2007 年第 4 期。

丽莎白·诺尔·诺依曼等致力于开拓传播学领地的学者那里，托克维尔则颇受重视。马歇尔·麦克卢汉也曾说过，"托克维尔是第一位申明印刷术和印刷品精义的人物，所以他才能解读出美国和法国即将发生的变革，仿佛他正在朗读一篇传递到他手上的文章"①。麦克卢汉的语言风格，决定了其阐释略显夸张乃至绝对，但他对托克维尔的评价却非随意之言。这些开创性学者对托克维尔的推崇，恰恰说明托克维尔给传播学提供了丰富的思想遗产。

托克维尔在考察美国社会之后，留下了一本类似考察笔记的《美国游记》，并分别于 1835 年和 1840 年出版了《论美国的民主》上下卷。正是在这几部传世名著中，托克维尔深刻剖析了媒介与美国社会的关系。托克维尔对美国报刊的观察有着独到的研究视角，重点解析了媒介作为一种技术力量对社会的塑造作用。托克维尔在给政治导师皮埃尔·保罗·罗瓦耶·科拉德的信里写道："在全书（即《论美国的民主》）的进程中研讨了平等现象对于舆论和人们的感情产生了哪些影响这个哲学价值大于政治价值的问题之后，我最终着手研究经过如此变化的这种舆论与感情对于社会进程和政府该产生什么影响。"②

在这里，托克维尔清楚地表明了自己的研究路径。"传播"成为他关注社会建构的一个焦点。托克维尔明确指出，"印刷术促进了平等的发展，而同时又是平等的最好缓和剂之一"③。这句话展现了他传播思想的核心内涵：他一方面关注传播如何塑造社会，另一方面

---

① ［加拿大］马歇尔·麦克卢汉：《理解媒介—论人的延伸》，何道宽译，译林出版社 2011 年版，第 24 页。

② ［美］阿瑟·卡勒丁：《托克维尔启示录：〈论美国的民主〉中的文化、政治与自由》，转引自［法］雷蒙·阿隆、［美］丹尼尔·贝尔《托克维尔与民主精神》，陆象淦、金烨译，社会科学文献出版社 2008 年版，第 19 页。

③ ［法］托克维尔：《论美国的民主》，朱尾声译，中国社会科学出版社 2007 年版，第 1667 页。

又在思考传播应该怎样建构社会。

要准确理解托克维尔传播思想的双重内涵，必须对他所处的时代有所了解。19 世纪中后期，随着现代资本主义在欧洲的逐步胜利，人类的生活形态也随之发生了根本性的变化。1881 年，斐迪南·滕尼斯运用"共同体"与"社会"的概念对这种转变作了总结。在他看来，"共同体是古老的，社会是新的，不管作为事实还是作为名称，皆是如此"①。他指出，在共同体里，尽管有种种的分离，仍然保持着结合；在社会里，尽管有种种的结合，仍然保持着分离。② 当代社会学家齐格蒙特·鲍曼进一步指出，现代资本主义瓦解了所有传统；自我维系和自我再生产的共同体，首当其冲的位于被瓦解的传统的榜首。③

作为身处这个时代的社会科学家，托克维尔对人类生活形态变革有着清醒而准确的认识。托克维尔在《论美国的民主》中明确指出："人们的思想产生了很多在旧的贵族制度下的欧洲不可能产生的感情和观念。它彻底地打破和修正了过去人们之间的联系。民主社会的各个方面的改变并不比政治社会面貌的变化更小。"④ 对他而言，美国即是一个绝好的观察样本。

二 传播媒介与美国社会生态的塑造

有关托克维尔对美国民主社会形态的认识，传播学先驱沃尔特·李普曼曾明确指出，从托克维尔到杰斐逊，他们对美国民主的认识

---

① ［德］斐迪南·滕尼斯：《共同体与社会——纯粹社会学的基本概念》，林荣远译，商务印书馆 1999 年版，第 53—54 页。

② 同上书，第 95 页。

③ ［英］齐格蒙特·鲍曼：《共同体》，欧阳景根译，江苏人民出版社 2003 年版，第 33—34 页。

④ ［法］托克维尔：《论美国的民主》，朱尾声译，中国社会科学出版社 2007 年版，第 943 页。

其实是一种理想化了的"共同体"认识。他说："如果你想保持理想不坠，那就必须把这些理想的共同体与可憎的世界隔离开来。"① 法国传播学者埃里克·麦格雷也将"为公民提供共同参照，维护社群融合"视为托克维尔对传播学的一个重要贡献。② 这里的"社群"和"共同体"，其实是同一个英文单词 Community。这些研究为我们从"共同体"的视角认识托克维尔的传播思想提供了有益启示。

（一）媒介在美国社会生态形成中的聚合作用

托克维尔对美国社会的考察具有社会人类学的性质。他所关注的是美国社会的形成动力和发展形态。在这里，托克维尔看到了报刊在美国社会生态形成中的聚合作用。他的这种看法得益于游历美国肯塔基州和田纳西州的体验。他认为在那里生活的人民，不再是一个农业民族，没有人迹罕至的地方的农业民族所特有的无知、偏见和单纯。在他看来，这些人虽然生活在尚属偏远的地区，但他们和新英格兰等地的美国人一样，还是属于世界上最文明、最理性的种族之一。托克维尔敏锐地观察到，在居民简陋的住所中，"经常有一些书，而且几乎总是有一份报纸"。③ 其中，邮局在肯塔基和田纳西的荒野里起到了关键的作用。在北美，即使是偏僻地方的居民，也能从遍布于交通道上的邮局获得他们所需要的报刊和信件。对此，托克维尔惊叹道："信件和报刊在这些荒野的树林当中惊人地传播着。"④

报刊不但使得乡野中的美国人了解世界的变化，而且也把乡野拉

① ［美］沃尔特·李普曼：《公众舆论》，阎克文等译，世纪出版集团 2006 年版，第 195 页。
② ［法］埃里克·麦格雷：《传播理论史——一种社会学的视角》，刘芳译，中国传媒大学出版社 2009 年版，第 17 页。
③ ［法］阿列克谢·德·托克维尔：《美国游记》，倪玉珍译，上海三联书店 2010 年版，第 247 页。
④ 同上书，第 248 页。

入文明的中心。托克维尔认识到，道路、运河和邮局等媒介在美国起着重要的作用。人们在新加入的州所做的头几件事情就是开通邮局，使得信件和报刊保证一个星期能够送达一次。即使在美国疆域最偏远的萨吉诺村庄，依然有报刊或传播的力量在影响着他们。"一份猎人遗忘的报纸，或者含糊不清的传闻，由一些陌生的声音传播，几乎总能告知人们太阳底下发生了某些不寻常的事。一年一度，都会有一艘船前来，重建已经把世界包围起来的欧洲大链条与这个脱节了的一环的联系。"① 托克维尔认为，在世界上所有的国家中，美国是思想和工业的传播最持续不断和最迅速的。他对传播在促进美国繁荣中的作用给予充分肯定。他说，我只知道唯一一种促进一个民族繁荣的方法，就是增加人与人之间交往（Communication）的便利。②

托克维尔在以上记述中所阐释的，正是媒介对美国社会的聚合作用。在传播力量的促成下，美国社会中心和边疆连接为一体，构建了共同的生活基础。托克维尔对传播媒介力量的这种观察，实质上具有共同体化的想象成分。这与后来的芝加哥学派对传播媒介力量的推崇有着不谋而合之处。正如黄旦所说，在芝加哥学派的学者们看来，19世纪得以迅速发展的传播媒介及其技术，使他们看到一个关系和谐、政治民主的共同体的希望之所在。"凭传播就能够创造一个大的共同体。"③

（二）美国民主制度下公共舆论的形成与功能

公共舆论是十九世纪欧洲知识分子关切的热门话题。托克维尔利用他擅长的社会分析方法，阐释了旧制度下的公共舆论和美国

---

① ［法］阿列克谢·德·托克维尔：《美国游记》，倪玉珍译，上海三联书店2010年版，第340页。

② 同上书，第250页。

③ 黄旦：《美国早期的传播思想及其流变——从芝加哥学派到大众传播研究的确立》，《新闻与传播研究》2005年第1期。

民主制度下的公共舆论有所不同的产生机制。在旧制度下，公共舆论往往来自于占社会少数精英的共识。而在美国这个新的民主国家中，每个人都处于平等的地位，没有人能够居于权威的中心，个人的力量变得分散孤立且微不足道。托克维尔认为，信息的共享弥补了这种缺陷。在这里，每个人（主要指美国白人男人）都受到基础教育，文字不再成为一种阻断人们书面交流的魔障。此时，报刊便为他们提供了沟通和分享的平台。托克维尔注意到，"报纸使人们知道了在同一时期其他个体的想法和观念。所有的人都立刻趋向这一灯塔。这些游弋不定的思想，已经在黑暗中苦苦摸索了良久，最终在这里碰面了，他们联合在了一起"。① 通过报刊，人民可以不见面就能彼此交谈，可以不用开会就得出一致意见，报刊满足了绝大多数人互通信息和共同行动的需要，成为形成公共舆论的平台。

托克维尔不仅分析了美国新型公共舆论的产生，还关注到公共舆论对美国政治和社会的决定性作用。以他重点观察的舆论对司法制度的影响为例，主要表现在：一是法律必须得到舆论的支持。托克维尔从对加乐廷先生的访谈中得悉，法官必须得到舆论的支持，法官必须做出不懈努力，以维持这种支持。② 费城的史密斯先生对托克维尔说，在我们这儿，当法律得不到舆论支持的时候它什么也不是。③ 二是舆论左右审判。用当地人的话来讲，陪审团在辩论之前就知晓案件了。它在被审理之前就已经被审判了，并且是在

---

① ［法］托克维尔：《论美国的民主》，朱尾声译，中国社会科学出版社 2007 年版，第1197 页。

② ［法］阿列克谢·德·托克维尔：《美国游记》，倪玉珍译，上海三联书店 2010 年版，第 3 页。

③ 同上书，第 207 页。

小酒馆里被审判的。① 三是舆论干预司法权限。在费城，年轻的律师吉尔品对他说道，针对司法权限的缺陷，想要在宾州设立一个大法官法庭，可是公共舆论总是抵制它。吉尔品还告诉他，法官的权力巨大而专断，不过习俗和舆论规定了其界限，以致它难以被滥用。②

对此，托克维尔作出了自己的分析。他在笔记中写道，法官是生活在他同时代的一个人，公共舆论包围着他，他与他的同时代人对于这个时代国民的需求有着同样的感受。"他经常不知不觉地把他的观念和他同时代人的观念加到判决中，也就是说加到法律中。在他手里，法律经受了一些不可避免的变动，这使他成为舆论和每个时代的需求的阐释者。"③ 显然，托克维尔将公共舆论对社会的作用机制归结为共同的感受和观念的渗透。

在托克维尔看来，传播在美国社会生态的形成过程中起到了重要的聚合作用。美国民众公共舆论的生成和影响机制，也是通过共享、共有和共性而产生的。用麦格雷的话来说，托克维尔认为报刊"维护了社群的融合"。④ 且不论当时美国社会的真实情景如何，可以说，在托克维尔的视野里，他所看到的是一个"新的共同体"的塑造和形成。

三 传播与"理想的共同体"的想象

如前所述，托克维尔通过观察媒介对美国"社会"的塑造，所

---

① ［法］阿列克谢·德·托克维尔：《美国游记》，倪玉珍译，上海三联书店2010年版，第90页。
② 同上书，第261—263页。
③ 同上书，第279页。
④ ［法］埃里克·麦格雷：《传播理论史——一种社会学的视角》，刘芳译，中国传媒大学出版社2009年版，第17页。

看到的是一个"新的共同体"的形成。但是，托克维尔也相当敏锐地注意到，这个"新的共同体"隐藏着危机。因此，他在分析传播技术对美国"社会"的塑造后，着手研究传播"应该"怎样塑造"社会"。当然，这里的"社会"并不是滕尼斯意义上的"社会"，而是李普曼所说的"理想的共同体"。

在托克维尔看来，民主是社会发展不可逆转的历史趋势，作为个人，喜欢也好，反对也罢，都只能接受这种趋势。而在对民主的深入解读中，他发现了民主的两面性，即一面通向平等，另一面却通向新的奴役。① 这种两面性表现在公共舆论层面，则是"舆论宗教"的形成：公众以全体精神大力压服个人智力的办法，将公众意见强加和渗入到人们的头脑中。诺尔·诺依曼主要根据托克维尔的这个思想阐发出了"沉默的螺旋"理论，尽管这种阐释是无系统的并按照诺依曼的方式提炼出来的，未必代表了托克维尔的本意。②

俄克拉荷马大学教授唐纳德·J. 马莱茨指出，托克维尔有关"舆论宗教"的思想具有两面性，一方面他承认舆论宗教对于凝聚日益分散的虚弱个体的作用，另一方面又担心这种绝对力量所可能产生的暴政。因此，我们与其把托克维尔的这个思想看作已经被证实的事实，不如看作一种明智的警告。③ 作为一个自由主义者，承认民主不可逆转的趋势，调和民主的重大缺陷，以维护他所最为珍视的自由，是托克维尔追寻"理想的共同体"的根本目的。对此，他直截了当地表示，"问题不在于怎样重建贵族社会，而在于从上帝安排

---

① ［法］托克维尔：《论美国的民主》，朱尾声译，中国社会科学出版社 2007 年版，第965—967 页。

② Barbara Allen, The Spiral of Silence & Institutional Design: Tocqueville's Analysis of Public Opinion & Democracy, *Polity*, Vol. 24, No. 2, Winter, 1991, pp. 243 – 267.

③ Donald J. Maletz, Tocqueville's Tyranny of the Majority Reconsidered, *The Journal of Politics*, Vol. 64, No. 3, August, 2002, pp. 741 – 763.

给我们的民主社会的内部发掘自由"。① 为了发掘自由，他一方面向强大的社团设计求援，另一方面他再次寄希望于传播的力量，构建"理想的共同体"以维护自由。

托克维尔认为，每个人在贵族时代都与一定的同胞有着紧密的联系，一旦受到攻击，他就会得这些人的帮助。每个人在平等时代都是孤立无援的，他们不仅没有可以求助的朋友，也没有真正同情他们的阶级做后盾。② 因此，他认为，在民主时代，解决这个问题的关键在于重新联合。托克维尔指出，只要普通的公民联合起来，就有可能建立非常富裕、非常有影响、非常强大的社团。这样，他们就可以获得一部分贵族性质的政治好处，而且又不会出现贵族制度的不公正性和危险。政治、工业和商业社团，甚至科学和文艺的社团，都像是既有知识又有力量的公民，它们在维护自己的权益而反对政府的无理要求时，也维护了全体公民的自由。③

在托克维尔看来，使得公民联合起来形成社团的手段，正是报刊。他说，唯有报刊，能在同一时间将同一思想灌注于无数人的脑海。④ 报刊使民主社会的人群重新建立了社会联系，让素不相识的人也可以通过报刊变得熟识起来。他们可以通过报刊共享信息，恢复共同的感受和公共生活。通过传播带来共享的力量，社会能在更高更广阔的层面重建"理想的共同体"。托克维尔曾近乎夸张地阐释传播的力量："可以说我从未遇到一个美国人在谈起他的其中一位同胞时不了解这个人目前的处境和这个人过去的生活的。"⑤ 托克维尔认

---

① ［法］托克维尔：《论美国的民主》，朱尾声译，中国社会科学出版社 2007 年版，第1661 页。

② 同上书，第 1667 页。

③ 同上书，第 1665 页。

④ 同上书，第 1195 页。

⑤ ［法］阿列克谢·德·托克维尔：《美国游记》，倪玉珍译，上海三联书店 2010 年版，第 251 页。

为，任何一个民主的社团都离不开报刊，报刊在制造社团，但同时社团也在制造报刊。① 在他看来，围绕着每一个报刊所构成的社团，凝聚了分散的个体的力量。而从个体出发形成的众多社团，为构成社会的宏大共同体提供了可能。

在这里，托克维尔对报刊媒介的认识颇具"使用与满足"理论的色彩。他所看重的，不仅是报纸的"耳目"功能，而且是报纸的"喉舌"的功能。一种报刊想存在下去，必须反映出多数人的共同思想和情感。报纸不仅给人民提供了接收信息的途径，更是人民"发声"的平台。人民通过报纸求援，报纸也必须发挥作为人民沟通平台的作用。通过报纸提供的舆论平台，人民能够有效沟通交流，形成人民能够共享、共同感受的舆论环境。也许正是这个原因，托克维尔认为，如果认为报纸的作用只在于维护自由，那未免降低了它的作用：报刊维护了人类文明。②

托克维尔关于重建"理想的共同体"的思考，可以说代表了一种传统。鲍曼指出，在"共同体"瓦解之后，出现了两种趋势，一种是用人为设计、强加的监控规则，来取代共同体过时的"自然而然的理解"，取代由自然来调节的农业节奏和由传统来调整的手工业生活的规则；第二种趋势则是在新的权力结构框架内，恢复或开始创造一种"共同体的感觉"。③

"杜威—李普曼之争"可以看作这两种趋势在传播学领域的表现。诚如凯瑞所总结的那样，这场著名的隔空论辩中，杜威与李普曼针锋相对。杜威认为李普曼是他最反对的知识旁观者理论的代表

---

① ［法］托克维尔：《论美国的民主》，朱尾声译，中国社会科学出版社 2007 年版，第 1197 页。

② 同上书，第 1195 页。

③ ［英］齐格蒙特·鲍曼：《共同体》，欧阳景根译，江苏人民出版社 2003 年版，第 39 页。

人物，将公众置于"旁观者之旁观者"的位置。杜威提出，当个体拥有环境的准确再现时，也无法形成舆论。舆论只能在讨论中，并且当讨论在社会生活中变得活跃时才得以形成。我们并不是世界的观察者和旁观者，而是真正创造这一世界的参与者。① 李普曼强调的是，应针对公众参与社会能力的局限和变动不居的本性，引入专家提供正确的信息。他并不是要用专家的决策取代公众的决策，相反他要求专家和公众应当保持距离。② 他所追寻的，是一种信息提供的"确定性"，取代共同体中的自然理解，力图使用人为设计、强加的监控规则来调解社会行为。而杜威强调的是公众的参与，认为应该在讨论中产生真理，在参与中创造"共同体"。杜威曾明确说过，"在共同（Common）、共同体（Community）和传播（Communication）这几个词之间，不仅字面上有联系，人们因为有共同的东西而生活在一个共同体内，而沟通乃是他们达到占有共同的东西的方法"。③

进而言之，李普曼所强调的人为控制的设计，本意是维护社会民主，但却将传播学引向了劝服和效果研究。最终，李普曼的观点为施拉姆所主导的大众传播主流范式所继承，成为美国传播学转向的关键一环。④ 但这样的转向不仅给美国传播学留下了遗憾，更限制了传播学的研究视野，并最终导致美国经验学派理论创新凋敝的现实。

如何拓宽传播学的学术研究视野？凯瑞给出的答案是回到包括

---

① ［美］詹姆斯·W. 凯瑞：《作为文化的传播》，丁未译，华夏出版社 2005 年版，第 60—61 页。

② ［美］沃尔特·李普曼：《公众舆论》，阎克文等译，世纪出版集团 2006 年版，第 272 页。

③ ［美］约翰·杜威：《民主主义与教育》，王承绪译，人民教育出版社 1990 年版，第 5 页。

④ 黄旦：《美国早期的传播思想及其流变——从芝加哥学派到大众传播研究的确立》，《新闻与传播研究》2005 年第 1 期。

托克维尔在内的早期社会学家那里，回到以杜威为代表的芝加哥学派那里，重新审视传播在人类生活中的意义。[1] 以此为出发点，凯瑞提出了传播的仪式观，开辟了传播学研究的新领域。在今天的社会中，凭借传播恢复共同体的感觉也许永远无法再实现。但鲍曼说得好，"共同体"是一个我们已失去但又热切希望重归其中的天堂，因而我们在狂热地寻找着通向那一天堂的道路。[2] 确实，通过传播促进人类共享共有，通过传播促进人类构建美好共同生活，这本身不就应该成为传播学研究的一种美好诉求吗？

（原载《南京社会科学》2013 年第 9 期）

---

① ［美］詹姆斯·W. 凯瑞：《作为文化的传播》，丁未译，华夏出版社 2005 年版，第 12 页。

② ［英］齐格蒙特·鲍曼：《共同体》，欧阳景根译，江苏人民出版社 2003 年版，第 4—5 页。

"文化天下"与大众叙事媒介构建国家形象的另一种可能

陈林侠

从根本上说，构建怎样的国家形象取决于采用何种国家理念。16 世纪以来西方近代民族国家从宗教共同体中挣扎而出，体现社会契约原则的国家观早已成为世界主体理论。然而，这种西方精神的民族国家观念，与我国的民族政治文化（即"家国说"）存在明显差异，尤其在全球化带来的交往频仍中暴露出显见的缺陷，注重自身国家利益争夺的功利主义越发明显。近年来在"中国崛起"的政治背景下，批判民族主义，转而倡导"天下观"及其制度的国家思想悄然兴起。在经历了现代政治文化的洗礼后，它不同于传统天下观所包含的自我中心、专制帝国等心态，而具有鲜明的当下性、民族性。

大众媒介拥有无限复制的技术力量，信息传播广泛、迅速且连续，在构建国家形象的过程中具有不可或缺的地位。但我们通常把它限定在新闻类媒体。为此，本文所说的"大众叙事媒介"是指借助发达的现代通信技术，以虚构的叙事形态出现并希望唤起某种预期理念的大众媒介。它虽属于大众媒介，但以叙事性、虚构性区别于注重真实性、时效性的新闻媒体；而且，也是一种叙事艺术，又因现代媒介技术的复制力量而区别于小说等传统叙事媒介。广播剧、电影、电视剧、网络剧、微电影等均属此列。我们认为，在媒介高度发达的现代社会，大众叙事媒介之所以重要，就在于它可以从"应然"的维度展示国家软实力、塑造国家形象，在主观假定的情境中提供与现实不同的另一种可能。但在文化产业化的浪潮前，电影等叙事媒介过多置身于文化消费，仅被视作娱乐消遣的大众消费，严重缺乏跨文化传播、塑造国家形象的意识，这亟待我们重视。

一 民心：影像内部的政治心理与诉求

传统"天下观"是古老中国的自我定位与想象，最早在商代奠基，并于西周最终形成。[①] 从远古先秦到近代晚清，这个观念都与自我中心主义分不开。[②] 因此，现代性话语体系破除了唯我独尊的帝国心态，西方近代意义上的民族国家理论颠覆了"老大帝国"的想象。我们说，从"天下"进入民族国家，是中国在西方武力威逼下被动卷入全球化的过程，也是西方文化冲击、改写乃至置换本民族政治文化的过程。在这个从传统到现代的历时性链条中，"天下"成为一个被批判的帝国形象的表征。

然而，当民族国家纳入全球化的政治格局后，西方国家在维护、争夺、扩张自身利益时，其暴力性、狭隘性已然暴露无遗。从西方特殊的商业文化土壤里生成出的社会契约论，决定了国家自诞生起就成为一个特定阶层追求自身利益最大化的工具。[③] 不仅如此，由此建立起来的后发现代性国家在西方主导的国际政治格局中，在"先发"与"后发"、"压制"与"超越"之间产生激烈的冲突，暴露出

---

① 朱其永：《"天下主义"的困境及其近代遭遇》，《学术月刊》2010 年第 1 期。
② 葛剑雄：《从"天下"到"世界"》，《商周刊》2012 年第 7 期。
③ 苏力：《从契约理论到社会契约理论》，《中国社会科学》1996 年第 3 期。

这一国家理论存在着明显的缺陷。对当下正处于崛起阶段的中国来说，无论怎样谦逊示人，都难以摆脱咄咄逼人的形象暗示。在这种情况下，我国思想界开始反思西方民族主义及其国家观念，"天下理论"悄然兴起。① 如赵汀阳从全球范围内国家冲突愈演愈烈的现实状况出发，重新阐释了天下制度体系，认为："天下理论的重要性在于，它把'世界'看作一个政治单位，一个最大并且最高的政治单位，同时也就成为一个个思考所有社会/生活问题的思想分析单位，也就是最大的情景或解释条件。"② 概括说来，他所说的"天下"包括三层意义：首先，地理学意义上的"天底下所有土地"；其次，在"天底下所有土地上"生活的所有人，即民心；再次，"世界一家的"大同理想或乌托邦。可以看出，"天下"是一个从地理概念到心理意义再到政治理想的概念，实现了从历史的"实然"到理想的"应然"的贯通。

无须赘言，任何叙事中的"天下"形象都离不开特定的物理空间，但从政治功能来看，第二层面意义上的"民心"内涵具有更重要的作用，相当数量的一群人针对重要议题表达其复杂但具有某种倾向、态度的综合，构成了政治权力组织机构的合法性。③ 没有一定

---

① 近年来不同学科领域的学者重新阐释传统"天下观"，已形成学术争鸣的热潮。如蒋庆在《以善治善》的访谈中认为民族主义中社会达尔文主义的危害，从儒家文化的"王道"阐释"天下观"。盛洪的《从民族主义到天下主义》（《战略与管理》1996 年第 1 期）则从全球经济效益的角度把天下主义与民族主义相比较，认为"当两群人都采取天下主义策略时，全球的总福利最大，当双方都采取民族主义策略时，全球的总福利最小"。李慎之在《全球化与中国文化》（《太平洋学报》1994 年第 2 期）中指出，民族主义只不过是受到西方列强严重威胁时的权宜之计，当民族国家富强后，应当回复到本民族文化理想——注重和谐共处的天下主义。程亚文则历数天下主义"提倡宽容、注重平等、尊重他人的选择"等优点，而传统西方文化，基督教的好战精神与"天定命运"的历史意志等，却是以"显著的不宽容"为基调"。（《走向天下主义——读罗素〈中国问题〉》，《博览群书》2001 年第 3 期）。赵汀阳的阐释较为充分，不仅有单篇论文，也形成专著《天下体系：世界制度哲学导论》等。

② 赵汀阳：《"天下体系"：帝国与世界制度》，《世界哲学》2003 年第 5 期。

③ 彭怀恩：《政治传播：理论与实践》，台湾风云论坛有限公司 2007 年版，第 116 页。

数量的民众，就不可能产生民心。大众叙事媒介在这方面存在明显欠缺。我们以电影为例。20世纪90年代在海内外影响最大的当属凸显特殊地域文化的"西部片"，其中的民众形象不过是一个空洞的符号，第五代导演们的精英意识疏远了这一沉默的群体，纠结于传统与现代之间的文化批判掩盖了底层群体的声音。到了新世纪，在文化产业化的推动下，武侠大片在古装的修饰下凸显传统文化的消费价值，视觉表象片面取悦于人们的感官，同样与真实的民心无关。从《英雄》《夜宴》到《满城尽带黄金甲》，这种倾向愈演愈烈，表现重心挪移到上层，极力夸张贵族之腐败、专制之可怖。当影片聚焦在帝王之"家"后，朴素的民本观念根本无从表达。值得注意的是，《建国大业》《建党伟业》及《辛亥革命》等叙述民族国家创建历史的政治大片，与先前突出党和国家领导人形象的献礼片一样，立足于表现政治伟人的政治运动、社会斗争，追求宏大叙事的史诗效果，相对忽视了对底层民众真实情感、多元复杂的民生百态的表达。我们说，民心虽然意见复杂，但仍具有一定的共识，这意味着电影既需表现民心的复杂性，又需引导使之产生某种倾向。政治大片把国家意志落在领袖形象上，简化了复杂的民心，重"领袖效应"的引导而轻"原生态"的呈现。这种叙事是用"后来"的声誉、地位解释"前在"的具体的革命实践；但由于"后来"的领袖事迹为人所知，叙事也就失去了吸引力。毋庸讳言，献礼片长期遭遇市场冷遇。2009年的《建国大业》启用明星饰演政治名人，在六十周年国家庆典的仪式消费语境中，确实引起了市场关注，但是一旦国内市场缺少这种社会心理与消费语境，如2011年《建党伟业》《辛亥革命》等电影票房已经明显下滑，社会效应下降。更重要的是，面向国际政治发声、形塑国家形象的政治大片，在海外传播的范围非常狭窄，未能产生应有的效果。这表明当下主流政治大片未能解决如何"接续地气"的根本问题，政治领袖形象即便与演艺明星合二为一，在多次重复中仍然乏力。

不仅如此，塑造民众形象只不过是表现民心的前提，关键还在于表达怎样的民心。中国电影在这方面颇为尴尬：就文本的表层意义说，以宏大的"富强"议题，强调对内的"同质化"及其底层群体的自我牺牲，但文本的深层意义颠覆了这种表层意义，用普适的人性价值否定了国家主义的价值观。换言之，电影虽然从底层群体的角度讲述了革命的传奇故事，渲染国家主义，但平民人物及其观影环境所流露的意识形态又暗中拆解了这种集体至上、国家至上的观念。《集结号》的谷子地，在革命战争中体现出男性的英雄主义，确实舍生忘死、维护了集体利益，然而，更引人关注的是影片所凸显的政治与人性之间的抵牾，从人性的角度映衬一定程度的政治欺骗与谎言。《风声》的地下工作者顾晓梦以自我牺牲完成了民族国家的大义，但是，影片最吸引人的内容却是这种基于自然人性的复杂情感。如在可怖的被追查环境中，她既出现因嫁祸于他人的愧疚，又有与李宁玉之间的那种相知相爱的同性情谊，还有维护父母的伦理情感，等等。《十月围城》的金利源老板李玉堂更是如此。虽然从事了保卫孙中山的革命任务，但更多的是从传统的人伦道德反思、质疑这种革命主义，并且得出了"李玉堂是个大骗子"的痛苦结论。① 可以说，电影等大众叙事媒介，在塑造"国家形象"、表达民族国家观时，发生了表里的断裂，原因在于简单地借助影像之外的普适性价值（电影以及流行文化的生产机制），未能从"民心"（影像内部中底层群体的"原生态"的政治情感与心理）的角度发掘真

---

① 人物塑造的人性话语和政治话语之间的抵牾，在众多革命题材的影视剧中都有体现，具体论述可参见陈林侠《孝：中国电影的文化个性与构建国家形象的可能》，《人文杂志》2011 年第 6 期。

实的政治诉求。我们认为，中国电影表达国家政治的民心，基本出发点应当是关注、正视个体及家庭的政治情感及其诉求，由此阐释高调的集体主义和民族主义。

进言之，当下电影在形塑国家形象时应发掘怎样的政治诉求呢？吉登斯的观点具有重要的启示意义。他把政治分为解放政治和生活政治，并认为虽然解放政治是生活政治的基础，但当下已从"解放政治"转变成"生活政治"，"如何生活"成为当前社会的政治问题。① 这意味着在"解放政治"阶段，民心往往与阶级解放的政治诉求相关。电影等大众叙事媒介在追溯革命历史时，应当真实地表达民众复杂的政治诉求，凸显历史状态中阶级矛盾、社会权力的复杂性。不是用当下的政治观点追认、简化人物和事件，而是还原历史状态中的民心/政治观，进而，通过这种复杂的活生生的民心，完成国家形象的构建。在当下"生活政治"的阶段，"如何生活"应当提升到一个"政治问题"来思考，需要正视、辨析"生活政治"中的"微观权力"。陈小碧作了一个很好的概括，所谓"微观权力"包括"以权力为核心的职权意识"和"以金钱为代表的物质意识"。② 这两种意识广泛而深刻地渗透到日常生活及其人们的观念中。只要电影等叙事媒介在假定情境中，直面东西差距、贫富悬殊、特权阶层、畸形的竞争压力等严峻的现实问题，从微观的底层角度叙述生活中的人生经验与态度，自然就会形成聚焦民心的"重要的社会议题"。概言之，中国电影固然需要表现"领袖效应"的"解放政治"，但更需要类似《秋菊打官司》《张思德》等这样从微观的个体生活中生发出来的"生活政治"，正是在后者中体现了具体的、本真的民心。

---

① 陈小碧：《"生活政治"和"微观权力"的浮现》，《文化研究年度报告（2010）》，社会科学文献出版社 2011 年版。
② 同上。

二 多元共生:"天下"形态的核心价值

目前,美国电影等叙事媒介用普适的人性价值塑造国家形象最具影响力,由于它与国家所倡导的主流文化合一,质言之,用流行文化构建国家形象具有较强的统一性与整体性。但是,这种普适性难以遮掩维护自身国家利益的立场。如著名导演斯皮尔伯格特别擅长用人性价值表达反战主题。2012年的《战马》就比较典型。从表层的话语体系看,战马乔伊成为自然人性的表征。影片用它颠沛流离的战时遭遇,从英国上尉、法国祖孙到德国骑兵,串联起交战各国的多种生活。当乔伊困于铁网中生命垂危之时,两国的阵前战士不约而同地表现出善良、仁慈等共通人性,这种阵前临时的滑稽合作批判了人类战争的荒诞、残酷与野蛮。不容否认,反战主题所张扬的人道主义确实超越了具体的国家利益。但是,当我们进入深层的话语体系时,发现影片仍未摆脱囿于特定群体的叙事立场。如在荣归故土的俗套中,法国老人放弃了本已获得战马乔伊的权利,而让后者与主人一起,回到了生命的起初地。英格兰风景迷人、淳朴自然的德文郡小镇成为人生理想的世界。由此,民族主义情感油然而生。究其根本,在于近代资本主义借助平等自由的人性价值挣脱了宗教共同体,形成了民族国家,这种普适性价值已经融入国家政治的血脉而难分轩轾。因此,用这种人性价值塑造国家形象,往往看似普适,实难逃脱西方民族国家的概念,背后始终存在特殊的国家利益。事实上,美国好莱坞大片在普适性价值的宣扬中扩张本国利益,已经引起世界各国(包括法国、德国等发达资本主义西方在内)的警觉,这意味着以普适性价值构建国家形象在敏感的国际政治环境中难以奏效。

在这种情况下,"文化天下"的重要性就显示出来。与"民族国家"概念相比，它更具超越性与包容性。在梁漱溟、钱穆等人看来，以文化为最高指归的"天下"理论，似乎能够引导和支配包括政治在内的所有领域。它不仅具有终极关怀和最高目的的意义，而且还是批判一切不合理的社会现实的有力工具。[①] 台湾学者蔡仁厚说得更明确："如果要用一句话来说明中国政治的成就，我们可以这样说：中国民族以文化的力量配合政治的运用，开创了一个天下——一个包括'几万里江山、几千年历史'的天下。"[②] 在他看来，"天下"分为政治和文化两个层次，"政治的运用"不过是外在活动，"文化的力量"才是根本源泉。很显然，这一观念的政治形象弱于文化形象。在"文化决定政治"的构想中，"天下"因其时间之悠久、空间之广袤，成为一种气势恢宏的文化想象，并且转而影响现实政治的理解。这说明在构建国家形象时，必须确立起文化优先权；只要在全球多元文化的竞争中展示出中国文化的魅力，就能塑造出具有传播力的国家形象。从现实的角度说，当这种"天下"理念很难在国际政治上一蹴而就的情况下，我们更应关注它对民族国家提出了超越具体利益、宏大理想抱负等多种形象要求。

作为拥有较强传播力的叙事媒介，电影在文化层面上需要满足这种观念对国家的样貌形态及其价值意义的基本设定。那么，到底"天下"理论中的国家形象应当具有怎样的样态呢？简单说，即是多元共生。首先要求这种视野的国家形象需要突破两种"狭隘"：（1）观念狭隘。即，影片如果仅仅围绕浅表的欲望展开冲突，那么观念就过于狭隘、肤浅。大量的中国电影恰恰如此，往往叙述一个围绕某种世俗利益，双方展开激烈争夺的故事。如《搜索》《杜拉拉升职记》

---

① 朱其永：《"天下主义"的困境及其近代遭遇》，《学术月刊》2010 年第 1 期。
② 蔡仁厚：《儒家思想的现代意义》，文津出版社 1999 年版，第 79 页。

等都市白领题材电影，为了金钱、地位等，现代职场中钩心斗角、尔虞我诈；古装大片同样如此，从刺杀秦王的刺客（《英雄》）、为爱情而拼杀的捕头（《十面埋伏》），到为父报仇的王子（《夜宴》）、夫妻反目宫廷兵变（《满城尽带黄金甲》），如此等等。（2）立场狭隘。如果影片仅从自身的阶级地位、政治身份及其理想进行价值判断，那么就是立场狭隘。这在大量的政治片、战争片中都是如此。如果说好莱坞大片尚能在国际政治格局中维护自身国家的整体利益，那么，上文提及的《建国大业》《建党伟业》等政治大片，以及如《风声》《集结号》等众多的革命传奇电影，在国内战争的背景中，叙述民族国家内部的不同阶级、党派之间冲突与战争，这难以维护国家的整体性，狭隘性就更明显。我们需要一种超越具体阶级定位与政治身份的国家精神与文化气质，这是国家形象的核心所在。

进言之，《拯救大兵瑞恩》《战马》等好莱坞电影跨国性题材层出不穷，确实具有全球性抱负。然而，它们在世界范围内传播以美国利益为核心的精神及其价值，体现的恰恰是"由小至大"的新殖民主义扩张的文化逻辑。相比之下，中国电影在选材上颇为局促，局限于叙述本国的历史事件与政治经验，缺乏"天下"理论所要求的世界维度，更毋庸说文化价值的多元共生性。一个最明显的现象是，中国电影很少出现跨国性（更不用说"全球性"）经验，这虽然与现实的政治环境相关，但更透露出电影产业的政治功能、社会效应等缺陷（中国电影对本国政治观点、价值及立场的缺乏必要阐释与说明，不用说具有全球话语权的美国电影，就是和同属后发现代性的印度电影相比也存在明显差距，印度电影在 2006 年迅速占领欧美等海外市场，成为仅次于美国的世界第二大电影出口国）。事实上，祛除自我中心的思路已被其他叙事艺术所借鉴。如央视热播的纪录片《大国崛起》《金砖四国》等，前者以回溯西方大国的历史、归纳其规律的方式，回应新世纪中国"和平崛起"的现实命题，后者以"新兴国家经济体"这一国际性概念出发，叙述了包括中国在内的四个国家。这种叙事模式在叙述他国的同时，也充分展示了自身的国家形象，传达了自身对世界的看法，显示出恢宏的历史眼光与政治自信，值得电影等其他媒介的重视。

在本民族文化想象中，多元共生的"天下"形象，也要求具有和平、稳定、统一等人文特征。这固然与古老中国的观念相关，但同时也是对注重利益冲突的民族国家理论的修正。当我们从这个要求塑造国家形象，应当更多地叙述国家之间乃至国家内部不同力量的和谐共生关系（而不是强调情节紧张的故事）；需要从表面的利益冲突沉潜下来，寻找能够体现这种和平、稳定的叙事力量与模式。这正是目前中国电影快速产业化带来的弊端。我们认为，中国电影急欲产业化的冲动使创作陷入误区，似乎只能表现飘浮于生存土壤之上的人性欲望，只能讲述那种通俗易懂、打打杀杀的"最大公约数"式的故事，这是受到好莱坞概念电影的影响所致。毋庸置疑，作为商业电影的代表，好莱坞电影叙述强调利益冲突、外部动作的故事，已经形成了一整套完善的视听语言、叙事范式，并且以其历史与现实的权威性，把观众欣赏电影的趣味、习惯与方式固定下来，在世界影坛上占据绝对优势。但是，正如格雷姆·特纳所说："叙事可以说是一种'理解'我们的社会，并与他人分享这种'理解'的方式。"它不仅解释了既存的世界，而且用"简便的、无意识又吸引人的方式"去建构一个可能的世界。① 当我们沉湎于正负两极力量相互搏杀的过程，满足于征服与被征服之间起伏跌宕的情节时，实则

---

① ［澳］格雷姆·特纳：《电影作为社会实践》，高红岩译，北京大学出版社 2010 年版，第 95 页。

潜在地接受了扩展自我、征服他者的西方世界观，并以此建构自己可能的生存世界。这种故事形态及其叙事模式从根本上是源自于西方的两元对立的思维模式，所塑造出的国家形象强调利益的绝对冲突，与西方近代民族国家的特征完全契合，但显然和天下观所要求的和平、稳定等国家形象特征格格不入。

我们认为，建构本民族文化理想中的国家形象，需要以深沉的文化意识为背景依托，由此展示本民族的世界观、叙事形态与模式；而且，具有某种文化意识的类型故事并不必然地与观赏性相矛盾。印度电影在这方面提供了一个成功范例。2006年的《黑帮大佬再出击》讲述了充满商业气息的喜剧故事。黑帮大佬喜欢上电台女主播，因后者对国父甘地的敬仰，不得不学习、继而理解甘地的非暴力运动精神，解决了当下人们迷惑的生活难题，追求到自己的爱情幸福。影片出彩的关键在于用甘地的宽容、和平的非暴力精神重新阐释了日常生活。这种特殊的文化观念及其逻辑赋予了普通的爱情故事以新意，最终在北美市场上创下221万美元的不俗票房。

三 德性价值："天下"的超越维度

在赵汀阳看来，天下理论是个由大至小的结构，先肯定世界的先验完整性，然后在给定的完整世界观念下再分析各个地方或国家的关系。这是世界观先行的世界理论。[①] 但问题的关键在于，多元共生的"天下观"先行确定了和谐、稳定的"世界"后，用何种优势保持自身的吸引力，审视与约束低一级单位（国家）。

在民族文化传统中，道德成为一种规约现实政治的理性力量。它不仅构成了个体的生命实践。从"诚心""正意"的个体"修身"

---

① 赵汀阳：《天下体系：世界制度哲学导论》，江苏教育出版社2005年版，第75页。

开始，经由"齐家""治国"到"平天下"的社会实践，形成了一条富有生命价值的文化路径。更重要的是，道德在"天人不分""政教合一"的机制中成了国家政治组织的构架力量。"天"是超越、神圣的道德源头，"人"是实现超越的德性价值的个体；"政"是现实的权力组成形式，"教"是实现天超越、神圣价值的文化管道。所以，道德价值不仅给现实政治提供超越的神性价值，而且具有调适、匡正世俗权力的功能。杜维明、金观涛、葛兆光、蒋庆等学者，均程度不同地表述过类似的观点。① 也就是说，道德价值不仅提供了国家政治的合法性，而且，德性之天以绝对的权威约束、审视世俗的政治权力。

然而，在"解魅"的现代社会，政治越来越简化为组织、运作、管理公共权力的操作原则与手段，政治的道德权威弱化，世俗特征越来越凸显。有学者认为，当前国家政治已经很难重获神圣的德性价值。② 但是，这并不等于说政治不需要超越的德性价值，而是指它从形而上领域中"分域"，自身不再涵盖超越的精神价值；相反，世俗政治在现代文化语境中更需要来自超越维度的提升，尤其是在大众叙事媒介中，由于具有虚构的叙事特权，完全能够发挥道德所携带情感、正义的力量，从而建构出富有感染力的国家形象。注重德性价值的"天下理论"的现实意义就在于此。

可惜的是，目前国内电影大多重复着美国好莱坞电影的普适性价值，始终缺乏反顾本民族特有的道德价值的自信、自觉。如 2012

---

① 这一观点的表述分别参见蒋庆、盛洪《以善致善：蒋庆与盛洪对话》，上海三联书店 2004 年版，第 19 页；杜维明《现代精神与儒家传统》，生活·读书·新知三联书店 1997 年版，第 399 页；金观涛《中国现代思想的起源》，香港中文大学出版社 2000 年版，第 14—23 页；葛兆光《七世纪前中国的知识、思想与信仰世界》（中国思想史第一卷），复旦大学出版社 1998 年版，第 381—385 页。

② 蒋孝军：《复古与现代性之间的纠结——蒋庆"政治儒学"思想评说》，《人文杂志》2011 年第 6 期。

年改编自同名小说的电影《白鹿原》，失去了原作对儒家文化那种椎心泣血的复杂态度。原作着墨不少的儒士先知朱先生，散发出神秘的文化气息，令人产生敬畏之感，但在电影里已经没有半点踪迹。而且，族长白嘉轩及其德治社区，虽然存在顽固守旧的缺陷，但小说用白鹿漫长的家族冲突史证明的恰恰是他所代表的刚健、隐忍、坚强等传统道德的正面价值。电影的情况正相反，体现传统道德的白嘉轩不仅没有得到突出（影片重心在于田小娥与黑娃等几个男性之间的欲望故事），而且用普适的人性欲望反衬传统家族制度扼杀人性的残忍。电影用世俗的人性价值话语拆解了神圣的超越性道德价值，背离了原作的文化立场与态度。这再次反映出一个基本事实：中国电影（包括文艺片在内）等大众叙事媒介远离了本民族传统，而是不断重复着人性价值的西方话语（尤其集中在爱情）。①

扩展开来，当下中国电影等大众叙事媒介缺乏超越维度上的德性价值，不假思索地借以民族主义构建国家形象。最典型的莫过于张艺谋在《英雄》中所呈现的国家形态。它之所以令人不安，就在于试图用恶的手段（"暴力征伐"）完成狭隘的目标（"强国梦"）。它和美国大片按照民族主义原则，扩展国家利益策略完全一致；所构建的"大国"越强大，其手段就越具有暴烈性、强权性与专制性。② 这显然是社会达尔文主义的体现、民族主义的文化逻辑。蒋庆尖锐地提出："我们不能够用'民族主义'去实现'天下主义'，因为民族主义的规则与'天下主义'的理想背道而驰，民族主义只有在反抗侵略时才有价值，因为其基础仍然是暴力。"③

对大众叙事媒介来说，面对现代世俗的理性实践，更需要寻找

① 陈林侠：《从普适到特殊：人性话语与国族政治的辩证》，《文艺研究》2010 年第 1 期。
② 饶曙光：《华语电影：新媒介新美学新思维》，北京大学出版社 2012 年版，第 72 页。
③ 蒋庆、盛洪：《以善致善：蒋庆与盛洪对话》，上海三联书店 2004 年版，第 132 页。

一种超越的神圣价值，电影等叙事媒介只能转向自身的德性传统，从超越的德性维度上完成自我定位，以合乎人性善的手段展示自身的强大力量，由此构成国家形象的魅力。大众叙事媒介用释放人性欲望获得市场，同时又对道德报以反感与批判，值得我们认真反思。应明确，道德价值并非只能依靠神秘手段获得，更不等同于"反人性"的束缚与压抑。杨泽波说得好："一种道德理论必须有一种归宿性的要求，以此作为这一理论的最初动因。"① 在他看来，儒家文化的"德性之天"和康德对上帝的理性论证存在"很大程度的可比性"。道德对现实的超越性价值，正如康德虽然不能证实上帝的存在，但并不妨碍将之作为一种实践的信念来保证理性的实践利益一样。事实上，儒家的道德文化由于出现"德性之天"的终极依据，②道德信仰具有类似宗教信仰的力量，这即便在理性发达的今天仍然有重要价值。

我们认为，电影等大众叙事媒介，在表达国家政治的超越精神、实现世俗政治的"再魅化"方面，具有十分重要的功能。它从人类存在的可能性进行自我观照，运用现实素材、搭建形象空间表达超越的神圣价值，并因其理解的普遍性而具有共享性，远比传播现实信息的非叙事媒介有效得多。"天下形象"因其具体范畴的模糊性、想象性给叙事艺术提供了足够的表达空间，能够通过预设特定的语境，积极张扬如奋进、牺牲、责任等道德价值，以一种强烈的人文气质赋予世俗政治神圣的超越价值，促使世俗政治的"再魅"或"复魅"化。

---

① 杨泽波：《从以天论德看儒家道德的宗教作用》，《中国社会科学》2006 年第 3 期。
② "天"的意义嬗变在冯友兰的描述经历过如此变化。从周初的"以天论德"形成的"主宰之天"开始，继而"自然之天""命运之天"，最后"以德论天"形成的"德性之天"。围绕道德的终极来源，最后归结为"德性来自于天"。

概言之，以"天下观"塑造国家形象的关键在于强调民族国家的德性价值。在竞争愈加激烈的现代社会，尤其需要祛除民族国家理论所强调的以"恶的手段"（最激烈的即是国家之间的战争）谋求自身利益的思维模式，跳出展示战争、暴力、专制等"硬实力"的叙事策略。这不是一种回避现实的自欺，而是从超越具体政治矛盾的角度，用"善的手段"与"善的目的"合一的方式建构起一种自信、强盛的国家形象，由此充分凸显德性价值在精神、文化、事功等的吸引力。中国电影及其他叙事媒介必须站在世界的高度上看待自身与其他国家的关系，更需要从自身国家相关的世界政治议题及事件，叙述自我形象。用这种"道德至上"而非"国家至上"的"世界观"，审视比"天下"小一级的"国家"及其相互关联，从而避免国家之间政治敏感与利益冲突。

（原载《人文杂志》2013 年第 5 期）

大众叙事媒介构建国家形象：
从特征、论证到文化逻辑

陈林侠

众所周知，国家形象研究是从国际关系与政治、传播学等学科开始，主要应对在国际政治交往及政治传播中建构国家形象的具体措施，带有很强的实用性、操作性等特征。但是，当"中国崛起"成为一个难以回避的经济、政治事实时，这一论题就越出以上学科的领域。哲学、思想、艺术等学科的参与，使之凝聚了更多的精神内涵，演变成向世界阐释中国崛起的现象为何、如何及其之后可能性走向等重大命题。简言之，在中国形象的研究中，我们不再限定于现有状况的归纳与总结，更需要从文化根源性上深度地阐释形象建构。

从新闻媒介到叙事媒介的学科延伸是研究深入的表现。毋庸讳言，国际关系与政治、传播学等学科中的国家形象，所研究的大众媒介仅仅是传播现实信息的新闻媒体，忽视了对大众叙事媒介的考察。为此，本文提出的"大众叙事媒介"，是指借助大众传播技术，以虚构的叙事形态出现并希望唤起某种预期传播理念的大众媒介，如广播剧、电影、电视剧、网络剧、微电影等叙事文类，一方面因发达的现代媒介技术、具有强大的传播力而属于大众媒介范畴，另一方面，又因虚构的信息、完整的故事以及具有感染力的叙事效果，带有较强的人文精神内涵。

大众叙事媒介所呈现的国家形象及其构建特征自然与新闻媒介有所不同。更重要的是，这一媒介始终处于跨文化传播与文化消费的双重语境，之所以是跨文化传播，是因为国家形象从产生到建构目的，都离不开他者凝视的国际维度；之所以是文化消费，就在于大众叙事媒介始终以娱乐休闲面貌出现，融入人们的日常消费活动中。双重语境的特殊性使得大众叙事媒介的国家形象建构与传播呈现出根本不同于新闻媒体的情况，亟待我们研究。

一　大众叙事媒介中的国家形象特征

目前，国际关系与政治、传播学等学科对国家形象的研究较为系统，且已形成一定的研究规模。但是，这种形象或是"国际形象"[①]，或者是在新闻媒体报道中形成的"媒介形象"[②]，未能把大众叙事媒介的国家形象纳入研究视野。大众叙事媒介的国家形象，是指在跨文化传播与文化消费的特殊语境中，通过大众叙事媒介的信息刺激，在一系列的符号再现、情境再现中产生的关于他国的审美想象。它与现实的国家状况存在一定程度的"合理"错位，并且不再是一个停留在新闻媒体报道的他者形象，而是通过微观动人的叙

---

① 杨伟芬认为国家形象是"国际社会公众对一国相对稳定的总体评价"（《渗透与主动——广播电视与国际关系》，北京广播学院出版社 2000 年版，第 25 页）；李寿源提出国家形象是"一个主权国家和民族在世界舞台上所展示的形状相貌及国际环境中的舆论反映"（《国际关系与中国外交——大众传播的独特风景线》，北京广播学院出版社 1999 年版，第 305 页）等，他们强调国际维度，突出"国际社会公众"，这种概念很难表现出建构国家形象的基本出发点及其动力。

② 把国家形象等同于新闻报道的媒介形象，是新闻传播学最普遍的现象。如国内最早对国家形象的定义："一个国家在国际新闻流动中所形成的形象，或者说是一国在他国新闻媒介的新闻言论报道中所呈现的形象。"（徐晓鸽：《国际新闻传播中的国家形象问题》，刘继南主编《国际传播——现代传播论文集》，北京广播学院出版社 2000 年版。）

事形态，广泛而深刻地渗透到人们的日常生活中。

大众叙事媒介的国家形象有别于新闻媒体，首先在于构成元素的"非政治性"，即人们在跨文化交流、消费语境中对其他国家进行审美想象与主观判断时往往与政治经验无关。但这并不意味着这种国家形象缺乏政治性，而是说，人们用"非政治性"的构成素材及其经验资源，想象出一个具有"政治性"的国家形象来，即便所叙述的故事与政治无关，缺乏明确的政治符号，但仍能塑造出一种虽看不见、但能感受到的国家形象。贾磊磊说："在许多中国电影的叙事文本中，'国家形象'是看不见的，甚至与'国家形象'相对应的象征之物——国旗、国歌、国徽也是'不出场'。"① 事实确实如此。在跨文化传播中，海外观众在接受与消费中国电影时，逐渐积累起关于中国的知识、经验与印象，成为建构中国形象的基本元素。它们与政治无关，但却产生了带有某种情感与政治判断的中国形象，奥秘就在于"量的积累"产生出"质的变化"。确切地说，单就某一文本来说，政治观念及其倾向隐藏在人物选择、情感变化、命运安排等诸多方面，并没有显露出来。但是，当这种相似的态度、经验等积累到一定程度时，故事的世界观、人生观、政治观就走向前台。在接受过程中，人们看到相似的题材、人物、情感、命运等重复出现，也会在相关印象、经验的"量的积累"中逐渐产生政治倾向及其相关态度。我们不妨以中国电影为例。多种题材类型的古装大片层出不穷，如《英雄》《十面埋伏》《大兵小将》等动作类型；《赤壁》《墨攻》《见龙卸甲》《关云长》等战争类型；《夜宴》《满城尽带黄金甲》《铜雀

---

① 贾磊磊：《中国主流电影中的国家形象及其表述策略》，《解放军艺术学院学报》2007年第1期。

台》等宫廷类型；《无极》《白蛇传奇》《画壁》《画皮》（1、2）等魔幻类型，等等。这些故事大多发生在一个没有确切时间、缺乏具体政治指涉的古代，内容却充斥着野蛮的生活形态、泛滥的武打动作、虚浮的人性欲望。影片主创者仅仅提供一种娱乐消费的内容商品，无意表现真实的古老中国。但是，当观众观看大量类型的影片后，尤其是在交流不充分、缺乏直接经验的跨文化语境中，总会不自觉地把文本中不存在的状态等同于现实，由此产生野蛮好斗、热衷权术等负面形象。因此，跨文化传播的语境凸显了这种影视文本"中国制造"的身份，使得这种从文化偏见到政治偏见的质变越发刻板、固化。

其次，大众叙事媒介的国家形象产生于有限的主观叙事，具有非理性特征。有论者认为："国家形象是国家的外部公众和内部公众对国家本身、国家行为、国家的各项活动及其成果所给予的总的评价和认定。"[①] 然而，这只是理论研究的概念归纳，并非在跨文化传播与文化消费中的实情。大众叙事媒介中的国家形象不可能是基于"总体评价和理性认定"，原因在于：第一，任何国家形象的输出与接受最终都落实在个体上，先在的成见、知识储备以及期待视野势必影响到个体对这个国家的想象、评价与态度，而且，由于信息输出、传播、接受等方面受到了诸多限制，任何一个接受者都不可能做到从一个国家的"各项活动"进行总体性判断。第二，国家形象与生俱来的国际维度决定了他国形象作为镜像／他者而存在，拉康意义上的他者永远是自我的他者，他国形象即是一国自身欲望的投射对象。王立新说得好："成为'他者'的关键在于某一国家或族群是否进入到另一个民族成员的认

---

① 管文虎：《国家形象论》，成都科技大学出版社 2000 年版，第 23 页。

知和想象世界，从而成为后者衡量自身特性、价值和地位的参照或标尺"①，也就是说，构建他者形象的前提不仅是他者要进入自我的认知和想象范畴（即认识到他者形象及其特征），而且更要成为自我评估的价值参照系。出于自我评估的不同需要，他者形象自然有所不同。目前中国形象在西方世界的复杂性，正显示西方自身的危机，这与其说是中国经济、政治、文化状况的"总体评价"，更毋宁说是西方自我需求的反向折射。第三，这种"总体评价"并非如此理性与自觉，相反，在随意性较强的文化消费、娱乐休闲的日常活动中，国家形象出现了基于情境反应的非理性特征。我们以《卧虎藏龙》（1999 年）与《功夫梦》（2010 年）为例来说明这个问题。这两部海外市场票房极佳的影片，② 提供了一个消费性强的虚构故事，分别满足了西方在特定阶段自我评估的需要，乐于接受的中国形象出现了明显的差异。《卧虎藏龙》从雄奇优美的自然风景、造型优美的武打动作、自我压抑的师者伦理等角度，讲述了一个叛逆与归顺的东方故事，展现出在自然/人文、父/子、男/女之间充满张力的古老中国。这种东西文化优劣互现、文化思辨的中国形象，是新世纪初西方乐于接受的他者，折射出西方的自我评估。《功夫梦》讲述了一个妖魔化的中国形象。影片虽然描述现代中国，却完全与中国的现代经验无关。在 2008 年欧美次贷危机的背景下，西方再次重温了妖魔化中国的刻板印象。

最后，由于跨文化传播与文化消费的语境融合，大众叙事媒介的构建元素具有差异性与夸张性，使国家形象明显变形，出现与现

---

① 王立新：《在龙的映衬下：对中国的想象与美国国家身份的建构》，《中国社会科学》2008 年第 3 期。

② 《卧虎藏龙》的北美电影票房高达 1.28 亿美元，全球票房 2.13 亿美元；《功夫梦》的北美电影票房高达 1.76 亿美元，全球票房 3.59 亿美元。具体数据来自：http://boxoffice-mojo.com/movies/? id = kara-tekid2010.htm。

实错位的情况。如香港电影在 20 世纪七八十年代制作了大量的武打片、黑帮片、枪战片，形成黑帮横行、社会动荡、枪械泛滥等负面形象，然而，此时的香港正处于经济腾飞、蓬勃发展的黄金时期，更于此孕育出民主、法治、文明的社会制度。这里，大众叙事媒介中的负面形象与现实形象形成强烈的反差。相反的例子则是韩国形象。韩国电影、电视剧等大众叙事媒介特别强调正价值的输出，形成纯净、唯美的韩国形象。然而，经过叙事的夸张与变形，这同样不是韩国社会的真实表现。[①]

大众叙事媒介建构的具有差异性与夸张性的国家形象，是由跨文化传播及其消费语境所决定的。从传播者的角度说，塑造、输出国家形象需要选择一个突破口，具有较明确的输出目的与导向，必然会突出某种特征。它不仅是客观存在的事实，也是主观认知的概括。这种主客观融合的内容实际上允许国家形象以一种夸张的差异性存在。从接受者的角度说，跨文化传播敏感于自身没有、但他者具备的内容与特征，总是从自身参照的需求选择具有差异性的文本，并在一段时间内稳定地参照需求使它不断重复而得以放大。因此，跨文化传播中的国家形象存在与现实的某种错位与夸张。与此同时，消费语境同样凸显差异性，这是由特殊的消费逻辑及其心理需求所决定的。詹姆逊认为："消费本身是个人化的和分裂的，其逻辑是破坏日常生活的结构组织。"[②] 所谓消费的"分裂"，就是消费者出于娱乐休闲的心理，往往把消费对象赋予一种异乎寻常的独特形象与

---

① 据韩国《朝鲜日报》报道，韩国形象及其国家品牌价值在国际上被严重低估（葛洪：《韩国形象，不仅仅是泡菜》，《国际公关》2011 年第 2 期）；据国内新闻媒体报道"韩流"中的正价值形象，虚幻成分居多（参见《〈非诚勿扰〉韩国专场击碎韩剧梦：都是骗人的》，《武汉晨报》2012 年 11 月 9 日）。

② ［美］弗雷德里克·詹姆逊：《论全球化和文化》，王逢振译，《南方文坛》2002 年第 2 期。

观念，强行抽离出日常生活的组织结构，使之摆脱平庸无奇的日常状态。因此，消费的本质即是消费差异性，"奇观"就是最典型的消费对象。大众叙事媒介始终身处于娱乐消费的语境，所建构的国家形象自然是形成于人们的日常消费与娱乐活动中，与现实差异与夸张不可避免地存在。

值得注意的是，无论是跨文化传播的差异性需求还是"消费传奇"的商业逻辑，都不必然地与建构正价值的国家形象相矛盾。与现实错位，并不是只有如古装大片突出人性恶、香港电影集中乱世想象的选择。在目前越来越重视国家形象、区域形象乃至城市形象传播的背景下，美国电影、韩国电影等大量电影往往选择正价值的素材元素，在凸显美好情愫的爱情片、对社会公平积极追求的动作片、未来时空中良善永不泯灭的科幻片中，这种与现实具有差异的审美形象不仅很好地满足了人们的消费需求，而且具有正面的社会效果，塑造了美好的国家形象。从这个角度上说，国家形象的跨文化输出、构建不可避免地"失真""错位"，恰恰给"制造传奇""消费传奇"留下了充足的想象空间；资本运作机制下的消费传奇存在或极好或极坏的两种极端，表现良善的人性传奇不仅能够塑造国家形象，也能获得巨额的商业利益。质言之，作为一种审美想象，大众叙事媒介中的国家形象与跨文化传播的差异性、商业资本的奇观消费诉求并不矛盾，建构具有差异性的国家形象不应回避、拒斥消费主义的商业诉求，相反，我们应当塑造积极的国家形象来满足人们合理的消费需求，并实现有效的跨文化传播。

二　大众叙事媒介构建国家形象的个体性认知与广义论证

无须赘言，大众叙事媒介的核心是叙事。随着经典叙事学演进到后经典叙事学，叙事得到了进一步研究。人们发现：叙事不仅无处不在，而且出现了认知、满足、交流等多种无关于审美的功能。据赫尔曼介绍，后经典叙事学视野中的叙事，除了事件的组织与安排以及如何叙述才能达到的可叙述性等美学功能外，更重要的是它正成为与认知相关的众多跨学科研究的中心，并与哲学、心理学、神经科学、计算智能、语言学、文化、认知等互为研究语境。在后经典叙事学看来，它不仅是在虚构事件组织安排中的审美想象以及符号再现的一次实践活动，而且，叙事这种无处不在的普遍性强化了它在人类沟通中的核心地位，成为社会交流、意义传播的一种重要方式。概言之，除了审美、娱乐外，大众叙事媒介与大众新闻媒介一样具有认知、传播、交流等功能。

叙事成为信息的传播过程，前提在于它不只是审美活动，也是一个重要的认知活动。它为人类提供了一种认知、理解和表达复杂社会实践与经验的重要路径。欣赏故事也是意义、信息的传播过程，人们借助故事及其形象意义，在认知模式、价值标准与观念结构中，形成丰富的人生经验。在格雷姆·特纳看来，"世界就是以故事的形态呈现出来"。[①] 作为一种知识背景，故事已经广泛地成为人们认知理解世界的重要来源。那么，一个具体的叙事过程是怎样产生并发挥认知功能的呢？我们说，主要存在以下环节：1. 积极组织、调用既有的知识储备与经验积累，并根据叙事的需要，选择、归类、整理相关的社会信息、政治观念和人生经验等，择其能够进入叙事的部分，换言之，叙事前提就是通过调用直接与间接经验，形成相关的历史与当下的个人性认知。2. 为了传达这种个人性认知，叙事者

---

① ［澳］格雷姆·特纳：《电影作为社会实践》，高红岩译，北京大学出版社 2010 年版，第 95 页。

用因果关系组织一系列事件，叙事在因果相连、因果互换的机制中得以进行并最终完成，这不仅是人类叙述故事、传达个人性认知的手段，也是接受信息、理解故事的基础。3. 在叙事过程中，层进关联突出了认知的重点与深入，凸显了人物、事件的复杂性与叙事的起承转合，而且人们借助这种关联进一步理解社会事件及其发展可能。4. 借助叙事传达的信息，人们不仅厘清了故事内部的人物、事件与观念，而且以自身的知识结构、人生经验为背景，通过理解故事所涉及的相关历史、社会等大量的外部信息，扩展丰富了人生经验及其知识。

我们不妨以当下政治大片为例来说明叙事怎样产生认知功能。在讲述故事之前，主创者们需要通过各种方式去熟悉、认知、理解这段真实的历史资料。如《建国大业》的编剧王兴东通过搜集、阅读相关的历史资料，实地调研西柏坡、延安等毛泽东曾经工作生活的地方，逐步积累创作所需的经验，在这个过程中，最大的亮点在于提炼出一个新的认知：用体现民主政治的政治协商制度来阐释新中国的合法性，而不是如先前献礼片一样，仅从中国共产党领导的角度叙述新中国的成立。为此，影片围绕"召开"与"反召开"，用因果关系重新组织了一系列的历史事件，阐明以中国共产党为核心的民主进步力量怎样战胜蒋介石独裁专制的反动力量。其中突出了延请冯玉祥、张澜、宋庆龄等著名民主人士的曲折过程。这种典型性案例是事件递进关联的表现，用重要的个案集中、凝聚历史事件的复杂性。观赏影片时，观众不仅通过这一系列事件的组成与叙述感知历史与人物的状态，而且也以民主来认知、理解这段历史，更新了建国史的经验和知识结构。个人性认知在叙事中具有重要的功能，因其认知的理性，能够组织、叙述复杂的事件形态，大大增加了叙事文本的信息量。因其认知的个人性，能够顺利投入切己的真实情感，使叙事带有较强的想象性体验；因其认知的独特性，带动叙事活动、人物性格、事件序列等艺术形式的创新。概括地说，《建国大业》为了传播个人对政治协商制度的认知，叙述了一段起伏跌宕（事件关联明确）、重点突出（典型案例丰富）、感人肺腑（具有真切感的情感）的建国史。由于这种个人性观念，影片出现了一种力图接续"地气"的艺术形式，偶像明星与政治形象相结合，人物内在的心理变化，突出微观个体的生活形态，等等。可以说，缺乏个人性认知，很难完成叙事文本的意义生产与传播。

当我们认识到个人性认知是叙事的本质时，叙事就出现了"广义论证"的特征，为了促使更多人的认同，需要必要的论证，叙事即是论证的媒介。尤其是大众叙事媒介，始终以大众的理解与认同为前提，以雄辩的力量吸引受众、说服观众。"所谓广义论证是指：在给定的文化中，主体依据语境采用规则进行的语言博弈，旨在从前提出发促使参与主体拒绝或接受某个结论。其中，主体隶属于文化群体和相应的社会，语言包括自然语言、肢体语言、图像语言和其他符号。"① 与借助语言文字、形式逻辑的狭义论证不同，广义论证大大扩展了论证范围以及论证的语言，除了口头语、书面语等自然语言，肢体语言、图像语言等其他符号都成为论证语言，电影等大众叙事媒介在论证语言方面拥有先天优势；而且，这种广义论证强调了文化的重要性，如"给定的文化"及其从中衍生的"规则"、差异的"文化群体"，等等。大众叙事媒介在文化介入中携带丰富的认知、记忆、情感等信息，深入人们的知识、经验、意识等深层结构，在想象性体验中搅动人们的无意识，天然地具有说服他人的感

---

① 鞠实儿：《论逻辑的文化相对性：从民族志和历史学的观点看》，《中国社会科学》2010年第 1 期。

染力。这种"广义论证"的叙事活动，不是基于形式逻辑的理性推演，而是在微观的文化语境下的形象演绎，文化成为叙事能否成功、论证是否有力的关键。

具体地说，文化不仅以融入微观生活的差异性参与了个人性认知的传播与论证，而且，在具体的故事情境、历史背景中提供了论证个人性认知的观念价值，这在更广泛的集体层面、更抽象的观念层面上决定了叙事的论证力量。从这个角度说，叙事就是用具体形象的方式演绎论证个体性认知是否真实、是否具有说服力的一次话语实践。如上文论及的《建国大业》，在形成"政治协商制度是新中国合法性的基石"这一认知后，影片的事件序列与谋篇布局、人物行为与命运不仅是再现客观的历史事实，而且也是论证、传播个人性认知的重要手段，叙事原则、编剧规律、艺术策略都是广义论证的方法，用形象符号再现抽象观念，并以特殊文化的规则、意识生成出的感染力与说服力促使他人的认同。就本文的论题来说，文化的介入成为大众叙事媒介构建与传播国家形象独特的优势。

然而，大众叙事媒介建构国家形象即是跨文化传播，这注定了必然脱离先前"给定的"文化语境及其规则。如主流政治大片，当置身于跨文化传播时，由于意识形态的差异，叙事"给定的"文化语境、所采用的论证规则就已失效，论证主体仅仅凭借论证的媒介语言万难说服异域观众。因此《生死抉择》《建国大业》《建党伟业》《辛亥革命》等凸显主流意识形态的政治大片，在国内，由于特殊的文化语境以及特殊时间的献礼意义，人们能够接受这种主题观念与叙事模式；但进入另一种文化语境时，这种政治叙事就显得苍白无力。

要克服这种折扣现象，需要明确：跨文化传播的差异虽然不可能消除，但这是接受语境的差异；大众叙事媒介具有假定性功能，能够用资源素材设定相似的故事语境。具体地说，在建构国家形象方面，中西方存在着意识形态的差异，这个客观的现实语境诚然很难改变。然而，当我们知道国家形象是一个"不可见"的审美想象，它广泛地渗透到人们生活、情感、思维方式中，那么，大众叙事媒介在建构国家形象时，完全可以不使用这种具有明显差异的意识形态内容，而是将重点放在那些相似的生活境遇、人生经历、情感体验上，叙述一个语境相似的故事，以此消除跨文化语境的接受差异，而且，在这个语境相似的故事中，以人物身份选择、性格设置、命运安排等来表达有关国家形象的个体性认知。

近年来，《梅兰芳》（讲述个体成人的故事）、《集结号》（讲述个体追求应有荣誉的故事）、《风声》（讲述为政治信仰牺牲自我的故事）、《十月围城》（讲述传统报恩的献身故事）等，已经表现出这种努力。与《建国大业》《建党伟业》等直接取材政治的电影不同，这些影片更加重视个体在特定历史背景中生存的微观状态，强调用系列的文化符号来构建国家形象，确实出现了一定的改善。但是，由于跨文化语境对差异的放大作用，当国内观众能够倾心于无关意识形态的故事主体时，如《风声》，国内观众对身体酷刑、猜谜式智力游戏津津乐道，但身处不同意识形态区域的观众仍然敏感于特殊的意识形态宣传；加之自身再现、传播政治意识时存在一定的缺陷，使得国家形象的跨文化传播陷入文本分裂的窘境。如《梅兰芳》，虽然前段故事（京剧唱腔的"奇观消费"与"打擂台"的个体成长）成功地吸引了观众，但后段故事未能从事关民族大义的抗日战争这一宏大事件中提炼出个人性认知，简单地以"拒唱"的抗日行为渲染民族主义情绪，令人颇感空洞。

概括起来，这类影片在构建国家形象方面存在两个缺陷：其一，叙事虽突出了个人的生存状态及其叙事视角，但并没有真正提炼出个人性认知，往往简单地依从于商业文化与政治文化的价值，或高调或空泛，这在很大程度上影响了叙事的感染力。其二，叙事缺乏广义论证的自觉意识，所叙述的故事脱离了必要的文化价值与规则，难以有力地论证最终表达的政治价值，在商业力量的压力下造成了故事前后的分裂。这在《集结号》中表现得最典型。前段故事里惨烈的战争对革命信仰的强调，完全被后段故事所暴露出的"政治祛魅"的事实真相解构，这种前后断裂当然难以完成叙事的广义论证。

三 大众叙事媒介构建国家形象的文化逻辑及其功能

作为全球化时代的文化表征，消费主义正是借助大众传媒扩散到世界各地，尤其是在具有想象、假定与放大等功能的大众叙事媒介中，民主自由的政治观念、平等尊严的人性价值、个人主义的理想追求在全球范围内释放出强大的诱惑力。与此同时，全球化时代带来文化接触、交流的频繁，深刻影响到文化的发展走向。跨文化传播从最初的西方文化单向传输开始，继而也包括他者文化在和西方文化接触、碰撞与冲突中对后者的影响。总体上，国别文化的区隔逐渐弱化，文化所指涉的观念价值、意义价值的差异性不断缩小。但是，全球化时代意义价值的这种趋同，是在外在刺激/被动与内部苏醒/主动的双重影响下发生的。美国华人学者刘康在一次中美文化价值观的问卷调查中发现："美国民众对中国的文化领域并不了解，尤其是对于中国现当代文化，更多美国民众表现出不了解甚或不认同。"但是，意外认同的一些价值观表明："中美文化之间实际上存在沟通的空间和可能性。"① 其实，这种"不了解"与"不认同"并不是因为中国现当代文化与美国文化在价值观念上存在怎样的本质

① 刘康：《国家形象塑造：讲外国人听得懂的话》，《学术前沿》2012 年第 7 期。

差异，恰恰相反，正是由于全球化时代文化交流带来的价值趋同，受到西方文化深刻影响的中国现当代文化，在失去文化传统的根源性意识后，自身缺乏规定性内容，导致美国难以确切地辨识中国现当代文化，也就很难产生认同。

目前，中国大众叙事媒介生产的大众文化，越来越表现出与个人主义为核心的近代西方文化相似的同质化特征，如《十面埋伏》（爱情所表征的自由主义）、《十月围城》（表达平等的生命价值、《非诚勿扰》（极端的情感主义）、《金陵十三钗》（对世俗文化的称颂），等等。大量的中国电影把西方文化的人性价值作为文本中最高价值的话语体系，构建自己的生活世界。应该说，这种价值的趋同是在外强内弱的刺激/被动中产生的。但有意思的是，以美国为首的西方文化虽处于强势，但因内在的意义危机也被迫从他者文化中汲取营养，进行吐故纳新的结构性调整。20世纪60年代以来，西方兴起的后现代即是对传统与现代哲学传统的深刻反思，东方文化成为西方反思的重要资源之一。近年来为数不少的好莱坞电影越来越尊重自然、家庭、父亲、伦理等中国传统文化所重视的价值观，如《阿凡达》（保护自然环境）、《指环王》（对长者的尊重）、《盗梦空间》（对家庭伦理的强调）、《诸神之怒》（突出父子之情）、《忠犬八公的故事》（强调忠情的可贵）、《危情三日》（对家庭的极端维护），等等。这表明中美文化并不如我们通常想象的那样，存在着难以逾越的鸿沟，相反，在全球化语境中，两者在抽象的价值指向上已经出现相似的精神内涵。

如此看来，大众叙事媒介构建中国形象的关键在于寻找在外来文化刺激下适时苏醒的本民族文化传统的内部因素。它一方面与西方文化具有相似的精神内涵，另一方面由于始终处在自身根源性的历史语境中而保持差异性。在这种情况下，文化从一个无所不包的空泛概念演变成一种日用而不知的生活知识、立场与态度。换言之，在意义价值的差异性逐渐缩小的全球化时代，这种文化因其"相似"的精神价值广泛渗透到人们的日常生活中，此时所谓的"差异性"主要是指日常生活的表现形态、话语表述及其规则。这可在关于文化定义的演变中获得印证。在先前的定义中，文化始终与人类的精神文明相关；但在 20 世纪 60 年代，雷蒙·威廉姆斯指出文化是一种生活的全部形式。这种定义不仅消弭了大众文化与精英文化之间的鸿沟，而且把东西方文化的差异也落实到了具体的生活方式及其形态上。① 国内也出现类似的定义，如衣俊卿认为文化首先是特定时期特定民族的基本生存方式。② 毋庸赘言，日常生活已经被赋予了更多的文化意义、精神内涵。因此，阐释中国崛起及其形象的文化内涵，具体表现为展示并维护特有的生活方式、态度。

从现实的角度说，大众叙事媒介构建国家形象，需要以不同的文化逻辑建构出一个虽然有些相似、但是以自身论证规则演绎出的、具有说服力的意义世界，也即是上文所提及的广义论证。在德里达看来，文学性，或者说最有可能成为文学作品的，是"那些从某种意义上说其实现性在最小空间内有最大的可能的作品"。③ 这其实一语道破叙事的本质，即处理"最小空间"与"最大可能"的关系。所谓"最小空间"，就是叙事建立起来的特殊的人物与微观的生活形态；所谓"最大可能"是指在特殊的人物行动、故事演进、建构意义世界过程中所透露出的逻辑规则。由于这种逻辑，人物才能展开行动，故事才得以发展，生活形态才会如此存在。一言概之，文化

---

① 关于文化研究的具体演变可参见廖炳惠《关键词 200：文学与批评研究的通用词汇编》"文化批评""文化研究"等词条，江苏教育出版社 2006 年版。

② 衣俊卿：《全球化的文化逻辑与中国的文化境遇》，《社会科学辑刊》2002 年第 1 期。

③ ［法］雅克·德里达：《访谈：称作文学的奇怪建制》，《文学行动》，赵兴国译，中国社会科学出版社 1998 年版，第 13 页。

逻辑建构、阐释并维护了"最小空间"的存在。大众叙事媒介建构国家形象，需要用"最大可能"/本民族的文化逻辑去建构一个"最小空间"/具体的生活形态，正是由于有了这个"最大可能"的逻辑，这个"最小空间"才会坚实、合理，才可能说服他人，完成"最小空间"的自我论证。鞠实儿认为，逻辑是由构造论证的规则组成，并且"只有在某文化给出的假设条件下，某逻辑才具有合理性/不合理性。这就验证了逻辑的合理性依赖于或相对于文化，即逻辑的文化合理性命题"。① 也就是说，支持人物行为的文化逻辑存在相对的合理性，判断是否合理，在于故事发生的前提与情境所体现出的某种"给定"的文化。

如上所述，叙事活动是一个广义论证的过程，必须遵守这一给定文化所特有的逻辑/论证规则，在这种特殊语境中出现具有相对合理的文化逻辑的支持下，才能构建"虽最小但坚实"的空间。以此审视，古装大片的缺陷，在于舍弃了故事语境所要求的文化逻辑，难以令人信服地建构最小的空间。一方面，它通过各种视觉化手段，突出、放大了古代中国具有差异性的生活形态；另一方面，这种具体形态的"最小空间"虽然置身于中国古代"给定"的文化语境，但并没有尊重这个文化传统背后的逻辑。质言之，影片用西方文化的逻辑来解释中国古代的人物行动、故事的演进以及价值追求，未能满足"最大可能"的逻辑/论证规则的基本要求。我们常常看到的情况是，空间的中西差异往往被转换为时间的古今差异，光怪陆离的古代外衣下始终是一颗现代的心。如《十面埋伏》向往"风一样自由"的金捕头、小妹等，完全脱离了"飞刀门对抗官府"的故事

---

① 鞠实儿：《论逻辑的文化相对性：从民族志和历史学的观点看》，《中国社会科学》2010年第 1 期。

语境，偏离了武侠文化的逻辑要求（对民间组织、武侠身份、江湖等规定性内容），叙事违背了故事语境"给定文化"所提供的论证规则，人物的行动、故事的推进没有体现"最大可能"的文化逻辑。再如创造华语电影票房纪录的《画皮2》，把前文本（《聊斋志异》）叙述的那种具有特殊文化逻辑的狐妖与人类的故事，质变成狐妖与人类之间的罗曼蒂克，所渲染的情感至上、人类的自我中心主义，成为人物行动、故事演进的逻辑。这都表明影片所叙述的爱情故事，与故事语境（古代中国）、文化逻辑（传统鬼怪文化）并没有关联，未能在给定的文化语境遵守逻辑/论证规则叙述故事。这种叙事与故事语境、逻辑规则错位脱节的现象并不限于古装大片，大量当代题材的中国电影也是如此。这种表面/艺术形式的传统与内在/文化逻辑的他者化，更加微妙地影响到国家形象的认同。

　　大众叙事媒介在假定性叙事中，所叙述的任何一个故事语境都是特殊的。但是，此时作为语境出现的特殊性只是一种浮于影像的表面特殊，只有当人物行动、事件组织、故事演进等遵守这个语境所要求的逻辑/论证规则时，这种"最小空间"才算真正地建构起来，并通过隐喻（意义浓缩与叠加）、提喻（意义变化与延伸）、换喻（意义象征与替换）等多种修辞，扩展成国家形象。在贾磊磊看来，电影媒介的国家形象，是指通过电影的叙事逻辑建构的一种具有国家意义的"内在本文"。[①] 这里的"内在本文"也就是文本内部的"最小空间"。公众通过曲折有致、感人至深的叙事，对飘浮于叙事之外的国家形象产生认同。从这个角度说，大众叙事媒介通过逻辑/论证规则获得了理性的力量，一方面体现在建构"最小空间"的

---

①　贾磊磊：《中国主流电影中的国家形象及其表述策略》，《解放军艺术学院学报》2007年第1期。

"最大可能"，这个内在本文的坚实性，另一方面，它建构起观众理解国家理念及其认同形象的理性路径，在这种故事语境／给定的文化生成出的逻辑推演下，国家形象具有强大的说服力。如果说大众新闻媒介传播大量新闻消息时，自身也淹没在这种缺乏关联性与逻辑性的信息碎片中，那么，大众叙事媒介所具有的文化逻辑，在理性地阐释国家形象方面无疑具有不容忽视的重要性。

（原载《中州学刊》2013 年第 10 期）

全球化背景下的性别意识与中国
电影的国家形象构建

陈林侠　　孟雨蒙

与阶级意识、政治意识等相似，基于男女生理差异、进而体现社会观念的性别意识，已成为构建国家形象的一个不可或缺的重要内容。近代意义上的民族国家自诞生以来就呈现出典型的阳刚气质，原因在于国家政治权力集中于男性群体以及国际政治格局中国家之间的利益冲突、争夺。但正如史蒂文·科恩（Steven Cohan）等指出："阳刚特质由文化的效果造成，是一种建构、表演与乔装，以及非普遍与可变的本质。"① 劳瑞提丝说得更明确："性别话语和两性差别之间的联系只是一种语言的效果，或者是纯粹的想象——和'真实'并没有任何关系。"② 这表明性别意识在一定的话语实践中形成，亦通过该实践得以改变。然而考量当下中国性别话语，电影、电视剧等大众叙事媒介凸显的仍然是女/阴柔与男/阳刚，不仅没有与男尊女卑的传统话语区分开来，在二元对立的叙事模式中，曲折的故事情节、强烈的矛盾冲突、风格化的影像系统，还把这种性别话语及其价值判断表达得更加隐蔽、更具渗透力。进言之，当下中

---

① 赵庭辉：《叙事电影与性别论述》，新北 Airiti Press 2010 年版，第 61 页。
② 宋耕：《全球化与"中国性"》，香港大学出版社 2006 年版，第 153—175 页。

国电影的性别话语明显失衡，一方面，男性要么缺席，要么去势，另一方面，突出身体、外貌的女性性征，由此影响到国家层面上性别话语的构成，难以塑造出理性的国家形象。

一 阳刚性征、自由意志及其中国电影的缺席

从性别角度说，近代民族国家无疑是男性政治的产物。在民族国家形成的过程中，女性长期被排斥在政治公共领域之外，男性成为国家权力的代名词，不仅产生了民主、自由等"政治共同体"，而且形成了基于男性认同的"性别共同体"。就民族国家的表现形态而言，国家之间的军事冲突、意识形态斗争、经济利益争夺、海外殖民地瓜分，以及现代性发展，都是属于男性阳刚的性征想象与实践。对此，台湾学者赵庭辉认为："阳刚特质在心理学、社会心理学、社会学和人类学中被理解为一种内化的角色或认同，反映着经由家庭、学校和大众媒体等社会化机构所习得的特定（在实际情况中通常是美国或西方）文化规范与价值。"[①] 这表明：首先，作为一种次生性的文化规范与价值，阳刚目前已构成了男性身份，并经由家庭、教育、宗教等多种路径及其话语实践内化为专属于男性的性征，潜在地生成男性言谈、行为等方式。其次，通过大众传媒等公共组织、机构确立起来的阳刚性征，所隐含的正价值即是国家政治意识在性别意识上的流露，构成了国家意识形态的重要内容。再次，阳刚以及判断"是否阳刚"的文化规范与价值标准属于美国或西方文化，揭示出我们业已接受并习以为常的"阳刚就是男性特征"这一"看似普适实则特殊"的本质。在西方文化的语境中，国家形象与男性、阳刚性征等紧密地缝合在一起，电影等大众叙事

---

① 赵庭辉：《叙事电影与性别论述》，新北 Airiti Press 2010 年版，第 77 页。

传媒所建构的阳刚特征，不仅规定、引导男性的性别意识及其行为规范，而且也是彰显国家政治意志、塑造生机勃勃的国家形象的重要内容。

　　西方文化的阳刚性征及其规范，借助大众叙事传媒得到广泛传播。难以计数的好莱坞电影成功形塑了阳刚十足、孔武有力的国家形象。史蒂夫·尼尔（Steve Neale）认为："在属于男性的类型电影中，像西部片、战争片、帮派电影及动作片等，都牵涉'使得某个事件发生''迫使某个人物改变''胜利与失败'，以及'意志与力量冲突'的故事情节。"① 从人物性别的角度说，不仅是西部片、战争片等类型，几乎所有好莱坞电影都以男性为主。它往往借助具有行动力、爆发力的男性形象及其特殊的社会身份，或以军人、警察等代表国家权力意志，突出实施国家正义等行为（如《巴顿将军》《拯救大兵瑞恩》《勇敢的心》《角斗士》等），或以罪犯、黑帮等边缘群体凸显蔑视制度、权力颠覆的道德善心（如"教父"系列），或以平民身份强调积极向上，实现爱情、自由等人生梦想（如《泰坦尼克号》《阿甘正传》《莎翁情史》等），等等。更重要的是，好莱坞电影总是离不开"使某事发生""迫使某人改变"的叙事模式，往往设置两个具有"正—反"截然不同意志力的男性形象，起伏跌宕的故事情节就是展示男性之间的身体动作及其意志力冲突，由此形成了特殊的阳刚性征。好莱坞的这种性别特征，不仅诉诸强调外部动作的类型电影，也包括如《泰坦尼克号》等冲决一切障碍的爱情片，如《克莱默夫妇》等纯粹表达父子情感的家庭伦理片，男性在勇于牺牲、承担责任、豁达包容等中呈现出阳刚性征。

---

　　① 赵庭辉：《叙事电影与性别论述》，新北 Airiti Press 2010 年版，第 51 页。

邓晓芒认为，自由意志就是指使用理性坚持目标事件的完成，它不仅是自由的，也是理性的，已经成为西方文化的核心概念。① 黄裕生从宗教信仰的角度阐释了意志的自由本质："在基督教的'原罪说'里隐含着一个基本原则，这就是人类的每个个体都是自由的，也即每个人都有自由意志，或者说，每个人都完全能够从自己的意志出发决定自己的行动。"② 概言之，自由意志作为西方文化对人类的基本界定，即是男性行为活动的基本规范，也是构成阳刚性征的关键要素，无疑成为西方文化最推崇的理想人格。好莱坞电影着力塑造这种用理性规划、满足人性欲望，进而实践自由意志的男性形象，用紧张激烈的故事情节充分演绎自由意志力的冲突，在大量重复中产生了微观政治学意义：观众在凝视这一"完美"男性形象中实现了身份认同，美国形象也在这种阳刚的男性形象中得到形塑、整固。

无须赘言，在强大的影视技术与资本的支持下，好莱坞电影完美地演绎西方文化核心概念的"自由意志"，由此建构起男性与国家形象的阳刚性征，在全球范围内已然形成了文化霸权。反观当下中国电影，"阳刚缺席""自由意志受挫"的现象越来越突出，特别是在战争电影以及民族集体记忆的题材类型中，严重影响到国家形象的塑造与传播。

首先表现在阳刚气质的男性形象缺席。2009 年陆川执导的《南京！南京！》和 2011 年张艺谋拍摄的《金陵十三钗》存在相似的男性形象。如前者中的军人陆剑雄，虽有过激烈的巷战反抗，但随后沦为日军俘虏遭到屠杀，这即是自由意志的受挫、失败。与军人无

① 邓晓芒：《什么是自由》，《哲学研究》2012 年第 7 期。
② 黄裕生：《基督教信仰的内在原则》，《浙江学刊》2006 年第 1 期。

关的男性形象与阳刚性质更无关联，如唐翻译不过是一个试图在乱世中苟且偷生的"小男人"，缺乏足够的行动力及意志力。在后一部影片中，李教官等在重创小股日军后也以失败而告终，美国人约翰作为主角承担起拯救弱者的男性功能。可以说，从《屠城血证》（1987，罗冠群）、《南京大屠杀》（1995，吴子牛）到《南京！南京！》《金陵十三钗》，在以民族灾难为题材的电影中，中国男性仅是一个被屠杀、被损害的弱者，既缺乏自由的意志（对目标事件的理性坚持），也没有意志的自由（对生存可能性的自由选择），因此，很难塑造具有阳刚性征的男性形象。

其次，这种"阳刚缺席"的文化现象也表现在对传统文化的阐释上。赛义德曾指出：在东方主义视野中，东方如同被阉割的男性，是一个柔弱、内向、黑暗的阴性形象，以此反衬理性、阳刚的西方文化。这种明显带有后殖民色彩的性别话语，却在当下古装电影中一以贯之，特别强调以阴柔权术阐释本民族文化传统。在李仁港执导的《见龙卸甲》中，诸葛亮被塑造成一个阴谋家，欺骗赵子龙，试图以个人的奇谋扭转战局，结果一败涂地。他的《鸿门宴传奇》同样是"阴谋论"当道，影片突出刘邦、范增、张良之间的尔虞我诈，以谋士的心机博弈掩盖了波澜壮阔的楚汉战争应有的阳刚气质与英雄主义。《战国》表现孙膑与庞涓同门情谊的目的，在于渲染庞涓陷害孙膑时残忍的阴谋诡计。陆川的《王的盛宴》似是而非地借用《史记》的记载，突出刘邦、项羽、韩信、张良等人之间的猜忌、恐惧与报复，强化一种表面强大实则怯懦自卑的文化悖论。《铜雀台》则极力虚构曹丕弑父、杀弟、谋反、夺权，以违背人伦、扭曲人性的方式把这种阴谋论推向极端。可以说，当下古装电影完全抛弃了儒家文化浩然正气、自强不息、理性阳刚等与男性相关的文化特征，用一种工于心计的阴柔权术，全然消解了中国形象原本具备的阳刚性质。

再次，这种"阳刚缺席"还表现在政治与性征的脱节错位。政治大片虽然表现作为国家领导人的男性形象，但并未从阳刚性征的角度叙述这种人物，导致宏大的政治意识、意志力难以和人物性征融合，缺乏打动人心的感性力量。如《建国大业》围绕新中国的人民政治协商制度，叙述国共两党之间政治矛盾、军事冲突，展示毛泽东、蒋介石等男性政治人物；《建党伟业》的跨度更大，从 1911 年辛亥革命到 1921 年中国共产党成立，叙述中国近现代历史的风云变化。这类影片虽关注男性人物，但仅停留在集体利益、阶级层面，与个体性征缺乏必要关联，众多男性人物在政治理想及其冲突中匆匆走过人生舞台，个体的性别特征无从表达。如此，男性形象、阳刚性征与国家形象三者事实上处于断裂的境地。

在全球化背景下，自由意志所构成的阳刚性征经过好莱坞电影等大众媒介长期的传播、渗透，已成为具有诱惑力与影响力的性别话语，潜在地规定了其他民族文化传统的男性形象塑造，进而影响到国家形象的表现形态及其价值判断。因此，当中国电影"阳刚"性征缺席，大量出现"柔弱的东方男人"，自然难以避免"柔弱的"国家形象的后殖民想象，削弱了第三世界民族国家的政治合法性。正如著名汉学家雷金庆（KamLonie）所说："'柔弱的东方男人'正是从性别角度建构被殖民的'贱民'（Subalter）形象。"① 当下中国电影的阳刚缺席、阴柔上升，不是简单的创作现象，而是"被殖民"的文化表征。《金陵十三钗》等片的"被殖民"心态，一方面显示出全球化语境中第三世界国家的文化弱势（即缺乏足够的文化资源与自信，只能顺从西方文化的性别话语），同时也传达了在文化消费时代的经济劣势（为进

① 宋耕：《全球化与"中国性"》，香港大学出版社 2006 年版，第 153—175 页。

入西方主流院线市场，只能降低其他方面的诉求）。

二　阴柔性征、消费主义与中国电影的女性形象

与女性主义已深入人心的现实相反，近来中国电影在阳刚性征缺席的情况下，却越来越集中于用传统性别经验塑造女性形象。在国家拟人化、拟家化的譬喻中，国家庇护民众的政治功能与女性生育子女的母性特征相比附。大量战争片均凸显女性形象在民族灾难中庇护他人、自我牺牲等重要功能，如《集结号》中孙桂琴属于典型的贤妻良母形象，性格坚强内敛，承担起后方家庭的生活重担；《南京！南京！》的姜淑云、小江等女性形象，在救护儿童、老人、军人等男性难民时展现出母性特征；《金陵十三钗》中玉墨等秦淮河妓女们勇敢挺身而出，代替教会学校少女们"赴日军的死亡之宴"。正如姜淑云假认素不相识的军人为自己丈夫这种"拟家庭化"方式一样，"金陵十三钗"们也把女学生们视为自己的妹妹，临别时纷纷留物赠言。影片用女性自我牺牲的方式，试图把原本松散的群体建构成一个生死攸关的民族共同体，利用所包含的道德力量打动观众。

然而，在男性导演的叙述中，母性特征往往是"阳刚缺席"的男性对女性的欲望投射，即便凸显女性天使般的拯救功能，也难以跳出男尊女卑的话语模式。如《南京！南京！》虽然突出了姜淑云的拯救行为，但其身份不过是国际难民营的一名助手，功能极其有限。她不顾一切地舍己救人的行为，似乎只是在国难当头这一特殊情境、难民营这一特定空间下的本能行动。作为真实的个体，姜淑云拯救他人的心理原因未能得到必要的阐释，更未叙述面对死亡的复杂体验。在影片中，她成为男性在自由意志遭到挫折之后欲望投射的对象。

在电影等大众叙事媒介中，高贵与卑贱截然相反的两种女性形

象目前出现了合流：表现性诱惑的"妓女形象"（卑贱）最终会转变成自我牺牲、乐于奉献的"母亲形象"（高贵）。如《南京！南京！》的小江具有漂亮性感的女性特征。她在领牌号时桀骜不驯，拒绝剪发的理由也很简单，"以后还要靠它赚钱"，即是妓女身份的"性诱惑"表征；而后，当难民营面临艰难选择时则勇敢站出来，表现其勇于牺牲、庇护他人的母性特征，由此，从身份的卑贱转换为人性的高贵。这方面，《金陵十三钗》最突出。影片开始时，重点叙述玉墨等秦淮河妓女们在乱世中怎样争取自己的生存空间，色彩斑斓的旗袍、性感妖艳的身体、葡萄美酒的感官之愉、伶牙俐齿的冷嘲热讽，将漂亮性感的性征表现得格外鲜明。当女学生们宁愿自杀也不愿赴宴时，她们挺身而出。这种义举既具有舍生取义的民族主义情感，也存在救护弱者的人道主义精神，成为体现人性高贵的正面形象。

事实上，从身份卑贱转变成人性高贵的女性叙事模式在《关山飞渡》等"旧好莱坞时期"的经典影片中就已奠定，在 20 世纪三四十年代上海左翼电影中也屡见不鲜（其中最著名的莫过于《神女》）。如果说《关山飞渡》的女性转变是基于性别身份的人性批判，那么《神女》等左翼电影的此类女性叙事则重在突出社会批判。即便如此，这两种叙事均未突出漂亮性感的性征。从这个角度说，张艺谋的《金陵十三钗》的特殊性就表现出来。一方面，在民族战争、阳刚性征的缺席背景下，女性形象从世俗到抗日，透露出国家性别话语对女性的整合，另一方面，却又在民族灾难的重大关头过于凸显女性漂亮性感的性征，尤其是表现跨国之间的浪漫爱情，出现了"无关国族"、继而"解构国族"的消费主义倾向。①

---

① 陈林侠：《"南京大屠杀"的跨文化叙述与国家形象建构》，《中州学刊》2012 年第 4 期。

瑞德克里夫说得好："强有力的国族论述，以高度性别化的方式将男女与国族联系起来，同时又由于复杂的性关系而破裂。"① 即是说，在民族国家之间的冲突中，"强有力"的"国族论述"及其国家形象，往往形象地演绎为"高度性别化"的男女关系。民族国家的强弱、输赢、成败等不同情势，分别对应于男强/女弱的两种性别类型。因此，在任何一场异族入侵的民族战争中，本民族的女性都具有特殊的政治功能。陈顺馨说得明确："侵犯民族主权或自主性与强暴女体之间、占领土地与'占领'妇女子宫之间，似乎可以画上一个等号。换句话说，入侵者强行对'他者'领土的'进入'（Penetration），可以理解为一种'阳具'霸权行为。"② 异族的军事入侵如同男性的"性暴力"，对女性身体的性侵犯，即是征服、打击他国的表征。大众叙事媒介在表现民族战争中的性别关系、"性暴力"的时候，应格外慎重。

"高度性别化"的另一种含义在于，民族内部、家庭内部稳定的男女关系，更成为建构"强有力的"国家形象的必要前提。稳定的男女关系，即是坚固的家庭、国家的缩影，隐喻了民族共同体。《金陵十三钗》《黄河绝恋》《拉贝日记》等影片，在叙述民族内部脆弱性别关系（如陈乔治在灾难面前的弱小无助，女学生们对书娟父亲的埋怨，妓女们对李教官的嘲讽）的同时，特别突出与异族男性的性爱关系，如《金陵十三钗》中玉墨与美国人约翰、《黄河绝恋》中安洁与美国飞行员、《拉贝日记》中琅书与德国外交官罗森，此种做法即是把关注点从民族主义、国家主义转移到性别消费上来。虽然从民族国家角度叙述重大历史题材，文本表层存在民族主义情绪，

---

① ［英］琳达·麦道威尔：《性别、认同与地方：女性主义地理学概说》，徐苔玲、王志弘译，群学出版有限公司 2006 年版，第 268 页。

② 金一虹：《南京大屠杀中的性暴力及性别分析》，《妇女研究论丛》2008 年第 5 期。

但文本重点在于跨国的浪漫爱情，体现消费主义的市场话语超越了建构民族共同体必要的界域，无视构建国族的"排他性"，一定程度上影响了稳定、自信的国家形象的塑造。

从根本上说，强调女性漂亮性感的性征、跨国的浪漫爱情成为《金陵十三钗》《拉贝日记》的重点内容，即是消费主义的当下体现。它们虽然展现了女性拯救他人、自我牺牲的行为，但这并非对女性内心世界、行为选择的尊重，所凸显的拯救行为与女性自身的政治意识、内心情感、价值取向缺乏必要关联，甚至在个体微观的层面上，有意地"去政治化"。如《金陵十三钗》中，"代替赴宴"的救护行为只是"无意而为之"（玉墨等人起初不过是为了哄骗女孩不要自杀而已），在做出"不能食言"的决定后，影片用传统曲艺演唱，再次重点突出秦淮河女人妖娆风情的性征。这可以说是消费女性形貌、身体性征的最明显表征，影片的消费重点在于女性性征，而与女性的政治选择没有关联。在主流政治大片中也是如此，《建国大业》所开创的明星饰演政治人物的模式，就是以明星的形貌性征替换人物的思想观念的典型做法。比如许晴饰演的宋庆龄，观众往往关注于"国母"端庄、秀丽的外表，而忽视了宋庆龄作为政治人物更重要的思想观念。

《建党伟业》的女性形象压缩在男性的政治叙事中，功能更是极为有限：如小凤仙之于蔡锷，不外强调女性对男性的照顾与牺牲；杨开慧之于毛泽东，仅是夹杂在革命理想之中的恋爱插曲。《辛亥革命》忙于讲述黄花岗起义、武昌首义、阳夏保卫战等众多政治事件，其中穿插了林觉民与陈意映、黄兴与徐宗汉的爱情。可以说，女性形象姣好的容貌、优美的身体等性征在当下电影中被过多展现，但除了为国家牺牲爱情外，还是无关乎政治，未能表达真实的个性情感。我们认为，主流政治影片中的女性形象虽然戏份极少，但无一例外的都是青春靓丽、貌美如花，成为消费主义甚嚣尘上、女性形象愈发刻板的又一佐证。

如上所述，女性形象的合流，使得女性在电影等大众叙事媒介中越来越重要，这是大众文化的消费性表现。在埃德加·莫兰看来，大众文化的深度发展，正是依赖于女性形象的柔美化、内倾化、感性化，而不是对阳刚的男性形象的挖掘。① 在当下中国电影中，女性形象不仅通过拯救他人的行为，成为理想价值的所指，而且以靓丽性感的外表吸引了剧中男性以及观众目光。这两方面是女性身体成为消费符号的表征，构成当下市场主义的性别话语。它不仅充分吸收了传统话语所推崇的性别角色规范，并将传统女性的角色定位推向极端，女性的身体、外貌和角色在消费文化中受到前所未有的重视，被视为能够在市场上获得效率和机会的一个不可替代的资源。② 女性形象在电影地位的提高，大大增强了电影媒介的消费性质。大众文化的深入发展，消费主义的甚嚣尘上，削弱了国家形象的阳刚性征，反向刺激了阴柔的上升。

三 性别的辩证：中国电影的国家形象构建规律

如上所述，中国电影的国家形象出现阴柔的性征，透露出导演刻板的性别经验。女性成为一个异性叙述的身体想象，透露出男性政治的预设，这印证了华纳的观点："男人通常以他们自己、身为个体的模样出现，但女人却被用来表明某人或其他东西的身份与价值。"③ 在民族灾难、国家危机等面前，女性被抽绎成一个满足男性的身份想

---

① ［法］埃德加·莫兰：《时代精神》，陈一壮译，北京大学出版社 2011 年版，第 153—156 页。

② 吴小英：《市场化背景下性别话语的转型》，《中国社会科学》2009 年第 2 期。

③ ［英］琳达·麦道威尔：《性别、认同与地方：女性主义地理学概说》，徐苔玲、王志弘译，群学出版有限公司 2006 年版，第 269 页。

象与价值认同的"民族共同体";阳刚/阴柔,这种个体性征也就扩展为构建国家形象及其政治活动的重要意识。巴特勒(Judith Butler)说得好,性别话语在本质上是一种表演,"在性别表述(Expression)的背后并没有性别身份(Identity)"。① 这揭示出性别身份的生产性、建构性。不是某种固定的性别身份决定性别表述,而是不断嬗变的性别表述决定了性别身份;存在怎样的性别话语实践,就会产生怎样的性别身份。换言之,当下中国电影的国家形象出现阴柔性征,并非先天地具有这一身份,而是西方文化以"缺席而在场"的方式叙述中国经验所导致的,这种后殖民的身份想象、性别意识被进一步固化。

中国电影出现上文所说的性别失衡,根本原因在于缺乏性别的辩证思维及其话语表达,需要在五个方面做出调整:其一,既然性别身份是特殊话语的生产,那么阳刚/男/优、阴柔/女/劣等价值判断只是这种特殊文化所赋予的意义。在具体的叙事语境中,阳刚性征并不必然具有价值优先权,阴柔的内化慎思在个体行为中可能更具合理性。就个体而言,阴柔与阳刚并非截然两分,与其说个体性征是由性别身份所决定,毋宁说是与具体情势关联更大。犹如一纸两面并存于同一个体之中。换言之,我们所理解的"性征"不过是在不同情势中由个体行为、选择体现出的性别特征,而非某种刻板固定的本质性经验。这方面,好莱坞电影已有所变化。《肖申克的救赎》中被关进监狱的银行家安迪就是典型例子。他长于内心沉思而不善言谈,被称为"闷蛋",具有明显的阴柔性征,但这并非一种负面的人性缺陷,恰恰相反,他在平静中坚持,在绝望中爆发,成为影片最激动人心之处。他把阳刚/勇毅/坚强、阴柔/坚持/平和等双重性征兼备并存,产生了动人的魅力。再如《危情三日》,约翰执着于维护家庭

---

① 宋耕:《全球化与"中国性"》,香港大学出版社 2006 年版,第 153—175 页。

完整，在妻子被误捕入狱后，三年内对儿子事无巨细的照顾表现了人物注重家庭、性格平和、内向等阴柔性征，但当他知道妻子翻案无望，需要采取行动时，就迅速出现拯救妻子这一阳刚气十足的行动。在他充满理性筹划的自由意志实践中，勇毅、果断、智慧等阳刚性征得到充分展示。很明显，影片在塑造约翰这一人物时，并未非此即彼地确定其本质特征，阴柔与阳刚也不存在某种既定的价值判断，而是人物根据具体情势与行为产生出的性征，其中贯彻着自由意志的实践。

其二，在关于国家形象的性别表达中，应当出现由阴柔而阳刚的辩证过程。当下中国电影的情况正好相反，阳刚逐渐弱化，阴柔不断增强，导致整个故事倒向阴柔性征，难以顺利建构性征和谐的国家形象。如《集结号》存在阳刚/战争与阴柔/和平两种话语的对立，谷子地在战争中是一个阳刚十足的军人，但在和平时代，面对强大的体制力量，却成为无力的反抗者。这种性别话语难以满足塑造国家形象的辩证要求。而"南京大屠杀"题材的电影，索性让本民族的男人离场，更是缺乏从阴柔而至阳刚的叙事过程。可以说，当下中国电影的国家形象虽然存在一定的性别演绎，但多是从阳刚而至阴柔，并以阴柔为终点。这种话语的断裂与国家形象所要求的和谐性征存在较大差异。

其三，需注意叙述与叙述对象的性别平衡，意味着影像内外性别之间的呼应互动。叙述对象的某种性征，能够在叙述中予以补正。叙述对象越是阳刚，叙述方式越要细腻，反之亦然。如《建国大业》《建党伟业》等主流政治大片，过于强调理性信息的传达，停留在公共领域，缺乏能够打动观众的内在性细节与情感。此时，电影叙事应辅以细腻、内倾化的细节。相反，《大红灯笼高高挂》《风月》等文艺片，故事具有较强的阴性特征，如女性化、心理化的人物形象，专制权力的残忍压抑、命运的悲惨，对人生与人性的双重绝望。但是，沉重缓慢的镜头、封闭狭窄的空间、琐碎的细节，加重了其阴柔气质，此时，更需要一种理性克制的叙述态度。中国电影构建理性的国家形象，还需注重设计特殊的故事情势。如《让子弹飞》之所以充满阳刚气质，不仅在于男人形象，更重要的是强化了张麻子与黄四郎双方势均力敌的对抗。影片围绕一系列你来我往的争斗活动展开，情节扎实，逻辑清晰，强化了其阳刚性征。

其四，阳刚与阴柔性征的辩证，也体现在故事类型的整体把握上。不同类型的故事，对人物要求也完全不同，性征也存在较大差异。赵庭辉认为："阳刚特质的再现方式在类型电影中具有迥然不同的意义。爱情文艺片与通俗剧里的男性、父亲形象经常都具有温煦和蔼的阴柔特质；相反的，动作片与战争片里的男性则是充满着攻击性与侵略性，甚至这些类型电影也完全缺乏女性角色的存在。"人物形象虽然具有丰富复杂的一面，但始终受制于故事类型。塑造理性的国家形象，不能简单地依赖于某一种电影类型。如张艺谋早期的文艺片，虽具国际影响，但突出阴柔的、内化的文化形象，反不利于建构现代理性的国家形象；新世纪以来的《英雄》《十面埋伏》等古装片，强调武打动作的奇观效果，无意中又把扩张、危险、暴力等因素极端化。从构建国家形象角度考量，中国电影应在故事类型的整体上把握与调整，注意到不同类型的故事之间辩证互动，通过多种类型互相补充、共同塑造国家形象。

其五，中国电影在建构国家形象时，还需重视信息传播方式与媒介的差异。张艺谋称改编严歌苓的《金陵十三钗》，是由于被小说的女性视角所打动，[1] 于是电影沿用书娟这一叙述视角。但是，媒介

---

① 参见网易娱乐对张艺谋所作采访《〈十三钗〉张艺谋做客：原著女性视角打动我》，http：//www.qzwb.com/gb/content/2011 - 12/16/content_ 3866793_ 3. htm。

差异导致叙事效果相距甚远。原作突出书娟的主观化视角，是小说这一叙事媒介特殊的传播方式所决定的。它不是表现题材，而是表达这一题材的主观体验与认识，离不开特定的叙述视角、深入的内倾化体验。电影媒介则不同。观影环境的公共性要求均衡的性别经验，银幕上的男女形象能分别唤起观众不同的心理。女性作为异己的欲望对象，满足潜在的深层欲望；男性强调自身行动力而成为观众的认同对象。电影仍以书娟作为叙述视角，强调其主观体验，大大弱化了"南京大屠杀"题材的社会性。因此，从其他媒介改编而来的电影，尤其需要重视性别意识的辩证性、均衡性。

在当下中国电影阳刚与阴柔截然两分的话语体系中，社会/家庭、公共领域/私人空间、主动参与/被动卷入等性征，分别对应着男女的社会功能，这种刻板的性别想象，很难突破男优女劣的传统话语。电影等大众叙事媒介的"阳刚/阴柔"，并非纯粹的性别差异，也表现为传统与现代意识的分别；以传统文化的性别意识建构起男女不同的阳刚性征，无关乎现代政治观念及理想，而是参与到甚嚣尘上的消费主义浪潮中。因此，中国电影既需要用性别辩证的方式突破二元对立的性别范式，更需要突出参与政治、介入当下的现代意识，积极寻找传统性别话语、现代民族国家与当下日常生活的融会贯通，建构起一整套关于国家形象的性别话语。只有如此，电影媒介才能建构出刚柔兼备的国家形象。

[原载《戏剧（中央戏剧学院学报）》2014 年第 1 期]

"方寸之间"的中国:1949—2016 年邮票上的国家形象变迁

杨　柳　董天策

一　引言

中国近代邮政创办于 19 世纪后期,其后几经变革。作为邮资凭证的邮票虽小,但符号化程度较高,能折射出一个国家一定时期的总体发展状况,因而被誉为"国家名片",是传播国家形象的重要载体之一。① 在这一个多世纪中,伴随着社会文化及科学技术的进步,中国邮票也在不断改变着它的面貌。如今,邮票已不仅仅用于日常的邮政往来,在传播文化方面也发挥着重要的作用,它是这个国家社会文化交流的重要标志,也是这个国家的历史政治、科技经济、文学艺术等各方面的综合展示。② 作为一种载体,邮票能将重大历史事件高度凝结在方寸之间。如果将中国各个时期的邮票汇集起来,它就是近现代史的缩影。③ 因此,对邮票进行解读,可以彰显邮票的时代价值,展现其对中国形象建构的独特作用,揭示邮票设计与国家形象构建的规律,进而探索中国的国家形象表达与传播的新

① 张勇:《邮票公关的新使命》,《公关世界》2014 年第 4 期。

② 王婷:《邮票设计中文化内涵与审美价值的新探索》,博士学位论文,天津理工大学,2013 年,第 1 页。

③ 胡清清:《方寸间的国家形象传播——1949—1976 年发行邮票中的红色经典图像》,《画刊》2014 年第 4 期。

路径。①

唯其如此，邮票吸引着一批传播学者研究这方寸之间国家形象的呈现。从文献上看，现有研究大多比较倾向于分析新中国成立之后到"文化大革命"时期的邮票所呈现出来的国家形象。这与"文化大革命"时期邮票所承载的宣传使命较为相关，它呈现出那个"红色海洋"中的岁月。当时的宣传主要是由毛泽东语录、最高指示、革命口号和毛泽东肖像综合构成。特别是领袖肖像，在一定意义上可作为国家象征，根据国家、社会和民众的需要出现在各种传媒之中。② 此外，也有学者研究中国民族题材邮票上 56 个民族的形象呈现，③ 或分析军事题材邮票上人民军队的风貌，④ 或探讨邮票与崛起的中国之间的形象关联，揭示中国的信心、力量与民族精神。⑤

在这些研究之中，多数作者只选取某个时间段或某种特定类型的邮票做切片分析，缺少国家形象在邮票中的历时性呈现。即使是基于其他研究文本的分析，如新闻文本的研究，历时性的国家形象分析也较少，反而是境外学者所做的相关研究较为丰富。本文希望经由框架分析来弥补这一缺陷，通过对 1949—2016 年邮票的分析来描述中国国家形象的变迁。

二 框架理论

Goffman 被誉为框架分析理论的创始人，他认为框架可以帮助人

---

① 张昆、张勇：《邮票中国家形象的符号解析——纪1至纪4邮票的符号化过程及结构方式》，《现代传播》2014年第6期。

② 曹文汉：《票证上的"领袖像文化"》，《世纪》2013年第3期。

③ 刘增林：《方寸间尽显民族风采——新中国成立以来少数民族题材邮票纵览》，《中国民族》1998年第2期。

④ 卢为峰：《军魂铸辉煌 存史方寸间——〈邮票上的人民军队〉评述》，《政协天地》2017年第8期。

⑤ 刘志琴：《包容是中华民族认同的主流——从龙邮票说起》，《华夏文化》2012年第2期。

们"定位、感知、识别和标注"。换言之，框架是引领人们感知和再现现实的基本认知结构。[①] 早期学者认为框架不是有意识建构的，而是在传播过程中无意识地被采用的。[②] 而 Entman 和 Rojecki 则视框架为人为创造的并被积极采用的东西，[③] "框架就是选择感知到的现实中的一部分，并使它们在沟通的语境中更显著，由此来定义问题、解释原因、作道德评判并继而提出解决方法"。[④]

框架分析不同于传统的内容分析和话语分析，它不认为文本仅仅是心理刺激物，可以客观地发掘其意义。相反，框架分析认为文本包含了有机组合的符号工具，这些工具可以和读者的记忆互动，进而建构意义。[⑤]

华人学者潘忠党[⑥]回顾了自 20 世纪 80 年代至 21 世纪初多位学者的研究，总结出框架理论的基本观点：一是，意义在传播或交往的过程中得到建构；二是，传播是使用表达载体的社会行动，构成一个社会的符号生产领域；三是，它发生在由物质生产构成的实体场域；四是，受到规范该场域的公共利益原则以及政治与经济逻辑之间的张力制约；五是，位处特定历史、经济和政治坐标点的社会个体或团体达成其特定理解或意义所遵循的认知和话语的组织原则，就是它们的"框架"。[⑦]

台湾学者臧国仁将框架分为三个层次，高层次框架是对某事件主

---

① Goffman, Erving, *Frame Analysis*: *An Essay on the Organization of Experience*, Harvard University Press, 1974, p. 586.

② Gitlin, Todd, *The Whole World is Watching*: *Mass Media in the Making & Unmaking of the New Left*, University of California Press, 1980, p. 7.

③ Entman, Robert M. & Andrew Rojecki, A., *Freezing Out the Public*: *Elite and Media Framing of the US Anti-Nuclear Movement*, 1993, pp. 155 – 173.

④ Ibid..

⑤ Pan Zhongdang & Gerald M. Kosicki, Framing Analysis: An Approach to News Discourse, *Political Communication*, 1993, 10 (1), pp. 55 – 75.

⑥ 潘忠党：《架构分析：一个亟需理论澄清的领域》，《传播与社会学刊》2006 年第 1 期。

⑦ 蔡元慧：《媒体的"他族化"报导：内地孕妇来港产子议题的十二年框架分析》，载《笔尖上的中国》，澳门大学出版社 2015 年版，第 24—51 页。

题主旨的界定，代表抽象意旨。在各种真实的内在结构（或名词的框架）中，均有高层次（Macrostructure）的意义。[1] 它往往是对某一事件主题的界定，即 Goffman 所提到的"是什么的问题"。[2] 在新闻报道中，高层次的意义经常以一些特定形式出现，如标题、导语。Van Dijk 也曾提及，任何语言的文本结构均有主题形式（Theme），即命题（Proposition）所组成。[3] 命题是文章的抽象意旨，它因为比较抽象而较易回忆。中层次框架包括重大事件、历史事件、事件的结果、影响及评估等，是实证导向的。[4] 其中，重大事件，历史事件，事件的结果、影响属于事件发生前后的时间变量，而归因与评估则是事件的缘由与评断。所谓"事件"，指故事的主要内容，包括人物、情节、动作等。低层次结构则主要涉及语言及符号的展现，包括修辞风格，是操作或指示层面的。[5] 本研究主要基于臧国仁的框架定义，从低层次框架（邮票上可观察到的指标、标语、图像中出现的意象）到中层次框架（事件：经济、国内政治、国际政治、军事、文化、体育、社会、科技事件）所表达的意义，再到高层次框架（国家形象的变迁），层层递进，进而得出中国国家形象动态变迁的历史进程。

三 国家形象

作为一个重要的政治因素，国家形象是"某个国家在历史、政

---

① 臧国仁：《新闻媒体与消息来源：媒介框架与真实建构之论述》，三民书局 1999 年版，第 32—44、第 107 页。

② Goffman, Erving, *Frame Analysis: An Essay on the Organization of Experience*, Harvard University Press, 1974, p.586.

③ Van Dijk, T. A., *Communicating Racism: Ethnic Prejudice in Thought and Talk*, Sage Publications, 1987, p.199.

④ 钟蔚文、臧国仁、陈百龄：《传播教育应该教些什么？几个极端的想法》，《新闻学研究》1996 年总第 53 期。

⑤ 黄亚雯：《回归前后电影中澳门形象的框架分析——以〈大辫子的诱惑〉和〈伊莎贝拉〉为例》，会议论文，中国传播学论坛，2017 年 11 月 11 日。

治、经济、军事、外交和宗教各方面的正面或负面的展示"。① Kunczik指出，它不仅可以有助于获得国内政治上的支持，也可以扩大一个国家的国际影响力。国家形象是"一个人对一个特定国家的认知，这样的认知告诉他这个国家和它的人民是什么样的"。② 换句话说，"国家形象其实是一个国家的刻板印象，即一个国家或其人民的广义的、抽象的档案"。③ 一般认为，一个国家的形象是主观的和不断变化的，而不是客观的和固定的。即便对同一个国家，不同的人也可能持有不同的看法。④

现有关于中国国家形象的研究，大多是基于媒体新闻报道的分析。传播学者"相信大众媒体在塑造和传播国家形象的过程中起到了重要作用"⑤，并且"对于大多数人来说，媒体是他们了解外界最重要的管道"。⑥ 已经有大量的研究证明，媒体如何描述一个国家会影响其国家形象。⑦ 研究还显示，有偏见或是不公正的报道可能会导致外国民众对某个国家产生负面印象，造成"严重的歪曲和误解"。⑧

---

① Saleem, Noshina, US Media Framing of Foreign Countries Image: An Analytical Perspective, *Canadian Journal of Media Studies*, 2007, 2（1）, pp. 130 – 162.

② Kunczik Michael, *Images of Nations and International Public Relations*, Routledge, 2016, p. 39.

③ Kunczik Michael, Globalisation: News Media, Images of Nations and the Flow of International Capital with Special Reference to the Role of Rating Agencies, *Journal of International Communication*, 2002, 8（1）, pp. 39 – 79.

④ 王迪：《美国〈时代〉周刊对华报导的框架分析（1992—2008 年）》，《笔尖上的中国》，澳门大学出版社 2015 年版，第 281—303 页。

⑤ 叶晥：《框架分析：德国〈明镜〉周刊报道中的中国国家形象的报道（1978—2008）》，《笔尖上的中国》，澳门大学出版社 2015 年版，第 304—332 页。

⑥ Kunczik, Michael, Media Giants: Ownership Concentration and Globalisation, *Friedrich Ebert Stiftung*, 1997, p. 45.

⑦ Peng, X. Q., Cao, J., Chen, J., Xue, P., Lussier, D. S. & Liu, L., Experimental and Numerical Analysis on Normalization of Picture Frame Tests for Composite Materials, *Composites Science and Technology*, 2004, 64（1）, pp. 11 – 21. 转引自叶晥《框架分析：德国〈明镜〉周刊报道中的中国国家形象的报道（1978—2008）》，《笔尖上的中国》，澳门大学出版社 2015 年版，第 304—332 页。

⑧ 叶晥：《框架分析：德国〈明镜〉周刊报道中的中国国家形象的报道（1978—2008）》，《笔尖上的中国》，澳门大学出版社 2015 年版，第 304—332 页。

在前人的研究中，历时性的中国形象研究并不多见。即使有，也多为海外学者的研究成果。从前人的研究中可以概括出一些有关中国的新闻框架。在《中国的报道：对〈纽约时报〉和〈洛杉矶时报〉的研究》一文中，Peng 发现两份报纸中都出现了如下三种中国框架：政治框架（反映一个国家的政治议程及对外政策），意识形态框架（反映一个国家占主流的意识形态）和经济框架（强调一个国家的经济发展，而不是其政治和意识形态的斗争）。[①] Wu 在她的文章《中国艾滋病现状的报道框架：对中美两国通讯社有关中国艾滋病新闻的比较》中总结了美联社采用的另外三个反中国政府的框架：不诚信/压迫框架、侵犯人权框架和无能框架。[②] 即使中国社会已经发生巨大变迁，西方媒体呈现出的中国形象也没有发生大的变化。如 Peng 的研究将自 1949 年新中国成立以来，中国在美国媒体中的国家形象变迁归为以下四类：[③]

1. 红色中国（1949—1979）：意识形态有偏见的图像

2. 绿色中国（1979—1989）：充满希望的图像

3. 黑暗中国（1989—1992）：残酷和严重损坏的图像

4. 灰色中国（1992—2004）：复杂的和不可预知的图像

---

① Peng, X. Q. , Cao, J. , Chen, J. , Xue, P. , Lussier, D. S. & Liu, L. , Experimental and Numerical Analysis on Normalization of Picture Frame Tests for Composite Materials, *Composites Science and Technology*, 2004, 64（1）, pp. 11 – 21. 转引自叶皖《框架分析：德国〈明镜〉周刊报道中的中国国家形象的报道（1978—2008）》，《笔尖上的中国》，澳门大学出版社 2015 年版，第 304—332 页。

② Wu Min, Framing AIDS in China：A Comparative Analysis of US and Chinese Wire News Coverage of HIV/AIDS in China, *Asian Journal of Communication*, 2006, 16（3）, pp. 251 – 272. 转引自叶皖《框架分析：德国〈明镜〉周刊报道中的中国国家形象的报道（1978—2008）》，《笔尖上的中国》，澳门大学出版社 2015 年版，第 304—332 页。

③ Peng, X. Q. , Cao, J. , Chen, J. , Xue, P. , Lussier, D. S. & Liu, L. , Experimental and Numerical Analysis on Normalization of Picture Frame Tests for Composite Materials, *Composites Science and Technology*, 2004, 64（1）, pp. 11 – 21. 转引自叶皖《框架分析：德国〈明镜〉周刊报道中的中国国家形象的报道（1978—2008）》，《笔尖上的中国》，澳门大学出版社 2015 年版，第 304—332 页。

由于现有研究的这些缺陷，本文尝试以中国国家形象塑造的视角，在一个大的历史背景下来分析中国国家形象的变迁历程。基于上述文献回顾，本研究提出以下研究问题：

1. 邮票上的中国国家形象框架是否随着时代的变化而变迁？如果有变迁，其趋势是什么？

2. 低层次、中层次和高层次框架的提取与聚合的方式如何？

四　研究方法

本文以新中国成立后 1949—2016 年的《新中国邮票目录》为抽样框（共有 1720 套邮票），以每一套邮票为分析单位，抽取含有国内政治、国际政治、经济、军事、文化、体育、社会、科技这八类主题的 261 套邮票。

在研究方法上，作者结合使用质化的话语分析（Discourse Analysis）和量化的内容分析（Content Analysis）两种研究方法，其中量化研究部分由两位编码员分别编码完成。

（一）低层次框架的提取

本文对每一套邮票的图画和文本进行话语分析，包括对邮票发行的时间、涉及的事件、人物动作、表情等变量进行考量。属于显性分析的包括每套邮票有几枚、日期、主要历史事件、有无设计标志性的符号、颜色和口号等，属于隐性编码的有态度立场、图片场景的含义、艺术风格等。依照臧国仁定义的低层次结构、中层次结构和高层次结构，作者将话语分析主要用于对低层次结构的研究。本文按照图片与文字列出它们语义指向的显著元素，如比喻、符号、标语、视觉象征以及论证手段，来判断每枚邮票蕴含的基本语义。在这一步骤，每套邮票均按照如下八个事件领域进行分析，分别是：国内政治、国际政治、经济、军事、文化、体育、社会、科技。通过研究这 261 套邮票的图像、文本符号及其内涵，我们可以知道在不同阶段中国国家形象在哪些方面产生了哪些符号上和语义上的变化。每一类事件均按照以下四类方式进行质化分析，见表 1。

表 1　　　　　　　　　　　　低层次框架提取的要素

场景	事件发生在何处：城市、乡村、天安门；场景是否有官方给予的额外权利：如天安门，战争纪念馆，红色圣地；是否有重要道具，如历史文件、照片、图像数据
人物	角色特征，如英雄/恶棍/忠奸等正反角色
行动	事件中的活动、剧情张力、意识形态与动机；哪些行动包含了英雄、坏人、配角的协助；中立者/敌人表现出什么样的行动；哪个人的行动会被制裁/赞美/检查；此剧情在历史中的地位？行动是否有历史性的重要内涵？哪一种情绪主宰了戏剧？恨/同情/愤怒/认命/爱
合理化机制	可使语义正常化，让人信服的效果信息；如道德/纲领/第三世界等权利，或战争/分裂等当下的急迫危机

如发行于 1966 年名为"毛主席万岁"的邮票，其事件背景为：1966 年 8 月 1 日至 12 日，在北京召开中国共产党第八届十一中全会，全会通过《中国共产党中央委员会关于无产阶级文化大革命的决定》。同年，毛泽东在《欢呼北大的一张大字报》上作批注："危害革命的错误领导，不应当无条件接受，而应当坚决抵制。"随之，红卫兵运动开始迅速遍及全国。1966 年 8 月 18 日，百万群众在北京天安门广场举行庆祝"文化大革命"大会。毛泽东先后在 1966 年 8 月 8 日、8 月 31 日、9 月 15 日、10 月 1 日、10 月 18 日、11 月 3 日、11 月 10 日、11 月 25 日至 26 日，共 8 次在天安门广场接见来自全国各地的 1300 万群众和红卫兵。

整套邮票具有浓烈的宣传色彩，突出了毛泽东的形象和毛泽东对红卫兵的关心和期望，林彪以副主席、副统帅的身份和毛泽东在一起。后 4 枚边上都印有"伟大的导师、伟大的领袖、伟大的统帅、伟大的舵手毛主席万岁"的字样。

在《毛主席是世界人民心中的红太阳》一枚中,毛泽东身穿军装,头戴军帽,满脸微笑。胸佩毛泽东像章、高举毛泽东著作的中国、越南和世界其他国家的人民在前进中。其场景为红旗下的社会主义国家,人物为中国和越南等国的人民。行动为拥护毛泽东思想并紧密团结在他的周围,其合理化机制为"无产阶级",这是一个团结且具有革命性的阶级。

(二) 中层次和高层次结构框架的提取

作者在低层次结构话语分析所得的素材之基础上提炼出 8 个子框架,分别为"面对挑战""团结一致""开放与合作""调整与转型""有所作为""深化改革""引领国际事务"与"发展民生经济"。

之后作者进行中层次结构子框架的因子分析,共提炼出"革命的中国"(1949—1978)、"探索的中国"(1979—1992)、"现代化的中国"(1993—2008)和"负责任的大国"(2009—2016)四个中层框架。

最后,作者在这些分析的基础之上,结合所处的社会事件以及政治经济背景,进一步抽象出每一类框架的主旨含义,完成高层次界定框架的提取分析,进而追踪并阐释框架在中国历史发展中的演变。本研究抽取到的两个高层次界定框架分别为"抗争—竞争"和"集权—新威权",见表2。

在"革命的中国"这一框架中,"面对挑战"主要关注严防境外势力渗透的一种紧绷的战斗状态。"团结一致"则是国家对国人革命意识的构建式宣传。

在"探索的中国"这一框架中,"开放合作"强调改革开放以及外部的体制对中国造成的影响,"调整转型"则强调国内对体制改革的推动力量。

表2　　　　　　　　　　低/中/高层次的框架列表

高层次结构	界定框架	Frame A. 抗争—竞争 Frame B. 集权—新威权
中层次结构	革命的中国	Frame C. 面对挑战 Frame D. 团结一致
	探索的中国	Frame E. 开放合作 Frame F. 调整转型
	现代化的中国	Frame G. 有所作为 Frame H. 深化改革
	负责任的大国	Frame I. 引领国际事务 Frame J. 发展民生经济
低层次结构	中国形象的图画建构	中国形象的文本叙述

在"现代化的中国"这一框架中，"有所作为"指在国际上需要参与一定的事务，但更多的是需要韬光养晦。在国内则是要努力"深化改革"，建设有特色的社会主义市场经济。

在"负责任的大国"这一框架中，中国展示出自信的一面，在国际上"引领国际事务"，在国内继续"发展民生经济"。

在界定框架中，"抗争—竞争"的定义是：在新中国成立初期，国家还处于反压迫的抗争状态，是一个需要奋起斗争的被压迫者的形象。改革开放以来，随着政治、经济改革的逐渐深入，中国展示出的形象是可与世界其他大国同列的国际事务参与者与竞争者，是世界多极化中重要的一极。"集权—新威权"的定义则是中国内部政治、经济体制改革与发展的轨迹。从最初的个人崇拜到共治式的新权威模式，即中央权力逐级下放，但是保持着对国家政策及方向的整体控制。同时，经济快速发展，人民的生活方式与生活水平显著改变。

在编码过程中，0为"未识别出框架"；1为"部分识别出的框架"，如文中有所提及或暗示；2为"完全识别出的框架"，如出现在邮票名称、口号或图画中的标志性符号等。在高层次结构中，框架信息不能直接从图画或字面中提取，可以从宏观上的性质进行分类；在中层次结构中，所有框架意义均可从图片或文字中的内容进行提取，如"革命的中国"这一框架即是考量图片和文字信息中有没有涉及"团结一致""迎接外部挑战"，没有提及不得分，提及"帝国主义亡我之心不死"即 Frame C 得分，提及"亚非拉人民一起奋斗""紧紧围绕在毛主席周围"即 Frame D 得分。共有两位编码员参与了框架的提取，研究者首先从样本中随机选取 10 套邮票用于编码员间的信度培训与测试。经过两次培训与检测，编码员的 Krippendorff's Alpha 信度值达到了 0.82。在确定了满意的信度值之后，两位编码员完成了所有样本 261 套邮票中国国家形象框架的提取。笔者认为，这种结合话语分析法与框架分析法开展研究的方式，有利于寻找出框架设置背后的逻辑与原因。

五 结果分析

(一) 描述性分析

在所有样本 261 套邮票中，发布于 1949—1978 年的共有 104 套 (39.8%)，1979—1992 年的有 65 套 (24.9%)，1993—2008 年的共 66 套 (25.3%)，2009—2016 年的共有 26 套 (9.7%)，见表 3。

表 3　　　　　　　　　邮票在各年代中的频次分布与百分比

年代	频次	百分比
1949—1978	104	39.8
1979—1992	65	24.9
1993—2008	66	25.3
2009—2016	26	10
总计	261	100

本研究的中层框架部分是通过量化框架的测量获取的，从表 4 中的数据可以看出，出现较多的中层框架为"面对挑战"与"团结一致"，较少的为"引领国际事务"与"发展民生经济"，其余各中层框架的分布则较为接近。

表 4　　　　　　各中层框架的频次、百分比、平均数与标准偏差

	频次	百分比	平均数	标准偏差
面对挑战	101	38.7	0.6475	0.86729
团结一致	115	44.1	0.7395	0.89073
开放合作	60	22.9	0.3852	0.73650
调整转型	63	24.1	0.3852	0.72042
有所作为	66	25.2	0.4253	0.76910
深化改革	69	28.0	0.4713	0.79671
参与国际事务	34	13.0	0.2146	0.58172
发展民生经济	28	10.8	0.1839	0.55182

为了能够进一步看出每个中层子框架在各个不同时期的分布状态，本文进行了交叉表格的分析，见表 5。数据显示，"面对挑战"与"团结一致"在 1949—1978 年出现得最为频繁，随着时间的推移，这两类中层子框架大量减少，至 2016 年则极少出现。"开放合作"与"调整转型"则主要出现 1979—1992 年。随着"文化大革命"的结束与中国社会的改革开放，邮票上代表中国的形象逐渐发生了一些变化，如领袖个人的形象开始减少，也逐渐少了与"敌人"的对抗，科技、教育、国际经济的合作则随之增加。1993—2008 年的中层框架以"有所作为"和"深化改革"为主。在这期间，邮票上呈现出国家参与国际大型事件的情形，如奥运会、WTO 世贸组织等，并加大改革开放的力度与步伐。深圳等经济特区也取得了较大的成就，香港也在这期间以"一国两制"的形式回归祖国，邓小平作为中国社会发展总工程师的形象逐渐呈

现。这两个框架在 2009—2016 年有所减少，但是仍然占很大比重。2009—2016 年的两个主要形象框架分别为"引领国际事务"与"发展民生经济"。在这期间，中国逐步提出并开展"海上丝绸之路"与"陆上丝绸之路"的计划，"一带一路"倡议开始进入国际视野，中国开始以一种负责任的世界大国形象来展示自身的价值，同时继续经济特区发展，推进中国的经济与世界其他各国之间的互动，改善民生。

表 5 中层框架与年代的交叉表格分析

框架名称	1949—1978	1979—1992	1993—2008	2009—2016
面对挑战	88	8	3	2
团结一致	100	10	3	2
开放合作	0	37	2	2
调整转型	0	34	2	1
有所作为	0	2	42	3
深化改革	0	3	47	3
引领国际事务	0	0	14	20
发展民生经济	0	0	7	22

（二）因子分析

为了进一步判断中国国家形象的变化趋势，作者将 8 个子框架进行因子分析，成功生成 4 个因子，见表6。结果显示，子框架"面对挑战"与"团结一致"形成第一个因子"革命的中国"；子框架"开放合作"与"调整转型"形成第二个因子"探索的中国"；子框架"有所作为"与"深化改革"形成第三个因子"现代化的中国"；子框架"引领国际事务"与"发展民生经济"形成第四个因子"负责任的大国"。这四个因子也可被称为上文所提到的四个中层次框架。可见邮票上的中国形象存在着变化的趋势。

表6　　　　　　　　　　中层框架的因子分析

主框架名称	子框架名称	系数
革命的中国	面对挑战	−0.913
	团结一致	−0.893
探索的中国	开放合作	−0.923
	调整转型	−0.919
现代化的中国	有所作为	0.673
	深化改革	0.670
负责任的大国	引领国际事务	0.797
	发展民生经济	0.762

（三）K-mean 值聚类分析

为了便于对高层次框架进行深入分析，以及探讨中国对内和对外所展示出的国家形象随年代所呈现的变迁，本研究对中层次框架进行了 K-mean 值聚类分析。如表7所示，对外的形象框架"面对挑战""开放合作""有所作为"和"引领国际事务"最终被分为了两类，其中丛集1的"面对挑战"程度最强，其次为"开放合作"，其余两个框架则较弱。而丛集2的"有所作为"与"引领国际事务"则较强。可以看出，随着时代的变迁，中国对外的形象呈现出一种"抗争—竞争"的变化。面对国际事务不再是非黑即白的抵抗而是积极参与，推进世界的多极化发展。

表7　　　　　　　对外国家形象框架的聚类丛集与聚类观察值

	丛集	
	1	2
面对挑战	0.92	0.00
开放合作	0.52	0.09
有所作为	0.02	1.39
参与国际事务	0.03	0.65
聚类观察值数目	180	77

与对外国家形象框架类似,对内的国家形象框架也呈现出较为显著的变化,这种变化可由表 8 中的两类丛集的强度变化中看出来。数据显示,丛集 1 "团结一致"曾高强度地出现在国家形象建设之中,"调整转型"紧随其后。这两个框架分别为 1949—1978 年、1979—1992 年频繁出现的子框架。在丛集 2 中,"深化改革"与"发展民生经济"则是两个强度较高的框架,而"团结一致"与"调整转型"则非常弱。可见,随着时代的推进,国家在国内事务中的形象呈现出一种"集权—新威权"式的变化,团结起来、一致对外的集权式模式逐渐被体制改革、关注民生与经济所取代。现阶段,国家依然主导政治、经济与文化的发展,但是逐渐将权力下放,价值观逐渐实现多元。学者于建嵘曾提到,这是一种共治式新威权的模式。[1]

表 8　　　　　　　　对内国家形象框架的聚类丛集与聚类观察值

	丛集	
	1	2
团结一致	1.11	0.00
调整转型	0.53	0.12
深化改革	0.04	1.36
发展民生经济	0.00	0.56
聚类观察值数目	171	86

六　结论与讨论

本研究采用框架理论分析了 68 年间中国邮票上的国家形象的变迁。研究发现,在 1949—2016 年,随着中国国力和国家影响力的不

---

[1]　于建嵘:《共治威权与法治威权——中国政治发展的问题和出路》,《当代世界社会主义问题》2008 年第 4 期。

断提升，中国呈现出来的形象也越来越国际化。政治和经济始终是中国形象宣传的主要领域。随着时间的演进，邮票上中国形象的宣传也逐步涉及科技、环境、文化、民族、宗教、国际交流和体育等方面。

本研究分析了低、中、高三个层次的国家形象，因此可以说是一次纯粹以中国视角来审视国家形象变迁的尝试，其意义显然不同于从西方研究者的视角来解读。邮票上的中国，从一个奋进的弱国逐步发展成一个有竞争力的国家，越来越多地展示出中国的自信与力量。

本研究还检视了1949—2016年影响中国的重大事件，并用话语分析的方式探讨了这些事件对国家形象建设的影响。其中较为重要的几类事件为新中国成立、"文化大革命"、改革开放、加入WTO、深圳等特区的建设、港澳回归祖国、奥运会/世博会的举办以及"一带一路"倡议等。

本研究对于国家形象的研究在方法上取得了重要的突破。以往框架研究或使用单一的量化研究，或单一的质化研究，本研究结合质化的话语分析与量化的内容分析，以邮票所展示的事件、场所、人物以及合理化机制来探讨中国国家形象在"方寸之间"的变迁。因此，本研究对国家形象研究和框架分析的研究均做出了建设性的贡献。

以往有关国家形象的研究，大多采用两分法（正面和负面）或三分法（正面、中性和负面），或将国家形象的报道依主题分类。本研究突破了上述的研究局限，采用更具理论性的多元通用框架，并对框架的解读作了细致的编码，从而拓展了这一研究领域中框架分析的广度和深度，并具有较强的客观性、系统性和可操作性。作者认为，这套框架和编码不仅适合分析中国邮票上的国家形象，还可广泛适用于分析其他国家的国家形象的历史变迁,也可以将其扩展到除图像之外的分析领域,如媒体对自己国家的形象构建,以及一个国家对另外一个国家的形象在各类媒体中的呈现。

(原载《现代传播》2018 年第 2 期)

五

文化软实力与国际传播

华语电影的国际竞争力及其作为核心的文化逻辑

——以北美电影市场为样本

陈林侠

21 世纪以来，以中国内地为主体的华语电影的发展毋庸置疑。国内票房、银幕数、院线建设等硬件参数得到很大的提升。2010 年，国内票房突破 100 亿元，成为中国电影产业发展的标志性事件。

伴随跨国资本自由流动、民族国家疆界模糊化，全球电影市场迎来重构、调整的历史契机。在美国好莱坞占据主导地位的背景下，法国、意大利、西班牙、墨西哥、新西兰等国借助文化、影视技术等优势，成为全球电影产业中不可或缺的有机部分。相对说来，以中国内地为主体的华语电影在政治力量的推进下实现了社会优势资本的整合，产业发展的国内市场已经形成规模，其海外市场却逐年萎缩。[①] 如果从全球电影产业结构的高度看，中国内地依赖人口红利、以庞大的消费市场吸引美国等电影强国的觊觎之心，这显然不是自身竞争力的表现。"国际竞争力"虽然包括电影制作、消费市场

---

① 参见《中国电影海外市场在萎缩》，中国经济网，http://news.cqnews.net/html/2012 - 05/22/content_ 15885105. htm，2012 年 5 月 22 日；《探访戛纳电影节华语片海外市场》，《南方都市报》，http：//ent. nfdaily. cn/content/2012 - 05/28/content_ 46504400. htm，2012 年 5 月 28 日。

及其潜力等重要因素，但是，它更强调在全球范围内中国电影面对其他国家电影时，以怎样的内容、何种方式介入激烈竞争，赢得海外市场，这不仅需要应对好莱坞电影在美国本土市场的压力，也有欧洲国家的艺术电影冲击，甚至也包括东亚文化圈内部的竞争。简言之，本文所说的国际竞争力就是指中国电影参与全球化竞争、占据海外市场的综合能力。

北美电影市场的重要性不言而喻。它不仅是全球市值最大的电影市场，更是电影竞争最激烈的中心腹地，引领世界电影发展的潮流，成为衡量电影全球影响力的重要指标。经由这一市场的中继与放大，许多其他国别电影造成了全球性效应。毫不夸张地说，在全球范围内，北美电影市场具有十分重要的范本意义。对中国而言，当下电影及其文化在北美市场的输出，不仅体现出产业经济的利益竞争、产业运作的实力发展，也是传播民族文化、形塑国家形象的重要途径。

邹广文说得明确："文化产业的意识形态功能决定了其发展将主导全球文明的走向，也是最温和的争取全球话语权和身份认同的手段。"[①] 可以说，在新世纪背景下阐释"崛起的中国"的历史渊源、文化资源及未来走向，由于中国政治、经济等"硬实力"的迅速提升而显得日益迫切。伴随全球产业升级，文化产业急剧扩张，主流文化的意义价值同质化现象越发明显，在这种语境中，电影的国际竞争力不再表现为何种意义价值／"是什么"，而是聚焦在中观层面的文化逻辑。

一　北美市场上华语电影竞争力的内部构成

众所周知，"华语电影"并非铁板一块，其概念具有很强的构

[①]　邹广文：《我国文化竞争力的特征分析及实现途径》，《宁夏党校学报》2008 年第 5 期。

成性，内部差异甚大。研究华语电影的国际竞争力，不能笼而统之，需要涉及华语电影内部竞争力的特征。因此，有必要区分其构成部分。依据常理，我们将之分为中国内地、香港地区、台湾地区及海外华语电影。首先来看看近三十年来华语电影在北美市场的发行及其票房情况。

从表1可以看出，华语电影20世纪80年代在北美市场开始发行，但局限于香港电影；90年代伴随"两岸三地"电影在国际电影节大放异彩，随后引起北美市场的关注。但从整体上说，华语电影在北美市场缺乏有效占有率与自我评估机制，未能形成可持续的竞争力。

我们不妨具体说明。1980—2011年，华语电影虽然总体上表现出数量增多的趋势，但对比国内电影产业的各项数据急剧上升的态势，北美市场的数据增长非常缓慢，几乎很难反映内地电影产业的实力变化，呈现出"无规律"的特征。这首先表现在影片发行数量"无规律"。1999年后每年虽稳定在6部左右，但又屡有变数，如2004年、2008年、2011年均超过10部，而2002年、2009年却只有2部，这种变化未有合理的阐释。其次，票房"无规律"。如2000年华语电影仅6部，总票房就达到1.42亿美元，但是，《卧虎藏龙》一部电影就有1.28亿元，其他5部电影的票房总和仅1.4千万，并且至今未超越这一纪录，而票房第二的2004年，不过0.67亿元，仅达其半数。再次，发行数量与票房之间"无规律"。如2011年虽有16部之多，但票房总和仅300万元；1996年虽只发行4部，但票房已过0.64亿元；而1980年成龙第一部登陆北美市场的《杀手壕》，虽只1部，但票房已过800万元。2011年投资6亿元人民币的《金陵十三钗》，票房不过31万元，远低于1999年仅投资300万元人民币的《一个都不能少》的59万元。这种"无规律"反映出华语电影在北美市场的发行存在

表1　华语电影北美市场发行数量与票房

单位：百万美元

年份		1980	1985	1991	1992	1993	1994	1995	1996	1997	1998	1999	2000	2001	2002	2003	2004	2005	2006	2007	2008	2009	2010	2011	2012
影片信息	总量	1	1	1	1	3	3	4	4	3	4	6	6	6	2	9	11	7	6	6	10	2	6	16	8
	内地			1	1	2	2	3		1	2	2	3	1	2	5	7	3	4	1	5	2	4	11	1
	香港地区	1	1						4	2	2	3	1	3		3	3	3	1	2	5		1	4	4
	台湾地区					1	1	1					2	1		1	1		1	2					
	海外地区											1		1				1		1			1	1	3
票房		8.5	0.98	1.98	2.6	14.03	9.97	2.568	64.58	11.82	12.99	24.33	142.6	19.15	0.397	23.72	65.86	20.03	31.81	4.76	0.645	0.657	1.09	3.082	12.64

资料来源：http://www.boxofficemojo.com/，截至 2012 年 6 月 24 日。

许多自身难以控制的风险。这既有电影自身的艺术问题，也有发行渠道等硬件方面的缺陷。我们看到，2010 年后发行等硬件已有改善，发行数量明显增多，如 2011 年增加到 16 部，这与华狮电影发行公司（Chinese Lion）有相当的关联。"华狮"从 2010 年至今已发行 18 部华语电影，尤其是在 2011 年华谊兄弟和博纳参股该公司后，内地电影介入北美市场的力度明显加大。[1] 而在 2012 年，大连万达集团收购全球排名第二的美国 AMC 影院公司，[2] 虽然仍强调商业的运营模式，但无疑将大为改善华语电影进入北美电影市场的路径。

但是，走向国际市场只不过是第一步，怎样在竞争激烈的北美市场中以质取胜，则是更艰难的事情。从表格数据看，华语电影虽以中国内地为主体，但除了发行数量，未见其他优势。在北美市场三十多年间，内地电影共有 63 部，香港电影有 43 部，台湾电影有 14 部，海外华人电影有 6 部。就总票房来说，内地次于港台，位居第三，香港总票房 215191079 美元，台湾总票房 149098124 美元，内地总票房 101070548 美元。从片均票房来说，台湾电影最有优势（10649866 美元），是香港电影的两倍（5004443 美元）、内地电影的十倍（1604294 美元）。再联系到投入与产出的性价比，香港电影多属投资较大的商业电影，台湾电影均是投资较小的文艺片，这种高性价比是无须赘言的。

客观地说，2006 年后，内地电影颓势十分明显。如 2008 年《苹果》《盲山》票房刚过万元，2009 年贾樟柯的《二十四城记》票房仅 3 万元，均排名北美市场外语片 1000 名之外（总数为 1302 部）。

---

① 《华谊兄弟博纳携手共同参股北美华狮电影发行公司》，凤凰网，http：//finance. ifeng. com/gem/gemssgs/20111031/4959754. shtml，2011 年 10 月 30 日。

② 《万达收购美国 AMC AMC 为世界排名第二院线集团》，和讯网，http：//stock. hexun. com/2012－05－21/141612999. html，2012 年 5 月 21 日。

即便是张艺谋，2005 年的《千里走单骑》只有 25 万美元，排在 600 名；2010 年的《三枪拍案惊奇》仅有 18 万美元，排在 654 名。笔者认为，作为华语电影主体，内地电影不能只满足于占据国内市场，而应承担起在全球市场中参与国际竞争的责任，因此，迫切需要调整电影创制思路，更富有针对性地展开合作。

在这方面，李安对台湾电影的关键性作用以及《霍元甲》在海内外截然不同的票房，给我们提供了重要启示。在 9 部台湾电影中，李安独占 5 部，更关键的是，这 5 部票房总和高达 1.47 亿美元，占了 99%；余下 4 部（杨德昌 1 部和蔡明亮 3 部）连 1% 都未到。而且数据显示，毋庸说李安、于仁泰等具有较大影响的华人导演，就如陈冲、王颖等美籍华人也具有明显的票房优势。表格中，海外华人 6 部电影，总票房 3451577 美元，片均票房 575262 美元，已经显示出锋芒。如 1999 年陈冲的处女作《天浴》，就挤入百万美元排行榜；王颖 2011 年的《雪花秘扇》斩获 130 多万美元，成为该年度华语电影北美票房的第 1 名。最能说明问题的当属 2006 年于仁泰的《霍元甲》，无论从故事创意、情节模式还是武打动作，均乏善可陈，国内票房 1.01 亿元人民币，排名第 66 位。[①] 但在北美市场上，由于影片主创者均是投身好莱坞多年、具有一定知名度的电影人，如于仁泰、李连杰、袁和平等，北美票房高达 2400 多万美元，位居外语片票房第 6 位。

从这个角度说，华语电影应当根据具体的创制目标，借助多种华人的力量，不仅包括前往好莱坞发展的港台华人导演、演员等，[②]

---

① 《中国内地电影票房历史排行榜》（截至 2012 年 6 月 10 日），时光网，http://group. mtime. com/12781/discussion/253526。

② 参见《好莱坞华人男星要换代　东方三侠回国发展》，新浪网，http://ent. sina. com. cn/m/c/p/2007 - 02 - 04/11521438183. html；《国外不好混只能演妓女　巩俐章子怡想回国发展》，新浪网，http://ent. sina. com. cn/x/2006 - 11 - 01/14511309529. html。

而且，我们更需要关注如王颖、杨紫烨、伍思薇、黄毅瑜、刘玉玲等在美国本土成长且在影视领域获得相当成功的华裔"第二代"电影人。① 相比第一种电影力量，这种已然融入北美本土文化圈的海外力量，被我们长期忽视，亟待增强联系，并与之深度合作。

二　北美市场上外语片的竞争形态及趋势

毋庸讳言，在好莱坞电影一家独大的现实面前，所谓国际竞争力，主要是指除了美国之外与其他国别电影之间的竞争。因此，考察北美外语片票房排行榜就显得十分重要。我们先来看北美外语片排序前十名的情况。

表2　　　　　　　　北美市场外语片票房前十名分布情况　　单位：百万美元②

片名	卧虎藏龙	美丽人生	英雄	潘神的迷宫	天使V爱美丽	霍元甲	邮差	情浓巧克力	鸟笼	功夫
国别/地区	中国台湾	意大利	中国	墨西哥	法国	中国	意大利	墨西哥	法国	中国香港
票房	128	57	53	37	33	24	21.8	21.6	20	17
年份	2000	1998	2004	2006	2001	2006	1995	1993	1979	2005

从表2可以清晰地看到，在前十名中，华语电影有4部入围，反映出21世纪初期存在相当的优势，尤其香港电影的力量。这里不单指香港片，而是指香港电影力量渗透到华语电影的内质，形成了核心竞争力。如这4部华语电影都是围绕香港电影人的动作片（其

---

① 事实上，第二代美籍华裔电影人已然形成一定影响，纷纷执导电影、纪录片，如王颖的《喜福会》、伍思薇的《面子》屡获国际电影节大奖，杨紫烨的《颍州的孩子》获得第47届奥斯卡最佳纪录片，黄毅瑜执导美国大片《死神来了》系列第1部和第3部，全球票房分别高达1.12亿和1.17亿美元。与成龙、李连杰等相比，他们更能融入美国文化及其电影市场。

② 这里需要说明的是，成龙的《红番区》（票房3200万美元）、《飞龙再生》（票房2200万美元）等早期作品票房虽高，但由于发行时已被英语配音，因此未列入北美外语片票房计算。

至华语电影在北美市场的前 15 部都是动作片；除了《卧虎藏龙》《英雄》《十面埋伏》，香港电影有 12 部之多）。然而，有意思的是，其他国家 6 部外语片都是艺术电影。前 10 名中，意大利、法国和墨西哥电影各占两席，但在时间分布上，20 世纪 90 年代的电影居多。如意大利两部电影均在 90 年代，法国电影一部在 2001 年，但另一部却远在 70 年代，墨西哥电影也是如此，而 4 部华语电影均在 2000 年之后。这的确印证了骆思典的判断：新世纪初期华语电影以武打类型挤占北美外语电影市场，削弱了欧洲艺术电影（特别是法国电影）在北美市场上传统的强势地位。①

但是，确切地说，华语电影在新世纪初期的异军突起，是以武打片的商业电影挑战欧洲艺术电影的结果。骆思典断言的这种成效，无论从时间还是空间来说都非常有限。所谓"时间有限"，是指由于华语电影仅有武打片这一个占据市场的类型，在时间稍长的电影消费中，必然会失去吸引力；"空间有限"是指北美市场作为一个整体空间，对外语片（尤其是商业电影）的容纳有限。当华语电影挤压了欧洲艺术电影市场，若欲进一步发展就必然挑战好莱坞大片的本土市场。这对华语电影来说显然难以做到。表格数字告诉我们，华语电影在单一类型的重复中缺乏可持续性，很快就失去了竞争力。2006 年成为票房的分水岭，此后，在北美市场上，华语电影没有任何优势。

为了说明这个问题，我们不妨扩展开来，考察北美外语片票房前 100 位的国别（地区）分布情况。

大体说来，北美市场在好莱坞电影的影响下外语片形态已发生

---

① 骆思典：《全球化时代的华语电影：参照美国看中国电影的国际市场前景》，《当代电影》2006 年第 1 期。

微妙变化。占据主流地位的好莱坞电影整合资金、技术、市场、明星等优势资源，每年推出"票房炸弹"的大片。如 2009 年《阿凡达》7.6 亿元、《泰坦尼克号》6.5 亿元（包括 2012 年 3D 版）、2012 年《复仇者联盟》5.6 亿元、2008 年《黑暗骑士》5.3 亿元、2004 年《怪物史瑞克》4.4 亿元、《饥饿者游戏》4 亿元，时间比较集中。这反映出好莱坞大片在北美市场的地位一再巩固，更重要的是，这些大片的海外市场远超北美市场，因而不断推高全球票房。可以说，外语片（包括华语电影）市场受到好莱坞大片明显挤压。

另一方面，好莱坞大片模式在相当程度上引导外语片出现商业化趋势。这是因为：（一）好莱坞"高概念"电影、"票房炸弹"以其巨大的票房威力，在全球范围内，既取得了高额的经济利益，又展示了文化软实力的影响，对其他国家电影产生了强烈的诱惑；（二）在全球产业升级的浪潮中，电影作为产业的概念深入人心，更由于振兴文化产业等意识形态的介入，商业电影成为民族国家电影生产的重点；（三）电影作为意识形态，迫切需要发展本土电影，防御好莱坞大片的入侵，保护民族电影产业，这就只能将重点放在商业电影。中国的情况无须赘言。① 印度"宝莱坞"近年来突破歌舞片类型的传统局限，不断推出爱情、枪战、科幻、喜剧、青春、魔幻等类型，在北美市场上迅速崛起。德国电影不仅有如《罗拉快跑》《窃听风暴》等艺术电影，而且注重发挥第二次世界大战题材，不断推出如《从海底出发》《帝国的毁灭》《黑皮书》等战争片。即便是法国电影，也不再固守艺术电影的传统优势，虽有如《玫瑰人生》《萨拉的钥匙》等艺术片，但也制作出如《狼族盟约》《高压电》等商业大片。

① 陈林侠：《电影产业中的资本形态与国家形象构建》，《文艺研究》2011 年第 10 期。

表3　北美市场外语片票房前百名分布情况

国别（地区）		法国	西班牙	德国	墨西哥	意大利	瑞典	中国台湾	印度	中国香港	中国	日本	加拿大	巴西	泰国	阿根廷	丹麦	英国	印度尼西亚	捷克	俄罗斯	荷兰	伊朗	哥伦比亚	奥地利
数量	总量	27	10	9	7	6	5	4	4	3	3	3	3	2	2	2	2	1	1	1	1	1	1	1	1
	艺术	21	8	5	6	6	3	3	4	3	2	3	3	2	2	2	2	1	1	1	1	1	1	1	
	商业	6	2	4	1		2	1		3	1				2				1						1
票房	总量	186.9	68.5	59.9	101.9	106.6	38.05	142.3	27.69	56.4	69.9	17.56	13.08	13.16	16.6	23.1	8.942	3.575	4.097	5.77	5.705	4.228	7.096	6.52	5.488
	片均	6.92	6.85	6.65	14.56	17.7	7.61	36.7	6.92	18.8	23.3	5.85	4.362	6.58	8.30	11.5	4.47	3.575	4.097	5.77	5.705	4.228	7.096	6.52	5.488
发行时间	20世纪70年代	1																							
	20世纪80年代	6	1	1			2					2													
	20世纪90年代	5	3	2	1	4		2			1	1		1						1		1			
	21世纪初	15	6	6	6	2	3	2	4	3	2		3	1	2	2	1	1	1		1		1	1	1

表 3 的数据表明：在类型多元化的语境中，进入 21 世纪外语片的竞争越发激烈。2000 年以来有 64 部入围，传统强国如法国、西班牙、瑞典、德国、墨西哥等地位仍然稳固，保持了很强的竞争力。以法国为例，时间的分布就显示了强大的实力，如 20 世纪 70 年代的《鸟笼》维持前十名地位达三十多年之久，而在 80、90 年代均有多部入围，21 世纪的数量占据绝对优势，有 15 部之多。扩展到前 200 名榜单，法国更有 59 部之多。不仅如此，新兴国家电影不断崛起。在前 100 名榜单中，印度（4 部）、加拿大（3 部）、阿根廷（2 部）、泰国（2 部）、印度尼西亚（1 部）、伊朗（1 部）、俄罗斯（1 部）等均在新世纪首次冲进票房百强榜单。表现最抢眼的，莫过于印度电影。新世纪 4 部上榜电影中，仅《季风婚宴》（排名 13）是在 2002 年，其余 3 部的时间相对较晚，如 2009 年的《三个傻子》、2007 年的《再生缘》、2011 年的《Don2》。扩展到前 200 名，印度电影的优势更明显，共 27 部入围，数量仅次于法国。可以说，印度电影无论在发行数量还是票房上都表现出强势的崛起。

反观华语电影，却在短暂崛起后迅速下滑。从数据上看，华语电影在北美外语片 100 名票房排行榜上，有 10 部上榜，扩展到前 200 名，有 16 部入围，但从时间分布看，集中在 20 世纪 90 年代，内地电影在 2006 年《满城尽带黄金甲》（第 41 名）后，在国内单片票房及其总量每年创造纪录的五年之间，竟然无一入围外语片前 400 名，最靠前的是 2009 年的《赤壁》，仅排在 422 名。这充分说明华语电影竞争力的锐减。值得注意的是，法国等电影强国均强调兼顾艺术与商业多种类型。华语商业大片由于类型单一，既难以与占尽全球优势资源的好莱坞大片展开正面竞争，又难以应对多元化的外语片竞争格局，因此，在北美票房的萎缩，自然是可想而知的事情。这个问题被国内学者饶曙光敏感地注意到："由于与好莱坞大片的制作模式和路线趋于'同质化'，中国电影的国际竞争力没有可持续增强而是呈现出下滑的趋势。"① 也就是说，华语电影乃至整个外语片在好莱坞"高概念"的诱惑下纷纷打造"大片"，确实对繁荣本国电影产业、盘活国内市场起到十分重要的作用，但从全球市场的高度看，恰恰是"同质化"的表现，预示了华语电影作为外语片的最为重要的差异性褪色甚或消失。

三　北美电影市场的文化分析

通过以上的数字描述，我们发现北美电影市场具有自身的特殊性与规律性。概括起来，有以下方面值得我们重视。

第一，在北美市场上，以集束性宣传制造消费流行的热点，虽然行之有效，但却"来去匆匆"，其中，出现了明显的"第一部"效应。所谓"集束性"宣传，是指观赏热点总是出现在相对集中的时段。如成龙在1996年、1997年两年间推出的4部动作片，均进入前10位；而在21世纪初，古装武侠片集中上映，形成观赏的热点。与此同时，这个"热点"又很容易消散。如对武侠片的消费，从2000年《卧虎藏龙》到2006年《满城尽带黄金甲》，热点一过，随后的北美票房急剧萎缩，如《投名状》票房仅12万美元，在整个外语片中名列744位；《战国》票房6万美元，排名862位；《刀见笑》票房4万，排名938位。所谓"第一部"效应，是指同一类型、相似题材的电影往往是第一部电影最为成功。还是以古装武侠片为例。2000年李安的《卧虎藏龙》成为整个外语片十多年来未能超越的顶点；2002年的《英雄》在视觉上登峰造极，风格更突出，但在票房

---

① 饶曙光：《增强竞争力和实力　中国电影已可与世界接轨》，《人民日报》2010年10月29日。

上已难以望其项背，不及前者的一半；《十面埋伏》虽然票房也不错，但比之《英雄》相差甚远；再及《满城尽带黄金甲》，票房只是《十面埋伏》的半数，已然落到 600 万美元。再如成龙的动作片《红番区》的票房在 1996 年高达 3200 万美元，随后在北美市场发行类似的动作片多达 10 部，但未有超越者。这个效应也表现在文艺片类型中。如李安早在 1994 年的《饮食男女》以 700 多万美元的票房成绩，二十多年来傲视后来者，成为北美市场上最卖座的华语艺术片。陈凯歌的《霸王别姬》在 1993 年创造的 521 万美元的票房纪录，至今也没有被自己后来的作品打破。蔡明亮在 2001 年最早登陆北美市场的《你那边几点》，虽只有 19 万美元，但 2004 年的《不散》、2007 年的《黑眼圈》加起来也仅 5.5 万美元。张扬的情况也如此，2000 年《洗澡》成为票房顶峰，此后虽有 2002 年的《昨天》、2007 年《向日葵》，但都相差甚远。田壮壮也难逃此规律，1994 年《蓝风筝》35 万美元票房远超 2004 年精致之作《小城之春》，后者仅 4 万多美元。可以说，这个"第一部"效应亟待我们重视。

第二，北美市场外语片中的商业大片并没有优势，甚至比不上艺术电影的票房。这一现象和好莱坞大片占据北美市场主流地位有直接关系。外语片如此强调"艺术"，正是对主流的好莱坞大片的必要补充。表格的数据清楚表明，长期以来，北美市场存在把外语片当作艺术电影的欣赏传统，尽管 21 世纪初商业性增强而略有变化。就华语电影而言，在 36 部华语电影票房 100 万榜单上，商业电影 15 部，艺术电影则有 21 部之多。前者集中在 2000—2006 年，但在 20 世纪 90 年代，后者无论是数量还是票房都占据了绝对优势。在华人导演北美票房的排行榜中，商业电影导演仅有周星驰一人进入前十名。从单片票房来看，李安早期两部艺术电影《饮食男女》（1994）、《喜宴》（1993）均远超 2006 年国内年度票房冠军《满城尽带黄金甲》；陈凯歌的文艺片《和你在一起》居然比张国荣、巩俐等明星参演的《风月》高出很多，甚至是跨国大制作《无极》票房的两倍。这在国内市场上是不可想象的事情。《卧虎藏龙》的特殊性颇能说明这个问题。该片虽在华语文化圈中作为武侠片宣传，但在北美市场上，则把宣传重心放在了执导艺术电影的李安，《卧虎藏龙》被当作"理智和情感"的东方版，即用艺术电影的传统来吸引西方观众。①这里，有一个矛盾略加说明。华语电影北美票房前十五位的无一例外都是动作片，这反映了导演创作的当下流变：以艺术电影获得国际声誉后转而创作商业大片，尤以张艺谋为代表（李安创作的武侠文艺片《卧虎藏龙》虽然开了先河，但是其重心仍在艺术电影，如《断背山》《制造伍德斯托克》《色·戒》等）。由此，我们应该注意两点：首先，在北美外语片市场上艺术电影具有特殊的价值，其性价比远超商业电影；其次，在电影产业化浪潮中，艺术电影受到商业大片严重挤压的国内现状需要改变，我们应当重视前者的拍摄。

第三，北美电影市场的消费心理比较成熟，存在清晰的集体记忆，具体表现在：（1）权威媒体的影评能够适时做出准确的评价，有效地引导观影心理；（2）院线积极提供大量的影片信息，严格遵循分级制度，形成合理的审美期待；（3）观众根据自身观影需求，进行理性的选择。因此，它很难出现如国内古装大片消费时的票房与恶评"齐飞"的现象。②确切地说，对于外语片，北美市场更关注艺术标准。北美票房的确较真实地反映出电影的艺术品质，完全

---

① Jing Yang, "Rewriting the Martial Arts Moviein the Global Era: AStudy of Crouching Tiger, Hidden Dragon", Asia Culture Forum 2006-Whither the Orient, http://www.cct.go.kr/data/acf 2006/cinema/cinema-Session% 201% 20-% 20Yang. pdf.

② 陈林侠：《笑场：当下华语大片传播的文化现象》，《中州学刊》2009 年第 4 期。

依靠营销噱头或其他如情色、政治、国际电影节获奖等因素，难以取得成功，如情色题材的电影表现平平，被称为史上第一部立体色情片的《肉蒲团3D》在北美票房不过15万美元；即便是最为成功的华人导演李安，2007年执导的《色·戒》被定为NC–17级，票房400多万美元，在这个类型中已位居第五，但在他的5部华语作品中只位列第四，仅比1992年的处女作《推手》略好。再如国际电影获奖因素、"禁片"的政治因素对票房的影响也不如我们想象得那么明显。如台湾导演蔡明亮被称为"专为国际电影节制作"的导演，《你那边几点》《不散》《黑眼圈》三部电影，票房总和不及25万美元；被誉为第六代导演旗帜的贾樟柯，《三峡好人》《世界》《任逍遥》三部电影总票房仅15万美元。截至2011年，在126部华语电影中，被中国内地禁演的有3部电影，但无论票房总额还是排名都未见任何优势。田壮壮1994年执导的《蓝风筝》略好（票房35万美元，排名43位），娄烨2008年的《颐和园》（仅6.3万美元，排名65位）和张元1998年的《东宫西宫》（仅4.6万美元，排名67位）相差不少。可以说，此类电影的票房和排名都比较靠后。一个反例是，2011年的《建党伟业》，虽然存在明显的政治色彩，但是却获得15万票房，全年16部华语影片中排名第五。这个案例应当给当下内地电影的政治文化传播以信心。

第四，北美电影市场具有较强的开放性，敢于接纳一些并不熟悉的导演作品，具体表现在上文提及的"第一部"效应方面，但更值得注意的是，北美市场对外语片所反映的时代背景并无特殊限定。我们看到，票房在千万以上的14部华语电影虽然都是动作片，但是，近现代背景的武打片（10部）超过古装武打片（4部）；票房在百万以上的36部影片中，古代背景的仅为6部；即便在82部华语电影中，仅有12部。在发行时间上，古装武打片全部出现在21世纪（1999 年《荆轲刺秦王》、1998 年《秦颂》带有史诗剧的意味，严格意义上说不属于此范畴），换言之，均在 2000 年《卧虎藏龙》之后。如此数据足以说明：（1）新世纪古装武打片的生产并没有建立在北美市场的调研上，它仅是遵循商业类型的运作模式，"模仿"第一部成功的影片（即《卧虎藏龙》）；（2）西方对古装武打片所谓的"文化猎奇"，不是自身的观影需求使然，而是由于电影制作者不断模仿类似文本积累形成的；（3）北美观众对中国历史并没有特殊的兴趣倾向，强调古装戏、历史剧的创作与输出，这其实是国内电影人的一种误判，提炼、整合海外观众的观影需求才是关键。

四　作为国际竞争力的核心：中观的文化逻辑

对试图重振海外市场的华语电影来说，我们需要在文化产业的背景中探知电影竞争力的关键所在。21 世纪以来，国家相继出台"振兴文化产业""繁荣电影行业"的政策措施，文化产业以支柱产业的全新身份成为国民经济的再增长点，并借助不断拓展的消费市场与日益发达的媒介技术，把大众文化、官方文化以及精英文化，熔铸成既囊括三者又不同于三者的主流文化。"文化产业正在把世界变成一个经验的领域，经由社会分化而产生的界限或区别已经变得模糊……另一方面也因为文化比利益与权力更多地蕴含着超越国家、民族的人类共通性，可以便捷地穿越民族国家、文化传统和政治体制的障碍"。① 即是说，文化产业所生产出的主流文化，在世界范围内打破了官方、精英、大众的传统划分，表现出一种因"去社会分化"而"界限模糊"的特征。

---

① 单世联：《在全球竞争中实现中国文化的复兴——读田丰等著〈文化竞争力研究〉》，《哲学研究》2008 年第 7 期。

陶东风说："主流文化是在一个社会中真正占据地位的文化，是真正支配大众的思维和行为方式、在大众日常生活中得到践行的价值观。"① 的确，作为一种意义价值，主流文化在提炼社会阶层文化的同时，又取消了社会阶层的文化区隔，以人们"日用而不知"的方式潜在地发挥作用，成为没有阶层差异故能最大范围地影响大众思维的力量，进而对人们现实生活产生重要作用。就本论题而言，这种主流文化由于具有"共通性"，故能成功地穿越其他民族国家政治与文化的障碍，深刻介入全球普适性文化的竞争，成为民族国家参与国际竞争的表证。因此，全球文化产业的竞争就是一个国家的主流文化的竞争，更是主流文化所涵盖的意义价值的竞争。

进而言之，文化产业所生产的主流文化，虽然兼顾政治经验（叙述甚至迎合国家政治意志）与文化经验（具有较新颖的人生经验、叙事形式及策略），但与经济资本呼应的大众文化却成为重中之重。文化产业把大众文化所指涉的特殊经验最大范围地扩散开来。因此，主流文化的国际竞争力，在相当程度上即是大众文化的竞争力。电影的特殊性在于自诞生以来始终都是一种大众媒介，虽曾有"左岸派""新浪潮"，但整体上并未出现陶东风所说的精英文化与大众文化之间的价值鸿沟。他在好莱坞大片中概括出的"自由或梦想""平民主义""回归正常"等"美国价值观"，② 已成为全球大众文化的普适性价值，也构成了艺术电影的意义世界（如被公认为艺术电影的代表，法国"新浪潮"恰恰与好莱坞电影关系密切）。因此，在全球产业升级过程中，许多国家不约而同地发展文化产业，大众文化占据了主流文化的核心地位，由于"共通性"的内质，文

---

① 陶东风：《核心价值体系与大众文化的有机融合》，《文艺研究》2012 年第 4 期。
② 同上。

化产业呈现出来的意义价值大抵相差无几。

当我们厘清这个问题后，怎样构架中国电影国际竞争力就清楚了。如果我们把国际竞争力分成宏观/意义价值、中观/文化逻辑与微观/故事形态三个层次，那么，我们的重点应当放在中观/文化逻辑和微观/故事形态两个层次上。这是因为，全球范围内的文化产业主导的意义价值存在相当程度的同质化。我们更需要思考的是以"何种"的中观/文化逻辑与"怎样"的微观/故事形态打造自身的竞争力，而非纠缠于宏观层次的意义价值。其中，尤其应当重视中观层面的文化逻辑。在宏观层次的意义价值因普适而抽象、空洞的情况下，中观层面的文化逻辑如同一座桥梁，不仅将微观的人物生存状态令人信服（文化的"合理性"）、出人意料（文化的"特殊性"）地提升到宏观的意义世界，而且，从意向性的角度有力地阐释了意义世界与微观个体的关联属性，回答了"意味着什么"的价值问题。

杨国荣说："作为人所理解的存在，它无疑更多地表现为在不同视域下，世界对人呈现为什么，从而，也更直接地对应于'是什么'的问题。事实上，世界被人理解为什么，从另一角度看也就是：在人看来，世界'是什么'。与'是什么'相联系的是'意味着什么'。后者进一步将观念形态的意义世界引向价值之域。"① 即是说，意义世界"是什么"虽然是宏观抽象的本质问题，但是，在微观的个体看来，"是什么"远没有与自身相关的"意味着什么"来得重要，因为后者涉及与个体相关的价值属性。就电影艺术来说，中观层次的文化逻辑就是"意味着什么"的价值阐释。

德里达是用另一种话语来论述的。在他看来，文学性，或者更

---

① 杨国荣：《论意义世界》，《中国社会科学》2009 年第 4 期。

关于艺术与现实的关系，还是卡西尔说得好："艺术并不是对一个现成的即予的实在的单纯复写，它是导向对事物和人类生活得出客观见解的途径之一，它不是对实在的摹仿，而是对实在的发现。"① 电影艺术同样是"发现实在"，并在此基础上运用特殊的媒介语言、文化逻辑"构建实在"。无论何种生活状态，都需要阐释自身合理性的文化逻辑，正是它的运转，才可能构建起人类共同向往的意义世界。

显然，通过分析北美这一具有范式意义的电影市场，我们发现，任何国家的主流电影及其文化，无论在国内还是海外市场，作为常识性、普适性的意义世界已经不再重要，关键在于我们怎样运用本民族文化的逻辑富有说服力地构建起一个坚实的微观世界。这是电影国际竞争力的核心，需要我们特别重视。

（原载《文艺研究》2013 年第 4 期）

---

① ［德］卡西尔：《人论》，甘阳译，上海译文出版社 1985 年版，第 182 页。

韩国电影的艺术形态、国家形象及其文化折扣现象

——基于北美电影市场的实证研究

陈林侠　杜　颖

　　韩国作为一个文化产业后发性国家，在 20 世纪 90 年代后期迅速崛起，成为亚洲国家产业转型的成功典范。1997 年后在中国、日本及其周边国家地区，电影、电视剧、动漫游戏、流行音乐、饮食等大众文化出现势头汹涌的"韩流"，勾勒出富有现代魅力、情感魅力、动感魅力的韩国形象。韩国电影在建构国家形象方面具有较强的影响力，一方面在西方国际电影节不断地斩获重要奖项，另一方面取得前所未有的商业成功。自 1999 年以来占据本土市场 40% 以上，2001 年取代好莱坞电影的份额，2006 年达到 63.8%。① 但是，韩国电影以极端叙事张扬文化的特殊性，海外市场远逊于电视剧、音乐等其他大众文化。② 在全球最大市值、国别电影竞争最为激烈的北美电影市场，韩国电影出现明显的"文化折扣"现象，无论是票

---

　　① 中国文化传媒网：《韩国电影：明星自降片酬来救市》，http：//www.ccdy.cn/yule/zixun/201109/t20110927_ 103725. htm，2007 年 4 月 23 日。

　　② 《韩流仍火　韩片稍逊》：韩国电影出口额 2005 年达到历史最高值（7600 万美元），2006 年减少为 2500 万美元，并且持续下跌，2011 年仅为 1582 万美元，远低于电视剧 2 亿美元，音乐的 1.9610 亿美元，《中国文化报》2013 年 1 月 8 日。

房还是发行数量，无论是政治传播还是文化影响，都弱于印度电影、中国电影，甚至和泰国电影相比也落了下风。从这个角度看，研究韩国电影在北美市场的境遇以及文化区隔带来的折扣现象，对目前海外影响力日益萎缩的华语电影来说，具有十分重要的启示意义。

一 韩国电影在北美市场的票房状况及其艺术特征

1998 年韩国明确提出"文化立国"的战略方针后，电影等文化产业便成为韩国经济发展的重要愿景，本土市场日益整固，并且，在东亚周边国家和地区大为流行，成为重要的文化产业出口国。对于韩国文化的繁荣，我国大众传媒有太多的描述与概括，出现了"韩流""哈韩族"等媒体热词。韩国电影在"身土不二"的民族主义情绪刺激下占据国内市场，已成为不争的事实。但是，在北美（包括美国与加拿大）这个全球市值最大的电影市场上，韩国电影表现得差强人意。我们不妨用表 1 来具体说明。

表 1　　自 20 世纪 80 年代以来韩国电影在北美外语片市场情况①

排名	片名	票房	导演	题材	价值	风格	年份	评级
1/140	春夏秋冬又一季	238	金基德	文艺片	生命	悲剧	2004	R
2/152	江汉怪物	220	奉俊昊	灾难片	亲情	悲剧	2007	R
3/290	太极旗飘扬	111	姜帝圭	战争片	国家	悲剧	2004	R
4/342	双面君王	91.7	秋昌明	宫斗片	国家	悲剧	2012	未分级
5/374	春香传	79.8	林汉泽	文艺片	爱情	正剧	2000	R
6/407	老男孩	70.7	朴赞郁	文艺片	亲情	悲剧	2005	R
7/414	夺宝联盟	68.5	崔东勋	动作片	爱情	正剧	2012	未分级

① 表格的排名一栏两个数字，前者指韩国电影票房的排名，后者指在该影片在整个北美外语片市场上的排名；票房单位为万美元；年份一栏中由于大多韩国电影并非全球同步发行，北美上映时间与韩国本土上映的时间略有差异。以上数据均来自 www. Officeboxmojo.com，截至 2013 年 3 月 25 日。

续表

排名	片名	票房	导演	题材	价值	风格	年份	评级
8/549	诗	35.6	李沧东	文艺片	生命	悲剧	2010	未分级
9/560	狼族少年	34.2	赵成熙	爱情片	爱情	正剧	2012	未分级
10/580	蝙蝠	31.8	朴赞郁	文艺片	不明确	悲剧	2009	R
11/630	弓：最终的武器	25.1	金韩民	动作片	国家	悲剧	2011	R
12/639	空房间	24.1	金基德	文艺片	爱情	悲剧	2005	R
13/665	亲切的金子	21.1	朴赞郁	文艺片	亲情	悲剧	2006	R
14/710	向着炮火	17.6	李载汉	战争片	国家	悲剧	2010	未分级
15/730	下女	15.7	林常树	文艺片	爱情	悲剧	2011	未分级
16/773	台风	13.9	郭景泽	动作片	国家	悲剧	2006	R
17/788	看见恶魔	12.9	金知云	文艺片	不明显	悲剧	2011	未分级
18/852	生死谍变	9.8	姜帝圭	动作片	国家	悲剧	2002	R
19/903	蔷花，红莲	7.25	金知云	恐怖片	亲情	悲剧	2004	R
20/911	登陆之日	7.01	姜帝圭	战争片	国家	悲剧	2011	R
21/934	丑闻	6.3	李在容	文艺片	爱情	悲剧	2004	未分级
22/945	无树之山	6.03	金素英	文艺片	亲情	悲剧	2009	未分级
23/974	智齿	5.26	郑址宇	文艺片	爱情	悲剧	2006	未分级
24/1124	海边的女人	2.36	洪常秀	文艺片	爱情	正剧	2008	未分级
25/1174	时间	1.6	金基德	文艺片	爱情	正剧	2006	未分级
26/1181	拯救绿色星球	1.55	张俊焕	科幻片	不明显	喜剧	2005	未分级
27/1183	杀手回忆	1.535	奉俊昊	警匪片	正义	正剧	2005	未分级
28/1185	不后悔	1.53	李宋熙日	文艺片	同性	悲剧	2008	R
29/1205	北村的方向	1.36	洪常秀	文艺片	不明显	正剧	2012	未分级
30/1223	女人是男人的未来	1.18	洪常秀	文艺片	不明显	正剧	2006	未分级
31/1233	高地战	1.1	张勋	战争片	国家	悲剧	2012	未分级
32/1259	那时候那些人	0.97	林常树	动作片	国家	悲剧	2005	未分级
33/1321	白日饮酒	0.49	卢勇石	文艺片	不明显	喜剧	2009	未分级
34/1348	不眠之夜	0.33	张健宰	文艺片	爱情	正剧	2012	未分级
35/1401	殴打诱发者	0.051	元信渊	文艺片	不明显	喜剧	2008	未分级
36/无	罗密欧点	无	孔水昌	战争片	不明显	悲剧	2004	未分级

　　总体上说，韩国电影在北美市场的票房及其影响不佳，这可以在发行时间和数量上得到佐证。自20世纪80年代以来，截至2013

年 3 月 25 日，北美电影市场的外语片数量为 1405 部，韩国电影仅发行了 36 部（2012 年的《危险关系》是韩国与中国合拍，但以后者为主，未纳入表格的统计之列），其中《罗密欧点》没有票房与上映记录，并未真正进入院线产生票房。因此，严格地说，仅有 35 部韩国电影在北美市场顺利发行。

表格的数据显示，北美市场的韩国电影具有如下特征：

（1）从票房排名来看，韩国电影在北美市场并不乐观。《春夏秋冬又一春》虽然排名第一，但在整个外语片票房位居 140 名，进入前 200 名的韩国电影仅 2 部，前 400 名的 4 部，前 700 名的 13 部。不仅如此，35 部韩国电影总票房为 1167 万美元，单片平均票房仅 33.35 万美元，这与北美市场外语片单片平均票房 115 万美元相差较远（仅有 3 部韩国电影达到这一平均水平）。说到这里，不妨与中国电影[①]和印度电影相比。进入前 200 名的中国电影有 10 部，印度电影有 33 部；前 400 名的中国电影有 16 部，印度电影有 95 部；进入前 700 名的中国电影有 26 部，印度电影甚至高达 177 部。如果说中国电影的鼎盛期是新世纪初期（2000—2006 年）的武侠片，印度电影则是在近十年集中井喷，那么，韩国电影一直都未受到北美市场的特别青睐。从类型的角度说，在前 10 名影片中，文艺片和商业电影均为 5 部。文艺片单片票房 24.7 万美元，商业电影则是 35.9 万美元，但考虑投资成本的问题，小制作的文艺片无疑比商业片更有市场优势。

（2）就导演来说，韩国电影缺乏具有突出影响力与号召力的国际性导演。影片发行数量最多的导演是金基德、姜帝圭、朴赞郁和洪常秀（均为 3 部），其次是奉俊昊和林常树（均为 2 部），其他 19

---

① 为客观比较中国内地与韩国电影产业的情况，本文出现的"中国电影"不包括我国香港与台湾地区电影。

位导演都只有 1 部作品，分布非常松散。不仅如此，同一导演的票房排名相差较大，如金基德的 3 部影片分别为第 1/140、12/639、25/1174 名，姜帝圭的是第 3/290、18/852、20/911 名，朴赞郁的是第 6/407、10/580、13/665 名，洪常秀更为靠后，分别为第 24/1124、29/1205、30/1233 名。这反映出韩国内部可能形成公认的导演，如林权泽被誉为"现代韩国电影之父"，金基德、朴赞郁以国际电影节嘉赏奠定艺术地位，姜帝圭的战争片具有市场号召力。但是，对北美市场来说他们并未产生很大的影响。票房数据显示，拍摄数量巨大的林权泽在北美市场仅发行了一部影片，其他导演均是后继乏力，如姜帝圭的《太极旗飘扬》票房尚佳，但振奋本土市场的《生死谍变》仅 9 万美元，2011 年《登陆之日》更缺乏亮点，票房跌至 7 万美元；被誉为最具独立制片精神的洪常秀，票房一直欠佳。可以说，无论是商业电影还是文艺片导演，对北美市场缺乏较稳定的号召力。

（3）就题材类型来说，韩国电影出现极端化倾向，要么是极端小众化的文艺片（19 部），要么是极其通俗的商业电影（17 部）。从数量看文艺片仅略微占优，但是由于商业电影种类非常分散（如灾难片、战争片、动作片、科幻片、恐怖片以及爱情片等均已出现），而且，就其叙事逻辑而言，与韩国文艺片突出血腥、暴力以及色情等极端倾向相似。由此，文艺片的总体影响就凸显出来。在文艺片内部，极善与极恶的创作思路泾渭分明，但前者仅 4 部，后者多达 15 部，或诉之暴力，或诉之情色，具有很强的感官刺激，如《老男孩》《亲切的金子》《蝙蝠》《看见恶魔》《殴打诱发者》等极端的暴力行为，《丑闻》《下女》《女人是男人的未来》等的情色元素。在商业电影中，这种极端化倾向表现在营造视觉奇观上，如《江汉怪物》对怪物的血腥表达、《太极旗飘扬》《向着炮火》《登陆之日》对战场效果的营造,《蔷花,红莲》《罗密欧点》对恐怖效果的塑造,等等。

(4)从发行时间看,韩国电影在北美电影市场发行的时间明显偏晚。林权泽的《春香传》2000年在北美市场的发行,是第一部韩国电影,到目前为止仍然保持在第5名。这在一定程度上显示出北美市场的开放性;或者说,北美观众对没有观赏经验的电影往往抱有较强的好奇心。在具体年份上发行数量也有变化。2000年1部、2002年1部、2004年4部、2005年5部、2006年5部、2007年1部、2008年3部、2009年3部、2010年2部、2011年4部、2012年6部。2004年是韩国电影相对走强的年份,发行4部,其中分别排名第1名(《春夏秋冬又一春》)、第3名(《太极旗飘扬》)、第19名(《蔷花,红莲》)、第21名(《丑闻》),名次比较靠前。更值得注意的是,韩国电影在2012年出现再次走强的迹象,不仅成为发行数量最多的年份(共6部),而且有3部进入韩国电影票房的前十名(第4名《双面君王》、第7名《夺宝联盟》、第9名《狼族少年》)。这显示出韩国电影在北美市场的某种转机。反观原本占据优势的中国电影,2012年共发行7部,但是,票房最佳的《1942》仅31.2万美元,远远低于《双面君王》的91.7万美元票房;《龙门飞甲》以17万美元票房排在第2名,和《夺宝联盟》的68.5万美元相差甚远;《消失的子弹》只有11.7万美元,但也成为中国电影年度的第3名,而韩国电影的《狼族少年》排名第3名,其票房却是34.2万美元。可以说,相比当下中国电影在文艺片与商业片方面均陷入严重困境的现状,韩国电影在北美市场上已经显示出较强的后劲。

(5)客观地说,韩国电影在北美的票房总体不佳,与美国电影分级制有着密切关系。我们看到,MAPP(美国电影协会)对韩国电影定级为R级的有14部,其他属于"未分级"(有22部之多)。换言之，在北美市场发行的韩国电影均是 R 级，其他"未分级者"大多是根本没有送审定级的独立制片，如金知云的《看见恶魔》，充斥着大量血腥、暴力、性裸露等禁止镜头，在北美艺术院线中虽得以上映，但票房不佳是显而易见的。① 这种定级情况决定了韩国电影很难进入主流影院面向最大量的观众，必然对票房产生很大的负面影响。这并非由于韩国电影不了解好莱坞电影分级制度；韩国政府在1998 年废除电影审查制度，建立起的恰恰是与美国相似的电影协会组织的分级制。② 韩国电影不顾北美电影市场的规定原则，极端强调自身的叙事风格与个性，执守自我中心的政治立场，这和 20 世纪 90年代"韩国新电影"首先从艺术片取得突破有直接关联。③ 但从另一角度上考量，韩国电影试图进入北美市场艺术院线而非主流院线的发行思路，也充分暴露出在制作商业电影方面的欠缺，导致在北美市场的票房成绩较为惨淡，也大大限定了在北美观众的影响力。因此，情欲、暴力，虽然成就了韩国电影的极端化叙事，但是，这种模式很难满足商业电影的均值化等要求，难以走上电影产业正常运转的道路。

二 韩国电影的国家形象及其文化政治功能

在韩国，电影成为民族主义的重要媒介。从历史、社会、国家等多层面凝聚了丰富的象征意义，国家主义获得了多重修辞功能的话语表征。卞智洪甚至把整个产业的兴起都归结为这种民族主义情结，"在造成韩国电影振兴繁荣景象大的社会背景中，有一个因素不

---

① 北美院线市场严格地遵照电影分级制，未分级的电影很难进入主流院线，因而严重影响该片的票房成绩。

② 卞彦芳：《韩国电影产业新观察》，《现代传播》2009 年第 5 期。

③ 朴燕真：《90 年代韩国电影的繁荣和流变》，《当代电影》1999 年第 2 期。

得不指出：韩国民众强烈的爱国心和罕见的民族凝聚力。韩国电影票房的奇迹，与韩国观众对本土电影非理性的热爱，蜂拥而上的参与行为是分不开的"①。但客观地说，韩国电影产业的兴起更离不开韩国政府从政策、经费、拓展海外市场等方面的大力支持。对此，韩国学者刘雄宰认为，韩国电影事业的转折点在于时任总统金大中的全球化战略，"正是政府文化政策的转变成就了这一产业的繁荣景象"②。有学者这样描述："现在，韩国电影被看作有关民族生存发展的重大问题，所以韩国政府极力支持韩国电影事业的发展，韩国政府不但每年拨出相当于人民币4500万元的巨额经费，重点支持20部民族电影的拍摄，还在施政纲领中明确保障韩国电影在本国市场占有率要达到40%以上，此外积极协助韩国电影攻占海外市场。"③正是在国家、社会的双重作用下，韩国电影在1994年处于极度贫弱之后迅速崛起。

有意思的是，虽然法国和韩国政府都非常重视本国大众传媒及其流行文化的海外传播，但韩国电影所蕴含的政治意识，恰恰和法国电影形成鲜明对照。我们看到，一方面法国电影在北美市场发行数量众多、票房高企，另一方面，文本自身显示出个体与国家、文化与政治的明显错位，由于过于关注微观个体，导致虽有较强的艺术实力及其文化影响力，却未能积极有效地配合、传播国家政治意识及其立场。可以说，在国际政治格局中，法国政治地位及其影响力自20世纪70年代以来明显下降，虽受限于整个社会强调个体的"后物质主义"精神状态，但更与电影等大众传媒弱于传播国家形

---

① 卞智洪：《二十世纪九十年代后期韩国电影振兴现象产业分析》（上），《北京电影学院学报》2002年第4期。

② ［韩］刘雄宰：《全球媒体景观下的政治经济学——以韩国电影工业为例》，《文化艺术研究》2010年第1期。

③ 刘琼：《"后好莱坞时代"的韩国电影》，《世界文化》2005年第5期。

象、疏于扩展政治影响有关。① 与之相反的是，韩国电影所依托的文化传统资源属于儒家文化，就文化个性与内涵而言，难以和历史悠久、深厚精致的中国、法国文化相提并论，但是，法国电影强调艺术传统、中国电影注重商业诉求，韩国电影则充斥着国家至上的民族情绪，存在急欲在世界舞台上维护民族国家的政治冲动。

表1的数据显示，韩国电影强调国家主义竟然有9部之多，在数量上与表现爱情价值的影片一样，而且，在9部影片中前者无一例外地成为人物所追求的最高的价值旨归，后者则不同，分散在文艺片、爱情片以及动作片等多种类型，更存在反思爱情、消解爱情等相反倾向，如《时间》《下女》混杂情欲，直言爱情的虚幻，等等。因此，国家主义无疑成为北美市场上韩国电影价值观最明确的显现。进而言之，9部宣扬国家主义的影片中，均表现朝鲜半岛的历史、政治、军事等局势，尤其注重当下严峻的南北对峙。这是因为9部影片中7部是现代题材；而在4部战争类型的电影中，有3部都是表现朝鲜战争，如《太极旗飘扬》《向着炮火》《高地战》，仅有《登陆之日》表现第二次世界大战题材（从日苏战争、苏德战争再到诺曼底登陆，内容涉及非常广，但重点在于注重表现日本、朝鲜、苏联、中国等涉及朝鲜半岛复杂的多国政治关系）。

从审美风格上看，这些影片无一例外的都是悲剧。从《太极旗飘扬》（兄弟相残）、《双面君王》（假君王的离去）、《弓：最终的武器》（清廷镇压）、《向着炮火》（学生兵全体牺牲），等等。这种悲剧性很大程度上激励了观众的国家主义情感。首先，以悲剧的审美风格表明韩国/朝鲜半岛痛苦的"殖民地"历史与南北分裂带来悲情

---

① 陈强：《法国文化软实力的衰落及法国总统、学者的反思》，《经济与社会发展》2008年第12期。

现状,如《弓:最终的武器》中清朝之于朝鲜半岛的欺凌,《登陆之日》中作为宗主国的日本对朝鲜的侮辱,《太极旗飘扬》表达朝鲜战争给普通家庭带来的痛苦,悲剧性故事情节带来的悲壮、悲情无疑成为形塑韩国形象的重要元素。其次,结尾的悲剧性渲染了国家至上的观念,尤其是刺激了接受群体当下的情感反应,强化了朝鲜半岛的政治判断、价值判断,从而把观众紧密地与韩国命运缝合在一起,如《生死谍变》中朝鲜间谍金明姬长期潜入韩国,在体验到幸福的家庭生活后,最后宁愿自己死亡,也不愿意服从朝鲜军人的命令,制造爆炸案件刺杀韩国总统;《台风》中"脱北者"遭到韩国拒绝后誓言报复,但所谓报复,不过是"不愿被遗忘"、寻找韩国认同的方式,结尾并没用核废料破坏韩国海岸线,这里表达的仍是对韩国深层次的情感认同,强调以韩国为中心纾解南北之间的敌对关系。再次,悲剧显示出严肃的创作态度与历史责任感,在强调真实事件的情况下,赋予了影片的可信度,如《那时候那些人》选择刺杀总统的真实事件。战争片也是如此,《太极旗飘扬》《登陆之日》等屡屡用字幕交代历史背景,具有相当的纪实性。

由此可见,韩国电影存在着明显的文化政治功能,从电影创作到海外发行,都在积极配合、阐释国家政治及其相关的意识形态,塑造出了一个虽有含蓄隽永之气但更多的是阳刚硬朗的国家形象。就表格中的电影来说,除了2部文艺片(《春夏秋冬又一春》勾勒出清淡闲远的东方形象,《无树之山》用儿童表现在残酷的成人世界中的温馨情感),其他韩国影片都是强调坚强、酷烈、刚健、富有行动力的形象特征,不仅包括战争片、动作片、灾难片等商业电影,文艺片也是如此,如朴赞郁的"复仇三部曲"(《老男孩》《我要复仇》《亲切的金子》),人物不惜一切代价的复仇行为、缜密的行为计划、残酷的暴力行为,产生出这种因暴力而个性的硬派形象。但从票房数据看，韩国电影所塑造的这种形象却遭到北美市场的某种冷落。在北美市场上，以上 9 部具有国家主义的韩国电影票房不佳，单片票房仅 30.9 万元，低于 33.35 万的平均票房；而且，从时间上看，这些投资较大的战争片与动作片票房排名越来越靠后，如 2010 年的《向着炮火》刚到 14 名，2011 年号称"中日韩大制作"的《登陆之日》仅为 20 名，2012 年的《高地战》居然排到了第 31 名。也就是说，北美市场对外语片宣扬国家至上、民族主义的战争类型越来越冷淡。质言之，韩国电影虽然具有较强的政治传播意识，它以积极的民族主义强调国家至上，试图表现当下朝鲜半岛紧张的政治形势，在世界范围内营造有利于自身的公共舆论，但在客观上，并未取得预想的效果。

北美外语片市场存在艺术判断的审美传统，排斥明显地灌输与宣扬政治意识形态的叙事，即便从国际政治角度来说，韩国与美国具有政治同盟的关系。① 如同是 2004 年发行，金基德的文艺片《春夏秋冬又一春》的票房是战争片《太极旗飘扬》两倍多，尽管后者已经缔造了韩国战争片在北美的最高票房。进一步分类，4 部战争片和 3 部动作片均以现代韩国为背景，只有 1 部宫斗片和 1 部动作片属于古代题材。但是，7 部现代题材影片的平均票房仅为 23.05 万元（并且，这个平均票房被《太极旗飘扬》的 111 万元票房提高了，因为排名第二的《向着炮火》仅是 17.6 万元，已远低于平均票房），而古代题材虽只有 2 部，却是 45.8 万元，远远超出了现代题材单片的平均票房。如果考虑到中国古装片在北美市场每况愈下的情况，就会发现，这并不意味着北美观众对韩国古代题材电影的热衷，而是指在激烈的电影竞争中，北美市场热点短暂，观众极易产生审美

---

① 陈林侠：《华语电影国际竞争力及其作为核心的文化逻辑》，《文艺研究》2013 年第 4 期。

疲劳。古代题材的宫斗片（《双面君王》）和动作片（《弓：最终的武器》）一者是由于数量少，二者也因历史题材掩饰了国家主义，而得到北美市场的消费重视。

基于如上考量，我们认为，表现国家主义价值取向的影片，要在北美市场获得成功，关键在于叙述一个大时代背景中特殊个体的命运情感，需要富有艺术想象力、文化逻辑力地建构微观的生存形态。如《太极旗飘扬》的票房较高，就是因为叙述了一个战争扭曲人性的故事，把抽象的意识形态冲突落实到了具体的家庭成员内部，李振泰兄弟俩大起大落、大悲大欢的人生命运与情感变化。其他的影片，如《向着炮火》《台风》《登陆之日》《高地战》等影片相对突出紧张激烈的人物动作、战场效果，但是，对于早被好莱坞大片视觉刺激到麻木的北美观众来说，这显然难以奏效。

显然，严峻的南北对垒、紧张的半岛形势以及敏感的核威胁，成为搅动韩国社会热点、吸引本土观众的消费内容，但是，对于置身韩国/朝鲜政治纠缠之外的北美观众来说，这种排他性的国家主义和民族情绪，很难得到广泛关注。

三　韩国电影的文化折扣及其降低折扣的艺术路径

韩国电影崛起的主要标志在于国际电影节获奖及其本土市场的整固，既涌现出一批斩获国际电影节大奖的文艺片，也出现了占领国内票房市场的商业电影。[①] 这种情形与中国电影非常相似。在全球背景下的国别电影艺术及其文化竞争中，韩国电影急欲打造自身的文化个性，形成标示性的差异性身份。如果说中国电影是由张艺谋自 20 世纪 80 年代末开始逐渐形成一种固定的获奖模式，即，讲述

---

① 刘琼：《后好莱坞时代的韩国电影》，《世界文化》2005 年第 5 期。

专制的父辈、受压抑的子辈的权欲故事，以西方文化的视角、文化批判的角度塑造了一个阴性的东方形象，那么，韩国电影最初参与全球电影竞争时非常强调依托于民族文化传统，既有坚执保存与展示传统艺术与文化的电影类型，如林权泽的《悲歌一曲》《春香传》《醉画仙》等，也有表达深受东方传统影响的生命哲学及价值的种类，如林权泽的《曼陀罗》、金基德的《春夏秋冬又一春》等。但是，随着新一代导演群体的涌现，韩国电影叙事越来越狭窄、经验越来越极端，如朴赞郁《老男孩》（2005）、《亲切的金子》（2006）、《蝙蝠》（2009）、金知云的《看见恶魔》（2011）、元信渊的《殴打诱发者》（2008），等等。

可以说，当下韩国电影的"获奖模式"已经偏离了民族文化传统，越来越极端地聚焦于情欲与暴力。这种情况的出现是因为：一方面，作为后发现代性国家，韩国文化产业基础薄弱，发展严重滞后；另一方面，"走出去"的现实需求非常迫切，调整自我适应西方国际电影节的获奖需求成为现实的必然选择。于是，在韩国政府撤销审查制建立分级制的政策扶持下，韩国电影前所未有地展示情欲、暴力等本能欲望，毫无禁忌地挑战人性底线的极端叙事①，从而绕开了认知现实状况、理解文化传统以及艺术创作所需的长时积累，在短暂的时间内急功近利地形成了独特的文化个性。如刘雄宰介绍，在1994年韩国电影产业跌至谷底，好莱坞电影占据80%以上的市场份额。但到1999年出现振兴本土市场的韩国电影《生死谍变》，在这短短的四五年间，韩国电影就趁势崛起。对此，韩国学者朴燕真说："由于电影的商业化，使得电影过分偏重于吸引观众和票房收

---

① 韩国电影这种聚焦人性欲望的集体性、极端性在世界电影史上都是罕见的，在缺乏必要的价值判断与艺术控制的情况下，造成为暴力而暴力的泛滥，如《殴打诱发者》《看见恶魔》等。

入，反而看不到真正保留韩国风格的电影，这无疑是一件令韩国电影界担忧的事情"①。质言之，当下韩国电影对内极力宣扬民族主义情绪，对外极端展示暴力、色情，甚至以刺激人性恶的方式"吸引观众"，这两种叙事推进了韩国电影的商业发展，但反而丢失了林权泽等导演在20世纪90年代所呈现的本真的文化个性与传统风格。从某种程度上说，这种借国际电影节形塑的文化个性明显飘浮于现实的土壤，与民族文化传统乃至当下生存状态并没有明显关联。

然而，正是借助这种鲜明的文化个性，韩国电影不断斩获国际电影节奖项，在世界影坛上形成较大的韩国效应。但也由此，韩国电影始终未能在竞争激烈的北美电影市场上占据突出的地位，相反，这种极端叙事带来了显见的"文化折扣"。

为了说明这个情况，参见表2。

表2　北美市场前十名的韩国电影在不同市场发行情况的对照表　单位：万美元

	《春去秋来又一冬》	《江汉怪物》	《太极旗飘扬》	《双面君王》	《春香传》	《老男孩》	《夺宝联盟》	《诗》	《狼族少年》	《蝙蝠》
北美市场	238	229	111	91.7	79.8	70.7	68.5	35.6	34.2	31.8
韩国市场	49.2	6462	6480	8182	—	1038	8267	130	4535	1195
英国市场	40	25.1	0.33	—	—	57.9	—	1.2	—	—
法国市场	116	98.5	17.1	—	—	75.8	—	34.8	—	39.1
德国市场	131	14.1	1.6	—	—	13.5	—	—	—	—
日本市场	—	147	973	308	—	103.4	—	—	—	—
中国内地市场	—	184	—	—	—	—	—	—	—	—
中国香港地区市场	—	25.2	37.4	—	—	14.4	34.3	—	—	16.8

注：由于韩国电影振兴委员会（KOFIC）的票房统计是以观影人次的方式，很难与表1数据统一；为保持一致性，本表格的韩国电影市场仍采用 www.boxofficemojo.com 的票房数据，截止时间：2013年3月25日。

---

① ［韩］朴燕真：《90年代韩国电影的繁荣和流变》，《当代电影》1999年第2期。

表 2 显示出，北美市场前 10 名的韩国电影在东西方国家市场上的差异非常明显。韩国电影的本土票房远超过其他国家市场的表现（除了《春夏秋冬又一春》），而且就时间看，2012 年的《夺宝联盟》和《双面君王》均超过了《江汉怪物》排在前两位，保持着自 1999 年以来本土年度票房冠军均是韩片的优势。① 但是，就发行情况看，仅有《江汉怪物》《太极旗飘扬》和《老男孩》3 部影片在表格所列出的全球重要电影市场上具有相对完整的票房数据（即便如此，后两者在中国市场均未能发行）。如果说《太极旗飘扬》与政治意识形态有关，那么充斥着暴力、血腥以及色情内容的《老男孩》根本不可能在中国内地市场公映。在亚洲区域，日本成为韩国电影最重要的海外市场，以上 4 部影片的票房达到 1531 万美元，平均单片票房达到 382 万美元（北美市场以上 10 部影片仅 981 万美元，平均单片票房 98.1 万美元，显然两者情况相差甚远）。这显示出：一方面，韩国电影无论在亚洲还是欧美，海外发行能力仍然较为薄弱；另一方面，由于叙事的极端性，难以满足不同国家电影市场的管理政策和观众的欣赏需求。

值得注意的是，表格数据显示，北美排名前 10 位的韩国电影，发行到英、法、德等欧美市场的，比日本、中国内地和香港地区等亚洲市场多。我们看到，西方国家的电影市场具有十分相似的观影需求，如在北美、法国和德国市场上票房最高的均是《春夏秋冬又一春》，在英国市场上则《老男孩》票房最好，其次是《春夏秋冬又一春》；反观亚洲市场，《春夏秋冬又一春》除了韩国本土市场票

---

① 新世纪以来韩国电影票房冠军分别是《共同警备区域》（2000）、《朋友》（2001）、《家族荣誉》（2002）、《杀人回忆》（2003）、《太极旗飘扬》（2004）、《欢迎来到东莫村》（2005）、《王的男人》（2006）、《美女的烦恼》（2007）、《海云台》（2008）、《影子杀人》（2009）、《大叔》（2010）、《弓：最终的武器》（2011）、《夺宝联盟》（2012），韩国电影（CinemaKorea）网站，http://cinemakorea.org/korean_movie/data/kougyou.htm，2013 年 3 月 25 日。

房数据外，根本就没有进入日本、中国内地与香港地区院线市场。在香港地区市场上，突出血腥、暴力、色情的电影，如《老男孩》《蝙蝠》是票房最差的两名；日本市场也不例外，在 4 部影片中，《老男孩》的票房排名最后。这两部文艺片都曾在国际电影节上斩获奖项，西方观众显然深受韩国电影获奖模式的影响，在异域情境中进行人性恶的奇观消费。在日本和香港地区市场上，票房最好的却是叙述南北朝鲜关系的战争片《太极旗飘扬》，这种消费重点与韩国本土市场非常吻合（如《太极旗飘扬》的票房数倍于《春夏秋冬又一春》《老男孩》）。① 但与此相反的是，《太极旗飘扬》在英国、法国和德国市场都异常惨淡（分别是 0.3 万、17 万、1.6 万），竟然是这三个重要西方国家电影市场中票房最差的。从这个角度说，在跨文化语境中，韩国电影的文化折扣产生于极端叙事。在截然两分的电影类型中，西方观众乐于消费的文艺片，存在着极端的暴力与色情，这在东方市场上不可通约；流行于东方国家及地区市场上的商业片，由于弥散着国家主义、民族主义等意识形态宣谕，又难以获得西方观众的认同。

如上所述，韩国电影在 2012 年北美市场出现再度走强的迹象，这表明在降低文化折扣、增强普遍性方面显露出些许亮色。归纳起来，有如下三种思路。

第一，用东方人物、情感改写西方故事，制造"熟悉而又陌生"的观影效果。2012 年进入前 10 名的《狼族少年》，即是翻拍美国大片、试图衔接与好莱坞生产的狼族故事的典型（法国从文艺片到商

---

① 韩国电影在中国内地市场屡屡传出票房失败的消息，主要有三个原因：1）发行数量较少，韩国电影集中于色情、暴力的极端化叙事，进入中国市场较为困难；2）发行时间滞后，国内观众越来越多地通过网络、碟片等其他路径观看韩国电影；3）合拍片的市场定位不准确，未能找到适当的叙事个性，如《好雨知时节》《笔仙》等，即便在韩国创造观影人数纪录的《夺宝联盟》（与香港地区合拍），在国内市场也是票房平平。

业大片的转轨，也是拍摄狼族题材的《狼族联盟》，狼族题材的商业叙事成为进入西方市场的表征）。这部影片与 2009 年朴赞郁用《蝙蝠》讲述吸血鬼的西方故事不同，后者充斥着暴力、色情等极端叙事，缺乏普遍性，难以吸引亚洲市场。《狼族少年》完全改观，既有"狼孩"传奇、道德批判等西方熟悉的内容，也有含蓄、忠贞、隽永等东方元素，演员偶像化大大增强了消费程度。

第二，在本民族的历史事件、政治事件中突出西方价值观，以西方价值观获得普遍性，从而回避情色与暴力的极端表现，赢得东西方市场。2012 年的《双面君王》即是成功的范本。一方面，它在上/下、高贵/卑贱两元互换的情节模式叙述了一个底层贱民与光海王的历史故事，具有鲜明的民族特色，在国内票房取得较大成功；另一方面，就影像内部的价值取向来说，它站在人性立场、平民立场批判了贵族的政治权力斗争，更多体现了美好的人性价值，又与好莱坞电影宣扬的普适性价值极为相似，因此，在北美市场上创造近 5 年来最佳的票房成绩（排在第 4 位）。《双面君王》有效增强了普遍性，在取消文化折扣方面获得了前所未有的成功。

第三，表现亚洲区域多国的政治关系，积极参与全球性议题。我们看到，韩国电影的国际视野、跨国叙事近来明显增强，尤其注重叙述东亚、东北亚等多国关系，试图在一些国际政治议题上发出自己的声音。如 2006 年的《台风》虽讲述一个逃离朝鲜但又被韩国拒绝的"脱北者"故事，集中表现朝鲜与韩国之间的恩怨情仇，但将之放置在俄罗斯、中国与美台军事敌对的大背景下。这在一定程度上暴露出韩国广泛存在的"核恐惧"以及在东北亚政治格局中紧张焦虑的心理。再如 2011 年的《登陆之日》，罕见地取材于第二次世界大战，用两个具体人物（长谷川辰雄和金殖俊）在第二次世界大战期间辗转流离、人生遭遇及地位变化，表现中日韩以及苏联、德国等复杂的多国关系，特别强调日本与朝鲜的关系，两人在开始时是敌视的对手，到最后相互支持、拯救，试图把历史中"主仆"关系变成平等的"兄弟"关系。不仅如此，出于进入中国市场的考虑，影片也设计了东北抗日的情节。

因此，韩国电影跳出自我中心，叙述跨国经验、表现多国的政治关系、勾勒亚洲政治格局，均显示出韩国电影传播意识的重要发展，降低文化折扣的努力。目前看来，前两种已然取得成效，后一种尚待观察。但无论如何，这些策略对中国电影在减低折扣方面都有启示作用。

（原载《文艺理论研究》2013 年第 6 期）

中国电视剧传播与国家
文化软实力的提升

王玉玮

1990 年美国著名公共政策专家约瑟夫·奈提出"软实力"命题，经过短短不足 20 年的时间，这一概念逐渐受到世界各国的普遍接受与日益关注，其核心理论为：一个国家的综合实力既包括硬实力，也包括软实力。软实力主要来源于三种资源，即社会文化、政治价值观和外交政策，而社会文化是最基本也是最具凝聚力的力量。作为文化的一个重要组成部分，中国电视剧担当起贯彻并传播政治价值观，记录并传播社会文化的重要角色，是"软实力"的一个重要支点。

一 电视剧传播与国家文化软实力之关系

当今世界，国际竞争日趋激烈。要在竞争中赢得主动，不仅需要强大的硬实力作基础，而且需要强大的软实力作保证。作为文化传播的重要载体，当代电视剧与国家文化软实力的关系正显得越来越密切。

（一）电视剧是国家文化软实力的重要组成部分

目前，"国家文化软实力"已经成为社会生活中的一个"高频词汇"。电影、电视、音乐、歌舞、动漫、互联网几乎所有的文化载体，都在建构与提升国家文化"软实力"的要求下面临着一次历史性重组，抑或是一种文化品牌的重新建构。不过，"软实力"并不是所有文化产品精神价值的代名词，而是特指那种"通过吸引而非强迫或收买的方式来达到自己目的的能力"。所以，国家文化"软实力"的提升问题，就成为一个与诸多艺术问题相互关联的时代命题。

中国电视的发展从 1958 年一出现，就承担着传播文化，传达国家意志的作用，在解读国家的大政方针、塑造国民的精神品格、提高国民的文化素质、丰富人民的精神文化生活等方面发挥了重要作用。中国电视传播不仅普及社会的每一个角落，而且渗透社会生活的各个方面，潜移默化地影响着人们的意识和行为。电视剧《延安颂》《太行山》《长征》《西藏风云》《士兵突击》《亮剑》《闯关东》《我的团长我的团》……这些作品中体现的爱国主义精神信仰与民族情感更是感化、陶冶、激励受众的一种重要文化力量，是体现当代国家文化影响力的重要组成部分。同样，《渴望》《便衣警察》《激情燃烧的岁月》《暗算》《金婚》《走西口》……这些在文化消费领域具有娱乐因素的大众电视文化产品，尽管并没有直接表现国家的重大历史事件，也没有直接表现高层领袖人物的丰功伟绩，但是，这些作品中所具有的向善、向上的精神力量，不论对于扩大文化产品的市场占有率还是加强文化的心理吸引力都是一种极为重要的资源。这样，中国电视剧通过调节舆论引导方向、扩大舆论传播范围、改进舆论引导方式，向世界展示一个国家的经济、政治、文化理念，从而扩大了国家在世界舆论中的影响力，增强了国家的文化软实力。

（二）电视剧是提高国家文化软实力的重要载体

历史和现实表明：一个国家主流媒体传播的信息和观念能否为

国际社会所接受，能否在国际舆论中产生广泛而深刻的影响，直接关系到国家话语权的强弱和影响力的大小。不论对于社会发展进程的显示，还是对于民族传统文化魅力的展示，电视剧都起着非常重要的作用。当代电视剧通过一系列影像的表达，使观众形成对一个国家主体形象积极的印象和认识，同时激起观众不断加深对主体的正面认识以及对一个国家的无限向往。

美国影视剧不仅塑造了代表美国精神和美国梦想的各种全球形象，同时也塑造和表现了其他国家和地区的精神形象，但是这些精神形象或多或少都带有了美国精神的标签。无论是《24小时》《越狱》《飞越疯人院》《沉默的羔羊》《超人》《星球大战》，还是《泰坦尼克号》《狮子王》《辛德勒的名单》，无不在实现经济利益的同时，也推广了美国文化。

在亚洲国家，处在文化发展前沿的韩国同样是以影视的方式向其他亚洲国家输出自己的文化产品，实现自己经济和精神的双重利益。近年来，韩国电视连续剧如同潮水般地涌入中国，韩国电视剧的成功造就了一大批韩国明星，同时，韩国的历史文化、自然景观、饮食、生活习惯等渐为世人熟知并成为一种时尚，在创造经济效益的同时也增强了人们对韩国的好感，从而提高了韩国的国家形象。韩国国政弘报处海外弘报院院长俞载雄在《收看韩剧对韩国形象的影响》的报告中说，接受问卷调查的中国人和日本人人均收看过的韩剧数量分别为4.82部和4.5部。其中，女性比男性更喜欢韩剧，收看韩剧的次数和数量与其对韩国产生的善意联想、情绪和行动意图成正比的结论。

"韩流"文化特别是韩国影视剧，通过大量的现实题材反映韩国人尊老爱幼、礼尚往来的优良传统与执着坚韧、充满朝气的民族精神，配以制作精良的画面和优美的音乐，让国外受众在不知不觉中深深受到韩国文化的感染。"韩国贸易协会对日本商人进行的一项调查显示，78.9%的受访者称他们对韩国的印象因韩剧而改善。可见，韩剧的有效传播具有提升韩国的国际形象的重大意义。"①

二　中国电视剧传播对提高国家文化软实力之作用

中国当代电视剧以大众传播特有的方式使世界上每个角落的人们增进彼此的了解，进行着文化的交融与沟通，起着文化载体的作用，在国家的软实力建设中扮演着极为重要的角色。

（一）彰显中国优秀传统文化，增强中华文化吸引力

传统文化是中国民族精神的源泉，是文化软实力发展的基础。加强国家文化软实力建设，其中一个重点要求就是实现价值认同。在文化全球化的过程中，面对全球化与本土化的冲突、传统伦理与现代文明的冲突、东西方价值观与审美观的冲突，中国电视剧创作既要坚持马克思主义指导地位，坚持用历史唯物主义的观点认识传统文化，努力实现传统文化与现代意识的最佳结合，又要贯彻落实科学发展观，制定中华文化的发展战略，加大整理、开发和保护中华传统文化的力度，增强民族自信心、自豪感，增强民族文化认同感和归属感，建设中华民族共有的精神家园；既要以面向世界的开放胸襟、容纳古今的兼容态度和探求真理的科学精神对待人类一切优秀文明成果，使之真正融入"中华文化"，又要通过文化的交流与合作，向世界传递更加健康文明的中国形象，赋予文化软实力以人类共同的人性理想和共同的价值追求，逐步提高中华文化走向世界、影响世界、吸引世界的能力。

目前，中国内地外销电视剧的国家及地区大多是韩国、日本、

---

① 张建敏：《韩剧的品牌传播及其启示》，《当代电视》2006年第1期。

新加坡、马来西亚及中国香港、台湾地区，且大多集中在历史剧像《红楼梦》《三国演义》《西游记》《水浒传》和戏说历史剧《还珠格格》《康熙微服私访》等。这其中主要是由于亚洲尤其是东南亚国家深受中国儒家传统文化影响，在文化上有亲近性，注重天人合一，讲究顺其自然，不突出个人，重视集体主义精神，强调对国家对社会无私奉献的精神，注重个人修养，重视人际关系，坚持家庭观念，等等。同样，中国现实主义题材也正在发挥着中国传统文化的意蕴，从普通人家的故事中发掘出传统伦理道德的精髓，以张扬蕴含其中的温情脉脉的东方道德，从而赞颂呼唤人伦亲情，重建传统道德，突出东方民族的人格力量和东方式的智慧。这正是《激情燃烧的岁月》《空镜子》《牵手》《大哥》《咱爸咱妈》《金婚》等电视剧引起了东南亚电视传媒机构的兴趣所在。

因此，中国电视剧应弘扬自身文化精神，摒弃民族虚无主义的"全盘西化"和自我封闭的"盆地意识"，广泛吸纳世界各民族的优秀文化成果，实践科学和人文的统一，技术和人性的统一，物质文明和精神文明的统一，在全球化背景和现代化进程中，创造更加辉煌灿烂的中华民族新文化。

（二）建设社会主义核心价值体系，增强中华民族的凝聚力

世界上许多国家都是在利用本国文化产品进行商业贸易的同时来传播自己的文化价值观。2001 年，塔利班政府在阿富汗垮台后，印度外长飞赴喀布尔向新的临时政府表示祝贺的时候，随机带去的并不是武器和粮食，而是满载宝莱坞电影电视和音乐的流行文化产品。韩国电影在 2006 年的市场占有率达到 74.1%，他们能够以 70 多部韩国电影博弈 200 多部进口好莱坞电影，靠的不仅是政策保护，靠的更是电影蕴含的浓重的怀乡情结和爱国精神。韩国人对自己的家乡、民族、国家始终怀有深深的眷恋和无限的忠诚，这是其电影

中最动人心魄的地方。

确实，任何国家、任何民族都有自己的核心价值观，它构成这个国家和民族的灵魂。中国古人的核心价值观是儒家文化体系中的"仁义礼智信""礼义廉耻"等。当代中国也有自己的核心价值体系，这就是以马克思主义为指导思想、以爱国主义为核心的民族精神和以改革创新为核心的时代精神与社会主义荣辱观。这是当代中国的普适价值，是冶铸国民之魂与彰显中国文化软实力的根本。正如党的十七大报告所要求的："建设社会主义核心价值体系，增强社会主义意识形态的吸引力和凝聚力。"

中国电视剧的发展同样是以这一普适价值为基点来确定中国的核心价值观。在近 30 年的发展过程中，从国家形象塑造的角度考察，中国电视剧在这一阶段所呈现的国家形象异彩纷呈。《新星》《人间正道》《中国制造》《至高利益》《绝对权力》《省委书记》等，这些电视剧多以中国经济体制改革为题材，在反映中国经济腾飞的同时，也再现了中国各级政府在改革开放过程中所碰到的问题，以及为解决这些问题所采取的各种积极有效的措施。《燕赵刑警》《大雪无痕》《中国大案录》《黑洞》《黑冰》《绝对控制》《谁为你作证》等，这些电视剧则向世界展现法制正在逐步健全民主的中国形象。《渴望》《大哥》《儿女情长》《继父》《家事如天》《新结婚时代》《亲兄热弟》《金婚》等，一批家庭伦理剧在商品经济大潮中坚守中国传统美德的国家形象。《上海滩》《霍元甲》《李小龙》《亮剑》《历史的天空》《血色湘西》《闯关东》等电视剧的目的是弘扬中华"民族精神"和增加"民族的凝聚力"。

文化软实力很大程度上表现为国民的精神状态、意志品格和国家的凝聚力，这一切主要来自于人们对社会核心价值的认同。因此，中国当代电视剧只有将核心价值创造性地艺术化、娱乐化，兼容

"意义"与"快乐"，让海外观众在审美愉悦和情感激发中领会在中国艺术创作对生活的感悟，了解中国人民的价值观念、审美趣味和思想情感，感受中华民族特有的民族精神、民族气节和民族忧患意识，这样的电视剧作才能被青睐，受欢迎，才能生成思想性、艺术性、娱乐性、商业性多者合一的整体价值，才能有效地转化为文化软实力，成为维系社会和谐有序的精神纽带，成为推动社会全面协调可持续发展的精神动力和指引社会前进方向的精神旗帜。

（三）提升文化竞争力，增强国家文化安全

国家文化软实力是综合国力和国际竞争力的重要组成部分。"当今时代，文化在综合国力竞争中的地位日益重要。谁占据了文化发展的制高点，谁就能够更好地在激烈的国际竞争中掌握主动权。"[①]电视作为体现文化精神和文化实力的途径，是树立国家文化形象的非常重要的手段。电视通过其强大的受众群体及其群体影响力，可以有效地达到影响一个国家文化形象的作用。

内地的历史题材电视剧一直是电视剧出口的"主力军"，《三国演义》《水浒传》《宰相刘罗锅》《雍正王朝》等剧在港台地区市场可谓家喻户晓。剧中的传统文化是代表中国文化核心价值观的思想体系，其中包括"和谐""仁爱""自然"这些集中体现个人、家庭、国家乃至人类社会终极理想的文化价值观。它们既是建构社会主义核心价值体系的重要文化资源，也是推进中华文化不断发展、扩大中国文化国际影响的精神力量。内地历史题材电视剧在港台地区市场仍是"风景这边独好"，而一些现实题材电视剧在内地市场取得骄人成绩的同时也开始注重拓展海外市场，尤其是与内地文化生

---

① 胡锦涛：《在中国文联第八次全国代表大会、中国作协第七次全国代表大会上的讲话》，《人民日报》2006 年 11 月 10 日。

活联系最紧密的港台地区市场。因此自 2000 年开始，爱情剧《表妹吉祥》《真情告白》，时装剧《粉红女郎》《男才女貌》《双响炮》，"反贪"剧《黑洞》，生活剧《别了温哥华》《龙堂》等成功发行到中国港台地区、东南亚、日本、韩国，甚至欧美市场，部分节目还在当地主流频道黄金时间播出。电视剧的成功出口不仅能够带来经济上的利益，缓解文化贸易逆差严重的现象，更能借助该产品的艺术属性，为世界展现生动形象的民族或地区风俗文化，输出一定的思想文化、价值理念等，让境外观众更好地接受中国内地的历史文化并了解中国的发展现状。

纪录片《大国崛起》告诉观众，强国崛起、自立自强、不断超越都要靠民族精神、文化复兴、教育先行的助力。中国文化发展的曲折历史也表明，提高文化软实力是社会长治久安、国家繁荣昌盛的需要，是强化文化自我、解决精神危机的需要，是提高国家综合实力、维护文化安全的需要。先进文化是经济的"助推器"、文明的"导航灯"、社会的"黏合剂"，只有全面提高文化的影响力，才能有效地提升国家的综合实力。因此，大力推进中国电视剧走出国门是提升国家文化软实力的一种有效途径。

三　中国电视剧传播与提升国家文化软实力之策略

每一个国家和民族、每一种文化都拥有自身的传播权利和机会，从这个意义上讲，为更好地塑造中国的国际形象，国内电视传媒要学会用国际社会所能接受的方式、语言、角度来塑造自己的国际形象。

（一）对内增强文化自主创新能力，用优秀的电视剧展示中国国家形象

随着中国经济、政治、文化、社会的发展进步，中华文化在世

界上的地位和影响力日益凸现出来。悠久灿烂的历史文化传统与丰富多彩的现实社会因素相互激荡和彼此交融，使中华文化呈现出五彩斑斓的现代文化景观，并为越来越多的包括华人在内的国外受众所关注。因此，谋求中国电视剧对外传播的全球本土化发展，必须生产出越来越多的具有鲜明中国元素的民族电视精品节目，因为"从传者的角度讲，本质上国际传播媒体之间争夺受众是以更生动地展示本民族的文化为手段的竞争，以更广泛地传播本民族的文化为目的的竞争"①。

长期以来，由于受种种因素的影响，大部分中国内地的电视剧目前只适合在内地荧屏播放，文化的差异使得海外观众看不懂原本简单的故事情节。正如电视剧《亮剑》难以走出国门一样，外国人看不懂中国式英雄和中国式战争，没有一个共性的理解元素在其中，中国电视剧只能关起门来自己欣赏，自娱自乐一把，只能接受外来影视文化的冲击而无可奈何。

中国电视产品要走向世界，既要坚持中国立场，用中国元素的传播内容吸引国外观众，同时又要确立全球化的传播理念，遵循国外受众思维方式和认知模式。中国国际电视总公司节目代理部营销总监程春丽曾说，国内很多的制片人根本就还没有认识到海外销售的重要性，一部剧只是在拍好之后再来看能否销售出去，在剧本和制作过程中，并没有针对性地融合海外市场所欢迎的元素。因此，中国电视剧对外传播应该打破传统的说教方式，着眼于展现变革中的中国政策、制度、法律以及思想观念、思维方式，从而使国外受众能真正了解和把握正在发展、变革、进步的中国。电视剧《乔家大院》在某种程度上可以满足全世界公民对"商业诚信"的期许，

---

① 任金州：《电视外宣策略与案例分析》，中国广播电视出版社 2003 年版，第 81 页。

以"诚义礼智信"为内涵的儒商精神在世界华人圈里有着丰厚的土壤，民间至今还流传着"凡有麻雀的地方，就有山西商人"的说法，这一切都为《乔家大院》走出国门提供了极好契机。《乔家大院》在韩国大受欢迎，大多因为它是一部无政治局限色彩，弘扬中国传统商业文化的历史剧，能让韩国观众从中了解到当今中国经济的腾飞与近百年前的商业理念息息相关。

（二）对外制定适当贸易保护政策，开展多方位海外推广营销策略

经济发达国家和"软实力"发展较快的国家，都十分重视把文化产业作为增强文化软实力的最重要途径。美国把文化产业作为其支柱产业之一，其在电影电视等领域具有全球领先地位的文化产业。这些文化产业不仅带来巨大的经济效益，更提高了其渗透力极强的"软实力"。2006年，韩国电视剧《大长今》迅速走出国门风行亚洲，这首先得益于韩国政府推行的鼓励文化出口政策。在成本有了保障的前提下，虽然制作费由电视台支出，但韩国政府鼓励制作者用各种办法以比较低的价格将电视剧批量推销到海外市场，海外收益由电视台和能够推销到海外的制作者4/6—6/4分成，极大地刺激了制作公司海外销售的积极性。同时，韩国政府还帮助销售状况好的文化产品申请免税，这一系列的政策使得以《大长今》为代表的韩国影视文化产品能够迅速地发展起来，并推到海外，形成了所谓"韩流"。

中国电视文化要走向世界，要得到国际市场的认可，营销策略也是必不可少的重要环节。但是，由于中国的对外传播事业还没有形成完善的营销产业链，因而严重阻碍了中国对外传播事业的发展。目前，出口海外的华语影视产品有三个特点，一是"动作片打遍世界"；二是"古装剧走俏华人圈"，如《水浒传》《三国演义》《雍正王朝》，华语电视节目只在华人范围内具有影响力；第三是中国电视

市场上大力投资、备受关注的影视产品往往和获得提名的影视作品存在严重脱节，如 2008 年获得艾美奖提名的《等郎妹》、让中国人第一次捧得艾美奖的《为奴隶的母亲》，都不是中国观众熟识的。正如香港凤凰卫视首席时事评论员阮次山所说："希望中国人今后报道大的事情的时候，不要再通过西方的媒体。"因为"他给你看的孔就是美国政府的孔"。中国传媒就要"从中国人的角度"，"用中国人的眼睛看"。① 所以，中国应该加大力量制作一批真实反映当代中国和中国人的电视剧，并将这样的作品打入国际市场，让国外的受众通过电视剧这样一个比较轻松、平易的窗口来认识当代中国和中国人，进而产生进一步了解中国的意愿，最终促进国际文化交流，消除文化隔阂，为世界的文化多样性做出应有的贡献。

因此，中国电视剧要高效快速地发展，就必须一方面要加强电视剧产品的海外销售，拓展渠道，丰富品种，积极发展海外营销机构和网络，努力增加中国电视剧的国际市场份额，另一方面是要积极选择一些管理规范、技术先进、对中国友好的国外知名广播影视机构进行电影、电视剧和广播影视节目的中外合作生产，提高中国电视剧的国际竞争力。中华民族的伟大复兴必然伴随着中华文化的繁荣兴盛；中华文化的繁荣兴盛同样离不开中国广电传媒的有力支撑。面临新形势、新任务，中国电视剧生产只有从政治、经济、文化、管理等各个方面积极努力，才能塑造出一个正面的、积极的、崭新的中国文化形象，才能增强中国在世界范围内的影响力，并为国家其他事业服务。

当下，中国电视剧生产的硬件也就是硬实力建设随着综合国力的增长而提升到了一个新的水平。相形之下，对于其软实力的建设，

---

① 胡惠林：《中国国家文化安全论》，上海人民出版社 2005 年版，第 196 页。

无论是认识水平和实践力度尚需一定的提高。因此，作为文化软实力的重要资源，中国电视剧应以传播国家意志以及文化娱乐方式提高国家影响力，从而让世界观众在审美愉悦和情绪感染中领略到中国崭新形象与精神风貌，接受中华民族的核心价值观念。

［原载《西南民族大学学报》（人文社会科学版）2010 年第 3 期］

文化贸易拓展：提升软实力与走出去

陈伟军

　　党的十八大报告提出了在增强文化软实力方面的要求：文化产业成为国民经济支柱性产业，中华文化走出去迈出更大步伐，社会主义文化强国建设基础更加坚实。这是国际与国内环境交会、"软实力"与"硬功夫"协调，碰撞出的最强音，是经济高速发展之后文化资本演化、裂变、提升出的全新导向思维和战略决策。经济全球化造成了世界历史上空前规模的文化比较和文化竞争，文化商品流动的快速和文化形态碰撞的激烈程度前所未有。在经济全球化的语境中，国际竞争、区域竞争不仅是在经济方面展开，同时也在文化领域进行，文化软实力构成综合竞争力的核心部分。文化强国必然也是文化贸易大国，我们必须在提升文化软实力方面重点突破，大力发展对外文化贸易，增强走出去的能力。

一　全球文化贸易格局的裂变与重构

　　在信息社会、知识经济时代，文化软实力已成为国家和地区竞争力的核心要素。按照美国学者约瑟夫·奈的观点，军事实力和经济实力都是典型的"硬"实力，软实力往往来自文化和意识形态吸引力、国际机制的规则和制度等资源。国际政治性质的变化常常使无形的权力变得更加重要。中国要增强文化软实力和综合竞争力，必须大力发展文化产业，提升文化生产、传播和创新能力，促进文化与经济融合，不断为经济注入文化内涵，提高经济的文化品位和附加值。当今时代，文化产业、文化贸易的国际竞争正方兴未艾，这可以说是全球化、信息化、绿色环保时代的必然产物。发展文化产业被很多国家列入战略规划，受到政府大力扶持。文化产业被视为发掘新的经济增长点的"富矿"，是经济增长和国际贸易拓展的重要新动力。由此，全球文化贸易格局正处在深刻的裂变与重构之中，呈现出崭新的发展态势。

当今世界文化发展的一个显著特征，就是谁占据了文化发展制高点，谁拥有强大的文化软实力，谁就能够在激烈的国际竞争中赢得主动。法国学者弗雷德里克·马特尔声称，"世界文化大战已经爆发。这是一场各个国家通过传媒进行的旨在谋取信息控制权的战争"[①]。在这场战争中，美国在国际文化贸易中形成了优势地位。如今，美国文化产业占有世界文化市场43%的份额，其年产值约占美国 GDP 的25%，成为全美第一大贸易出口产品。国际知识产权联盟发布的2011年版《美国经济中的版权产业》相关数据显示，版权产业的核心内容产业，包含图书、期刊出版业在内，为美国经济创造了9310亿美元的产值，约占美国国内生产总值的6.4%，解决了近510万美国人的就业问题，总资产占民营企业领域整体的5%，为雇员提供的薪酬比其他产业领域平均高27%。版权产业提供的产品和服务在国际贸易和出口领域所创产值高达1340亿美元，同比超过美国其他领域，如航空业、汽车业、农业、药业等。[②]

---

① ［法］弗雷德里克·马特尔：《主流：谁将打赢全球文化战争》，刘成富等译，北京商务印书馆2012年版，第366页。

② 李霄：《美国发布2011版权产业报告》，《全国新书目》2011年第12期。

为应对世界文化产业的急剧扩张和加速度的技术变革，日本与韩国均在国家层面推行强势的文化政策，抢占国际竞争前沿领域。如日本政府提出的"酷日本"计划，准备在 2015 年前以中国、印度等 8 个国家为重点，促进日本文化产品在这些国家的销售。到 2020 年，预计日本文化产业的输出将达到 200—300 亿美元。而一些发展中国家也纷纷制定文化产业发展战略，推动世界文化贸易格局重构。如印度政府对文化产业很重视，注意市场培育和文化输出。电影产业作为印度文化产业中最发达的行业，已成为世界了解印度、进而喜爱印度的窗口和名片。在未来两年中，印度电影产业额很有可能增长到 50 亿美元。

科技创新是文化发展的内在动力，文化与科技融合有利于增强文化产业的国际竞争力。以数字技术、网络技术等信息技术为主要支撑，以动漫、网络游戏、手机游戏、多媒体产品为代表的新兴文化业态，已逐渐成为继 IT 产业后崛起的最具潜力的产业之一。一些信息产业高度发达的国家或地区，已经逐步形成包括网络服务产业、数字游戏产业、电脑动画产业、移动内容产业、数字影音应用产业等在内的数字内容产业群。同时，传统文化业态在与当代科技的融合中得到不断提升。影视制作、出版发行、广告传媒、演艺娱乐、文化会展等传统文化行业，通过与数字技术、网络技术、移动通信技术等高新技术的结合，明显提升了传统业态的发展活力。[①] 高新技术为文化产品的开发、传播和营销，提供了更为广阔的空间。数字化、信息化、网络化建设为文化产业的存在形态和发展趋势带来革命性变化，在世界范围内逐步形成了多层次、宽视野、跨行业的崭

---

① 赵玉海：《以高新技术促进文化发展》，《中国文化报》，http：//epaper. ccdy. cn/html/2012 - 01/10/content_ 64448. htm，2012 年 1 月 10 日。

新格局。

"十二五"时期，文化产业在西方发达国家经济社会发展中的地位、作用和所占比重仍将继续提高，发达国家利用自身雄厚的经济实力、人力资源的优势、全球化的资源配置网络、跨国的文化营销能力等，逐步推动文化产业向规模化、高投入和高科技含量方面发展。全球范围的并购重组势头仍将继续加强，市场竞争必将进一步加剧，国内文化创意企业将受到国际市场的巨大冲击。西方国家把文化产业作为软实力输出的趋势日益明显，文化产品及文化服务成为其价值观念和生活方式输出的重要载体。

在全球的视域中，目前我国文化产业仍处于起步、成长阶段，产业竞争能力有待进一步增强。从世界文化发展的未来趋势来看，全球化产业竞争是软实力、综合实力的全方位竞争，这要求我国文化产业抢占科技创新和新兴产业的制高点，提升国际文化贸易能力。

二 制约文化产业走出去的瓶颈因素

进入 21 世纪以来，我国文化软实力大为增强，文化出口取得显著成效。据商务部发布的信息，从 2001 年到 2010 年，我国文化产品和服务出口规模分别增长了 2.8 倍和 8.7 倍，图书版权进出口比例从 2003 年的 9：1 下降到 2010 年的 3：1。2011 年我国出口文化产品 187 亿美元，比上年增长 22.2%。从整个对外文化贸易格局来看，全国支持文化出口的政策环境初步形成：文化企业逐步采用境外直接投资等方式扩大文化出口，网络游戏等新兴文化服务成为文化出口的重要增长点，国际市场需求开始推动我国文化企业借助资本运作实现国际化发展。

应该看到，我国虽已成为世界第二大经济体，但文化软实力、国际影响力与中华文化的深厚底蕴和现在的国际地位还不相称。

据《文化软实力蓝皮书：中国文化软实力研究报告（2010）》的数据显示，我国文化产品占世界文化市场比重不足4%，这一水平大大低于发达国家已经达到的10%以上的水平。文化产业走出去还存在诸多瓶颈制约因素和问题，在产业布局和结构、文化品牌、市场体系、产品创新、自主研发、传播力和影响力等方面仍有很大的提升空间。与美国、英国、日本等发达国家相比，我国文化产业的差距尤其明显。

第一，我国的文化产业布局和结构还不尽合理，各省（直辖）市（自治）区文化产业走出去的能力高低不一，差别非常显著。其中，西部和东北的省区文化市场发展水平相对较低，北京、上海、广东、浙江等省市的文化产业发展水平较高。例如，在全国文化产品和服务国际贸易呈现逆差的境遇下，上海文化产品和服务进出口连年实现顺差。据统计，2011年上海文化产品和服务贸易持续增长，进出口总额达到166.2亿美元，同比增长10.9%，实现顺差约34.5亿美元。广东也是我国对外文化贸易的前沿阵地，"十一五"期间广东文化产品出口年均增长超过20%。2011年，广东出口文化产品73.5亿美元，占同期我国文化产品出口的39.3%，为我国文化产品出口最大省份。广东的文化出口体系逐步完善，文化产品和服务出口覆盖100多个国家和地区，并形成了深圳华强文化科技集团股份有限公司、广东省出版集团有限公司等一批重点文化企业和文化出口品牌。相比较而言，宁夏、甘肃、西藏、贵州、新疆、青海等省区文化产业走出去的力度不够。另外，从行业结构上看，文化制造业在我国整个文化产业的比重占很大优势，而文化服务业发展相对滞后。文化产业结构还须进一步调整优化，整合文化产业涵盖的各领域，整合文化产业与相关产业，创新产品形态，深化不同产业的融合。通过制度创新和技术创新，优化资源配置，提高文化产业和高科技产业的结合度，增强文化企业自主创新能力和高科技应用水平，改造提升传统文化产业，开发新兴文化业态，通过推动文化产品和服务的数字化、网络化，实现文化产业内部结构的优化升级，这样才能在国际上具有竞争力。

第二，文化产业集中度和产品差别化程度较低，大型骨干文化产业集团和知名文化品牌不多。从规模化、集约化发展上看，我国文化企业基本是以中小企业为主，大型文化企业的数量偏少，经济效益和集约化程度不高，总体上竞争力不强，走出去的能力亟待提升。因为企业规模小，则必须集中起来求发展，整合各种资源，形成产品本土化、差别化的特色优势。为了分散风险，巩固分销渠道，国际上的文化公司通常不得不形成产业集团。全球市场需求推动文化贸易发展，大型文化传媒集团借助资本运作实现全球化发展。排名靠前的国际传媒巨头一个公司的产值，甚至相当于中国行业整体的产值。

第三，核心文化产品和服务的国际竞争力有待提升。以广东为例，"十五"期间，广东文化产品出口所占比重只占总出口量的6%，新闻服务、出版发行与版权服务、广播影视服务、文化艺术服务等更是存在10：1的贸易逆差。"十一五"期间，广东文化产品出口年均增长超过20%。虽然广东文化产品出口数量有所增长，但文化贸易逆差现象仍未得到根本改变，文化产品和服务出口渠道比较狭窄，广东输出的文化产品价格远远低于引进的同类产品。在广东出口文化产品中，以印刷品和文化设备产品等硬件设备为主，大部分产品科技含量低、附加值低，市场竞争力不强，文化企业在国际上的传播力和影响力还有待进一步提高。

第四，具有自主知识产权的核心技术还不多。拥有大量的自主知识产权，无疑是建设文化强国的必由之路。党的十七届六中全会指出，要保护知识产权，鼓励和支持文化创新，将"加大对拥有自主知识产权、弘扬民族优秀文化的产业支持力度，打造知名品牌"作为构建现代文化产业体系的重要组成部分，并提出通过"加快培育产权、版权、技术、信息等要素市场"，健全现代文化市场体系。在国际文化贸易中，文化企业要有创建自主知识产权品牌以及保护品牌的观念，通过实施知识产权战略，推动文化出口。自主知识产权对文化产业效益提升，有着积极的促进作用，如何通过自主知识产权的开发运用和保护，实现文化贸易的拓展，是一个亟待解决的迫切问题。挑战与机遇并存，中国的文化产业必须迎难而上，攻克瓶颈制约，逐步改变主要文化产品进出口严重逆差的局面，提升文化竞争能力和改革创新能力，赢得发展先机，朝着文化强国的目标扬帆远航。

三　提升软实力发展对外文化贸易

面对激烈的全球文化贸易竞争，我们要深入探索文化产业走出去的发展模式，实施国际市场区域开发战略，积极参与国际文化产业竞争，不断增加国际话语权，提升文化影响力。

第一，要建立协调促进机制，以政府为主导，以企业为主体，通过市场化运作方式，合力推动对外文化贸易。商务、税务、文化、广电、新闻出版主管部门应加强协调与配合，积极落实国家发展文化贸易的相关政策措施，探索适合文化贸易发展的管理与服务模式。如财政部、海关总署、国家税务总局印发的《关于支持文化企业发展若干税收政策问题的通知》提出，出口图书、报纸、期刊、音像制品、电子出版物、电影和电视完成片，按规定享受增值税出口退税政策。文化企业在境外演出从境外取得的收入免征营业税。在文化企业外汇管理方面，按照中宣部等九部委出台的《关于金融支持文化产业振兴和发展繁荣的指导意见》，要提高文化产业贸易投资便利程度，便利文化企业的跨境投资，满足文化企业对外贸易、跨境融资和投资等合理用汇需求，提高外汇管理效率，简化优化外汇管理业务流程，促进文化企业提高外汇资金使用效率，降低财务成本。同时，加强文化企业和商会、协会之间在开拓海外市场方面的沟通与协作。

第二，着力打造文化贸易品牌，建立文化产品和服务走出去资源库，培养一批实力雄厚的国际文化市场竞争主体，使之成为文化出口的主导力量。加强文化领域数字化、网络化等技术的研发和应用，推进文化与科技融合，提升文化企业在境外的核心竞争力。抓好走出去重大工程项目的组织实施工作，引导文化企业采用高新技术和现代生产方式，改造传统的文化创作和生产方式，促使外向型文化企业向专业化、国际化发展。按照国家政策，支持符合条件的文化企业在境内外资本市场上市融资。鼓励符合国家规定的相关金融机构以投资参股等形式支持文化出口。建立文化产品出口生产型的基地，如广东孔雀廊公司，把历史悠久的粤剧、粤曲和国内原创音乐等开发成大量的音像制品，通过实体性产业基地与虚拟型市场网络的有机结合，扩大了本土文化产品在海外市场的占有率。外向型文化企业要结合自身优势和特点，深入发掘和整理民族文化资源，开发具有自主知识产权的原创性产品，使国外受众易于接受，以更好地适应境外市场的文化需求。

第三，加强渠道和平台建设，构建多元化、多层次国际文化营销网络。如果没有平台和网络，文化产品根本传播不出去，更不要说走出去。通过各种渠道，重点瞄准国外主流市场、国际汉文化圈和台港澳地区。支持并鼓励文化企业参加国家重点支持的文化展会，通过中国（深圳）国际文化产业博览交易会、中国国际广播影视博览会、中国国际动漫节、中国国际动漫游戏博览会、北京国际图书博览会等推动文化出口。支持文化企业到海外参加国际展会、进行商贸推介，如参加境外演艺交易会、艺术博览会、图书展、影视展、音像展艺术节、双年展、动漫游戏节等国际大型展会和文化活动，进一步扩大文化企业国际影响力。借助区域文化合作等平台，支持文化企业按规定与国际著名文化制作、经纪、营销机构合作，在境外建立文化产品营销网点。打造广东南方国际版权交易中心等具有重要影响力的国际出版版权交易平台，发挥其在对外推广文化产品和服务方面的积极作用。在我国驻外机构的协助下，积极搭建对外文化贸易平台，为企业进入国际市场铺设道路。中国文化要实现融入世界、影响世界的目标，既要有自己特色的文化内容，更要结合当地的需求，走本土化道路，才能真正进入当地主流社会、家庭。因此，要鼓励各类文化企业到海外建立营销渠道，重点抓好影视音像、动漫玩具、出版物、文艺演出、新闻媒体网络等国际营销网络建设。

第四，支持国内媒体和各种所有制企业赴境外投资。按照有关规定，鼓励企业通过新设、收购、合作等方式，在境外收购剧场，设立演艺经纪公司、艺术品经营机构、出版社、报刊社、印刷厂、广播电视网、出版物营销机构等。鼓励国内媒体创办外文报刊、广播和电视频道，或在境外购买媒体播出时段和报刊版面、开办广播电视频率频道、开展对外劳务合作，支持国内网站与国外知名网络媒体合作。对符合国家出口指导目录规定的境外投资，在信息咨询、考察市场等方面予以支持。

提升文化软实力，发展文化贸易，增强走出去的能力，归根结底还要落实到人的因素上。在文化生产、文化创造、文化经营、文化传播、文化管理和文化出口等方面，我们要培养大批具有国际视野的复合型人才，充分发挥人的能动性、创造性，建构文化本土性价值体系和话语体系，全面振兴文化产业，才能真正走出国门、走向世界，同全球文化进行平等的对话和交流，展示文化强国的气象和风度。

（原载《中国出版》2013 年第 3 期）

中国报刊"走出去"需要创新力度

董天策　康思嘉

随着中国的和平崛起，随着全球化进程的日益深化，我国报刊走出去的步伐明显加快，呈现出加速发展的良好态势。不过，从发展的眼光来看，目前尚处于相当初级的阶段，要真正走出去，要让外国读者喜闻乐见，还有很长的路要走，很多问题都值得深入探讨。

一　报刊走出去的运作模式

回顾我国报刊走出去的发展历程，可以发现，主要有以下几种运作模式：

首先，与海外华文媒体合作，输出华文信息。海外华文媒体的服务对象与读者市场是海外华人华侨族群。海外华人华侨族群既是中华民族的流裔，对中华文化有着血脉相连的认同感，又逐渐融入或正在融入所在国度或所在地区的主流社会。因此，与海外华文媒体合作，是我国报刊走出去的一种重要方式。20世纪90年代中期以来，《新民晚报》《今日广东》等沿海地区的报刊就逐渐"借船出海"，以提供版面内容的方式与海外华文媒体合作。近年来，《人民日报海外版》强势出击，通过与海外华文媒体合办周刊、专版的方式，将报纸发行到世界数十个国家和地区。

第二，与国外传媒企业合作，输出外文信息。海外华人华侨族群是联结中外的纽带，但对外传播的主流读者群还是国际主流社会的外文读者，通过外文报刊把中国的内容传递给这些读者，是对外传播的战略目标。《今日中国》《人民中国》《人民画报》等对外刊物，采取"两头在外"的做法，由我国编辑出版多个文种，与国外的报刊或发行机构合作，在不同国家出版发行，摸索出一条输出外文信息的路子。又如法国桦榭出版集团出版的《中国》杂志，每期由中国新闻社提供一组稿件，桦榭集团编辑根据市场需要，从中选取部分稿件译成法文出版，并通过桦榭集团在欧洲各国的营销渠道发行。

第三，创办英文报刊，自主出版发行。在改革开放的进程中，国家英文日报《中国日报》（*CHINA DAILY*）于 1981 年创刊，逐渐发展成为有效进入国际主流社会的中国报纸。2009 年以来，*CHINA DAILY* 先后创办美国版、欧洲版、亚洲版、非洲版等众多区域性版本，成为中国对外传播的权威英文报纸。2009 年，《环球时报》英文版（*GLOBAL TIMES*）诞生。创办伊始，就以对外传播为使命，同时开通英文环球网，报纸内容同步上网，第一时间向全世界传播。经过短短几年的发展，*GLOBAL TIMES* 已成为中国第二份全国性的英文综合报纸，影响力不断提升。

第四，借助数字技术，开发传播新平台。进入新媒体时代，报刊海外版在世界各地发行，区域广泛，成本高，时效差，面临巨大的传播压力与经营压力。因此，借助数字技术拓展网络报、手机报、移动多媒体等形式的对外传播，成为新媒体时代的一种选择。2000年，《人民日报海外版》与意大利天天电信公司合作，推出《人民日报海外版》意大利手机报。2011 年，温州日报报业集团与意大利天天电信公司、法国泛欧传媒有限公司签署海外手机报合作协议，为广大华侨华人提供最新的国际、国内和家乡的各种新闻信息，以及当地的新闻和天气预报等实用信息服务，每天发送两次，做到"订阅手机报，便知天下事"。

第五，尝试资本运营，发展报刊产业。一般认为，传媒如果依靠自我积累的发展，只能获得算术级数增长，只有通过资本运营才能取得几何级数增长。西安的《华商报》大胆尝试并购国外传媒。2008年，《华商报》与《南非华人报》签订并购协议，华商传媒集团占股56%。其后，华商传媒共投资约1000万元人民币，并外派总编辑、印务总监及经营人员去南非管理整个报纸的运营，确立了"以报业为平台，开拓相关产业"的思路，把经营触角伸向旅游、红酒等产业。目前，《南非华人报》提升了办报品位，已成为南非华人第一大报。

二　报刊走出去的机遇与挑战

纵观世界格局与传媒业发展态势，我国报刊走出去既充满了历史机遇，又面临着巨大挑战。

当前，我国报刊走出去的发展机遇主要表现在以下几个方面：首先，综合国力不断增加，中国正在成为一个世界大国，在国际事务中发挥着不可缺少、不可替代的作用，在世界舞台上的影响力不断提升，世界各国从政要到企业家、从知识精英到普通民众，都越来越把关注的目光投向中国。其次，中国经济总量逐年增长，与世界各国的经贸往来不断增强，"中国制造"在世界各地的市场日益扩大，而且中国企业也正在走向世界各地。这样一来，世界各国人民的生活工作与中国经济的联系日益密切，必然更加关注中国。再次，与上述两个方面紧密联系在一起的是，中国的文化，特别是作为文明古国与改革开放的文化形象，越来越获得世界各国的认同，而日益丰富多彩的中外文化交流，也让世界各国更多地关注中国。

从传媒生态学的角度来看，报刊走出去的发展机遇，主要是一种传媒社会环境方面的机遇。就报刊本身而言，走出去所面临的挑战是无法回避的。首先，世界各国对我国报刊的需求究竟有多大？从理论上说，随着上述传媒社会环境方面机遇的到来，国外对我国报刊的需求必将越来越大。但这种需求究竟有多大？由于缺乏调查数据，很难说清楚。不过，从总体上看，这种需求在目前基本处于发育阶段，有些还是潜在的需求，亟待我国报刊去开发。第二，我国报刊走出去的国外市场到底有多大？虽然没有明确的数据，不过可以肯定的是，那是一个有待开发的报刊市场。而要开发这样的报刊市场，需要长期的市场培育，需要大量的资金投入，短期内还难以获得丰厚回报。这就带来第三个问题，我国报刊走出去的动力是否充足？从我国报刊走出去主要由政府推动这一情况来看，报刊走出去的动力显然还不强，至少是不够强劲。第四，我国报刊拿什么样的内容产品去满足国外读者的需求？去开拓国外报刊市场？不能不承认，从总体上看，我国报刊现在所提供的内容产品还缺乏吸引力，缺乏竞争力，缺乏感召力，缺乏名牌产品和龙头企业。

除了上述这些来自报刊自身系统的挑战以外，还面临着传媒社会环境方面的挑战。首先是文化碰撞的挑战。中国文化无论是历史的沉淀还是现实的取向，都具有自身的独特性。而世界各国的读者尤其是国际主流社会的读者，同样生活在自己国度的文化传统之中。当我国报刊给外国读者尤其是国际主流社会读者提供内容产品，就构成了跨文化传播，如果不能与对方的文化相契合，不仅难以实现充分的文化交流，反而会发生不同文化之间的碰撞。譬如，西方推崇"坏消息就是好新闻"的理念，我国注重"以正面报道为主"的取向，就会影响到对外传播的效果。

其次是政策壁垒的挑战。中国加入WTO，确定开放发行业和广告业，但是作为新闻传播领域的广播电视与报刊并未向国外实行"国民待遇原则"所要求的那种开放。这就是传媒政策壁垒。同样，世界各国对于我国报刊的进入，即使宣称信息自由流通的美国，也有政策壁垒。2010年，南方报业传媒集团联合成都博瑞传播股份有限公司和另两家投资基金收购华盛顿邮报公司旗下的《新闻周刊》，就遭遇失败。

再次是信息技术的挑战。20世纪90年代中期以来，从桌面互联网到移动互联网，从web 1.0时代的网站式网络媒体到web 2.0时代层出不穷的网络自媒体，信息技术日新月异。传统报刊在新媒体的冲击下正苦苦寻求适应新媒体时代发展变化的转型路径。在这样的背景下，我国报刊要走出去，势必更加艰难。

三　报刊走出去的创新着力点

面对走出去机遇和挑战并存的局面，我国报刊只有大力创新，才能有所作为，更好地走出去。那么，报刊走出去的创新着力点在哪里呢？

从宏观上讲，要创新报刊走出去的体制与机制。报刊走出去的体制是什么？2010年，新闻出版总署对外交流与合作司司长张福海在北京大学主办的"第七届中国文化产业新年论坛"上指出，概括起来是三句话：第一，政府推动；第二，企业主体；第三，市场化运作。2012年1月9日，新闻出版总署正式出台《关于加快我国新闻出版业走出去的若干意见》，并在《新闻出版业"十二五"时期发展规划》中专门制定了"走出去"的规划，同时推出了相关配套扶持政策。

值得注意的是，如何确保报刊的企业主体地位，如何让政府的政策扶持通过有效方式保障报刊的市场化运作？这是需要深入探讨的问题。在世界经济一体化、信息传播全球化、公民新闻勃兴的当今时代，理应按照党的十八届三中全会深化改革的精神，充分发挥市场在资源配置中的决定性作用，整合优势资源，扶强保重，着力培养走出去的龙头报刊。譬如，大力扶持像《人民日报海外版》、CHINA DAILY、GLOBAL TIMES 等已经具有一定品牌效应的报刊走出去，大力扶持像《新民晚报》《今晚报》《南方周末》这样已经得到国内外广泛认可的地方知名报刊走出去。

从微观上讲，千条万条归为一条，还得创新报刊的内容产品，使走出去的报刊逐渐成为深受国外读者喜爱的具有公信力和影响力的报刊品牌。为此，走出去的报刊应当做好以下工作：

首先，既要深入研究中国文化的历史传统与时代特色，又要充分了解报刊读者所在国度或所在地区的文化精神，在中外文化之间找到可以相互交融、相互理解的结合部，求同存异，尊重国外读者的文化习惯，使报刊的内容产品具有文化精神上的亲和力。

第二，既要立足弘扬社会主义核心价值观，又要尊重国外读者尤其是国际主流社会的主流价值观，要找到国际主流社会的主流价值观中能够与"富强、民主、文明、和谐，自由、平等、公正、法治，爱国、敬业、诚信、友善"的社会主义核心价值观相对应的价值共识区域，以此作为报刊走出去内容生产的选择标准。

第三，既要牢固树立舆论阵地意识，又要尊重新闻价值规律。从受众角度看，新闻的全面性和客观性，是世界各国人民的基本价值诉求。国外民众希望从我国报刊得到的，并不仅仅是中国的"好消息"，而是全面了解中国的发展变化。因此，注意报道的广泛性、全面性、客观性和平衡性，才是对外传播的应有姿态。

第四，要讲究表达技巧，善于讲述中国故事。我国报刊走出去，一定要避免刻板的说教、宣传，要善于运用让世界各国人民喜闻乐见的方式来讲述中国故事，才能自然而然地吸引人、感染人，才能赢得其他民族的亲近与尊重、支持与信任。要善于学习借鉴国外新闻报道的写作艺术，凸显新闻报道的事实性与可读性，让具有可读性的事实去打动人、感染人。

（原载《中国报业》2014 年第 5 期）

六

媒介身份与形象建构

网络媒体对女大学生的
形象建构研究

董天策　罗小玲

　　媒体报道是客观现实的再造过程，由媒体建构的"象征性现实"（拟态环境）影响着受众对客观现实的判断，这种"象征性现实"准确与否，在很大程度上决定着公众对客观现实认知的正确程度。媒体对女大学生形象的建构，关系到社会对女大学生的态度以及女大学生是否能在良好舆论环境中成长，影响到公众对媒体报道真实性、客观性和公正性的信任度。因此，研究女大学生媒介形象具有重要意义。

　　目前针对女大学生媒体形象的研究相对较少，主要集中在网络媒体的形象建构方面，研究主要分两方面展开，一是通过内容分析得出具体数据来说明女大学生在媒体上如何被呈现；二是借用各种理论对所得出的数据进行解释，剖析原因。① 在研究对象上，大多选取商业性门户网站，其中又有多项研究是针对新浪网，但商业性门户网站能否代表网络媒体整体对女大学生形象的建构上存在问题。在具体研究方法上，以实证方式进行研究的数量较少，并且实证研

---

　　① 曾培伦、郑雯：《人民网新闻对女大学生形象建构的问题与对策》，人民网，http：//media. people. com. cn/GB /22114/150608/150620/10595697. html，2009 年 12 月 17 日。

究的大多数样本时间跨度为一个月，甚至一周，以此来分析网络媒体如何建构女大学生形象是否准确，就成为一个问题，可能出现根据不同时间段的样本得出的研究结果难于一致甚至截然相反的情况。

基于以上研究现状，本文将采用内容分析来探讨网络媒体如何建构女大学生形象，了解近八年来媒体对女大学生群体形象建构的模式及其变化，结合客观现实探讨女大学生媒体形象变化背后的原因，从而对女大学生的媒体形象获得较为整体和全面的认知，为改善女大学生群体在媒体上的形象呈现提供有益的帮助。

一　研究方法

本文以"女大学生"（指专科学历及完成专、本科教育后已就业的女大学生群体）为关键词，在百度资讯频道做新闻标题搜索。由于百度新闻搜索平台可以汇集全国各大新闻网站以及全国、地方性报纸资讯内容，因此基本可以反映出全国报纸及主流网络关于女大学生报道的实际形态。

根据日常生活经验以及统计数字，读者看报 70% 以上的内容都是只浏览标题；在全文阅读的稿件中，又有 30% 是因为标题好，读者才被吸引阅读；[①] 加上研究样本数量巨大，不可能将所有新闻内容逐个分析，因此本文选择以关键词做新闻标题搜索。样本时间跨度为 2003—2010 年，为避免节假日及入学等事件带来的影响，选取每年的 11 月（11 月 1—30 日）进行整月抽样。

在剔除重复性内容后（如同一则新闻多个网站进行报道，其新闻标题类似或重复，对此只记录具有代表性的一则，删去其余重复

---

① 赵君、彭梁洁、邱爽等：《新浪网新闻中心对中国女大学生的报道研究》，人民网，http://media. People. com. cn/GB/22114/44110/142321/10384894. html，2009 年 11 月 16 日。

信息），选择其中以女大学生在标题叙事中作为行为主体（不包括如"童瑶领衔出演女大学生"等）的样本，以"标题"为单位计算，共获取与研究主题相关的标题 1710 项。根据标题叙事立场及报道议题分布总结归类，设置"女大学生形象特征"和"女大学生报道议题类型"两个变量，每个变量分别设置相关属性（具体见表 1）。对获取的资料进行编码，运用软件 spss 17.0 与 excel 2007 作统计分析。

表 1　　　　　　　　　　　　　SPSS 变量属性设置

女大学生形象特征	女大学生报道议题类型
正面形象	身体
负面形象	情感
受难形象	学习
中性/难以辨别	工作（兼职、就业等）
	日常生活
	被欺骗
	被救助
	犯罪
	参加公益活动
	其他

二　数据分析

（一）女大学生形象特征

1. 女大学生形象特征界定

在形象特征界定方面，正面形象主要指女大学生积极向上、产生了良好社会效应等特点，如《80 后贫困女大学生拾破烂助孤老　用爱传递爱》《女大学生村官增彩新农村建设》等；负面形象主要是表现女大学生堕落、放纵、犯罪等行为，如《"激情"4000 元女大学生自述在酒吧纵情声色经历》《女大学生与人姘居利用长途客车贩毒》等；受难形象主要突出女大学生在事件中受害者的身份，是被欺骗、被凌辱的对象，发生伤亡等现象，如《因提出分手遭到痴缠　女大学生惨死于男友刀下》《参加网友生日会　女大学生喝醉遭强暴》等；中性及难以辨认指的是标题叙事中关于女大学生的叙述不具倾向性或倾向性难以辨认，不属于前三类形象界定，如《女大学生获国际小姐季军》等。

2. 女大学生形象报道变化趋势

按照报道比例，女大学生在网络媒体中所呈现的整体形象依次为受难形象、负面形象、正面形象及中性（如表 2 所示）。受难形象是网络媒体形象建构的重点，在每年的报道中均占最大比值，该类样本量总计为 600 条，占总数的 35.1%，其中 2003 年的受难形象报道达到 44.2% 的最高比例。此外，负面形象（25.8%）的报道比例仅次于受难形象，正面形象（19.8%）和中性形象（19.3%）的报道比例相近。

从报道趋势来看（如图 1 所示），2003—2006 年女大学生的负面形象报道要远高于正面报道，相差比例平均超过了 15%。2007 年起正面形象报道开始增多，与负面形象报道比例缩减为约 9%。2008 年开始正面形象报道多于负面形象，网络媒体开始重视并突出女大学生群体的正面形象，除 2009 年正面形象报道激增外，正面形象和负面形象的报道比例相差不大。

（二）女大学生报道议题

根据媒介展示的女大学生群体侧重点的不同，将相关的样本划分为十种类型（见表 1）。对资料进行编码输入电脑，用 SPSS 与 Excel 综合分析的结果如表 3 所示：

1. 报道议题数据分析

从整体上看，网络媒体关于女大学生的报道议题主要集中在"身体"（29.5%）、"工作"（21.5%）、"情感"（14.1%）和"日常

表 2　女大学生形象特征分析

单位：%

	2003 年 (N=104)	2004 年 (N=183)	2005 年 (N=214)	2006 年 (N=254)	2007 年 (N=262)	2008 年 (N=187)	2009 年 (N=288)	2010 年 (N=218)	合计 (N=1710)	标题 数量
正面形象	11.5	14.2	15.0	13.8	22.1	18.2	28.5	23.4	19.3	330
负面形象	26.0	35.0	30.4	32.3	30.9	15.5	16.0	21.6	25.8	441
中性/难以辨别	18.3	10.4	16.8	21.3	19.1	23.5	26.7	18.3	19.8	339
受难形象	44.2	40.4	37.9	32.7	27.9	42.8	28.8	36.7	35.1	600

注：1. 前八列百分数表示各类形象在 11 月所选取的有效样本数占当年样本总数的比例；合计和标题数列是对各类形象连续 8 年在 11 月所选取的有效样本数的总和和整体比例。

2. 各列百分比相加的和不等于 100%，是因为四舍五入所致。

单位：%

表3　　女大学生报道议题分析

	2003年 (N=104)	2004年 (N=183)	2005年 (N=214)	2006年 (N=254)	2007年 (N=262)	2008年 (N=187)	2009年 (N=288)	2010年 (N=218)	合计 (N=1710)	标题数
身体	41.3	37.2	30.4	28.7	26.7	33.2	20.8	28.9	29.5	504
工作	23.1	14.8	16.4	18.1	14.9	17.6	38.5	23.9	21.5	367
情感	9.6	7.1	15.9	15.0	20.2	10.7	13.2	16.1	14.1	241
日常生活	10.6	18.0	16.4	13.0	12.2	16.0	8.0	10.1	12.8	219
被救助	2.9	6.0	5.1	7.1	5.3	4.8	3.8	2.8	4.9	83
犯罪	6.7	3.3	5.1	4.3	3.4	4.3	4.9	5.5	4.6	78
被欺骗	2.9	7.7	6.5	4.3	1.9	4.8	3.1	5.0	4.4	76
其他	0	0.5	0.5	6.3	7.3	4.3	3.8	5.0	3.9	67
学习	1.9	3.8	1.4	2.4	3.4	1.6	3.8	0.9	2.5	43
参加公益活动	1.0	1.6	2.3	0.8	4.6	2.7	0	1.8	1.9	32

注：1. 前八列百分数表示各类议题在该年11月所选取的有效样本数中所占的比例，合计一列是对入年期间所有11月所获得的有效样本综合分析所得到的数据。
2. 各列百分比相加的和不等于100%，是因为四舍五入所致。

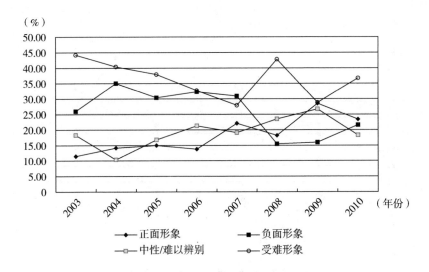

图1 女大学生形象特征报道变化

生活"（12.8%）。"身体"方面的议题在八年期间平均报道比例约为34.5%，报道数总体呈减少趋势，从2003年的41.3%下降到2010年的28.9%。可见，女大学生的"身体"展示是网络媒体长期形象建构中的核心内容。关于"情感"和"日常生活"议题的报道趋势变化不大，保持在10%到20%的报道比例间波动。值得注意的是，"工作"议题在前五年的报道比例约占15%至20%，2009年激增到近38.5%的最高比例。"学习"议题在总样本中只占2.5%，样本仅有43个。

2. 女大学生形象特征与报道议题的交叉分析

结合女大学生形象特征与报道议题的交叉分析可得，"身体"方面主要凸显受难形象，"情感"报道以负面形象为主，两者在8年间均保持了较高的报道比例；"日常生活"议题的报道数量变化较大，呈波动趋势；"工作"方面所呈现的女大学生形象往正面形象转变，如图3所示：

由图3分析可得，"工作"方面的报道议题整体上呈现了女大学

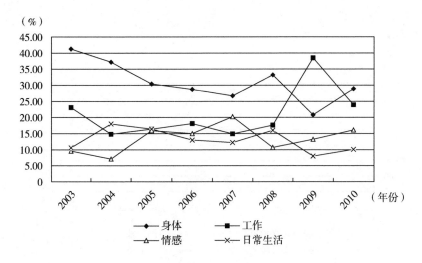

图 2　女大学生议题报道趋势

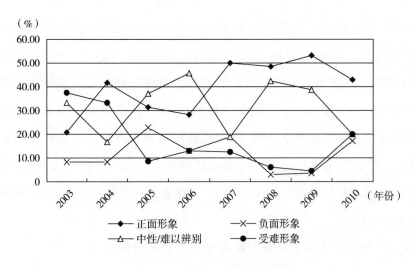

图 3　"工作"议题报道变化趋势

生的正面形象，由受难形象、中性形象转变为正面形象，并在
2007—2009 年正面形象报道保持了近 50% 的比例。综上分析得出，
女大学生整体正面形象的建构有很大一部分是基于工作议题的正面
报道。正面形象报道的增多，意味着媒体从关注女大学生"另类求

职"的负面形象，如"拍写真集""卖肾整容求职"等塑造女大学生求职竞争力不如男性的报道，转变为展示女大学生成功创业、开辟多种就业渠道（如参军、支教、村官）等积极面貌，如《女大学生村官增彩新农村建设》《"80后"女大学生自主创业养殖龙虾》等。此外，受难形象报道比例也从 2003 年约 40% 降到了 2010 年约 20%。

除上述四个比较集中的议题外，其他议题呈现整体均低于 5% 的报道比例，但每年该类议题都有出现。体现负面和受难形象的议题，如"被救助""被欺骗"及"犯罪"，其合计比例占到了总量的近14%；女大学生"被救助"的报道比例比"参加公益活动"多出3%。女大学生负面及受难形象议题的来源多样化和单一的正面形象塑造形成鲜明对比，表明网络媒体建构女大学生群体形象已经形成了较为固定的议题来源模式，通过议题设置将女大学生群体置于媒体所规划的特定的形象体系中：以身体、情感方面的负面叙事为主，辅以犯罪、被欺骗、被救助等报道突出女大学生的受难和负面形象；通过集中在工作议题和少量的情感、公益活动和学习方面的正面叙事反映女大学生的正面形象。

三　网络媒体构建女大学生形象的报道趋势

（一）"女大学生"议题被加强

新闻报道量变化较大，从 2003 年 674 篇（有效样本量 104）激增至 2010 年的 1800 篇（有效样本量 218），报道数量增加了近 2 倍。这一比较说明女大学生群体受到媒体的重视程度增加，成为媒体关注的确定社会对象。

（二）集中突出受难形象，正面性解读比例上升但不全面

研究显示，网络媒体历年都将受难形象作为报道主题，集中突出了女大学生在生理和心理方面的弱势形象。自 2008 年起网络媒体

在新闻报道上进行了一定调整，女大学生群体的正面报道增多，客观上改变了以往在受众心中突出的"负面行为者"的刻板印象。但由于正面形象报道的议题来源相对单一，集中在"工作"议题，而其他如学习科研、社会公益及身心健康等方面的正面报道严重欠缺。因此表明，网络媒体建构女大学生形象的议题来源相对狭隘并且是有针对性的，在真实客观还原女大学生形象方面不够全面。

（三）作为女性的生理特征在报道议题上被反复加强

网络媒体对女大学生的报道议题集中在"身体""工作""情感"及"日常生活"四方面，其中"身体"类报道整体占比最大，其次是"工作"，对女大学生的"学习"极为忽略。这一现象表明，网络媒体建构女大学生形象的议题来源相对稳定，并且有意弱化女大学生群体的学生身份，通过"身体"议题的集中报道来突出其作为女性的生理特征和生理弱势。

四　女大学生网络媒体形象变化原因探讨

（一）媒体社会责任和经济效益矛盾下的取舍

从工作议题的报道来看，网络媒体对女大学生受难形象中所遭受的就业歧视等方面进行了较高程度的关注和报道，也表达了对女大学生的人文关怀，同时也激发起社会对女大学生就业问题的关注，从而推动了此类问题的解决。特别是在受国际金融危机影响的2008—2009年，女大学生工作方面的负面形象及受难形象报道比例在6%以下，处八年期间最低水平。媒体转而着重突出其就业的正面形象，在一定程度上鼓励了女大学生就业创业，营造良好的社会效应，承担了媒介应有的社会责任。然而，在金融危机接近尾声的2010年，关于工作议题的负面形象和受难形象报道比例又上升至近20%。

与工作议题进行了报道重点调整相比，"身体""情感"议题在历年的报道中往往过度放大了女大学生的负面行为和受难形象。综合分析可得，网络媒体在商业利益的驱使下，为了吸引更多的受众眼球、增加网站点击率，淡化专业主义精神和社会责任转而追求效益最大化，从根本上造成女大学生形象的长期扭曲。网络媒体所呈现的女大学生正面形象报道比例虽有所上升，但持续时间却是短暂的，并且主要是来自社会环境、时代要求等外界因素的推动。网络媒体要实现追求效益和客观报道的平衡，除了自身要坚持新闻专业主义理念，更离不开社会各界的广泛监督和努力。

（二）媒体报道无法脱离性别的刻板形象存在

社会性别理论认为，社会性别来源于社会建构，大众传媒作为国家上层建筑的构成部分，所进行的传播不仅再现了社会性别的状况与地位，反映了社会的价值取向与意识形态，同时媒介传播本身也参与了社会性别的建构过程。[1] 网络媒体既追求商业利益也反映社会文化的二重属性，决定了它不可能脱离性别的刻板印象而存在。在长期的父权制文化中，女性在男性主导的视觉文化下被定为"从属阶级"，这种性别成见已根深蒂固地植于大众思维。基于商业化的媒体要获得大众认同，就不可能不反映这些性别刻板印象（包括媒介的无意识）。[2] 媒介在对女大学生形象的塑造过程中有意无意地反映且强化着这种性别成见，并且在长期潜移默化中通过大量的报道影响受众，对新闻报道中塑造的女大学生刻板印象产生认同，并形成对现实生活中女大学生的负面性评价，久而久之性别成见被反复强化形成"恶性循环"。

———————

[1] 刘利群：《社会性别与媒介传播》，中国传媒大学出版社 2004 年版，第 176 页。

[2] 卜卫：《媒介与性别》，江苏人民出版社 2001 年版，第 302 页。

　　媒体通过选择性的陈述和对某些主题的强调，描述大众广泛认知和所承认的社会规范、社会角色。在有意识或无意识反映社会中的性别刻板成见时，媒体更倾向选择女大学生群体的"身体""情感"及"日常生活"等议题进行集中报道，从而疏忽了与社会发展、政府决策等主流社会所认可的有价值的事件，更多地突出女大学生作为女性群体的生理特征及其在社会地位和能力方面的弱势。这种在长期报道中所塑造的女大学生弱势形象，与现实社会中女性作为男性"从属阶级"的刻板印象相呼应，在现实环境和媒介构建的"拟态环境"两方面使女性附属男性的地位合理化，迎合了父权社会下的性别权力不平等结构的诉求，从而更加巩固了媒体作为社会主流阶层代言者的地位。

　　（三）女大学生群体的话语权缺失与媒介利用能力不足

　　福柯认为，话语即是权力，权力通过话语而在文化机制中起作用。① 在父权制文化中，媒介本身作为支配阶级的代理，其权力话语的实践必然从男性视角出发，通过对选择性的主题以规范的男性话语取向建构自身的话语霸权。此次研究发现，在媒介建构的女大学生的形象描述更多的是通过媒体自身的角度叙说，即使在样本中出现"女大学生自述""自白"等字眼，也并非来自女大学生自身的声音。更多的是媒体为了凸显女大学生"自甘堕落"的负面行为，从而更容易引起受众对女大学生的"窥视"，没有给予其平等的话语权。女大学生群体处于一种集体失语的状态。

　　从《女大学生媒介素养调查分析》中得出，女大学生在消费和利用媒介方面停留在一个比较浅的层面，把娱乐消遣和了解信息作

---

　　① ［美］罗伯特·C. 艾伦：《重组话语频道》，麦永雄等译，中国社会科学出版社 2000年版，第263页。

为媒介消费的最主要动机，并且对自身在媒介传播中的地位认识比较模糊，没有积极运用话语权参与到媒介中去。[1] 在男性主导的社会，女大学生网络媒体话语权的缺失以及媒介利用方面的被动，导致了女大学生群体在父权制意识形态的运作之中识别和行动能力的薄弱。此外，在这种强大的意识形态下，女大学生群体很可能也被阻止去识别这样的运作[2]，以至于网络媒体长期的形象建构中没有出现来自这个群体自身的声音。

五 结语

研究结果显示，女大学生的网络媒体形象在整体上表现为受难形象和负面形象，以受难形象为主。以往的研究大多将女大学生媒介形象的受难形象和负面形象一并归为负面报道，由于样本时间跨度较短造成样本内容局限等原因，在具体分析负面报道特征时，往往集中在女大学生作为负面行为的实施者角度进行分析，对受难形象的重视不足，对女大学生媒体形象的整体感知存在一定偏差。此外，研究发现，女大学生的正面形象报道从 2008 年开始多于负面形象，正面形象报道比例的上升主要是来源于工作议题的正面报道，其他议题的正面报道严重缺乏。

通过对女大学生媒体形象特征和报道议题的交叉分析发现，网络媒体建构女大学生负面及受难形象议题来源多样化和正面形象单一议题塑造形成鲜明对比。媒体对议题的这种选择性设置在长期的形象建构中形成了特定的报道模式：以身体、情感方面的负面叙事为主，辅以犯罪、被欺骗、被救助等报道多方面突出女大学生的受

---

① 凌菁、闫天阔：《女大学生媒介素养调查分析》，《新闻窗》2008 年第 2 期。
② ［荷］L. van. Zoonen：《女性主义媒介研究》，曹晋、曹茂译，广西师范大学出版社2007 年版，第 142 页。

难和负面形象；正面形象塑造集中在工作议题，存在极少量的情感、公益活动和学习方面的正面叙事。

就女大学生媒体形象变化趋势而言，网络媒体开始重视对女大学生形象的正面解读，这是媒体承担社会责任的一种进步，但同时也必须看到这只是媒介在自身新闻生产框架内的调整，这种变动的原因更多的是来自社会及时代的要求。一种新闻框架如果被反复扩大使用，就会把一种特定的观点强加于受众，受众一旦接受这种观点，在面对女大学生形象的思考时，都会不自觉地使用这种框架，得出不适当的判断。① 媒体要还原真实的女大学生群体形象，除了主动承担起媒介社会责任外，必须从议题选择和平衡正负形象的报道比重上对原有报道模式进行调整，从根本上建立起一个能够全面、客观反映女大学生形象的新闻框架。

[原载《西南民族大学学报》（人文社会科学版）2011 年第 9 期]

---

① 张成良、高家林、李静：《大学生媒体形象建构的嬗变——以框架理论的观点》，《新闻窗》2008 年第 5 期。

"剩女"媒介形象是反映现实
还是人为建构？

——新浪网 2011—2015 年"剩女"报道研究

董天策　　王慧超

随着社会的发展和时代的变迁，我国大龄未婚女性的数量在逐步增加，她们因为标志性的特征"大龄"和"未婚"被界定为一类新群体。2001 年，"剩女"一词出现在网络中，被用来形容大龄未婚女性群体，随即被媒体在相关议题报道中使用，使"剩女"成为社会各界关注的群体。2007 年教育部发布《中国语言生活状况报告（2006）》，将"剩女"列为 171 个汉语新词之一，"剩女"成为媒体关注和网络热议的焦点。

当今时代，媒体在传播信息、社会整合和社会建构方面作用显著，是强大的形象塑造者。新闻报道特别是其中蕴含着的各类指标，成为"剩女"群体形象建构、传播和解读的直接载体。因此，近年来一些研究者如秦静文①、刘丽超②、危琼③、江明科④、郭晨⑤、荣

---

① 秦静文：《"剩女"媒介形象解析》，硕士学位论文，湖南师范大学，2012 年。
② 刘丽超：《被曲解的"剩女"——都市类晚报下的"剩女"形象建构》，《东南传播》2010 年第 9 期。
③ 危琼：《报纸对"剩女"的媒介形象塑造》，《新闻世界》2010 年第 9 期。
④ 江明科：《论"剩女"的媒介形象》，硕士学位论文，西南大学，2013 年。
⑤ 郭晨：《污名化：媒介报道中的"剩女"》，《长春教育学院学报》2015 年第 23 期。

369

欣①，分别运用议程设置、框架理论、刻板印象、内容分析等理论和方法研究"剩女"的媒介形象，得出较为一致的结论，即"剩女"媒介形象是物质、挑剔、恨嫁、自私的，基本上都是负面形象，且这样的形象完全是媒体对"剩女"群体的建构，扭曲了原有的社会现实，"剩女"媒介形象存在污名化、刻板化、标签化等问题。更有论者认为，媒体对"剩女"群体的报道存在刻板印象，从而使知识女性被社会戴上了有色眼镜，被家人唠叨，这些现象媒体要负很大的责任。②

问题在于：1. "剩女"媒介形象究竟是什么样的？2. "剩女"媒介形象究竟是社会现实的产物，还是完全由媒体所建构，并存在污名化、刻板化、标签化等问题？3. 研究者在运用有关的理论和方法进行探讨时，究竟是从事实、材料和研究结果出发，还是从理论本身蕴含的批判性出发，先入为主地预设立场，从而导致结论产生偏差？

本文将以新浪网 2011—2015 年"剩女"报道为例，进行内容分析，进而将"剩女"的媒介形象与社会形象进行比较，力求实事求是地回答上述问题。

一 研究设计

（一）研究方法与研究路径

本文采用内容分析和比较分析进行研究。首先通过内容分析对文本进行客观分析，探索"剩女"媒介形象的内容呈现，揭示媒体呈现出的"剩女"形象究竟具有什么特性。在此基础上，以腾讯新

---

① 荣欣：《"剩女"的媒介形象呈现分析》，《新闻世界》2011 年第 1 期。
② 罗爱萍、王蜂、江宇：《中国剩女调查》，广东人民出版社 2014 年版，第 9 页。

闻《事实说报告》栏目中的调查数据作为"剩女"社会形象的参考数据，将分析得出的"剩女"媒介形象与"剩女"社会形象进行对比分析，回答"剩女"媒介形象究竟是社会现实的产物，还是完全由媒体所建构。然后，结合本文在内容分析和比较分析过程中的发现，对此前运用有关理论和方法来探讨"剩女"媒介形象的研究进行反思，检视其中可能存在的问题。

（二）概念界定

"剩女"是指已经超过社会通常所认为的适婚年龄而仍未结婚的女性，尤其是指有经济基础的一群女性。在中国，"剩女"年龄一般确定为 25—35 岁，尤其指年龄在 28 岁以上的大龄未婚女性。

"媒介形象"通常被分为两类主体：一是大众传媒作为传播者的形象，即媒介自身形象；二是被传播者的媒介形象，即媒介再现形象。① 本文所说的媒介形象是指被传播者在媒介中再现出来的形象。

（三）样本选择

本研究以新浪网新闻频道为搜索范围，选择 2011 年 1 月 1 日至 2015 年 12 月 31 日新闻标题中含有"剩女"的 370 篇新闻报道为研究样本。

新浪网作为国内具有代表性的新闻门户网站，新闻报道数量多，样本齐全。笔者通过定位关键词"剩女"筛选出与研究内容关联性高的新闻报道。一方面，为保证研究的可操作性和一致性，本文所选择的对象主要是文字报道；另一方面，为了保证研究的客观性和科学性，本文只对记者采写的消息、通讯、媒体评论、调查报道等形式加以研究。

（四）编码与信度检验

本研究由重庆大学新闻学院两名研究生担任编码员，在正式编

---

① 宣宝剑：《媒介形象内涵分析》，《中国广播电视学刊》2008 年第 3 期。

码前随机抽取 10% 的样本进行信度检测，百分比一致性 PAO 为 0.86，能够满足编码员之间信度标准的一般要求，基于此进行进一步数据分析。

二　报道议题："剩女"媒介形象的事实框选

（一）议题总体构成

本文将 370 个样本的议题进行提炼和分类，根据议题性质将其分为正面、中性、负面三大类。正面议题呈现"剩女"的积极状态，如心态良好、生活积极、呼吁平等；中性议题，态度中立，没有明显的情感倾向；负面议题，则在报道中主要呈现"剩女"相对负面的形象，如遭遇婚恋诈骗、压力过大自杀、心理问题严重、被逼婚等。

对样本按议题性质统计分析后发现，"剩女"相关报道的中性议题有 252 篇，占样本总数的 68%；其次为负面议题，98 篇，占样本总数的 27%；正面议题相对较少，只有 20 篇，占样本总数的 5%。见图 1。显然，从总体上来看，"剩女"相关报道的议题可定性描述为中性偏负面。值得进一步分析的，是占比较大的中性议题和负面议题。

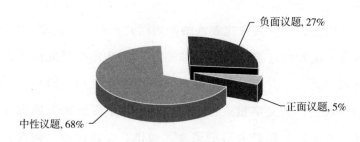

图 1　议题性质分析

（二）议题具体分析

中性议题占样本总数的 68%，数量最多，对此议题进行具体类型分析，可以探明议题的具体倾向。本文将中性议题的具体类型设定为：相亲与征婚、现状报告分析、对"剩女"现象的看法、"剩女"感情生活、外国婚恋现状、婚恋观念、支招、其他。见图 2。

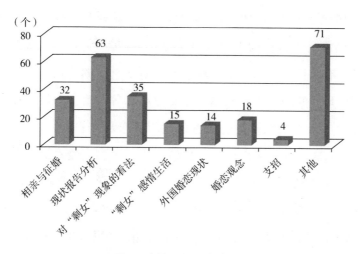

图 2 中性议题分布情况

统计发现，除其他议题之外，现状报告分析最多，占总量的25％。这类议题多为通过专业调查报告数据阐述未婚群体现状，并报道有关专家的相关分析。报道中的"剩女"大部分都显得较为苦恼，甚至怀疑自我价值。《婚姻问题专家谈剩女：宁等绩优股别碰已婚男》报道中的"剩女"，因太过优秀而导致相亲失败，引发其自我怀疑"难道连优秀也是错？"，展现出"剩女"无奈、窘迫、怀疑自我的形象。

相亲与征婚的议题数量占比 12.7％，多为报道相亲活动，其中的"剩女"形象存在变化，有慎重的理性派，也有焦虑的结婚狂。在《剩女决心兔年"脱光" 爱在春天大型相亲会报名》中，大龄未婚女性对婚姻表达了向往之情，却也流露出慎重心态，展现成熟理性的形象。而在《精英剩女求偶进入"猎婚期" 两三万元只是"爱的起步价"》中，则展现了焦虑的"剩女"形象。文中"剩女"相亲 50 多次，成为"求婚狂"，每次相亲都因过于挑剔而以失败告终。从理性派到"求婚狂","剩女"的形象从中性趋向于负面。

"剩女"感情生活议题数量占比6%，展现"剩女"的生活状态、情感状态。此议题中的"剩女"形象偏向于中性，大多为渴望爱情、随缘、不盲目的形象。《湖北"剩女"们的励志故事》中，"剩女"不盲目相亲，勇于寻找和等待属于自己的幸福。在这类议题中，"剩女"的形象冷静成熟，愿意寻找和等待适合的婚姻伴侣。

对"剩女"现象看法的报道议题、婚恋观念和支招这三类议题，"剩女"多是被别人评论，并对其婚恋生活支招，没有展现其群体形象。外国婚恋状况主要报道的是外国的婚恋状况，在此不具参考价值。

总体上，从中性议题的具体内容大致可以归纳出这样一个"剩女"形象：她们自身条件良好，向往婚姻，却因相亲不断失败而难免怀疑自己，有人变成挑剔的"求婚狂"，有人则相对理性。

负面议题的报道共计98篇，占样本数量的26%，具有一定的参考意义。负面议题主要包括婚恋诈骗、恨嫁急嫁、"剩女"问题与危机、被逼婚、吸毒、整容等。见图3。在此以数量最多的三个议题类型展开分析。

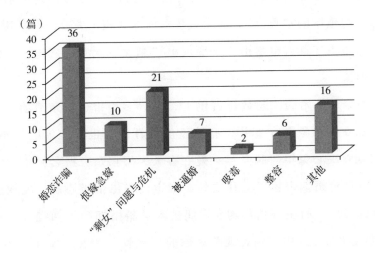

图3　负面议题分布情况

　　婚恋诈骗议题占总数的 36.7%，多为报道"剩女"因渴望爱情而上当受骗的事件。在《假释犯婚介网上假征婚诈骗剩女 578 万元》一文中，犯罪分子骗取多名女子的钱财，文中有明显的内容点出被骗女子的形象特征："她们都是三十八九岁，文化层次较高，职业有个体经营者，也有外企高管。"而犯罪分子恰恰抓住"大龄单身女性渴望情感的心理"实施诈骗。在报道"剩女"遭遇婚恋诈骗的时候，媒体为读者展现的"剩女"形象是这样的：她们工资高、学历高，但年龄偏大、渴望情感，急于结婚，容易上当受骗。

　　"剩女"问题与危机类型的议题占比 21.4%，主要报道"剩女"身心方面的问题及其遭遇的各类危机。报道中的"剩女"问题频发，生活压力巨大，心态焦虑不安。《剩男剩女心理生理问题频发　女不低就男不高攀》一文指出，"剩女"的心态具有强烈的优越感，宁可"洁身自好"也绝不凑合、草率成婚。而《剩女需警惕哪些健康隐患》则表示，"剩女"比较容易产生寂寞、压抑、挫折的感觉，对周围事物缺乏兴趣，进而产生焦虑，缺乏自信。在这类议题中，"剩女"的媒介形象展现为更加矛盾的形态：被动而又挑剔，优越感十足却又充满焦虑和压抑。

　　恨嫁急嫁类议题占比 10.2%，该议题的报道内容多为"剩女"恨嫁、急嫁的行为表现，以及发生的感情纠葛。在《36 岁剩女约男士吃饭数次被拒　上门关其电闸》中，"剩女"逼着男方与自己谈恋爱，遭遇拒绝后上门撒泼，风度全无。在该类议题中，"剩女"因为巨大的压力而做出激进、草率的行为。

　　从负面议题来看，大致可以勾勒出这样一个"剩女"形象：她们条件优越，自视甚高，择偶标准严苛，宁缺毋滥，但又恨嫁愁嫁，焦虑烦躁，且不自信。她们或者由于渴望婚姻而轻信他人，或者由于压力过大而草率行事，致使身心都出现问题。

三 形象呈现："剩女"媒介形象的各种指标

(一) 外形指标

统计发现，样本中共有 39 处"剩女"外貌的描述，通过近义词归类合并，共得到 13 类词汇，分别是：漂亮、姣好、知性大方、中上等、白皙、普通、甜美、端庄、文静、性感、出众、清秀、凶相。除凶相和普通之外，其余词汇都是褒义词，含有对"剩女"容貌的赞美之意，占据总数的 89.75%。由此可见，媒体所呈现的"剩女"在外貌方面大多符合"美丽"标准，媒体倾向于展现"剩女"的美丽外貌。见图 4。

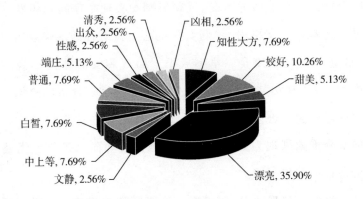

图 4 外貌描述统计

统计发现，样本中有 23 处对女性身体特征的描述，可简要归纳为以下 8 类：高挑、中上等、姣好、矮小、瘦削、普通、亭亭玉立、保养有加。从图 5 可知，形容女性身材美好的词类如姣好、亭亭玉立等共占了总量的 69.56%，可见媒体在呈现"剩女"身材特征时也是赞誉有加。总体上看，媒体呈现的"剩女"外形符合当下的审美特征，符合美丽标准。

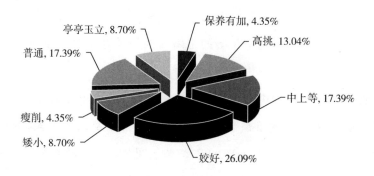

图5 身体特征描述统计

（二）年龄指标

根据统计，样本中一共出现 158 处涉及"剩女"年龄，结合前文"剩女"的定义和年龄划分，将其分为 5 个阶段：25 岁以下，25—28 岁，29—32 岁，33—35 岁，35 岁以上。从图 6 可以看出，媒体所呈现的"剩女"年龄以 29—32 岁居多，占总数的 38%；其次分别是：25—28 岁，占比 23%；35 岁以上，占比 21%；33—35 岁，占比 17%。由此可知，媒体报道中的"剩女"年龄阶段既有重点，又较为均衡。

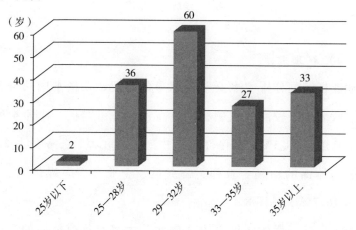

图6 年龄分布情况

"剩女"年龄在被媒体呈现之时，30 岁作为一个频繁出现的年龄，是否也在暗示着这个年龄的未婚女性是最容易被关注的？

（三）学历指标

根据统计，样本中共出现 38 处显示学历的地方。其中，拥有硕士学历的"剩女"数量最多，达到 21 人，博士及以上 7 人，硕士以上学历的"剩女"占总人数的 73.7%。见图 7。由此可见，媒体所呈现的"剩女"大多为高学历女性，以硕士和博士为主，其中不乏海外留学者。

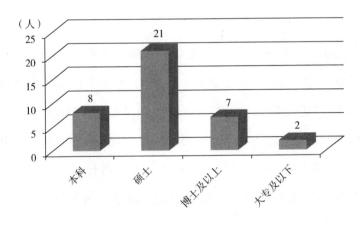

图 7 学历分布情况

（四）职业指标

职业指标是分析"剩女"所从事的职业，在样本中共有 103 个职业。收入水平较高的白领、企业高管、公司老板、律师 4 种职业占样本总量的 50.5%，工作性质比较稳定的教师、公务员占 21.4%，工作较为体面的白领、教师、公务员、企业高管、媒体人、画家、律师占 76.7%。见图 8。

综上所述，媒体所报道的"剩女"大多数都有体面的工作，收入水平较高。媒体所呈现出的"剩女"往往都是工作能力较强，多

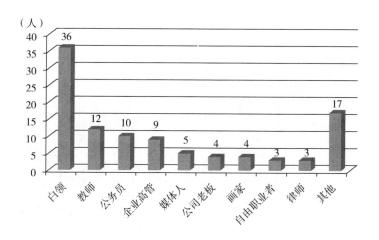

图8 职业分布情况

为行业精英，生活中唯一不如意的事情就是"被剩下"。媒体展现了
"剩女"在婚恋情感上的挫败感，这种反差也给读者带来了阅读体验
上的刺激。

（五）心态指标

心态指标主要是衡量"剩女"面对爱情、婚姻、现实情况的态
度以及心理活动。样本中共有 93 处描述此类态度和心理活动的词
语，通过近义词合并，共得到 17 类心态特征，分别是：随缘、恨
嫁、期待、后悔、挑剔、苦闷、宁缺毋滥、无奈、渴望爱情、不想
结婚、不惧怕、失落、焦虑、充实享受、压力大、尝试主动、放弃。
见图9。

从图10可以发现，"剩女"心态主要还是以宁缺毋滥、焦虑、
随缘、恨嫁为主。同时根据心态的不同特征将它们分为消极、中性
和积极三类。消极心态占心态类型总数的 52%，中性心态占 29%，
积极心态占 19%。不难看出，消极心态居于主导且呈现出一种焦躁、
压力大、恨嫁、挑剔的心态。

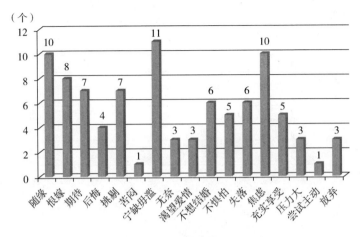

图9 心态分布情况

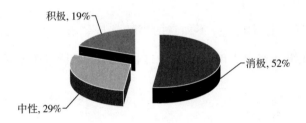

图10 心态特征性质统计

四 "剩女"媒介形象与社会形象的比较分析

前文的内容分析基本展现了"剩女"媒介形象的呈现内容,而这一媒介形象与社会现实有何关联,媒体在其中起到了何种作用,这是需要对比分析的重要问题。

从调查数据来看,近年来我国大龄未婚女性在同年龄段中的占比在明显增加,30—34 岁年龄段未婚女性从 1990 年的 0.64% 飙升至 2010 年的 5.35%。① 可见"剩女"现象是一种具有普遍性的社会现

---

① 资料来源:《全国第四次人口普查汇总数据》(1990)、《全国第五次人口普查汇总数据》(2000)、《全国第六次人口普查汇总数据》(2010),http://www.stats.gov.cn/ztjc/zdtjgz/zgrkpc/dlcrkpc/。

象。这就意味着，"剩女"的出现并不完全由媒体建构，而是社会发展的自然产物。

那么，"剩女"媒介形象究竟是媒体对于"剩女"建构性的呈现还是呈现性的建构？媒体在这一过程中是否做到了客观和还原？"剩女"媒介形象是否存在污名化、刻板化、标签化？

在此，笔者引用腾讯新闻《事实说报告》栏目中的调查数据作为"剩女"社会形象的参考样本，从"剩女"社会生活现状和心理现状两个角度进行分析对比，有效样本量分别为 5 万人和 2 千人，调查范围为全国，有普遍的参考价值。

（一）社会生活现状

"剩女"遭受来自社会生活中各个方面的压力，主要可以分为两个方面：第一，社会对待单身女性的观点和行为；第二，社会和女性自身对于女性群体的社会生活判断。

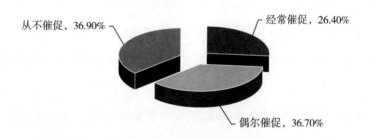

图11　单身女性被催婚情况比例①

社会对待单身女性的观点和行为，影响着"剩女"的社会认知和自我认知。图11显示，有63.1%的单身女性经历过被催婚的情况，其中26.4%的单身女性经常遭遇催婚。由此可知，社会对于单身女性的婚姻状况较为关心。催婚这一行为无形中给"剩女"增加

---

① 腾讯新闻：《中国人婚恋调查报告》，腾讯网，http://news.qq.com/cross/20160809/1682rADT.html#4。

了压力和焦虑感。这与上文所得的"剩女"媒介形象存在一定的相似之处，焦虑成为"剩女"形象的一种确实存在状态。由此可见，"剩女"媒介形象具有相当的现实性。

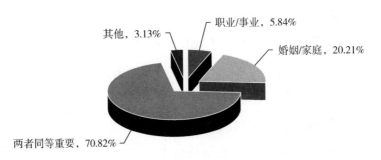

图12　女性对于社会生活要素的重要性判断占比①

社会和女性自身对于女性群体的社会生活判断，同样影响着"剩女"的社会认知和自我认知，增加了"剩女"的社会生活压力。结合图12的数据，可以发现，社会和女性自身对于女性群体的社会生活判断具有非常明显的指向和偏好，即认为婚姻和家庭是女性社会生活的中心。对"剩女"来说，选择违背社会的主流观念坚持独身，无疑承受了较大压力。对比之前分析得出的压力较大的"剩女"媒介形象，"剩女"的媒介形象和社会形象在这方面达到了重合。

总体而言，在社会生活现状方面，"剩女"的媒介形象表现出了较高的还原度，较为忠实地反映了"剩女"群体在社会上所遭遇的境况和她们因此产生的焦虑、压力大的心态。

（二）心理现状

从"剩女"的心理现状分析，她们面临充满矛盾的选择。在传统观念影响下，"剩女"依旧认为要选择婚姻，但是现代社会的发展

---

① 腾讯新闻：《中国女性职业与幸福感白皮书》，腾讯网，http://news.qq.com/cross/20161108/t0Zu3x08.html#0。

和教育程度影响了其步入婚姻的过程，让她们在选择结婚对象时有了更高的标准和要求，更倾向于等到条件匹配的"真命天子"，而不是随便凑合，她们对于大龄晚婚的接受度较高。在心理层面，"剩女"的社会形象和媒介形象产生了一定的差异。

从物质方面来看，女性在"有车有房""差距不能太大"两条上的占比均高于男性，相对于"剩女"来说，她们对于婚姻的物质要求更高，希望找到条件匹配，甚至是更好的结婚对象。见图13。

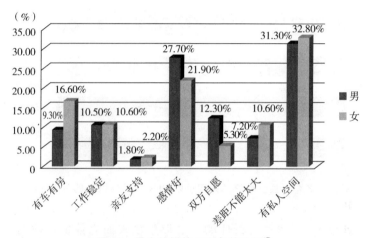

图13　男女结婚的必要条件比例①

从情感方面来看，"剩女"对于婚姻存在较高的感情需求。图14中有57.4%的女性因为"还在等"而单身未婚，"还在等"是一种对于完美爱情的期盼，表现出了"剩女"较高的情感需求。

从心态方面看，女性对晚婚呈现出较为开放的态度。根据图15，81.21%的受访女性认为女性超过30岁结婚可以被接受或无所谓，越来越多的女性接受晚婚，"剩女"恨嫁情绪并不突出。

---

① 腾讯新闻：《中国人婚恋调查报告》，腾讯网，http：//news.qq.com/cross/20160809/1682rADT.html#4。

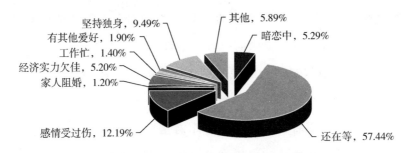

图 14 单身女性未婚原因占比①

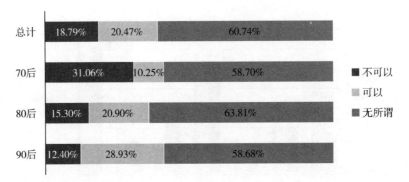

图 15 各年龄层女性就"是否可以 30 岁以后结婚"的观点分布②

由此可见,"剩女"群体的社会形象是多面立体的,她们一方面遭受着来自社会、生理和心理的压力,对婚姻有着渴望和向往;另一方面又追求情感,对于结婚对象有一定的选择标准,且对大龄晚婚的接受程度也比较高,急嫁、恨嫁的情绪并不明显。对比"剩女"社会形象与"剩女"媒介形象,可以发现"剩女"的这两种形象在大体上相同,都具有矛盾性的形象特点。因此,媒体在"剩女"媒介形象的建构上仍然保持了较为中立的态度,较为客观地呈现了"剩女"的媒

---

① 腾讯新闻:《中国人婚恋调查报告》,腾讯网,http://news.qq.com/cross/20160809/1682rADT.html#4。

② 腾讯新闻:《中国女性职业与幸福感白皮书》,腾讯网,http://news.qq.com/cross/20161108/t0Zu3x08.html#0。

介形象。"剩女"报道建立在社会现实的基础上，本质上是一种对社会现实的呈现，如果硬要说建构，也是一种呈现性建构。

与此同时，"剩女"社会形象和其媒介形象也存在一定的差异。"剩女"社会形象中急嫁、恨嫁的情绪并不明显，媒体以个别案例进行报道，将"剩女"渴望婚姻这一心态夸张放大至恨嫁心态，并将这种夸张后的心态融入"剩女"媒介形象中，导致"剩女"媒介形象出现一定偏颇。

五 结论与探讨

（一）"剩女"媒介形象的两种基本模式

根据前文分析，可以总结并回答本文提出的第一个问题，即"剩女"媒介形象究竟具有什么特性。媒体呈现的"剩女"媒介形象总体上处于女性晚婚的年龄段，自身条件良好，要求较高，一直难以找到适合的对象。基于环境因素和个体因素的不同，"剩女"媒介形象存在两种类型——"婚姻理性主义者"和"急嫁主义者"。"婚姻理性主义者"对于婚姻有着美好向往，虽然相亲数次失败，并开始怀疑自身价值，但是依旧能够冷静慎重地对待婚姻。她们对情感纯洁度的要求较高，对于婚姻没有疯狂的需求。"急嫁主义者"则有着强烈的结婚意愿，因为各种原因迟迟没有进入婚姻。她们在心态上存在巨大矛盾，一方面抱着宁缺毋滥的态度，制定了较高的择偶标准；另一方面因长时间的相亲失败导致恨嫁愁嫁、焦虑烦躁，产生不自信的心态。

总体来说，在"剩女"媒介形象中，"婚姻理性主义者"相对冷静，"急嫁主义者"较为疯狂。这样的媒介形象不仅呈现了"剩女"群体的行为和心态，也从侧面呈现了她们产生这类行为和心态的原因。把这一媒介形象与"剩女"社会形象加以对比，发现两者总体相似，可知"剩女"媒介形象总体上是客观的，这与前人研究中的物质、挑剔、恨嫁、自私的"剩女"媒介形象不完全相同。因此，"剩女"媒介形象是媒体基于社会现实的报道，是对"剩女"群体的一种呈现性建构。

（二）"剩女"媒介形象的污名化倾向

从总体上说，本文的结论与此前的研究明显不同，"剩女"媒介形象并非完全是由媒体所建构的，媒介形象中的事实因素相当明显，很大程度上是媒体对"剩女"群体的呈现或者说再现。

当然，"剩女"的心态被媒体放大，由渴望婚姻变为急嫁恨嫁，其媒介形象与现实情况相比出现了一定的偏差。具体地说，是"剩女"媒介形象在"急嫁主义者"模式中存在一定的偏颇，放大了急嫁、恨嫁的情绪，出现了某种程度的污名化倾向。不过，这种倾向是否说明"剩女"媒介形象被彻底污名化，本文认为是不能武断地得出这种结论的。

戈夫曼于1963年提出污名的概念，认为污名会令其拥有者"在其他人眼中丧失其社会信誉或社会价值"[1]。林克和费伦定义了污名化的五个要素：贴标签、刻板印象、地位损失、社会隔离和社会歧视。[2] 通过本文的分析，"剩女"的媒介形象中，"婚姻理性主义者"是对"剩女"形象较为客观的建构，"急嫁主义者"被媒体放大了渴望婚姻的情绪，确实因此被贴上"恨嫁"标签，出现一定的污名化问题，但因其只是"剩女"媒介形象两种基本模式中的一种，不能代表"剩女"整体的媒介形象，所以"剩女"媒介形象充其量也只能说是存在某种污名化倾向，而不是完全的污名化、标签化、刻

---

① ［美］欧文·戈夫曼：《污名——受损身份管理札记》，宋立宏译，商务印书馆2009年版，第2页。

② Link B. G. Phelan J. C. , "Conceptualizing Stigma", *Annual Review of Sociology*, 2001（27）.

板化问题。

（三）正确运用批判性理论资源

上述结论也表明，研究中必须正确运用批判性理论资源，否则难以得出科学的结论。研究"剩女"媒介形象，运用的框架理论、刻板印象等理论资源，本身具有明显的批判色彩，研究者很容易先入为主地对研究对象做出批判性的论断，而不管对事实材料的分析是否能够得出这样的论断。即便像议程设置、内容分析这些并不具有明显批判色彩的理论或方法，由于"剩女"媒介形象的建构或塑造这一问题本身具有某种建构主义色彩，研究者稍不留神，也很容易先入为主地预设立场。

无论哪种情况，都会导致研究者将个人对于"剩女"媒介形象的预判带入研究之中，在预设立场甚至预设结论之后去选取证明结论的相关数据，使得研究貌似客观，实则主观，经不起事实的检验。本文开篇所引述的那些研究，就不同程度地掉入这样的陷阱。这是值得引起高度重视的。

当然，在批判视野之内，"剩女"这个概念本身就有问题，它带有对大龄未婚女性的某种刻板印象，甚至某种污名化的意味，但这是社会语言学的问题，属于另一个层面。不能说媒体选择并使用了这个概念，就是存心要对大龄未婚女性进行污名化。

（原载《新闻界》2017 年第 11 期）

内地电视剧中海外移民的身份认同及其演变

王玉玮

身份认同是文化研究中的一个重要概念，主要是指个人对主体自身特性的认识，或者与某一特定群族之间所用的共同观念，这其中就包括民族认同、文化认同以及群族认同等。中国海外移民对自身身份认同的强烈诉求，长期以来隐现在移民题材电视剧的文本中。这种身份认同作为中国电视剧题材的重要一支，与本文所针对的问题尚待梳理和把握。不论是再现血泪史的中国早期华工，或是20世纪八九十年代描写的知识分子技术移民，抑或是新世纪以来呈现的多样化海外移民，当代荧屏将镜头对准当下，或推延至现代历史，展现出中国海外移民的运动历程，进而揭示其身份认同的变迁。

一 "身份"的焦虑：移民形象的"他者"审视

移民的"身份焦虑"是指其身份的冲突性及其不确定性，也就是移民与其居住地的政治环境、文化风俗以及社会制度等方面存在一定的差异，由此产生理念、心理及其行为的冲突与斗争。作为文化"他者"的中国海外移民，一直苦苦地寻求着个人精神层面的身份认同。

（一）憧憬与想象：当梦想照亮了现实

"异国形象应被作为一个广泛且复杂的总体——想象物的一部分

来研究。更确切地说，它是社会集体想象物（这是从史学家们那里借用来的词）的一种特殊表现形态：对他者的描述。"① 在 20 世纪 80 年代初期，中国内地物质生活条件匮乏，移居国外的动机其实非常简单，那就是冲着"淘金梦"而奔赴日本及欧美国家。然而，想象与现实之间常常存在着巨大误差，内地海外移民到了日本及西方之后面临着诸多的政治、文化差异及其生存的考验，这其中或许有的移民圆梦了，但更多的移民也许只是梦断异乡。

1993 年，中央电视台和美国芝加哥电视台联合制作的 20 集电视剧《新大陆》讲述了张海平、江建国、李芷、文倩等八位来自中国的旅美留学生在美国土地上生存、发展以及创业的故事。然而，由于东西方文化有着各自不同价值观与人生观，八位留学生在经历了种种挫折与磨难之后，最后各自选择了自己的人生路途，其中有的在美国创出新天地，有的回到养育自己多年的中国内地。在由郑晓龙、冯小刚执导的 21 集电视连续剧《北京人在纽约》中，王启明原本是个知识分子，并希望有朝一日能成为拉大提琴的艺术家，然而和大多数人一样怀揣着美好的梦想来到美国，尽管有人说这里既是天堂也是地狱。初到纽约，王启明也的确见识了美利坚的盛世繁华："纽约灯光闪烁，就像是一座海市蜃楼；立体交叉公路，望不尽的车灯，排列整齐耀人眼目；一座又一座摩天大楼像一个又一个不动声色的庞然大物，低头俯视着在它们脚趾缝间钻来钻去的密密麻麻的人群和车队。"② 然而，这一切又似乎显得那么虚幻与遥远，因为王启明发现自己和普通人毫无区别，最终只得放弃大提琴的音乐梦想，到餐馆洗盘子、在洗衣店洗衣服。

---

① ［法］达尼埃尔－亨利·巴柔：《从文化形象到集体想象物》，载孟华《比较文学形象学》，北京大学出版社 2001 年版，第 121 页。

② 曹桂林：《北京人在纽约》，人民文学出版社 1994 年版，第 78 页。

事实上，王启明从踏入美利坚土地的那一天起，其身份就出现了变化，成为美国文化的"他者"。"自我身份的建构——因为在我看来，身份，不管东方的还是西方的，法国的还是英国的，不仅显然是独特的集体经验之汇集，最终都是一种建构——牵涉到与自己相反的'他者'身份的建构，而且总是牵涉到对与'我们'不同的特质的不断阐释和再阐释。每一时代和社会都重新创造自己的'他者'。"① 电视连续剧《北京人在纽约》为我国内地观众勾画出一个扑朔迷离的"美国梦"，而这种梦其实正是当时内地民众渴望发财致富，并企图融入世界以及追求欲望等需求的一次想象性满足。

（二）冲撞与磨合：移民的身份认同危机

"如果我们从整个文化体系来考察就会发现，文化适应是一个建立新的文化模式的过程。当一些新的文化特质纳入一个国家或一个民族的现存制度及其功能体系时，文化适应实际上是一种建立新文化体系的问题，它不仅存在风俗、信仰、制度等的再解释，而且存在着目标与价值、行为与规范的再取向。"② 面对陌生的国家和环境，语言的不熟悉、政治的隔阂以及文化价值的差异，中国的海外移民似乎显得有些惶恐与不安。

在电视剧《纽约丽人》中，率直、单纯的美国青年杰森是汤潘的同班同学，也是她的第一任男朋友。杰森不仅给予汤潘快乐甜蜜的爱情，还有丰厚的物质基础。然而，由于杰森完全不知道英国对中国清政府发动过两次鸦片战争这段惨烈耻辱历史，汤潘只得黯然与毫无共同语言的杰森分手。保护国家、集体利益或者他人的人身

---

① ［美］爱德华·萨义德：《东方学》，王宇根译，生活·读书·新知三联书店 1999 年版，第 48 页。

② 司马云杰：《文化社会学》，中国社会科学出版社 2001 年版，第 311 页。

与财产安全，这在中国人眼里是一种美德，因此，在电视剧《穷爸爸富爸爸》中的出租车司机王富贵看来，"抓小偷"是他义不容辞的职责。然而，在澳洲人眼里，似乎不完全如此，因为小偷造成的损失毕竟可以由保险公司来承担，而个人的生命安全大于一切。王富贵百思不得其解，并固执地认为，假如每个人都缺乏嫉恶如仇的精神，那社会不是失去了公平与正义吗？其结果是登门偷盗的"小偷"竟然以假摔骗取到保险公司的巨额经济赔偿，而王富贵反受牵连，意外地陷入官司旋涡。

"近百年来，中国文化在与海外西方文化的相遇中，总是处于被动的位置，主要是以传统文化的现代化转化为其中心任务，实际上没有可能与西方文化在相同的层面上平等交流与对话的基础。"[①] 在《绿卡梦》中，几位留学生为获得"绿卡"有的被迫卖身，有的遭受遣返以致发疯，有的甚至选择自杀身亡。而邹易面临要在黄种人姜建明和白种人奥斯卡这两个男人之间进行选择的时候，一开始显得有些顾忌重重，但最后她还是毅然选择了白人奥斯卡，因为很大程度上来说奥斯卡毕竟是来自于"仍然相当大地从内心至外表给人带来不同影响"的另一种文化。邹易只得感叹，在异乡生活实在艰难，而要融入这种文化就更难。其实，邹易所感叹的，还是中国内地移民们出于生存发展渴求融入异质文化，然而又难以真正融合的两难选择。

（三）"怀乡"与"返乡"：移民的艰难抉择

"原乡之于异乡，正如异乡之于原乡，是一正一反的关系，宛如镜中映像。"[②] 海外移民带着不同的伤痛和期望在异域文化冲撞中苦

---

① 胡勇：《文化的乡愁——美国华裔文学的文化认同》，中国戏剧出版社 2003 年版，第 2 页。
② 何与怀：《"精神难民"的挣扎与进取——试谈澳华小说的认同关切》，《世界华文文学论坛》2001 年第 1 期。

苦拼搏，甚至遍尝生活中的种种酸甜苦辣。在电视连续剧《金山》中，方家三代人的返乡冲动与怀乡意识不断对抗，构成了中国海外移民情感寄寓和理想追求的内在悖论。作为第一代移民者，质朴、勤劳的方得法从小就离开家乡，在美国西部旧金山开过洗衣店、修过铁路、拣过垃圾，历尽千辛万苦，因为他心中所渴求的是"衣锦还乡"。然而最终事与愿违，他依然一无所获。儿子方锦河劝其回到自己的家乡中国广东，方得法义正词严地拒绝："你和你阿哥在开平住两年，就让阿爸在金山再做两年生意——就不信一辈子运气都是这般衰……"因为方得法坚信，只要勤奋努力，这块异国土地迟早会让他获得荣华富贵，有朝一日肯定能换来光荣的还乡。然而结果正如他在家书中所写："此番回乡，历年在金山之储蓄，业已虚空，万事需从头开始。"① 就是在"怀乡"与"返乡"这两种叙述的双向互动和交锋中，中国海外移民决然远走"他乡"，而这也必将注定是个漫长而曲折的历程。

"开始在异乡你的生活被求生的现实问题制约，而且很为新的环境所左右。一旦闯出路来，再仔细想想，你会发现代价高得惊人。你获得的很多，但失去的也很多，你是否真的到达了彼岸，是否真正离开了家乡，这是一个不容易确定的问题。家乡，过去，历史是你的一部分。既是你的财富，又是你的负担。"② 曾经奢望拥有十分优越的生活条件和生活环境，然而面对一落千丈的反差，受挫之后的失落、沮丧、混乱甚至后悔，中国内地移民不少人甚至萌生打道回府的念头。

在孙皓导演的 20 集电视连续剧《夫妻时差》中，林楠和毛奇一

---

① 张翎：《金山》，十月文艺出版社 2009 年版，第 301 页。
② 叶凯蒂：《蓝土地，远行者》，《小说界》1996 年第 1 期。

对感情和睦、生活甜美的白领夫妻，然而，天有不测风云，儿子乐乐玩耍时因意外从窗户跌下而死，这给他们平静的生活带来了重重烦恼。为挽救因丧失儿子乐乐出现的婚姻冲突，林楠和毛奇决定远赴加拿大。在加拿大，善良而又单纯的林楠为了尽快让毛奇摆脱枯燥的家庭日常生活琐事，拿出家庭的全部资产给毛奇办了份报纸。然而，事与愿违，办报纸不仅没有给毛奇带来快乐，反而卷入了重重烦恼之中，甚至一度被黑社会的人带走。具有"北京大爷"气质的毛奇显然无法忍受这种行为，无法真正融入当地的文化习俗以及竞争环境，只得和林楠先后回到北京。

二 身份的凸显：寻找和恢复自身的种族文化

"华人新移民第二代的整体身份认同表现为他们是华裔美国人，对自身的定位受两种文化的影响，具有双重认同的特征。一个华人可能在族群身份上有华人的认同，在社区和国家政治身份上认同于居住国，而在语言和生活方式方面有多重认同，在价值和文化取向方面同样也是混合的认同状态。"[①] 20 世纪 90 年代以来，随着经济环境全面改善以及中国国际地位的全面提升，中国海外移民开始重新追忆自己的种族文化，寻求取得群体感和认同感的立足点。

（一）民族文化传统的依恋与固守

"传统以过去为导向，致使过去对现在产生重大影响，或者更确切地说，过去被用来对现在施加重大影响。……至少在某种程度上，传统也显然关系到未来，因为业已确立的习俗是组织未来时间的一种方法。"[②] 在电视剧《迷失洛杉矶》中，北京普通百姓孙子旺远涉

---

① 李其荣、姚照丰：《美国华人新移民第二代及其身份认同》，《世界民族》2012 年第 1 期。
② ［英］安东尼·吉资斯等：《自反性现代化：现代社会生活中的政治、传统与美学》，商务印书馆 2001 年版，第 75 页。

美国，其目的就是寻找一对龙凤胎兄妹。然而，面对着张大年的重重猜忌与误解，孙子旺以其"真、善、美"的情怀以及"以情动人，以理服人"的真情行为，获得了与他毫无血缘关系的龙凤胎福兰克和安琪拉的尊重与理解，同时这种行为也深深感动了他的美国房东孟小芸。

电视剧《小留学生》中的裴知文、刘莼、熊立以及温小小四个小留学生身处异乡，加上家庭经济条件较弱，他们不得不依靠"打工"来维持生活。在华人餐馆，他认识了同样出生在上海的罗宾斯老人。受中国传统道德文化的感知，裴知文主动去照顾一个人独自生活的七十多岁的罗宾斯，裴知文中国式的耐心与真情不仅使罗宾斯感受到亲人般的温暖，同时也让他获得了好人有好报的结果。

在电视连续剧《北京人在纽约》中，为了脱离初到纽约时的经济窘境，王启明只得努力学会美式的生存法则，并不懈地追逐金钱和名利。然而，在获得了丰富的物质财富之后，王启明却与妻子郭燕似乎渐行渐远，女儿也在美国文化的熏陶中完全走样变形。王启明只得无奈地对女儿宁宁说："我们中国人来到美国，不要什么都学，要保持我们中国人的好传统……"宁宁说："爸爸，我真不明白了。我刚到美国时，你嫌我土，没见识，要我跟上趟，赶快适应美国……可是现在呢，你又要我，别学这个，别学那个，要保持中国人的本色。保持中国人本色，我老老实实在北京待着不就行了吗？到纽约来干什么呢？我真不明白，你到底希望我成为一个什么样的人？"此刻的王启明只得认真而又严肃地用中国传统方式劝导女儿："我认为，家庭观念，伦理道德，还是咱们中国的好。我这意思是说，你该有自己的主见，坚持该坚持的东西。"① 的确，王启明用美

---

① 曹桂林：《北京人在纽约》，人民文学出版社 1994 年版，第 157 页。

国人的奋斗方式赢得了事业上的成功，可他却严格要求自己的女儿不要忘了自己是中国人，是北京人，根应该在中国，因为作用于移民族群的中华民族文化传统早已深深地影响着这些移民的价值取向、思维定式以及文化心态。

（二）与异质文化的亲近和共融

"跨境移民移居异文化社会后自身会发生什么变化？外来移民是否必须、是否能够融入主流社会？允许跨文化移民保持其文化自决的多元文化主义，是社会进步的标志还是可能导致社会分裂的隐患？这是贯穿20世纪始终的社会现实问题，也是西方移民学界孜孜探讨的重要理论问题。"① 20世纪90年代，电视剧逐渐淡化了早期文化乡愁和文化冲突的移民主题选择，而是转向以一种积极、进取的身份观念去接纳并融入西方主流社会。

电视连续剧《蝴蝶》中的段岭是一位在国内从事于蝴蝶学研究的研究员，在忍受了多年同丈夫庄五一分居两地的生活之后，她决定前往加拿大与庄五一办理离婚。然而，天有风云不测，就在段岭办完手续即将回国之际，庄五一却因在驾车期间接电话这个过失而造成严重车祸，陷入深度昏迷。不幸的是，在事故发生的另一辆车中，脑外科大夫约翰逊的女儿也在这场车祸中罹难。约翰逊决定寻找出凶手，一心为女儿报仇。面对着执意复仇的约翰逊以及处于深度昏迷的庄五一，段岭决心放弃回中国内地的学术研究，而是要认真地维持起这个她曾经想要放弃的家。最后，段岭用自己的坚强与耐心以及真挚情感唤醒了庄五一的回归，同时也让曾经自私和固执的约翰逊感到问心有愧。剧作一方面着力展现出中国女性的坚韧与

---

① 李明欢：《20世纪西方国际移民理论》，《厦门大学学报》（哲学社会科学版）2000年第4期。

宽容以及无私奉献的美好精神，同时也通过约翰逊与擅长中医的"小陕西"的矛盾冲突，展现了中国移民与原住民美国人之间的理念冲突到相互理解以及融合的过程。中国移民题材电视剧用犀利的目光认真打量着东西方文化的优点与缺陷，让它们在碰撞过后慢慢积淀，而后互相接纳，互相融合。

在电视剧《摩登家庭》中，由于肖家妈妈竭力阻止儿女与外国人结婚，其结果是大女儿肖云楚孤身来到马来西亚，二儿子肖云天决定打消娶韩国姑娘的念头，三女儿肖云舒去了澳大利亚。思想上经历了反复斗争，肖家妈妈最终还是接受了儿子肖云天与怀了身孕的韩国姑娘朴燕姬以及肖云舒的澳大利亚籍丈夫勒内尔。中国人的善良、坚强、淳朴等个性，西方人崇尚自由、强调个体利益以及尊重个性等品质，在《摩登家庭》中得到很好体现。海外移民对中国传统文化拥有信心以及对异质文化逐渐认同，这两种文化平等对话交流的情境逐渐得到观众的认可。

三　身份的重建：对"世界公民"形象的阐释

新世纪以来，荧屏中出现的中国海外移民很多已经扎根国外，开拓着海外市场，他们是中国的新富阶层、知识精英等高端群体，接受过良好的教育，拥有一定的经济基础以及专业的技术技能。这些移民对居住地的文化差异开始慢慢适应，许多消极的心态也逐渐淡化。

（一）"雄性化"海外移民形象的塑造

早期中国荧屏中的海外移民大多身份低微，如保姆、搬运工、小偷、工匠等，他们总是唯唯诺诺、低声下气，这种"阴性化"的移民形象显然迎合了西方对中国的一种想象。20世纪90年代以来，中国电视剧逐渐开始注重塑造具有中国男性气质的"雄性化"海外移民形象，这在一定程度上改变了西方人对中国男人的看法。

在电视剧《北京人在纽约》中，王启明是一个明显带有个人英雄气息的中国海外华人男性，更是一个通过自己的努力拼搏能在纽约取得成功的少数海外华人。就是在白人大卫面前，王启明也依然显得桀骜不驯、放荡不羁，他敢于在纽约闹市区用中文大肆诋毁白种人，敢于不顺眼就出手打架，敢于在曼哈顿渡口放肆喝酒，浑身上下散发着男性荷尔蒙的味道。在加油站求职时，王启明因为不能忍受老板的侮辱而与之发生冲突，并大打出手，这种行为正如大卫所嘲讽的，王启明这位中国人就是太野蛮、太粗鲁、缺乏文明素养。

在电视剧《穷爸爸和富爸爸》《摩登家庭》《危险旅程》以及《迷失洛杉矶》中，中国部分移民不再显得那么猥琐、自私、狭隘，相反，他们盛气凌人、出手阔绰、咄咄逼人，甚至能轻易俘获白种女性的喜爱，这种行为就是白种男人也不得不为此折服。在演员选择上，电视剧《梦断天国》选用作风硬朗又不失霸气的张丰毅，电视剧《穷爸爸和富爸爸》选用沉稳而又厚重的陈宝国，电视剧《北京人在纽约》选用体型高大而又威猛的姜文，荧幕上这些坚毅与阳刚的移民男性形象，全身上下无不体现出中国男性的雄性气概。

（二）海外移民从边缘融入主流社会

中国内地早期移民似乎总是与贫穷、不公平、饥荒等相随相成，人物形象大多集中为保姆、小偷、偷渡客等。《危险旅程》的"女蛇头"林姐竟然用牺牲别人的幸福积累起巨额财产，过去是白人卖黑人，荒唐的是现在黄种人倒卖黄种人。《梦断天国》的偷渡客为了获得外国的居住权，竟然出卖婚姻，不顾尊严。随着改革开放的进一步深化推进，被想象成中国代表的新富阶层逐渐走进西方主流社会。这些人群有着丰厚的个人财产、特立独行的自由个性、全球化的思维眼光、深邃的思想远见以及敏捷的市场意识，他们大多也从事着体面的工作，比如前卫时装设计、高雅的艺术创作以及前沿的 IT 行业等。

作为电视剧的一种参照，电影《中国合伙人》以"新东方"创业故事的外壳，讲述着中国式的海外成功故事，进而寻找强烈的认同感。故事中的成东青、孟晓骏、王阳三个青年从白手起家到百万富翁的奋斗故事与"民族"话语结合起来弥合了不同阶层的民族认同。"改革开放的三十多年中，随着中国综合国力的日益提高，美国想象和美国梦也经历了多层次的嬗变。现在的文学作品里面对美国的想象，跟大众文化接触的不太一样。作家笔下的中国人去美国，不再是一定要融入美国社会，反而会强调中国文化的特性，强调中国人在美国创业，改变美国的规则。"①

在电视连续剧《纽约丽人》中，学习时装设计的汤潘、离婚的凌风以及大学教师何小藕因各自的心愿来到美国纽约。最终，汤潘通过自己的努力，成为著名时装设计师，并开创自己的服装品牌"暖色系列"；何小藕终于拿到了博士学位；凌风的陈氏机构顺利收购了蓝诗波公司并成为纽约世界的名牌；凌姐找到真爱克里斯。"美国"似乎不再是异乡的代名词，而是成了她们梦想的载体。

（三）海外移民从故国回望过渡到民族自信

在强势地位的异质文化环境中，中国海外移民深刻地体会到人情的冷漠，生活的艰辛、社会的无助以及地位上的不平等，他们常常面对东方，遥望祖国，借此慰藉心灵，摆脱内心的空虚。因此，文艺创作较为集中地表现中国移民与异域社会的交往及由此引发出的一系列心理震荡、文化冲突及其无根感和荒原感。新世纪移民题材电视剧不再仅仅沉溺于异域悲情与"他者"身份，更多是从经济

---

① 张平：《中国梦无需照搬美国梦》，《中国文艺报》2013 年 7 月 3 日。

与社会的发展，尤其是一些制度建设以及民族自信等方面做出更多的展示。"80 年代中国改革开放后大量涌入美国的中国留学生，以及近年的华裔移民，赴美国的原因除了向往富裕的物质生活、求学深造之外，寻求民主的社会制度、轻松的人文环境，以及自由宽广的个人空间，应该是根本性的因素之一。"①

在 36 集电视连续剧《温州一家人》中，1981—2004 年"温州商人"的经历和命运都与中国经济的每一次变化有关。"温州女儿"周阿雨是一个坚强而又能自理的女性，很小就被送到意大利。然而，周阿雨和温州同乡们最终用踏实的行动从打工者奋斗为餐馆老板，以中国式的诚信成为中国在意大利普拉托温州商人的代表。《温州一家人》将异国元素与中国温州人的坚持不懈、倔强勇敢的拼搏精神融为一体，让观众体会浙江商人的内在精神特质，也让观众了解到这三十年间"中国人确已改变了世界"的事实。

同样，由尹大为执导的 30 集电视连续剧《温州人在巴黎》讲述了几代温州人离开家乡，远赴海外艰苦创业的故事。吃苦耐劳的温州人李中坚为摆脱温州贫穷落后局面，竭尽全力将温州符号产业"打火机"行业冲入欧洲市场。面对欧洲市场的重重阻拦以及欧盟"反倾销"的竞争环境，李中坚沉着应对，一方面联合众多法国温州企业家努力适应市场竞争法则，另一方面积极拓宽产品销售渠道，最终为中国小商品行业赢得了"反倾销"的胜利，同时获得了国际市场的认可。面对着中西文化和市场规则的迥异，勤劳而聪慧的温州人依靠那粗大有力的双手、充满智慧的头脑以及海外温州人团结协作的精神，改变了温州家乡一穷二白的面貌，成为令中国人民感到骄傲的民族代表。

---

① 张抗抗：《强心录——中国当代文学中所描述的美国华族》，《小说界》2001 年第 3 期。

从 20 世纪 90 年代初的电视连续剧《北京人在纽约》《上海人在东京》，到《别了，温哥华》《下南洋》《钱学森》和《温州一家人》等，越来越多的移民题材电视剧进入大众视野，并以不同视角和艺术手法立体化地展示出海外移民的生存发展状况以及与祖国千丝万缕的联系。从最初对出国移民抱有的憧憬和新鲜感，到从海外移民与西方主流文化的冲撞中陷入烦恼而难以自拔，到移民在异质文化中探寻传统文化与西方主流文化的共融，再到移民的文化自信以及民族自豪感的增强，当代荧屏再现了中国海外移民在他者身份以及异质文化的合力下，其自我身份认同的演变过程，这种过程反映出中国海外移民自身综合实力对中国本土影响力的上升。

移民将来自不同地方的文化带到一起，在冲撞、融合后保存下来，他们既对移出地的文化有强烈的认同感，又潜移默化地接受了异域文化的精神取向。因此，中国海外移民需要在不同的文化价值系统中相互尊重、相互融合、相互吸收，这既是历史发展的必然趋势，也是人类文明自我完善、延续发展的要求。

（原载《现代传播》2015 年第 6 期）

排斥与增权

——当下"城镇弱势群体"的媒介身份建构

陈文敏

弱势群体（social vulnerable group）在一切国家和社会制度中均不可避免，是政治学、社会学及公共政策研究的核心概念，具有生理性、物质性、社会性、政治性、文化性弱势等诸多层次。2002 年，中国政府在第九届全国人大第五次会议《政府工作报告》提出，要"对弱势群体给予特殊的就业援助"。城镇弱势群体指城市化进程中的广大农民工以及经济结构调整中的下岗失业工人、城市低收入人群、城市长期无业人员等，"中国农民工大约有 2.3 亿至 2.4 亿人，80 后农民工群体占一半左右，90 后有 4000 多万人"。① 弱势群体与社会利益分配的多元化相伴生，不仅是社会发展中的焦点问题，也是风险社会控制的重要维度。

一 城镇弱势群体身份与媒介传播的关联性

"身份"（identity）概念隐含在西方思想对人的追问史中，决定着"我是谁""我想要什么"和"以什么样的方式生存"的观念，

---

① 邢世伟：《2.4 亿农民工 80 后占半》，《新京报》2010 年 2 月 24 日。

身份在指向同一性的同时也表明了其异质性，并通过社会建构、与他者对话而实现自身。大众媒介是身份建构的主导行为体，媒介对公共利益作出回应，这是由媒介的社会契约所确定的。美国学者凯尔纳判定，"当代文化各种形式的再现在身份构建的过程中起到了重要作用，媒体文化为打造身份提供了资源"。[①] 在现代社会里，大众传媒对弱势者的呈现事关社会整合、和谐社会的建构以及现代性发展，是信息公平的重大课题。

随着民主社会的推进，我国政府正在向服务型政府转变：2004年3月，"国家尊重和保护人权"载入宪法；2005年2月，"和谐社会"定性为民主法治、公平正义的本质；2007年3月，提出"正义"是社会主义制度的首要价值；2010年，提出"要让人活得有尊严"。主流意识形态的调整，直接影响到大众媒介的话语策略。近年来，城镇弱势群体问题浮出地表并引起广泛关注，从"盲流""打工仔""打工妹"到"农民工"，从"清退对象"到"新市民""新产业工人"，2010年"中央一号文件"提出"新生代农民工"市民化问题。从歧视性语词到中性称呼的演变，标示出政府、社会、媒体对于这一差异阶层的观念嬗变。

二 城镇弱势群体媒介身份建构的现实表征

欧美自20世纪六七十年代开始传媒与弱势群体的关系研究，如缪尔达尔对"底层阶级"、齐格蒙特·鲍曼对消费时代"新穷人"的关注，国内研究相对较晚。综观近年大众媒介的实践，城镇弱势者的媒介身份有两大表征。

---

① ［美］道格拉斯·凯尔纳：《媒体奇观》，史安斌译，清华大学出版社2003年版，第143页。

（一）媒介镜像中被遮蔽的"失语者"身份

20 世纪 90 年代以来，农民随改革开放大批进城，成为中国社会转型时期地理和文化上的双重移民，对弱势者的媒介叙事也随之经历了从媒体无意识到意识初醒，再到媒体聚焦的三个阶段，"新闻三贴近"理念应运而生。一些知名媒体坚守社会公器的职责，以城镇弱势者为议题推出了许多有影响力的报道。如中央媒体《人民日报》、新华社是政策读解与舆论导向上的排头兵；《南方周末》在"方舟评论""围观中国""公民巡视""国民感一言""一周高论""第一争议"等专栏中多次将弱势者纳入评议范畴；《南方日报》与《南方都市报》联合推出特别报道，并结集出版《洪流：中国农民工30 年迁徙史》等书籍。由于"城乡二元"思维惯性，一些媒体还缺乏一种理性自觉。"现有期刊 9000 余种，农业期刊仅 187 种；有报纸 2000 余家，但以农民工为主要读者对象的报纸仅几十家。"① 各省级卫视中的对农节目也屈指可数，数量庞大的城镇弱势群体信息领地逼仄，与其利益相关的公共议题寥寥，既是公民社会的弱势者也是媒介中的失语者，隔绝于城市文化之外。

（二）媒介镜像中被误读的"弱者"身份

新世纪以来，随着都市报、电视民生新闻的大发展，城镇弱势者的劳资纷争、工伤维权、讨薪欠薪、子女入学、春运返乡等议题逐渐成为媒体聚焦的重心，体现了媒体的社会责任。此外，新媒体在推动"网络公共领域"的同时，也直面弱势者做出了许多特色报道，如搜狐视觉联盟、腾讯纪实图片栏目《活着》等。但媒体就此陷入一种两难困境——对弱势者的呈现不得已依从俯视视角，而俯视本身强化了弱势者的卑微与无助。这些街角流动人群成了被怜悯、

---

① 陈文高：《当前农民工媒介镜像批判》，《学术交流》2007 年第 5 期。

救济与施舍的对象，在一些报道中更被定义为不善思考、素质低下的族群，如"钉子户""跳楼秀""群体性事件"等语汇的歧视性含义，导致弱势者的"污名"身份。《华西都市报》曾刊登题为"追捧'犀利哥'，是嗜痂之癖"的文章，批评媒体功能失调这一现状。

从社会分层到媒介分层，城镇弱势群体经历了社会身份与媒体话语的双重边缘化。

三　城镇弱势群体媒介身份建构的困境

只有面临危机，身份才成为问题，抽象场域中的身份既是被设计和建构的，又是漂移多维的，城镇弱势者媒介身份的"是"与"应该是"之间存在断层，在媒介身份建构上存在如下困境。

（一）"先赋地位"圈定了从属身份

社会学研究成果表明，弱势者的形成有其"先赋地位""自致地位"。学者孙立平认为，20世纪90年代以来，一个由经济精英、政治精英和知识精英组成的拥有大部分资本的强势群体已经成型，不仅对公共政策、社会公共舆论影响较大，并形成了弱势对强势的依附型关系。在阶层和群体之间缺乏有效的整合机制，农民工的子女留守与落户壁垒、物质脱贫而"社会拒入"的现实依然存在。

（二）媒介商品化诉求对弱势阶层的忽略

新闻话语表达和确认着生产者的社会、政治态度，当消费意识形态拓植进全部的社会生活，媒体除了意识形态属性，还要考虑产业属性与市场导向，收视率、阅听率、点击率已经成为媒体风向标。对弱势者的报道是媒体职责所系，但又多被特定的叙事框架和"标题党"所编制，其过度阐释带来异化效果。2003年10月，农妇熊德明向温家宝总理反映工钱被拖欠等一系列事情引爆全国媒体关注，之后各地"清欠"报道呈现井喷式态势。

（三）符号资本的孱弱致使"自为书写"困难

法国社会学家布尔迪厄认为，资本是积累了的劳动，包括政治资本、经济资本、文化资本，三者又直接决定符号资本的多寡。"文化资本的积累是处于具体状态之中的，即采取了我们称之为文化、教育、修养的形式，它预先假定了一种具体化的、实体化的过程。"①当下国内教育资源失衡，城镇弱势者因为户籍制瓶颈，或教育的高成本，其子女获得文化资本的途径较为狭窄，一定程度上阻滞了弱势者的社会流动，从而产生贫穷的代际再生产，排除在"共同文化"之外。媒介技术进步虽然带来了新的装置范式，但媒介的结构化转变加大了数字鸿沟，而弱势者首要解决的是生存问题，由于无法自为书写，加深了从属阶级的被支配感。

四　城镇弱势群体媒介身份的突围及重建

弱势者的媒介身份是世界性的普遍问题。学者许纪霖认为，"大国崛起"更重在"文明的崛起"。中国政府及媒体正在开展一系列的媒介增权实践。以农民工为例，农民工就业、社会保障、子女教育、政治身份以及"新市民"转化等公共话题得到了持续关注，"走基层、转作风、改文风"新闻活动也为弱势者权益的争取营造了良好的社会舆论。

（一）服务于失语者的媒介增权

增权/充权（empowerment）是传播学研究的重要议题，增权与无权、赋权与失能、培力与无力，都是相对的概念。权力不仅客观

---

① 包亚明：《文化资本与社会炼金术——布尔迪厄访谈录》，人民出版社 1997 年版，第194 页。

存在，也蕴含着人们的尊严感、福祉感、重要感等主观感受。传媒以其公共性成为增权的实践工具：运用社会公器的理性自觉，纠偏消费文化下的媒介歧视，用新闻专业精神培育公共新闻版图，确保弱势者新闻镜像的真实性，这是国内媒体回应世界性媒介民主公共运动的有益实践。《南方周末》2007年提出"在这里，读懂中国"的办报铭言，用《没有姓名的丰碑》（2007.08.30）等报道聚焦"鸟巢"工地上的农民工，媒体正最大限度地为弱势者赋权，承担起代民立言的社会责任，构建起有效的话语表达、诉求机制。

2011年8月以来，根据中央指示和中宣部要求，各级媒体对"走转改"新闻活动进行部署，推出相关专题专栏，大批记者深入基层与一线，提升了媒体的报道力，也准确反映时代脉搏与中国变化。在2012年"7·21"北京暴雨后，新华社、《人民日报》、中央人民广播电台、中央电视台等全国多家媒体关注了农民工群体救人的杰出表现。中国青年网《感谢你，7·21雨夜救人的农民工兄弟们！》（2012.08.10），四川新闻网《危难关头农民工为我们上了生动一课》（2012.07.30）、新民网《暴雨中最可爱的人》（2012.07.30）等，为弱势群体的身份建构起到了积极作用。搜狐微博还发动了社会沟通公益活动"请农民工吃顿饭"，对弱势群体的敬意延展到日常生活中，积聚了更多社会正能量。此外，媒体对"追薪"话题"从年终关怀到终年关怀"，新生代农民工市民化进程也进入媒体与执政者的意识，引起更强的社会反响。

（二）启蒙弱势者的自我增权

权力既来自制度、结构层面的赋予，也来自社会成员的主动争取，即自我创造、参与行动、拓展主观创造性，因此，发掘弱势者中的"身份代言人"是自我增权的必要路径。如贵州电视台的大型讲述节目《中国农民工》，以对弱势者的底层观照来体现对弱者的承认与尊重。打工者何真宗的自传体励志小说《城市，也是我们的——一个农民工在广东 18 年的奋斗史》引起东莞政协的关注，最终通过"两会"提案促进了外来员工的市民化。写出了《中国式农民》纪实报告的打工者周述恒，走进 CCTV"小崔说事"节目，为农民工群体代言。

在新媒体、微传播的语境下，应该鼓励更多有公民意识的弱势者掌握多媒体、自媒体技能，参与公共空间的话语表达。新技术一定程度上消解了惯常的媒介遮蔽，开放、平等、互动的信息广场能够为弱势者增权，使社会底层的生存状态得以记录，社会不公正事务得以曝光，如当下不少"话语事件""网络公共事件"，新技术为信息公平社会的搭建起到了积极作用。

综上所述，作为"软权利"的话语权，其实现程度是一个国家民主、法制和现代化进程的标志。城镇弱势者的媒介增权是一个长期过程，"与其说传媒增权效果具有不确定性，不如说影响增权的所有因素彼此作用使增权更复杂"。[①] 当下，国家政策体制如何突破"法律纸面化"困境，实现社会资源的合理分配，扭转社会分层的极化趋势，相信将随着改革的深入而积极推进。

（原载《中国出版》2012 年第 20 期）

---

① 谢进川：《传媒治理论：社会风险治理视角下的传媒功能研究》，中国传媒大学出版社 2009 年版，第 121 页。

平视、赋权与身份加冕

——竞技类真人秀《技行天下》的话语意义

陈文敏　董天策

随着媒体内外文化语境的变迁，近年来电视真人秀或曰"真实电视"（Reality TV）走过生存类、竞秀类、生活服务类等不同时期，日渐多元的节目样态使其成为电视文艺生产的重要组构，也逐渐形成新的文化产业链。当前，国内真人秀多抛却节目演进的中间环节而直接取道于欧美版权，加之以本土化改造。2012 年 9 月，广东卫视的一档大型职业技能竞技真人秀节目——《技行天下》强劲登场，新的影像表征带来学界对真人秀节目话语转向的系列追问。

一　《技行天下》对电视真人秀的节目创化

广东电视台是国内最早引领电视真人秀风潮的媒体，2000 年以《生存大挑战》为发轫，将生存类真人秀带入巅峰时期。之后，综艺选秀类、生活服务类与之渐成鼎立之势，十余年来真人秀节目在同质化风格与审美疲劳的低迷与起落中寻求转型的突围门径。《技行天下》规避了满屏综艺秀的"媒体撞车"，对冷门的职场竞技进行类型拓展，得到收视终端的认可，既体现了电视媒体的生存智慧与社会责任，又与区域市场对接，使电视的意义生产对本土经济有所助益，实现了媒体、社会、政府的多赢。

其一，注意力聚焦：助力产业升级的技能赛。

经过较长的成长周期，欧美国家真人秀节目正从单一娱乐性转向多元现实性：由荒岛转战城市，由虚幻复归现实，更加贴近社会生活。这种风格的变化直接影响到原本舶来的中国电视真人秀。改革开放进入深水区，就业、择业、再就业与中国百姓的生活密切相关，社会现实需求以及电视真人秀节目的日渐低迷，使得电视人开始反思"做什么、为谁做、如何做"，这是事关电视媒介"意义的社会化生产与再生产"的本质问题，真人秀节目踏上以创业、求职为内容的模式探索。

中国的"职场真人秀"，是真人秀节目形态植入职业理念的产物，是服务与公益的具体展现和细化，NBC 的《学徒》、BBC 的《行行出状元》等文本是重要的学习样本。国内较为典型的有《创智赢家》《赢在中国》（东方卫视）、《实习生》《绝对挑战》《我们有一套·天生我才》《状元360》（中央电视台）、《职来职往》（中国教育电视台）、《非你莫属》（天津卫视）、《中国职场好榜样》（宁夏卫视和上海第一财经），等等。多数职场真人秀节目提供了电视版的职业应聘指南，但其中关涉到产业、技能、竞技的寥寥可数，中央电视台的《状元360》、广东卫视的《技行天下》，是其中的亮点。

1999 年 8 月，"加强技术创新、发展高科技、实现产业化"被确立为中国科技跨世纪的战略目标。党的十六大提出，要"造就数以亿计的高素质劳动者，数以千万计的专门人才和一大批拔尖创新人才"。转型升级既需要拔尖创新人才，也亟须一大批能将改革创新的成果生产化、产业化的高技能专门人才。当"创业""创新"成为时代最强音，广东省落实人才强省战略，大力培养高技能人才，以人力资源的转型升级带动产业转型升级，是区域经济得以位列全国榜首的重要因素之一。技能人才的培育选拔，不只是技术型高校与企业的责任，还须高端媒体的宣传推广。故此，《技行天下》在节目框架及议程设置上有着明确的导向性，将受众注意力从关注综艺竞秀引向事关百姓生存的职业指南，从调酒师、糖果面点师，到汽车装配工、机电一体化技术员，再到物流师等新兴行业技术人员，普通劳动者通过技能竞赛脱颖而出，以榜样的力量带动更多加入者，助力产业升级。

其二，表演性转向：从私隐秀场到行业类展演。

今日中国正处在高速发展期，国家需要发展经济，企业需要积累财富，社会需要就业机会，劳动者需要个人幸福，媒体需要把握时代脉动，推动文化内容与形式创新，解放和发展文化生产力。电视真人秀充斥着影像奇观——如生存秀、窥私秀、才艺秀、身体表演，人性善恶等是其重要卖点，也引发众多诟病，电视机构也在不断反思与自我修正。"从'奇观'到'日常'，从重'秀'到重'情'，真人秀节目在优胜劣汰中探索自己的定位。如今，电视真人秀已经突破了单纯以猎奇搞笑、恶俗言论来吸引眼球的早期阶段，向着反映更丰富的社会背景和人生魅力而开进。节目的情感和知识容量变厚了，品质变沉静了。"①

真人秀节目在形态上的一个重要变迁，是与生活服务类相关的内容渐成热点，从个体的私隐秀场到仪式化竞赛，能够看出《技行天下》力图打造既有国际水准又兼具中国气派节目形态的种种努力。"线下"的层层选拔通过 VCR 得以概览，而"线上"的巅峰对决则通过电视表演得以呈现，现代传播技术将最精华的"行业映像"都留在了"前台"，有效地减低了对个人隐私和关系的渲染

---

① 管克江等：《真人秀，秀出高贵品质》，《人民日报》2010 年 7 月 6 日第 16 版。

煽情，"秀"的魅力不减，但"作秀"的成分很少，行业类技能的展演充盈着科学精神与时代气质。

其三，稀缺性定位：低端行业的高端化赋权。

在激烈的媒介竞争中，如何从媒介环境、运营成本、经营理念入手，进行精准内容定位，建立有效的品牌节目，才有可能实现市场占有率的突围。"人无我有，人有我优"的差异化定位，历来是电视栏目得以制胜的利器。现有职场真人秀节目大多定位为高端，如《新青年》《实习生》与高校毕业生相关；《赢在中国》锁定高智人群的职场竞技，注重"头脑风暴"；《天生我才》青睐商业奇才；《创智赢家》以重金吸引创业精英等，但这并非真正能代表中国职场的主流方向。

社会分层的格局现状，使得一些群体与行业较少出现在媒介版图的景观之中，或成为俯视怜悯视角下的"他者""失语者"与"被看者"。如何"擦抹"（德里达语）高度分殊化阶层之间的鸿沟与隔阂，相互沟通以促进社会整合，是信息媒介的重要职责。技工人才的社会地位与实际贡献之间历来存在偏差，《技行天下》正是锚定了服务业、制造业等在人们刻板印象中是"低端行业"的偏见，以及这类人群在真人秀节目中的稀缺性现状，结合国情、省情（广东是劳动力聚集的移民大省），开办职业技工竞技大赛，具有现实的合理性与合法性：缓解就业压力得到官方支持，引进紧缺人才得到企业欢迎，赋权低端行业凸显媒体责任，拥有一技之长找到人生价值，实现了多方利益的最大化。

自西方政治学者从种族议题提出"赋权理论"（或曰充权，Empowerment theory）之后，这一概念被修正拓展到其他领域，"其内涵是要协助弱势群体或个人排除各种主观的和客观的障碍来感受本身的力量，通过其自身的正面经验来激发内在的动力，并尽可能地在集体的参与中改变或掌握自己的生活。"① "充权" 能使主体提升自我意识及自我信心,最终实现自我。

电视向人们提供高度选择性的社会现实,向来被理解为是对整体真实的一种限制,只是反映和再生产官方文化的规范和传统;而《技行天下》对低端行业的赋权实则是对弱势群体与社会底层职业的赋权,这是对中国底色的呈现与聚焦,电视人的勇气与智慧值得赞赏,清晰的定位使得《技行天下》成为一档贴合时代精神的节目,于受众而言,"镜中我" 的效应在一定程度上消解了人们对这些行业的歧视感。

二　《技行天下》的话语实践

根据框架理论,媒介话语可以被看作一系列阐释性的 "包裹"(packages),它们赋予议题以意义。电视媒介的意义生产需要视听符号的具体铺陈,"正是通过指导和组织日常生活的意义,话语的规则才构成了电视文化的本质"②。有学者将真人秀电视分解为人物、动力、结构、环节、情境、细节、感染七个基本元素。③ 作为职业技能的终极赛场,《技行天下》因其 "竞赛—征服—加冕" 的话语实践,体现出鲜明的媒介事件的基本特征,既有职场真人秀节目形态的 "家族相似性",又极力加深受众对其特色的认知。

其一,"仪式化—竞赛" 的一种影像赋魅。

电视仪式一指收视行为的仪式化,二指电视表现的仪式化,其意义在于 "从不同趋于平等" ——不同年龄、背景和社会地位的人

---

① 苏颂兴:《青年 "充权" 理论与自我实现》,王贻志、莫建备主编《国外社会科学前沿:2004》,上海社会科学院出版社 2005 年版,第 387 页。

② [美] 隆·莱博:《思考电视》,葛忠明译,中华书局 2005 年版,第 69 页。

③ 尹鸿、陆虹、冉儒学:《电视真人秀的节目元素分析》,《现代传播》2005 年第 5 期。

们通过现代媒介装置得以实现跨地域聚合，分享一种共同体验，创造共有的意义与身份认同，最终实现社会有机整合。

在真人秀节目中，仪式成为一种严密的舞台设计，"标准化的开场白和结束语、道具设置和夸张的参赛讲台、现场口号和观众的反应，全都是一种宗教仪式的暗示"①。具体到《技行天下》而言，节目片头、节目金句"行行出状元，一技行天下"，选手、评委的出场方式、竞赛项目、密室压迫式提问、高峰对决、淘汰环节，体现出竞赛的专业性、对抗性与仪式性，其中还综合了电视娱乐的因素，如益智、游戏、言谈、悬念、细节等，节目的兼容性和丰富性得以保证。

《技行天下》跳出电视招聘的窠臼，在特色上一改生存类真人秀的节奏拖沓，又规避了歌舞竞秀类的夸张煽情，冷光源营造出比赛的冷静感与工业感；时尚硬朗的 LOGO 设计加上机器手臂的镜头组接，过场段落干净洗练，给人以科技崇拜的现代感与时尚感；模拟现代性开放式工厂的舞台设计，多个快节奏、快频率的镜头组合，大量的分割镜头、叠印画面、闪出闪入，以及各种音效，具有极强的专业性与观赏性。在这里，技术的物理化和机械化解构了人们对于不熟知行业的神秘感与主体间性，现代传播手段、数字虚拟技术在知识祛魅的同时，又为这些参加竞秀的技能达人赋魅。节目还借用了真人秀节目常用的"密室拷问"，密室是超越了公共距离、社交距离的私人距离，其幽禁之感让人紧张焦躁，"知识测验的特色是将个体隔绝在重压下，它们禁闭思维，不给阐释留任何的空间，以强记事实为荣，甚至认为此观点不容解释"②。密室中的压迫式提问与

---

① ［英］大卫·麦克奎恩：《理解电视》，苗棣、赵长军、李黎丹译，华夏出版社 2003 年版，第 67—68 页。

② ［英］古德温·古德温、加里·惠内尔：《电视的真相》，魏礼庆、王丽丽译，中央编译出版社 2001 年版，第 82 页。

具有象征意义的特写镜头，是电视实现文本召唤的重要方式。

《技行天下》用流行方式展现技术达人，技术与生活的关系一目了然，对于提升技工的社会地位，普及冷门行业信息也有着积极的意义。如人们通常将调酒师与夜店、夜生活联系在一起，而《技行天下》通过"花式调酒""英式调酒"的竞技，对调酒师做出了极富艺术性的文化诠释，充分展示了"调酒师既是服务业的新宠儿，更是酒吧的灵魂"，以此达到"日常生活审美化"的赋魅效果。而在另一场，节目纠偏了大家对物流师等同于"打包员""搬运工"的歧视与谬见，并通过选手高超的物流技能，呈现这一职业是现代营销链条中的重要环节。

其二，"加冕式—确证"的一种电视展演。

在《技行天下》节目中，调酒师、装表接电工、物流师、糖果面点师、机电一体化技术员、模具制造工、汽车装配工等转型生力军逐一登场，目的是为了挑选出技术工人中的精英。"益智节目利用知识的方式，就像布尔迪尔所说的文化运作方式一样，那就是，要把胜利者与失败者加以区分，把等级作为个人或自然差异的基础。"[①]节目的加冕体现在两个方面，首先是选拔出最终唯一的优胜者获得"加冕盛典"的通行证，并有机会挑战行业冠军，这是节目形式上的"加冕式"；其次，更重要的加冕是对服务行业的身份赞美与夸耀，这是一场身份加冕的修辞运动。修辞的主导者来自文化资本较高的行业权威专家（评委）、电视主持人与幕后播音员，修辞的配合者是选手的现身说法。唯其如此，才凸显加冕的权威与专业性。例如，不说"厨师"而说"糖果面点师"，不直说"电工师傅"而说"装表接电工"，不说"打包员""搬运工"而说"物流师"，并借三

---

① ［美］约翰·菲斯克：《电视文化》，周宪、许钧译，商务印书馆 2010 年版，第 385 页。

个评委之口，说出"物流师是生产和贸易之间的纽带"，"物流师是现代物流细化的方案设计者"，"物流师就是物流运作的能工巧匠"等。

《技行天下》的话语策略有身份加冕的明显意图，如说到糖果面点师，"一个从贫瘠小山村里走出来的小女孩，是面点技艺给了她更闪亮的生活方式。而这一切却源于她对生活的乐观和对糖果面点这个带着梦幻气息的行业的无限热爱。我们相信，她代表的是这个行业美好的明天"！说到汽车装配工，"他们正在用自己的辛劳、技能和智慧，助推着我们的汽车制造业。实现从'中国制造'向'中国创造'，从'汽车大国'向'汽车强国'的跨越"。说到模具制造工，"我们所生活的这个世界里，绝大部分东西都是通过模具批量生产而成的，而模具师毫不夸张地说，他们就是这个世界的缔造者，让我们向他们致敬吧"！

社会学研究成果表明，弱势者的身份固然有其"先赋地位""自致地位"，但也有后天社会建构的因素，"身份"（identity）并非固定不变的实体，能够通过与他者对话而实现自身。大众媒介是身份建构的主导行为体，媒介对利益相关者的合理需求做出有力回应，承担相应的社会责任，这是由媒介的社会契约所规定的。美国学者凯尔纳判定，"当代文化各种形式的再现在身份构建的过程中起到了重要作用，媒体文化为打造身份提供了资源"[1]。"技术改变命运"是《技行天下》的核心理念，"没有一流技工，就没有一流产品，他们是生产一线的高技能人才，屡获殊荣的技能大师，他们身怀绝技，创新工艺，他们推动产业升级，成就传奇，争当技能英才，实现技

---

[1] ［美］道格拉斯·凯尔纳：《媒体奇观》，史安斌译，清华大学出版社 2003 年版，第143 页。

能创业"。节目解说词由衷的赞美与真诚的祝福，实则是形式上的"隐藏术"，心理上的"按摩术"，对于弱势者而言很容易形成文化认同以及身份确证，其直接印象就是"这节目是为我们说话的"。

其三，"接地气—情感"的一种符号建构。

与其他职场竞技类节目相比，《技行天下》的最大特色是在故事主体上关注草根阶层与服务行业，在符号建构上采取"接地气""情感力生产"的方式，以期实现文化认同。在国家广电总局颁布"限娱令"之后，电视媒体贯彻"走基层，转作风，改文风"的话语建构，"走转改"并非只针对新闻传播而言，也理应成为大众传媒的专业与职业要求，真人秀节目没有理由将自身排斥在外，只有实现了"接地气"，传播才能"接人气"。接地气，首先表现在作为参与者的普通人被建构成观众关注的对象。"电视必须跟人们的实际生活相联系，包括现实生活和想象中的生活；如果在电视中看不到我们自己的生活、愿望及梦想，那么电视对我们来说就毫无意义可言。电视必须反映社会现实，跟上时代的步伐。"[①]《技行天下》践行了"从群众中来，到群众中去"的工作路线，关注普通人的生存现状，以及他们置身其中的社会大背景变迁，显得特别真实可信。如"方振荣是技能世家出身，他的父亲退休前也是一名仓储技术工人，方师傅的儿子现在也在一家技术中专学习，一家三代生活很富足，用方师傅的话讲，因为一技在身，经历过改革开放，国企改制，但全家人从未有过下岗经历，一路干到今天"。

接地气，还表现在节目能设身处地替底层人群代言。在《技行天下》中，主持人经常有类似这样的提问："我想当一名物流师，这

---

① ［英］古德温·惠内尔：《电视的真相》，魏礼庆、王丽丽译，中央编译出版社2001年版，第69—70页。

个门槛高不高?""那有多受欢迎呢?""如果我拿到了高级物流师的这样一个职称的话,我的年薪平均在整个行业中是多少钱?"这些现实问题总能得到专家评委特别中肯的答复,主持人最后总结"我们广东向全国提供了一个非常好的机会",并用一系列数据说明"广东欢迎您"。

电视职业竞技的本质是紧张、理性甚至是残酷的,情感因素的使用能增强节目的张力与感染力。《技行天下》不但展示了选手的精湛技艺,还通过挖掘选手背后的故事,以人性中的进取、真诚、善良向观众传达"正能量",如选手家道中落、奋发成才的典型;从送货员到顶级物流师的激励;选手因家贫而辍学,学面点挣钱供哥哥读书等,画龙点睛的故事中附加了励志元素,人物事迹内涵得以升华。

三 职业竞技类"真实电视"的未来路向

《技行天下》在职业技能竞技秀上做出了有益尝试,也让学界与业界论证它的未来愿景,进而探索竞技类真人秀节目的可持续发展之路,如何在"拿来"与"移植"的基础上,消化、吸收、理解国际模式,在其中注入新元素以完善运转机制,刺激节目"二次生长""多次生长",使之符合当前社会与文化的主要趋势和受众心理,以获得新的生命周期,这是电视节目形态创新的基本路径。

其一,媒介竞合层面:深化电视制作的"团队合作"。

就电视资源与实力来说,中国电视真人秀的自主创新还为时尚早,模仿创新的优势是投入产出效益高,风险小,并能缩短自主创新的探索过程。目前电视品牌的发展趋势更强调"团队"而非"频道",从《非诚勿扰》《中国好声音》的成功都可以看到"团队合作"的重要性。"团队"概念,就要求电视机构有一种"开门办电视"的大格局视野,进行跨界资源整合、机制体制创新,使之真正能为内容的创意化生产与规模化传播搭建平台。

《技行天下》已经在团队合作上迈出了步伐——节目由广东省人力资源和社会保障厅、南方广播影视传媒集团、广东电视台主办，并引进了BBC《行行出状元》的版权。在节目制作过程中，《行行出状元》派专人现场指导，保证了节目的高品质。此外，中央电视台《状元360》也是一档展示基层劳动者风采，弘扬劳动光荣的品牌栏目，影响力较大，在主题上跟《技行天下》最为接近，都是"感受榜样的魅力，劳动的力量"。《技行天下》可以与之进行团队合作，联手办节目，以满足北京、广州对人才的巨大需求。

其二，权力政治层面：平视社会是公共性的前提。

美国学者莱博认为，"在话语实践的概念架构中，存在着权力的观念；存在着意义的观念；存在着暂存性观念；也存在着运动和变化的可能性的观念"[1]。中国电视媒体至少承担着三种重要功能：市场功能、服务功能、政治功能，电视媒体的公共性大于商业性，因此"真人秀"节目带有明确的公益概念。而对社会保持一种平视视角，是传媒公共性得以实现的前提条件。媒体除了表达主流官方的权力话语，还要放下高高在上的身段，倾听这个国家普通人的声音，才是真正的接地气，节目才会更令人信服。英国学者约翰·费斯克在《电视文化》中谈到电视游戏节目使人"愉悦"的三个原因：社会凝聚力、认同感和安慰与鼓舞作用。[2] 他认为，平民游戏节目"可以回避日常生活中的种种压抑并使得权力关系暂时退隐"，一定程度上戏仿/反转了现实社会结构关系，让平民重估了"下与上"的社会关系，在游戏现场将不平等的人际关系"拉平"。尽管这种平等主义

---

① ［美］隆·莱博：《思考电视》，葛忠明译，中华书局2005年版，第91页。
② ［英］大卫·麦克奎恩：《理解电视》，苗棣、赵长军、李黎丹译，华夏出版社2003年版，第68页。

的乌托邦意识并不能真正使普通人的社会地位得到逆转，但在权力政治层面的意义无疑是重大的：精神和心理的解放并不亚于现实地位的获取。

在职业竞技类真人秀节目中，"以人为本"是一个核心价值取向，更具体表现为平民价值取向。作为同一类型的真人秀节目，《状元360》节目的"平实"，《技行天下》姿态的"平视"，都是节目成功的关键。对于今天这个社会的多数人而言，要想提升和改变生活质量，就要学一种技能，以此实现个人的生存与发展。正如《技行天下》某期描述一位选手："就在那年，恰逢政府拨款下乡，资助培养高技能人才，秀文获得了进入山东省劳动保障厅技工学校烹调班学习的机会。毕业后，她通过面试进入上海五星级酒店。从此走上了改变她人生的职业道路。"这种权力话语的有效性与遮蔽性无疑都是成功的。

其三，文化导向层面：价值纠偏与文娱性并重。

大众媒介通过生产种种意义来实现文化功能，文本也往往是意义争夺的场所。作为社会公器，电视作为一种主流媒体，在经济效益之外，还必须肩负着传播优秀文化、实现舆论监督的责任，这是由传媒"社会公器"性质所决定的，也是构建和谐社会的必然要求。在大众文化时代，某种程度而言，受众的审美品位是由媒体培育起来的，真人秀开掘了原本潜藏在人性深处的"窥淫癖好"。窥视、博彩、情爱、逐利，以及人性弱点中的钩心斗角、相互倾轧、计谋暗算等是国外真人秀的重要卖点，也必然影响到中国真人秀的整体风格，而与中国传统伦理道德以及主流意识形态渐行渐远。国家"限娱令"的出台，即是一种宏观的结构调控，借此将趣味性、娱乐性、教育性和时代性有效地融合在电视文艺产品中，以满足广大受众雅俗共享的收视需求。

总体上看，在综艺真人秀所营造的全民追星的热潮之下，目前职业竞技类真人秀节目的影响力还较为有限。以《技行天下》为例，作为一档有着理性自觉的真人秀节目，虽然与娱乐泛化拉开了距离，但又极易陷入技术化的促狭之中——由于节目性质使然，专业竞技的严肃性难免弱化真人秀节目特有的娱乐因素，加之中国选手较为含蓄、拘谨，难有出彩表现，这就需要更多的人物故事来铺陈。因此，如何将技能性、专业性、趣味性、娱乐性结合起来，需要加大研发投入，重新论证职业竞技类真人秀电视节目的价值取向及运作规律，提高节目的创意能力和制作水平，使职业竞技类真人秀节目走向大制作、大营销，成为中国电视文艺的重要一支，发挥其文化、经济乃至话语权力的重要作用。

（原载《南方电视学刊》2012 年第 6 期）

附　录

发挥传播媒体在文化建设中的引领作用

——"传播媒体与文化建设高端论坛"综述

董天策　梁辰曦　戴瑞凯

2016 年 12 月 16 日，重庆大学新闻学院主办的"传播媒体与文化建设高端论坛"在重庆大学举行，来自中国人民大学、复旦大学、清华大学、北京大学、中国传媒大学、浙江大学、武汉大学、南京大学、四川大学、重庆大学、上海大学、暨南大学、西南大学、天津师范大学、上海师范大学、四川外国语大学、重庆工商大学、吉首大学等高校的二十多位学者，以及新华社、人民网、重庆市记协的资深专家齐聚重庆，围绕传播媒体与文化建设这一主题展开深入的研讨。

一　以人为本，树立文化自信，讲好中国故事

习近平总书记在庆祝中国共产党成立 95 周年大会上的重要讲话指出，要坚持中国特色社会主义道路自信、理论自信、制度自信、文化自信。文化自信是更基础、更广泛、更深厚的自信。对此，不少学者积极建言献策，从理论和实践两方面论述了传播媒体和文化自信之间的关系。重庆市委宣传部副部长张永才列举了唐诗与重庆历史文化遗产的保护、重庆全民阅读的开展、川剧《金子》的创新

三个例子，阐明传播媒体对于挖掘传统文化价值、树立民族文化自信具有重要作用。重庆市记协原主席周勇认为，文化自信是中国进步的标志和文化传播的灵魂，他以"重庆中国抗战大后方历史研究工程"为例，论述了媒体与学界之间的互动对于文化建设的重要性。天津师范大学新闻与传播学院刘卫东教授则从"文化主权"的角度来阐释文化自信：中国梦的实现需要从文化主权的角度来思考中国文化的现代转型，以文化主权来构造中国文化的现代价值形态。新华社原副社长兼常务副总编辑马胜荣结合自身的新闻工作经验，以穆青的三部新闻作品为例讲述了新闻作品在文化传播中的重要功能，指出新闻媒体的文化传播有助于增强我们的国际话语权、有助于推动跨文化传播。重庆大学新闻学院汤天甜副教授以《大国工匠》为例，探讨了主流电视专题片在家国情怀视角下的形象建构与叙事策略，认为该片在展现国家实力与国民形象方面做了很好的尝试。

一些学者还从"人"的角度论述媒体与文化建设。中国人民大学新闻学院郑保卫教授指出：文化传播要"以人民为本"，把人民群众作为文化传播的根本和主体，把满足人民群众的精神文化需求作为文化传播的出发点和落脚点，把为人民服务作为文化传播的天职。北京大学新闻与传播学院陆地教授认为：媒体的文化建设其实是人的建设。首先，媒体要有"人性"，不具有人性就不会亲近人民，人性是媒体的第一本性；其次，媒体要反映"人心"，反映人民的呼声、向往和追求；最后，媒体要有自己的"人格"和风格。

二　以社会主义核心价值观为宗旨，重视新媒体环境下的文化建设

在新媒体蓬勃发展的今天，新媒体已成为塑造文化形式、影响

文化生态的重要因素。本次论坛的一个热点就是"新媒体与文化建设"。复旦大学文科资深教授童兵、上海师范大学谢晋影视艺术学院王宇副教授指出：新媒体具有便利性、自主性和互动性的特征，无论是对社会公共文化还是对文化产业来说，都具有推动文化建设的使命与任务。清华大学新闻与传播学院陈昌凤教授以"今日头条"为例，分析了基于算法的信息推荐模式所带来的众多值得深入研究的问题："这类科技运用对新闻价值判断和内容产生了什么影响""工具理性和价值理性应如何协调""新闻专业主义在技术时代应如何变迁"。

在新媒体环境下出现的各种文化现象也受到众多学者的关注。人民网股份有限公司原副总裁官建文通过对网络围观、网络流行语等文化现象的分析，阐述了"媒介的文化拓殖"这一命题。他认为，媒介不仅是传播、承载和播散文化，而且拓殖了新的文化。如去中心、参与、合作、共享等，这些都是新媒介出现后带来的文化现象。南京大学新闻传播学院丁柏铨教授批评了炒作明星绯闻、矮化民族英雄等不良文化现象，认为引导文化心理建设不仅是新闻媒体的责任，更是文化建设的重要任务。西南大学新闻传媒学院秦红雨副教授分析了"双十一"这一由多种媒介共同缔造的"媒介神话"，并作了深刻的文化反思。西南大学新闻传媒学院韩敏教授通过对博客和微信这两种社交媒体的考察，分析了网络社交在形成圈子、表达符号、意义传播三方面的窄化现象。重庆大学新闻学院郭小安研究员通过"帝吧出征"这一网络事件探讨了网络民族主义运动中的米姆式传播与共意动员。吉首大学文学院陈文敏副教授则阐述了"网络反语言的情感传播"。

暨南大学新闻与传播学院陈伟军教授认为，新媒体带来了异质符号播散与多元价值的冲突，面对杂糅的文化生态，要用社会主义核心价值观来引领，努力解决前进中出现的各种深层次价值冲突，消除不和谐因素的引爆动力，为社会良性发展构筑文化的生命线。暨南大学新闻与传播学院王玉玮副教授也指出：新媒体话语权的分散导致了价值茫然、价值错误和价值虚无等问题，要从理念、主体、对象、方式、机制五个方面来构建社会主义核心价值观的话语体系。

三　关注文化产业发展升级，拓宽传媒与文化建设的理论进路

党的十八大报告提出，要促进文化和科技融合，发展新型文化业态，提高文化产业规模化、集约化、专业化水平。在此背景下，传播媒体与文化产业的发展升级受到关注。武汉大学新闻与传播学院石义彬教授论述了大文化视野下传媒行业发展的现实挑战与因应策略。他提出，文化传媒行业的发展要发挥国家经济换档转型期的价值作用，利用国家大力发展、推进文化产业的政策机遇，扩大传媒发展的政策红利。浙江大学传媒与国际文化学院李杰教授认为，文化创意产业发展与经济发展转型升级是一个共同的目标，实现这个目标需要具体的路径选择和相应的政策配套，而"互联网＋"背景下的"杭州模式"是一种有意义的路径探索。上海大学中国艺术产业108研究院吴信训教授指出，新媒体是文化艺术创新的引擎、杠杆和本体，在新媒体拥抱文化艺术的时代，"科技"和"原创"应成为文化创意产业发展的引擎力和生命力。重庆大学美视电影学院彭吉象教授从自身专业出发，探讨了数字技术时代的影视业面临的机遇和挑战。重庆工商大学艺术学院殷俊教授分析了新闻出版与广播电视产业融合的方式、障碍以及对策。

中国传媒大学陈卫星教授通过阐述文化工业、公共领域等概念，探讨了传媒文化的媒介学生态与文化正当性。四川大学文学与新闻

学院蒋晓丽教授从荣格和弗莱的原型理论出发，研究了情感传播的原型沉淀机制及原型功效。她认为，理解原型即是理解事件背后的文化；在情感传播中，原型具有激活个体情感、引起情感共鸣和加剧情感张力三种功效。重庆大学新闻学院董天策教授从文化生态学研究的两个视角，探讨了研究"新媒体对文化生态的重构"这一问题的理论进路和研究方法。四川外国语大学新闻传播学院严功军教授梳理了"内爆"和"外爆"的关系，并据此对融媒体的生态及现代性的消解等现象做了批判性的解读。重庆大学新闻学院研究员龙伟采用历史分析的方法，研究了中国五十年代的传媒变革与工人阶级文化建设之间的关系。

（原载《新闻界》2017 年第 1 期）

以传媒发展凝聚力量，深入
推进文化建设
——"第二届传播媒体与文化建设
高端论坛"综述

董天策　刘旭圆

2018 年 12 月 15 日，重庆大学新闻学院主办的"第二届传播媒体与文化建设高端论坛"在重庆大学举行，来自北京师范大学、华中科技大学、暨南大学、深圳大学、苏州大学、辽宁大学、陕西师范大学、西南大学、吉首大学等 16 所高校的专家学者，与来自中国教育电视台、重庆日报、华龙网等媒体的新闻工作者共聚一堂，探讨新时代传媒发展与文化建设的相关议题。

一　坚定文化自信，深化对外传播，讲好中国故事

讲好中国故事，传播好中国声音是新形势下做好宣传思想工作的根本遵循，必须长期坚持、不断发展。本次论坛上，专家们从文化叙事策略、跨文化传播、移动短视频等角度阐释了传播媒体在讲好中国故事方面的功能与路径。华中科技大学新闻与信息传播学院陈先红教授认为，讲好中国故事的叙事学理论范式主要有故事范式、话语范式、语境范式和文化范式，而文化叙事的系统框架可以称为"文化叙事的洋葱图"，在此框架下讲好中国故事可以采用"元叙事战略""核心价值观叙事战略"等叙事战略。

重庆大学新闻学院名誉院长马胜荣教授结合长期的海外传播经验，从跨文化传播的角度思考中国故事的讲述。他指出，传播媒体不能只关起门来讲中国的文化建设，还要跟世界关心的议题紧密联系，如何通过大众媒体加强中国文化与世界文化的交流对话，在讲好中国故事实践中依旧任重道远。暨南大学新闻与传播学院王玉玮教授基于短视频形态讨论了中国故事的讲述，指出移动短视频创作主体的多元化、叙事方式的个性化、语言表达的草根化以及新技术的应用，必定有助于中国故事的传播与接受。

主流网媒如何发挥在文化自信中的创新引领作用是参会学者关注的一个重点。重庆华龙网集团总编辑助理唐蜀春基于华龙网的实践经验探讨了主流网媒在坚定文化自信中的创新引领作用，指出坚定文化自信是媒体的基本任务，媒体要有文化内容的产出，要搭建一个开放性的内容生产征集的平台，聚合各方资源，形成一个完整的支撑体系，从而满足文化内容的供给。文化自信应该真正地落到实处，这就要求文化内容从线上走回到线下，要有成果转化，要为文化产业赋能。

二　发挥新媒体引领作用，以影视文化传播为依托，弘扬社会主义核心价值观

习近平总书记在 2018 年 8 月召开的全国宣传思想工作会议上提出，宣传思想战线必须自觉承担起"举旗帜、聚民心、育新人、兴文化、展形象"的使命任务，更好地增强"强信心、聚民心、暖人心、筑同心"。在此背景下，新时代传播媒体的文化担当及其在建构社会主义核心价值方面的机制与策略是本次会议的一个热点。

陕西师范大学新闻与传播学院院长李震教授指出，数字媒介冲破了传统媒介的区隔和界限，也就等于打破了不同文化的区隔和界

线，新兴的数字媒介应当在中华民族文化价值观的文化建构中承担责任和使命。重庆市文艺评论家协会副主席、重庆日报编委兼理论评论部主任、理论头条新媒体负责人单士兵，分析了自媒体在建构社会主流价值观中带来的机遇和挑战，指出必须不断提高文化产品供给质量，为核心价值观的认同提供保障。在自媒体时代，传统媒体将承担更多社会责任，精巧地将社会主义主流价值观和社会主义文化融入议程设置变得迫切而重要。

影视研究作为文化研究和传播研究的交会点，是传播媒体发挥文化建设引领作用的重要依托，新时代影视文化传播的新模态和新现象成为学者们关注的话题。北京师范大学艺术与传媒学院党委书记周星教授探讨了新时代传者和受众之间复杂的关系，提出了影视传播的三种"服从"："臣服"是指传播行为要服从国家的意志，即被动接受；"信服"是从大众本身的角度来感知，觉得符合自己心愿的发自内心地接受；"叹服"是人们对政策、法规、传播的内容不由自主地接受。在影视文本的大众接受中，叹服是最高层级的。

西南大学新闻传媒学院刘丹凌教授分析了融媒体时代电影业的新模态，指出电影生产已成为知识生产、记忆留存和权力斗争的新场域，一方面"融电影"带来影像表达的"后真实"转向，另一方面电影生产出现"协作化"转向，新媒体的融资化特性，带来了影像宽阈限表达的增值与接受体验的更新。融媒体渠道结合的特征，架通了跨媒体的叙事桥梁，延伸了电影生产和传播的"长尾"，融媒体技术的交互特性消弭了电影生产与电影消费的域界，促生了新的知识文化和空间的诞生。

暨南大学新闻与传播学院教授、广东省记协《岭南传媒探索》杂志副主编陈伟军分析了网络游戏中的文化创意元素、叙事规律与意义生成、价值逻辑与文化引领。研究发现，网络游戏品牌效应和商业价值的实现，既要遵循经济规律，也要尊重文化传播的规律，对于网络游戏大规模的发行也要正能量的引领。

三 聚焦传播仪式与话语实践，开拓传媒发展与文化建设理论新路径

传媒发展与文化建设离不开实践话语与话语实践。本次论坛上，多位学者从话语的仪式传播与传播仪式、亚文化群体的话语霸权与话语实践等议题展开深入探讨。重庆大学新闻学院院长董天策教授指出，传播的"仪式观"反映了"共性"（commonness）"共有"（communion）"共享"（community），呈现的是一个文化共享过程，仪式化传播是"传播的仪式观"走向文化研究有中介环节。在文化认同、社会整合的意义上，"传播的仪式观"与"仪式化传播"是一种文化研究的路径。深圳大学传播学院吴予敏教授指出，中国传播仪式和西方有很大差别，西方仪式受宗教影响，含有抗争性的文化特点，强调三个类型：竞赛、征服、加冕类型，中国更多的是共享型、教化型和功德型的权威模式。当代中国的传播仪式很多是拟态仪式，带有很强的虚假性，这种虚假性的东西和日常生活的感觉脱离了，最终消解了日常生活的仪式感。

辽宁大学新闻与传播学院副院长程丽红教授从历史视角和扎实史料出发，阐述了清末口语传播仪式变革与大众文化的构建。中国古代宣讲多选择在庄严肃穆的地方进行，而清末宣讲地点多为茶馆、公园等，公共场域突破了古代宣讲的局限，不同阶层的人群在新的公共场域中形成归属感，产生新的社会关系，也构建了新型的社会文化。吉首大学文学院副教授陈文敏探讨了媒介的情感生产和影响生产的话语路径。她认为，新型主流媒体可以在理性传播的基础上代入情感，情感应该是主流媒体传播话语体系的重要组构。

苏州大学传媒学院院长陈龙教授指出，新传播形态下社会群体的文化适应性危机将成为一个普遍性的社会问题。霍尔关于仪式抵抗的表述并未过时，在亚文化收编层面呈现出基于成人趣味的市场化转向。未来以资本推动的大数据、人工智能的传播将人为地制造和加大人类文明的隔阂与冲突。重庆大学新闻学院郭小安教授从参与心态、运作机制、组织结构等方面深入分析了语言 cosplay 的传播与文化现象。语言 cosplay，是利用网络平台，以文字描写来表达设定的背景、动作、语言、心理活动等内容与其他玩家互动的网络文字扮演行为。郭小安认为，青年亚文化群体的语言 cosplay 是一种体现差序格局的互动仪式。